13억의 충돌

Collision—the Globalization Trap and China's Realistic Choice

ⓒ Han Deqiang 2000

Korean translation copyright ⓒ E-Who Publishing House 2001

This translation of Collision, First Edition of published by arrangement with
Economic Management Publishing House, Beijing

킬리지언총서 18

13억의 충돌—시장의 신화와 중국의 선택

지은이 한더치앙 / 옮긴이 이재훈 / 펴낸이 이일규 / 펴낸곳 이후

기획 이후 / 편집 정철수 김정한 / 디자인 현희경 / 마케팅 김현종

첫번째 찍은 날 2001년 3월 15일 / 등록 1998. 2. 18(제13-828호)

주소 120-816 서울시 마포구 동교동 113-82 기평빌딩 2층

영업 02-3143-0905 편집 02-3143-0915 팩스 02-3143-0906 / 홈페이지 www.e-who.co.kr

ISBN 89-88105-23-0 ISBN 89-88105-00-1(세트)

컬리지언총서 18

13억의 충돌

시장의 신화와 중국의 선택

한더치앙 지음
이재훈 옮김

Ε
2001

차례

서문

최근 학계에서 중국의 WTO 가입의 시기와 조건을 놓고 많은 이견이 있었으며, 이와 관련된 책도 상당히 많이 출판되었다. 그러나 나는 이런 논쟁을 볼 때마다 무엇인가 빠져 있다는 느낌을 지울 수 없었다. 논쟁에 참여한 사람들 중에는 WTO 가입에 대해 잘 알고 있으면서도 너무 현학적인 나머지 뭇 사람들을 더욱 혼란스럽게 만드는 사람이 있다. 어떤 사람은 스스로 잘 알지 못하면서 다른 사람이 하는 말을 그대로 따라하기도 한다. 또 완벽하게 증명되지 않은 사실을 사람들에게 알려서 되지도 않는 전문용어를 과시하거나 변죽만 울리는 사람도 있다. 사람들은 그들의 논의에 허점이 많은 데도 한 번 의심해 보지도 않고 성급한 결론을 내린다. 또 학계의 복잡한 반응 속에서 매우 이상한 현상도 발생한다. 경제 부문과 자본의 희비가 엇갈리는 이런 사태는 많은 신문, 잡지들이 희망하는 바이다. 왜 이런 현상이 나타나는 것일까?

이 현상은 매우 난해한 것일 수도 있다. 아마 학술적으로 보면 시장경쟁을 맹목적으로 숭배하는 정서의 소산일 것이다. 사람들이 경쟁에 대해 드러내는 태도는 복잡 미묘하다. 연구와 설득을 통해 이론적으로는 시장경쟁의 우월성을 신뢰하고 있지만, 현실에서는 모든 미세한 부문에서 경쟁이 주는 잔인한 적자생존의 법칙을 느끼는 것이다. 그러므로 사람들은 WTO 가입을 지지하지만, 치열한 경쟁 속에서 자기 밥그릇을 잃어버릴까봐 걱정하고 있다. 그러나 '두려움'은 선뜻 밖으로 드러내기 어려운 감정이고 충분한 이론적 증거도 없기 때문에 정책 결정의 근거가 될 수 없다. 바로 이런 이유로 종종 매우 이해할 수 없는 논쟁이 일어나, 모든 사람들이 자유무역을 경쟁적으로 인정하고 보호무역주의를 신랄하게 비판했다. 이런 전제 위에서 나는 조심스럽게 이견을 피력하고자 한다.

나는 논쟁을 발본색원하고자 한다. 시장만능주의의 진면목에 대한 검토만이 엄중하고 가치 있는 문제이기 때문이다. 중국이 시장경제를 도입한 지 얼마 되지 않았기 때문에 경쟁만능론을 선호하는 여론이 생기는 것은 이해할 수도 있는 일이다.

그러나 시장경제가 발전함에 따라 우리는 반드시 경쟁만능론의 한계도 인식해야 한다. 사실, 현실에서는 애덤 스미스 Adam Smith의 자유 경쟁이 존재하지 않는다. 인위적으로 평등하고 완전히 자유로운 경쟁 상태를 설정했다고 하더라도 얼마 가지 못할 것이다. 적자생존의 법칙이 힘을 발휘하게 되면 자유 경쟁은 자연스럽게 사라지고 점차 독점 경쟁, 독과점 현상이 나타날 것이다. 과점의 정도도 한 지방의 독점에서 일국 독점으로 심화될 것이고, 종국에는 전세계의 독점으로 나아갈 것이다. 새뮤얼슨 P. A. Samuelson은 『경제학』(1998년 판)에서 "경쟁시장이 효율적으로 잘 운영되더라도 사회적인 효율이 달성되지는 않을 것이다. 경쟁은 수입과 소비가 공평하게 분배되는 이상적인 사회를 보장하지는 않는다. 일부 학자의 말대로 승자가 모든 시장을 장악하고 과도하게 많은 참여자를 흡수하게 되면 무의미한 소비와 투자가 생겨 그 문명은 추락하게 될 것이다"라고 말하고 있다.

경쟁에서 독점으로 나아가는 것과 함께 기술의 진보가 이루어진다. 하지만 기술진보의 성과는 강자의 손에 집중되고 약자는 사회에서 배제된다. 세계 최고 부국인 미국에도 3천만 명의 빈곤 인구가 있지 않은가? 이것은 미국의 부자들이 국내에 남겨 놓은 어두운 그림자에 불과하다. 미국이 전세계의 중심이기 때문에 끼니를 잇지 못하는 십 수억의 사람들은 그 나라 부자들의 그림자로 이해된다. 강자의 입장에서 볼 때 경쟁은 못할 이유가 없는 것이고, 국외자의 입장에서 보면 기술의 진보를 가져다준다. 그러나 약자에게는 매우 위험하므로 냉철하게 바라보아야지 맹목적으로 선호해서는 안 된다. 논자들은 중국이 시장경제를 선택할 때는 국외자의 입장에, 자유무역을 추구하는 WTO 가입을 고려할 때는 약자의 입장에 있어야 했다. 중국 경제가 세계적으로 약자의 입장에 있는 것은 분명하기 때문에, 현 시점에서 이 문제는 핵심적이다.

나는 드디어 사람들이 약자의 입장에서 WTO 가입 문제를 생각하는 것을 보게 되어 무척 기쁘다. 또 약자의 입장을 취하는 이들 대부분이 소장학자들이라는 사실은 더욱 값지다. 내가 보기에, 한더치앙 韓德强씨가 올 봄에 있었던 학술회의에서 경쟁만능주의가 횡행하는 현실이 우려된다고 허심탄회하게 밝혔고, 매우 인상깊은 분석을 내놓았던 것 같다. 그래서 그가 내게 서문을 부탁했을 때 나는 흔쾌히 받아들였다.

이 책의 가치는 WTO 문제를 논의한 데 있는 것이 아니라, WTO 문제에서 시작해 경쟁만능 이론의 논리적 오류와 위험성을 분석한 데 있는 것 같다. 저자는 경쟁만능 이론을 시장낭만주의라고 부르면서, 이것이 스미스의 '보이지 않는 손,' 리카도 David Ricardo의 '비교우위론,' 그리고 로스토우 W. W. Rostow의 '경제발전 단계론' 등 세 부분으로 이루어져 있다고 보았다. 이런 분석은 상당히 중요한 의의가 있다. 이 세 이론은 분명히 '시장이 자동적으로 진보와 발전을 가져다준다'는 시장낭만주의를 가중시키며, 오늘날 경쟁을 선호하는 정서의 핵심을 이룬다. 나아가 저자는 경제 강국이 시장낭만주의에 의거해 약소국 보호 장치인 전략적 수단을 해체한 사실의 논거도 역사와 현실에서 찾고 있다. 실제로 오늘날 미국이 역설하는 경제 세계화 역시 이런 역할을 한다. 세계화의 기치 아래 각 국은 경제

주권을 미국이 주도하는 여러 세계경제기구에 양도하도록 강요당하고 있
다. 결국 미국은 세계적으로 유일하게 완전한 경제 주권을 누리는 국가가
되고, 여러 나라에서 사실상의 중앙 정부가 될 것이다. 국제 경쟁의 시각에
서 볼 때, 이것은 개별 국가의 정부를 도태시켜 미국이 세계 경제를 석권하
는 야망을 실현하는 길이 될 것이다.

하지만 중국은 그렇게 쉽게 도태되지 않을 것이다. 아편전쟁 이래로
중국은 세계 무대에서 단 한 번 물러났을 뿐이다. 그러나, 쑨원 孫中山,
마오쩌둥 毛澤東 같은 수많은 선구자들이 새로운 중국을 세워 개혁, 개방
과 현대화의 초석을 마련했다. 물론 중국은 약소국에서 강대국으로 발전해
왔지만, 세계의 강국과 비교해 볼 때 여전히 낙후되어 있다. 그럼에도 불구
하고 나는 청년들이 성숙해졌다는 사실이 무척 기쁘다.

이 책에서 저자는 시장낭만주의의 논리적 결함을 분석할 뿐만 아니라,
그가 시장현실주의라고 부르는 건설적인 사고틀을 제기한다. 시장현실주
의에는 '경쟁론,' '보호무역론,' '중심—주변 이론' 등 세 가지 이론이 포함
된다. 이 가운데 가장 핵심은 '경쟁론'이다. 저자가 보기에 시장은 전쟁이
벌어지는 곳이며, 경쟁은 곧 전쟁이다. 시장에는 강자는 더욱 강하게, 약자
는 더욱 약하게 만드는 메커니즘이 있다. 그러나 이런 메커니즘이 지속될
수 없기 때문에 주기적인 공황, 즉 경제 위기가 도래하는 것이다. 저자는
이런 관점으로부터 '보호무역론'과 '중심—주변 이론'을 추론한다. 또 미시
적 경제 활동을 충분히 설명하고 미래를 제시하고 있다. 게다가 그는 자본
주의 경제의 5백 년 역사를 잘 정리해 놓았다. 실로 대담하고 미래지향적이
며 발전의 잠재력을 가지고 있다고 해야 할 것이다. 이런 사고에 따르면,
중국은 국제 무대에서 약소국의 위치로부터 강대국으로 도약할 수 있는
전지구적인 국제적 경제발전 전략을 만들어야 하는데, 이것은 우선적인
고용창출, 자본 절약, 전략산업 부양과 과학기술 및 교육산업 발전이라는

네 가지로 구성된다. 이런 주장은 장기적으로 중국 경제가 안고 있는 도시
와 농촌의 이원적 구조가 현실적인 합리성을 가지고 있음을 인정해야 한다
는 것을 의미한다.

이 관점은 현재 모든 문제의 원인이 시장의 불합리성, 미성숙함이라고
습관적으로 말하는 사람들에게는 상당히 충격적으로 들릴 것이다. 사실
진정한 문제는 바로 '성숙하고 완벽한 시장경제' 개념에 있다. 서구의 경제
학자들은 이런 논점을 가지고 있지 않다. 왜냐하면 그들은 시장경제의
내재적인 문제만을 알고 있기 때문이다. 그들은 완전 자유경쟁 시장이
존재하지 않고, 외부효과와 정보 비대칭, 독점 등이 일으키는 '시장 실패'
때문에 고민했다. 또한 그들은 시장 분석이 권력구조와 인문적 발전과정에
미치는 영향에까지 반드시 확장되어야 한다고 말한다. 시장의 결함은 시간
의 흐름에 따라 사라질 수도 더 악화될 수도 있다. 예를 들면, 독점의 규모
가 커질수록 한 국가의 경제 위기가 전세계의 경제공황을 유발할 수 있는
것이다. 마치 20세기 경제학자들이 1990년대 이후 일본의 경제 불황을
상상도 못했던 것과 같다. 이것이 일본 자본주의 시장경제가 성숙하지
못한 데서 비롯된 문제일까?

어떤 사람은 일본의 경제 위기는 정실자본주의의 문제점을 드러낸
것이다. 내가 보기에 이것은 아마 책임을 전가하려는 시도 같다. 더욱 합리
적인 지적은 1980년대 미국이 엔화의 평가절상을 강제로 끌어냈고, 일본
경제에 거품현상을 일방적으로 가중시켰다는 것이다. 1990년대의 불황은
이 거품이 빠진 결과에 불과하다. 그러나 1998년 8월 미국의 단기투자회사
인 롱텀캐피탈이 파산해 미국의 금융체제를 침몰시킬 뻔하자, 그 결과
연방준비제도이사회(FRB)는 관례를 깨고 정실자본주의적인 방법을 동원,
구조조정 자금을 투입해 곧 무너질 것 같았던 커다란 제방을 막았다. 보다
주의해야 할 것은 미국 경제가 이미 거품 현상을 심하게 드러내고 있다는

점이다. 최근 MIT의 크루그먼 P. Krugman 교수는 1년 또는 2년 안에 미국의 주식이 폭락하고 달러가 대폭 평가절하될 것이라고 경고했다. 만약 이 예측이 사실이라면 우리는 '성숙하고 경쟁이 완벽하게 이루어지는 시장의 모범'을 어디에서 찾아야 할까?

21세기에 중국은 어디로 가게 되고 세계는 또 어디로 가게 될까? 이것은 매우 중대한 문제이다. 경쟁이 필요한 것은 사실이지만 우리는 경쟁만능 이론을 곧이곧대로 믿거나 신격화해서는 안 될 것이다. 또 미국의 기준과 규칙을 중국의 것으로 보면 더욱 안 된다. 자본주의 제도가 탄생한 이후 세계는 근본적인 변혁을 겪어왔다. 기술의 진보 덕분에 모든 공상과학의 꿈이 실현되었지만, 자본주의 역시 두 차례의 파멸적인 세계대전을 일으켰고, 인류를 자연과 격리된 위험한 지경으로 내몰아 갔다. 이 모두는 자본주의가 적자생존과 약육강식이라는 사회적 다윈주의를 따른 결과이다. 인간의 전면적인 발전을 위한 경쟁이야말로 인류가 필요로 했던 것이다. 그러나 경쟁의 결과가 인류를 파멸시킨다면, 기술의 진보가 과연 의미가 있을까?

나는 이 문제를 중국과 세계에 관심을 가지고 있는 젊은이들에게 남겨 주고 싶다.

후다이광

들어가는 말

1999 년 봄 이후, 중국은 WTO 가입을 위해 발걸음을 재촉했다. 그 해 4월, 주룽지 총리가 미국과 캐나다를 방문하면서 미국과 많은 문제에서 의견일치를 보았다. 공교롭게도 주룽지 총리가 귀국한 지 얼마 되지 않아 미국이 유고 주재 중국대사관을 폭격하는 사건이 일어났다. 국내에서는 이에 대한 불만이 들끓었고, WTO 가입과 대사관 오폭사건 ——5·8 사건—— 을 연계해 미국이 중국에 요구하는 조건이 너무 가혹하다고 하는 여론이 나오기 시작했다. 또 중국을 미국화하고 분열시키려는 일관된 입장을 구현하기 때문에 미국이 제시한 조건으로 WTO에 가입하는 것은 적절하지 못하다는 주장이 득세하고 있다. 6월 초, 대외경제무역위원장은 "어떤 협의에 대해서도 찬성과 반대가 검증되지 않았기 때문에 언제든 약속을 철회할 수도 있다"고 밝혔다. 중국은 WTO에 가입해야 하는가? 가입한다면 어떤 방식으로 가입해야 할까? 이것은 오랫동안 사회 각 계층이 관심을 보여온 뜨거운 쟁점이다. 국내의 기본적인 입장은 중국이 WTO에 서둘러 가입해야 한다는 것이다.

비록 어느 정도 양보와 희생이 있을지라도 그럴 만한 가치가 있다는 것이다. 즉 WTO에 가입하면 소비재 가격을 인하할 수 있어 중국 기업이 국제 경쟁을 통해 단련되면서 튼튼해질 것이며, 외자 도입에도 이롭고 일자리도 늘어나며, 일부문의 독점도 깰 수 있다는 것이다. 또 국제 사회와 조화를 이루어 사회주의 시장경제제도를 정비하는 데 큰 도움이 된다고 말한다.

하지만 중국의 산업이 국제 경쟁을 버텨낼 수 있을까, 과연 일자리가 늘어날까, 국제 사회에 편입해 중국적인 특색을 유지할 수 있을까 등의 우려가 생기는 것도 당연하다.

그러나 이러한 가능성은 모두 일반 시민이 우려하는 문제이다. 개혁과 개방을 지지하는 경제학자에게 WTO 가입은 경제 문제일 뿐만 아니라 정치적 문제이다. 그들은 WTO 가입에는 위험이 도사리고 있으며, 일부 국영기업은 곤경에 빠질 것이라고 보고 있다. 그러나 이러한 점이 WTO 가입의 발걸음을 늦출 이유는 되지 못한다고 말하고 있다. 오히려 국영기업이 이미 개혁개방의 주요 장애물이자 중점 공략 대상이 되었기 때문에, WTO 가입을 재촉해 국영기업의 경쟁력을 자극하고 시장제도에 적응하도록 하여 세계화의 도전에 정면 대응해야 한다는 것이다. 이러한 주장의 핵심은 개혁을 촉진시키면서 WTO 가입을 뒤로 미루자는 데 있다.

WTO의 시장 원칙이 국내기업에게 충격이 될 것이라고 우려하든 시장제도를 전면적으로 조속히 도입하든, 이는 학자들이 꺼낸 문제이다. 정치적인 문제는 이보다 더욱 실용적이다. 예를 들면, 중·미 협상 기간 중에 대외경제부의 롱용투 龍永圖 부위원장은 『아오강 奧港 정보신문』(1999. 11. 12.)에 두 가지를 비판하는 의견을 실었다. "[어떤 사람들은] WTO 가입을 전면적인 시장 개방으로 보고 중국이 바로 자유시장경제를 실현한다고 우려하고 있다. 그런데 이러한 우려는 사실을 잘 모르기 때문에 일어난 것이다. 예를 들어, WTO 가입이 석유화학 기업에 커다란 타격을 주어 수십만 명에 이르는 유전 노동자의 일자리가 사라질 것이라고 말하기도 한다. 하지만 자료에 의하면 현재 중국의 석유 생산비용은 매우 높다. 1998년 중국의 원유 생산 평균비용은 배럴당 13.3달러인데, 국제 시장의 평균비용은 배럴당 8.98달러이고 중동 지역은 배럴당 2달러이다. 국제 시장의 원유가와 생산비용이 중국보다 훨씬 낮다. 따라서 WTO 가입 이후 해외 석유가 들어와 따칭 大慶 유전이 사라질 것이다. 사실 중국이 WTO에 가입한다고 해서 완전 자유시장경제를 실시하는 것은 아니다. 중국은 시장을 전면적으로 개방하지 않고 있기 때문에 철저한 자유시장경제를 실현한다고 해도 원유가와 유화제품의 가격이 모두 국제 시세와 비슷한 수준이어야 한다. 그러나 우리는 WTO 협상 과정에서 유사한 가격 수준을 의제로 내놓은 적은 없다. 이와 달리 우리는 WTO의 회원국이 중국 국민의 생계와 깊이 연관된 석유, 식량, 면화, 식용유, 설탕, 전력 등에 대해서는 국가 가격결정 제도를 유보해 줄 것을 허용하도록 요구했기 때문에 유사한 가격 수준의 문제는 있을 리가 없다. 그러므로 수십만 명의 유전 노동자가 일자리를 잃는 상황은 일어나지 않을 것이다."

그러나 정부의 실무적인 태도와는 달리 재계에서는, 기본적으로 개혁의 발걸음을 재촉해 WTO에 가입해야 한다는 주장에 떠밀려 어떤 대가를 치르더라도 가입해야 한다는 분위기가 힘을 얻고 있다. 1999년 11월 15일 중·미 양국은 WTO 협상에서 합의를 만들어 냈다. 그 후 미국측은 일방적으로 자국의 입장에 따라 협의 결과를 해석하고 있다. 심지어는 구체적인 내용이 무엇인지 생각하지도 않는다. 이런 상황은 우리가 심각하게 반성해야 할 것이다. 이를 위해 나는 저변에 깔려 있는 문제를 꺼내 보고자 한다. 사실 중국에는 WTO에 정통한 인사가 손가락으로 꼽을 수 있을 정도로 많지 않다. WTO 가입이 중국 경제에 얼마나 많은 이익을 가져다 줄 지

분명하게 말할 수 있는 사람이 얼마 없다. 이런 상황에서 중국의 대중은 WTO 가입을 맹목적으로 희망하고 있는 것 같다.

왜 이런 일이 일어나는 것일까? 내가 보기에 이러한 상황은 시장제도 의 이념과 관계가 있다. 비록 WTO의 여러 규정이 각 국의 무역을 보호하기 위해 무역보호 조치를 인정하고는 있지만, 이를 점진적으로 철폐하고 있 다. 세계적으로 무역과 투자의 완전 자유화를 실현함으로써 완벽한 세계시 장 운영체제를 만들어가고 있는 것이다. WTO의 정신은 자유무역설이다. 시장이 자동적으로 사회 이익을 최대화할 수 있다는 이 학설을 밑바탕에 두고, 시장은 모든 것을 할 수 있다는 생각이 사람들에게 스며들고 있다. 중국 사람들은 WTO에 대해 비교적 우호적이다. 많은 사람들이 시장의 이념을 숭배하고 있으며, 외국산 자동차와 고가의 의상을 싼값에 사고 싶어한다.

중·미 양국의 협의로 중국의 WTO 가입을 가로막는 커다란 장애물이 치워졌다고 할 수 있다. 이제 가입의 시기 문제만이 남아 있다. 이때 언제 어떤 대가로 WTO에 가입하느냐를 논하는 것은 시기적으로 부적절하다. 사실 학자로서 협의 체결 이전에 유사한 문제를 논하는 것도 적절하지는 않다. 이 문제에서는 정부 지도자와 협상 담당자가 가장 큰 발언권을 가지 고 있다. 그러나 WTO에 가입하는 문제는 중국 일반 가정에 막대한 파급력 을 가져오기 때문에 많은 언론 관계자들이 WTO에 대해 해설하고 있으며, 가입 이후에는 정부의 실무자와 기업이 WTO가 제시한 규정을 둘러싸고 관련 국가들과 교섭해야 한다. 그러므로 기본적으로 너무 낙관한다면 손해 볼 가능성이 많다.

미국은 WTO의 맹주이자 자유무역 이념을 선도하는 국가이다. 그러나 최근 20여 년간의 행동을 돌이켜 보면 미국은 국제적으로 보호무역주의를 가장 지독하게 실행하고 있다. 미국은 국내법을 다른 나라에 강제하고,

슈퍼 301조를 다른 국가에 적용하려고 하며, 반덤핑법을 제소해 일본과
EU의 대미 수출을 감소시켜 미국의 무역수지 적자를 줄이려고 하고 있다.
이것은 WTO의 '상호무역투자 원칙'에 위배되는 것이다. 따라서 중국이
시장경제를 실시하고 국제 경쟁에 참여하려고 한다면 시장만능주의와 경
쟁만능주의를 수정해야 한다. 그렇게 해야만 중국은 치열하고 복잡한 경쟁
에서 자신의 위치를 명확히 해 어처구니없게 시장에서 도태되는 일을 겪지
않을 것이다.

　우리는 마냥 낙관적이어야 할까? 아니면 온건하면서도 실사구시적인
태도를 가져야 할까? 이 둘은 서로 다른 뿌리를 가지고 있다. 미국은 사실
중국이 빠른 시일 안에 WTO에 가입하기를 바라고 있다. 미국의 주류 정치
인들은 중국을 미국이 제어할 수 있는 범위에 끌어들여 서구화시키려는
목표를 가지고 있다. 이것이 미국이 바라는 근본적인 이익이다. 그러나
미국은 이러한 이익 때문에 중국의 WTO 가입 조건을 완화하면서까지
단기 이익을 포기하지는 않을 것이다. 오히려 미국은 자신의 유리한 지위
를 이용해 가입조건을 높게 정했다. 중국은 선진국의 자격으로 WTO에
가입하게 되어, 낙후 산업을 보호할 수 있는 조치를 철폐하고 금융 주권을
약화시켜야 할 판이다. 요컨대 중국 시장을 최대한 지배함으로써 중국의
경제 주권을 제한하고, 중국의 서구화를 촉진시키려는 것이다.

　중국은 현실적인 태도로 WTO 협상에 임해야 한다. 첫째, 국제 시장의
경쟁에서 중국의 경제력을 제고할 수 있는 방법을 찾아야 한다. 다른 한편,
중국 기업의 국제 경쟁력이 아직 약하기 때문에 상당한 시간이 지난 후
보호조치를 철폐해야 더 많은 협상카드를 가질 수 있다. 언제, 어떤 분야에
서 중국이 가입 조건을 충족시키느냐에 따라 그 분야의 보호조치를 완화하
면서 WTO가 정한 규칙을 받아들일 수 있다. 우리는 정중동의 자세로 가장
유리한 가입조건을 얻을 수 있고, 국제무역 원칙과 운영 내용을 이해하여

미국을 중심으로 한 서구 세력의 적의를 누그러트릴 수 있다. 이런 과정에서 서구가 우리 중국에 품고 있는 경계심의 빗장을 풀어 우리에게 유리한 국제 환경을 만들어가야 한다. WTO 가입 이후에 WTO의 규칙에 맹종하는 것이 아니라 실익에 따라 이용해야 한다는 것이다.

앞의 문장에서 롱용투 대외경제위 부위원장은 "허가하지만 비준한 것이 아니다."라는 전략을 주장하고 있다. "일부 사람들은 우리가 하나의 조건을 승낙했다고 해서 이미 승낙한 일에 대해 다른 방도가 없다고 여긴다. 우리 모두는 그 승낙의 배후에 이를 다른 제도와 조치로 제약할 방법이 없는지를 보아야 한다. 이 점이 매우 중요하다. 예를 들면, 2년 후 12개 도시에 외국 보험회사가 들어오는 것을 허가했다고 해서 너무 많은 양보를 했다고 말한 사람이 있다. 그러나 '허가'라는 말은 꼭 그 지방에 들어가는 것을 말하지 않는다. 비준 절차를 거쳐야 한다. 이처럼 허가와 비준은 별개이다. 미국에서는 '허가하지 않는다'라는 것을 중요하게 여기지 않는다. 많은 일을 시작할 때는 먼저 허가하지 않는다. 미국에는 자국의 각 지방을 외국인에게 개방한다고 허가하는 제도는 없지만, 우리의 공상 工商은행, 농업은행이 지점 개설을 신청한 지 10년이 지났어도 이를 비준하지 않았다. 그러므로 '허가'가 꼭 비준을 의미하는 것은 아니다. 2년 후에 외국 보험회사가 12개 지방도시에서 경영권리를 얻더라도 지방마다 비준을 얻어야 한다. 허가서 발행 여부는 국가에 필요한가, 조건이 맞는가에 달려 있다."

정부의 이렇듯 차분한 태도가 계속 유지되기 위해서는 여론의 협력이 필요하다. 현재 지배적인, 시장을 숭배하는 여론으로는 정부의 협상을 뒷받침하지 못할 뿐만 아니라 시장낙관주의의 환상 속에서 미국이 자국의 전략과 전술을 실현하도록 도와줄 뿐이다. 그러나 필요하다면 WTO 가입이 가져다주는 부정적인 측면을 논의해야 한다. 특히 시장낙관주의에 대해

분석함으로써 WTO 가입에 대한 대처방안을 분명히 해서, WTO 가입을
기업의 경쟁력을 향상시킬 수 있는 기회로 만들어야 한다.

　이른바 시장낙관주의는 애덤 스미스의 '보이지 않는 손,' 데이비드 리
카도의 '비교우위론,' 그리고 로스토우의 '경제발전 단계론'을 합친 말이
다. 이 가운데 핵심 내용은 '보이지 않는 손'이다. 사람마다 자기 이익을
최대한 추구하다 보면 사회 전체의 이익이 자동적으로 최대화된다는 것이
다. 이 이념은 리카도의 '비교우위론'에 의해 세계적으로 확산되었다. 즉
국제적 범위에서의 자유무역은 자연히 각 국의 이익을 최대화할 수 있다는
것이다.

　이 이념은 한 국가의 경제발전에 대한 예상에 구현되었다. 이제 시장경
제 국가마다 저개발국가 단계에서 선진국으로 넘어가는 것은 시간상의
문제가 된다. 가장 빨리 발전한 경우를 선진이라고 하고 발달하지 못한
것을 낙후라고 한다. 1992년 이후 중국의 각 지방은 개발지역을 설정해
'양면삼감 兩免三減*의 특혜를 주며 외국자본을 유인하고 있다. 또 관세
를 계속 인하하고 있다. 시장낙관주의를 충분히 보여주고 있는 것이다.
그러나 현실의 결과, 외국 자본과 수입품은 중국 시장의 여러 부분에 걸쳐
각각의 부가가치를 급속도로 빨아들이고 있다. 일부 업종이 이미 외자에
잠식된 결과 국영기업과 기타 민족기업의 이윤창출 창구가 고갈돼 적자가
늘고 있다. 또 불량채권이 급증해 많은 기업이 도산에 직면하고 있으며,
실질실업률도 큰 폭으로 상승해 생활수준의 향상과 사회 안정에 위협이
되고 있다.

　시장낙관주의와 반대로 시장현실주의는 적자생존과 약육강식을 시장

---

* [옮긴이] '양면삼감'은 외국기업에게 기업소득세를 감면해주는 혜택으로 첫 2년 동안에는
　면제해주고 다음 3개년 동안에는 50퍼센트를 인하해주는 것을 말한다.

경제의 기본 원칙으로 여기고 있다. 시장현실주의는 세 가지로 구성된다.

첫째, '경쟁이론'이다. 시장경제의 핵심은 경쟁이다. 경쟁은 강자를 더욱 강하게 하고 약자는 점점 약하게 하는 상반된 논리를 갖고 있으며, 무엇이든 가리지 않고 모든 수단을 사용한다. 그 결과 약육강식의 세계가 나타나는 것이다. 둘째, '보호무역이론'이다. 경쟁은 국제 경제 관계에 적용된다. 완전한 자유무역이 실제로는 강대국에 유리하기 때문에, 약소국은 보호무역주의를 채택해 관세, 쿼터제 및 기타 비관세 장벽들을 이용해서 자국의 시장이 외국제품에 점령되지 않도록 보호한다. 이러한 보호 속에서 생산력을 제고하고 경쟁력을 갖추었을 때 점진적으로 보호조치를 없앤다. 셋째, '중심-주변 이론'이다. 한 국가의 경제발전에 경쟁론을 적용한다고 해서 저개발 상태의 약소국이 자동적으로 선진국으로 될 수는 없다. 만약 시장경쟁이 모든 것을 지배하도록 방임할 때 강자와 약자는 중심과 주변의 국제 경제 구도를 만들게 되고, 결국 핍박받고 통치받는 약자의 지위가 영구적으로 고착될 것이다. 시장낙관주의가 자유무역의 세계를 대동세계로 보는 것과는 달리, 중심-주변 이론은 현재의 국제 경제 질서가 강자와 약자로 구성되는 중심과 주변의 질서임을 다시 확인시켜 주고 있다.

사실, 이른바 '주변'은 덩샤오핑이 여러 번 제기한 '부용국 附庸國[유럽과 일본처럼 중심국에 버금가는 경쟁력을 지닌 국가]'과 같은 뜻을 가지고 있다. 덩샤오핑은, "만일 우리가 사회주의를 견지하지 못하면 발전한다 해도 하나의 부용국밖에 되지 못하며, 감히 발전이라는 것을 생각지도 못한다"라고 말했다. 이것은 매우 분명한 논거이다. 우리는 선진국과 비교해 볼 때 중국의 산업이 국제 경쟁력을 충분히 갖추지 못했음을 인정해야 한다. 만약 국내 산업을 보호하지 않고 세계와 경쟁한다면 국제적 독점자본이 지닌 우월한 힘의 파괴적인 충격에 부딪치게 될 것이다. 개혁개방 이후 점점 많은 중국인들은 경제교류를 평화로운 것으로 보지 않는다. 복잡하지만 예의를 갖춘 협상에서 자본, 기술, 브랜드 등을 둘러싸고 치열한 경쟁을 하고 있다. 협상 과정에서 보이는 공격과 방어는 흡사 전쟁을 방불케 한다. 경쟁의 결과 실제 전쟁처럼 피로 얼룩지지는 않지만, 생산 자원을 똑같이 파괴하고 수많은 실업자를 양산하며 공장, 국토, 도시와 국가권력의 주인이 바뀌게 된다. 일본 정계와 재계의 거두들이 협상 소식에 기뻐하는 모습이 보이지 않는가? 과거에는 무력으로도 '대동아 공영권'을 세우지 못했지만, 오늘날에는 미쓰비시, 도요타 같은 일본 기업이 기술과 자본으로 이를 실현하고 있다. 사실 일본의 성공은 국제 경제계의 신자유주의자들이 부인할 수 없는 '중심-주변'의 질서가 엄연히 존재한다는 사실을 보여주었는데, 이것이 미개발 국가의 발전을 질식시키고 있다. 그 결과 미개발국가는 선진국의 원료기지, 1차 상품 가공지, 값싼 노동력의 창고, 오염산업 이전 지역, 그리고 덤핑 판매 지역으로 전락했다. 반면 선진국은 대부분의 잉여가치를 획득해 '지식경제'가 가져다주는 고부가가치와 풍요로운 삶을 누리고 있다.

그렇다면 약자는 강자의 먹이가 되고 마는 걸까? 국제 경제 질서가 바뀔 수는 없는 걸까? 이러한 모든 문제는 약자의 위치에 있는 국가들에 달려 있다. 사회주의는 미개발국가가 자본주의 세계체제를 벗어나고, '중심-주변' 질서를 바꾸어서 자주적이고 독립적으로 발전할 수 있도록 근본적으로 다른 선택을 한 결과이다. 우리는 과거에 구중국이 반식민지, 반봉건사회라고 말했지만, 국제 경제 질서의 측면에서 볼 때 구중국의 사회는 세계 자본주의 체제의 '주변'이었고 이것의 유기적인 일부분이었다. 약자에게는 단결이 최상의 가치이다. 오늘날 중국은 사회주의 초급단계, 사회주의 시장경제를 실현하는 조건에서 세계 자본주의 체제와 교류하고 있다. 이러한 상황에서 중국은 선진국의 '주변' 또는 '부용'으로 전락하지 않기 위해 국제 경쟁에 참여해 장기간 노력함으로써 국제 경제에 개방적으로 참여할 수 있는 경제 대국이 되어야 할 것이다. 이것만이 유일한 살 길이다.

이를 위해서 중국은 시장경제제도를 보류해야 한다. 왜냐하면, 순수 시장경제는 원자적인 개인주의가 원동력이 되며 본질적으로는 단결에 이롭지 못하기 때문이다. 특히 국제적 시장경쟁에서 어느 정도의 비관세 장벽을 남겨 두어야 한다고 본다. 다시 말하면 시장경제에 대해 현실적인 태도를 가지고 세 가지 원칙을 관철시켜서, 중국에 유리한 것은 적용하지만 불리한 것은 보류시켜야 한다. 시장낙관주의 태도, 즉 시장이 모든 문제를 해결해 중국이 자연히 발전할 것이라는 생각을 지양해야 한다. 국제적 시장경쟁의 약자인 중국이 현재 처한 위치를 분명하게 인식한다면, 적절한 방식으로 단결해 불리한 경쟁을 이기고 약자에서 강자가 되기 위한 지구전을 펼쳐야 한다. 중국은 이러한 경제 전쟁에서 이겨야만 WTO 체제에서 발전할 수 있고, 더 나아가 주도적인 힘을 발휘할 수 있을 것이다.

이상이 이 책의 기본 관점이다. 그러면 이 책의 일곱 장을 요약해보자.

먼저, 제1장은 WTO 조기 가입을 지지하는 시장낙관주의를 분석했다 국민은 소비자와 생산자라는 이중적인 입장을 가지고 있다. 누구든 돈을 쓰려면 수입이 있어야 한다. 시민들은 WTO에 가입하면 소비자로서 값싼 외국 상품을 살 수 있겠지만, 생산자로서는 임금 하락의 쓴 맛을 보게 될 것이다. WTO가 일반 시민에게 가져다주는 혜택과 손실의 핵심은 기업의 경쟁력에 달려 있다. 기업의 경쟁력이 약하다면 WTO 가입은 수많은 기업의 파산을 야기해 대량 실업 인구가 나타나며, 전체 임금 수준이 떨어져 일반 시민의 생활은 매우 어렵게 될 것이다. 다른 한편, WTO가 주는 혜택도 있을 것이다. 해외의 경쟁자를 끌어 들여와 정부의 독점을 깨트려 경쟁을 추진할 수 있다고 보는 사람도 있다. 정부의 독점은 깨질 것이다.

그러나 그렇다고 해서 자유경쟁 사회가 이루어지는 것은 아니고, 다만 외국 대기업의 독점이 나타날 것이다. 왜냐하면 수백 년 동안의 경쟁과 도태를 거치면서 오늘날 전세계의 수백 개 다국적기업이 전체 시장을 독과점하는 현상이 나타났기 때문이다.

제2장은 일부 업종을 선택해 중국 기업의 국제 경쟁력을 분석했다. 나는 전체적으로 중국 기업의 국제 경쟁력이 여전히 결핍되어 있다고 본다. 비록 일부 분야의 전체 생산량이 세계 선두를 달리고 있지만, 기업의 수는 많고 기술 수준은 낮으며 생산규모가 작아 '크지만 약한' 모델이 나타나게 되었다. 현재 독립회계를 시행하는 어떠한 기업도 다국적기업과 경쟁할 수 없다. 이들 기업은 국민의 생계와 직접적인 관련이 없다는 이유로 조기에 국가 보호를 철폐한 결과 대부분 외국 기업에 인수 합병되거나 심각한 적자에 허덕이고 있다. 비록 국가 중점 보호 분야일지라도 그 정도가 점점 줄어들고 있기 때문에 도태 위기에 있거나 이미 도태된 기업이 점점 늘어나고 있다. 현재대로라면 중국 기업은 실전에서 경쟁력을 키우기도 전에 모두 무너져 버릴 것이다. 소수의 기업이 비교적 강한 경쟁력을 갖기 시작했지만 다국적기업과 경쟁하기에는 여전히 역부족이다.

현재 중국의 경제는 통화 긴축의 상황을 벗어나지 못하고 있다. 통화 정책과 재정 정책 모두 뚜렷한 효과를 거두지 못하고 있다. 그 이유는 여러 산업 분야가 다국적기업과 경쟁하고 있기 때문이다. 그러므로 통화 및 재정 팽창 정책에서 혜택을 보는 것은 외국 기업뿐이다. 반면 그 부담은 국가 재정에 넘겨지고, 외환 위기의 부담 역시 은행이 지게 되었다. 몇 년간 급증한 실업 인구도 중국 기업이 경쟁에서 도태되는 것과 관련이 있다. 이러한 상황들이 모두 우리 눈앞에서 벌어지고 있다. 그런데 우리가 무슨 이유로 다국적기업의 투자를 환영해야 하는가? 시장낙관주의의 유혹은 바로 여기에 관련되어 있다.

제3장은 시장낙관주의의 세 가지 구성 요건을 분석했다. 애덤 스미스의 '보이지 않는 손'의 해악은 이기적인 동기가 분업과 부의 증진을 촉진하여 자동적으로 이타적인 효과를 거둔다고 보는 데 있다. 그러나 이기적인 동기가 분업과 협력을 촉진할 수 있지만, 협력하는 사람들의 힘이 서로 다르기 때문에 협력의 열매가 강자에게 집중되면서 강자의 힘을 더욱 강하게 만들고 있다. 그 결과 강자는 더욱 강해지고 약자는 더욱 약해지는 쓰디쓴 상황이 펼쳐지게 되었다. 또한 강자는 점점 더 폭압적으로 약자를 착취하고 약탈했다. 그래서 약자는 주기적인 위험에 빠지게 되었고, 사회 모순이 점점 심화되어 사람과 사람간의 전쟁이 일상사가 되어 버렸다. 자동적인 이타효과의 달성은 교과서에나 있는 말임이 증명된 것이다. '보이지 않는 손'은 강자의 이익을 모든 사람의 이익으로 보편화하는 것이고, 이를 치밀하게 변호해 준다.

리카도의 '비교우위론'의 문제도 여기에 있다. 리카도는 국가간의 경제력이 불평등한 상황에서 자유무역은 부를 가져오고 생산 기술은 생산 효율이 높은 국가로 집중된다고 말했다. 방법론의 측면에서 애덤 스미스와 리카도의 근본적인 결함은 문제를 정태적으로 보는 데 있다.

로스토우의 경제발전 단계론도 각 국가의 밀접한 경제 연관성을 간과한 이론이다. 선진국과 개발도상국의 착취-피착취 관계를 보지 않는 일방적인 이론이다. 좀더 분명히 말하면, 개발도상국이 자본주의의 길로 나아가도록 유도하는 심리전의 무기인 것이다. 각 국가의 경제발전을 비행기에 비유한다면, 이 비행기는 서로 다른 항로에서 서로 간섭하지 않는 민항기가 아니라 서로 공격하는 전투기라고 할 수 있다. 먼저 비행을 시작한 전투기는 화력을 집중해 후발 비행기의 조종석(본국의 입장을 가진 엘리트)과 엔진(자본, 기술, 시장)을, 그리고 연료 탱크(자연 자원과 값싼 노동력)를 파괴하여 자국의 '지속적인 성장'을 도모한다.

이 세 가지 이론이 중국 경제학계에서 크게 자리잡고 있고, 일반 지도 층과 시민의 사고를 지배하고 있다는 점은 무척 안타까운 일이다. 이 이론 들이 서구의 맹목적인 학자들 사이에서 유행하고 있을 뿐 아니라, 분명 중국의 입장을 견지하는 학자들도 시장낙관주의의 본질이 무엇인지 잘 모르고 있다. 캉샤오광 康曉光의『지구촌 시대의 식량 공급 전략』이 좋은 예이다.

만일 시장낙관주의가 커다란 문제를 지니고 있다면 우리는 시장경제 를 어떻게 이해해야 할까? 제4장은 시장현실주의에 대해 서술하고 있다. 약육강식의 시장이 모든 문제를 자동적으로 해결할 수 있다고 하는 믿음 은, 시장의 자기 보호 장치를 없애버리고 약자의 전략적 무기를 빼앗는 강자의 논리이다. 현재 시장낙관주의는 어느 정도 중국의 전략 수립에 영향을 미치고 있다. 무전략을 전략으로 삼아 WTO에 발전의 희망을 걸고 있는 것이다. 그럼 중국이 시장현실주의적 태도를 갖는 것은 무엇을 의미 하는 걸까?

제5장은 국제 경쟁에 직면한 중국의 지구전 전략을 검토하고 있다. 인구는 많지만 자원이 적고 내적 발전을 할 수 없기 때문에, 중국의 경쟁 전략의 초점은 자국의 약점이 강자의 공략 목표가 되는 상황을 방지하는 데 두어져야 한다. 이를 위해 우리는 중국의 위안화가 상당한 기간 동안 존재하리라는 것을 인정해야 한다. 농업 분야는 노동집약적인 기술을 유지 하면서 많은 노동력을 흡수해야 한다. 또한 국방과 국제 경제에서 벌어지 는 기술 경쟁의 최전선에서 기술 집약적인 노선을 견지해 최고의 기술 수준을 유지해야 한다. 구체적으로 말하면, 이 방향은 일자리 우선, 자원 절약, 전략 산업 육성에의 역량 집중, 최종적으로는 과학기술과 교육산업 진흥에 맞추어져 있다. 국제 경쟁 전략은 어쩔 수 없이 보호무역주의를 주장하게 된다.

제6장은 세계화 시대에 보호무역주의를 실행하는 것이 적절한가에 대해 답하고 있다. 현재의 유행과 달리 국제 경제의 지배적인 추세는 자유 무역이 아니라 보호무역이다. 국제 경쟁이 날로 치열해짐에 따라서 세계 경제가 대공황의 위기 직전에 있고, 각 경제 블록이 무역보호를 강화하고 있기 때문이다. 특히 경제의 경쟁력이 상당히 약해진 미국에서 보호무역주의에 대한 요구가 점점 거세어지고 있으며, 그 방법도 날로 잔인해지고 있다. 사실 세계화는 경쟁의 지역화로 표현될 때가 많은데, 국제적인 기구가 국가 권력을 위임받기보다는 지역적인 기구가 국가 주권을 박탈하고 있다.

세계화는 거스를 수 없는 대세이지만 그 내부에는 네 차원의 다른 세계화가 있다고 생각한다. 첫째 인류의 교류가 점점 밀접해지는 세계화, 둘째 사유제 사회의 세계화, 셋째 자본주의 사회의 세계화, 마지막으로 자본의 이동이 자유로운 세계화가 그것이다. 첫 번째 세계화는 분명히 거스를 수 없는 것이다. 이 때문에 원자탄이 전인류를 파멸시킬지라도, 이는 인류의 왕래가 점점 가까워지면서 나타날 수도 있는 결과 가운데 하나일 뿐이다. 하지만 네 번째의 세계화, 즉 자본 이동이 자유로운 세계화에 대해서는 1997년의 외환 위기 이후 역전 현상이 나타나기 시작했다. 이렇게 말하면 세계화 시대의 여러 문제가 더욱 복잡해 보일 것이다. 하지만 우리는 이를 통해 현재 중국이 보호무역주의를 실행하는 것이 필연적이고, 언제든지 보호무역주의를 실행할 수 있으며, 또 자연스러운 과정임을 알 수 있을 것이다.

국제 경제 환경을 분석한 후, 제7장에서는 현재의 국제 경제 아래에서 독립적인 경쟁 전략이 펼쳐질 정치·외교·군사적 공간에 대해 우려하고 있다. 현재 국제 정세에서 가장 중요한 문제는 미국의 패권 전략을 인식하는 것이다. 미국의 경제력은 상대적으로 약해졌지만 정치력과 군사력은 여전히 최강을 유지하고 있기 때문에, 미국의 대외 정책은 침략성을 갖게 되었다. 중국은 팍스 아메리카나를 실현하려는 미국의 세계 전략에 주요한 장애물로 인식되고 있다. 중국의 평화로운 발전을 위한 구상은 미국의 전략과 서로 충돌하고 있다. 그러나 중국도 결코 속수무책으로 있을 수는 없다. 미국의 전략은 세계 주요국의 이익과도 잠재적으로 충돌하고 있기 때문에, 중국은 광활한 외교 공간을 이용해 독립적인 외교 정책을 실행해야 한다.

맺음말에서는 중국의 부패가 매우 심각한 상황에 이르렀다고 지적하고 있다. 하지만, 미래의 중국에는 여전히 희망이 있다. 부패 문제 해결의 핵심은 공공 정책에 대한 비판 활동을 활발히 전개해 민족의 응집력을 키워 부패의 싹을 근본적으로 자르는 데 있다. 이러한 전제가 충족된다면 중국은 독립적인 국익을 지켜가면서 독자적인 대내외 정책을 집행함으로써 자본주의 세계체제에 종속되지 않는 진정한 발전과 강대국의 꿈을 실현할 수 있을 것이다.

1

세계화와 중국인의 삶의 질

20 세기의 마지막 해, WTO 가입 문제가 다시 중국인의 화제가 되고 있다. 현재 언론에 비치는 소비자로서의 중국 시민은 WTO 가입을 지지하고 있다. 1986년에 가입신청을 한 후 지금까지 13년이 흘렀다. 그 동안 중국 정부와 기업은 WTO 가입 조건을 충족하기 위해 갖은 애를 다 썼다. 가능성이 보일 때마다 대다수 언론은 그 이점을 열띠게 보도해 전 국민이 WTO 가입을 소망하게 하는 유행을 만들었다. 정부 부처 사무실에서, 슈퍼마켓 계산대에서, 친구들과 만나 관련 정보를 아는 사람이 미국의 자동차나 컴퓨터 값, 통신비 등을 이야기하면, 듣고 있던 사람은 중국이 다음날 바로 WTO에 가입할 수 있기를 간절히 바라고는 했다. 생각해 보자. 미국에서 8~9천 달러 하는 자동차가 인민폐로 6~7만 위안에 불과하다. 이 가격으로 아우토반을 살 수 있으니 얼마나 많은 이익을 보는 것인가! 2백 달러만 있으면 586컴퓨터를 살 수도 있다. 전화설치비도 필요없게 되고, 전화요금도 싸진다. 여러 전화회사에서 더욱 싼 가격으로 당신을 가입시키려 하니 얼마나 좋은가! 외국에 나갈 때는 국내 항공사의 표를 사지 마라. 너무 비싸다. 외국의 친구에게 표를 부탁하면 중국에서 텔레비전 한 대 살 돈을 절약할 수 있다.

사실 외국 상품이 훨씬 싼 것은 굳이 외국에 나가지 않아도 알 수 있다. 1998년 중국이 가솔린과 석유 밀수 단속을 강화했다. 국제 유가가 이상할 정도로 싼 탓이 아닐까? 또 1998년 말에는 단속 때문에 자꾸만 떨어지던 쭝관춘 中關村의 컴퓨터 가격이 상승했다. 외국 상품이 월등히 좋고 싸기 때문에 수중에 많은 돈을 가지고 있지 않은 직장인은 외제를 선호하며, WTO 가입을 바란다.

1994년에 중국이 WTO에 가입할 가능성이 있다고 하자마자 자동차시장이 위축되어 전국의 자동차 판매업자들이 연일 매출부진을 호소했었다. 사람들이 WTO 가입 후 자동차 가격이 하락할 것이라고 예상했기 때문이다.

중국의 평범한 사람들이 돈을 벌기란 쉬운 일이 아니다. 그런데 높은 관세 때문에 1백 위안이면 살 수 있는 물건을 사는 데 50~1백 위안을 더 써야 한다. 너무 억울한 일이다. 이전에는 국내·외의 시장가격을 몰랐기 때문에 손목시계 하나에 1백 위안이 넘어도 당연하다고 생각했다. 그런데 이제는 이런 높은 가격이 보호 관세 때문이라는 것, 그리고 다른 나라는 그렇지 않다는 것을 알게 되었다. 그럼 소비자가 바가지를 쓴 게 아닌가? 그렇게 높은 관세는 왜 받는 걸까? 보호해서는 안 되는 낙후기업을 보호하는 것은 아닐까? 또 세관 직원에게 부정을 저지를 빌미를 주는 것은 아닐까?

WTO 가입 협상이 실패할 때마다 돈을 쥐고 물건을 살 준비를 하고 있던 소비자들은 실망한다. 마치 주가 하락을 보는 것 같을 것이다. 사람들이 주가가 결국 올라가는 것처럼 이런 일이 일시적인 현상이기를 바라는 것은 당연하다.

1999년 이후 많은 언론들이 소비자들에게 WTO 가입의 여러 이점을 소개해왔다. 이 가운데 가장 전형적인 예가 그 해 4월 20일 『중국청년일보』

에 실린 「WTO의 강은 얼마나 깊은가」일 것이다. 이 글은 WTO에 가입하려면 먼저 '대가를 치러야 한다'고 하고 있다. '세상에 영원한 공짜란 없는 것처럼 대가를 치르지 않으면 얻는 것도 없다. 그러나 장기적으로는 WTO 가입의 대가보다는 기회가 클 것이며, 그렇지 않다면 WTO라는 강은 건널 필요가 없다.' 이어서 그는 힘있는 필치로 가입 이후의 중국 상황에 대한 낙관적인 전망을 내놓았다.

순진한 소비자에게 중국의 WTO 가입은 선택의 폭이 넓어지고 더 싼 물건을 살 수 있으며, 더 좋은 서비스를 받을 수 있다는 것을 의미한다. WTO 가입 이후 관세를 낮은 수준으로 내리면 장벽도 사라지게 될 것이다. 그러면 해외 기업이 직접 중국 소비자와 만날 수 있어 독자적인 판매망을 세울 수 있고, 시장에서의 경쟁자와 현지 경쟁을 할 수 있다. 비로소 시민들은 소비생활에서 '왕'이 되었다는 느낌을 갖게 된다. 더 적은 돈으로 더 좋은 상품을 살 수 있는 것이다. 예를 들면, 자동차, 디지털 음향기기, DVD, IT 제품, 다기능 가전제품, 새로운 방직품, 화장품, 식품, 과일 등 현대적인 디자인에 품질도 좋은 내구성 소비재가 더 낮은 가격으로 중국의 시장과 상점의 진열대에 나올 수 있다.

자동차의 경우를 살펴 보자. 관련 규정에 따라 중국의 자동차공업은 '유치산업'으로 한시적 보호를 받을 수 있다. 그러나 자동차 구입을 장려하는 국가 정책이 오래 전부터 강조되었는데도, 시민들은 너무 많은 세금을 내야 한다는 문제에 직면하게 된다. 이런 모순은 중국이 WTO에 가입하면서 관련 제한을 푸는 정책을 내놓음으로써 해결될 것이다.

중국의 도시 가정이 선호하는 다기능 가전제품, 카메라, 오디오, 화장품 등 다양한 외제 상품은 본래 다른 것보다도 외국 기업의 시장점유율이 더 큰 부분이다. 중국 소비자는 이런 물건을 더 이상 홍콩, 태국 등에 가서 살 필요가 없게 된다. 자기가 사는 도시에서도 많은 제품을 만날 수 있고,

값도 그다지 차이 나지 않기 때문이다. '닫힌' 문을 열면 선진적이며 해외에서 유행하는 새로운 건축자재가 들어올 것이다. 부동산시장이 점점 인기를 얻고 있지만, 부동산기업은 낮은 품질과 높은 가격으로 손해를 보아야 했다. 그러나 'WTO 가입' 후 혁신적인 원자재가 들어오면 합리적인 투자와 더 좋은 원자재로 소비 수요에 맞는 저렴한 주택을 지을 수 있을 것이다. 중국인에게는 좋은 소식이 아닐 수 없다.

중국의 'WTO 가입'에는 3차 산업도 크게 작용한다. 최근 세계적으로 서비스무역은 실물무역, 기술무역에 이어 중요한 자리를 차지해 가고 있다. 어떤 국가는 서비스무역이 전체의 60퍼센트를 차지할 지경이다. 'WTO 가입'으로 중국 사회에는 서비스무역의 개념이 더욱 빠르고 조화롭게 융합될 것이다. 다수 중산층에 편입된 중국 가정은 그때 금융 서비스, 문화 오락, 소비 여가 등 외국 자본의 노골적인 유혹에 직면할 것이다. 해외 관광, 보험, 접대 등 새로운 서비스들도 국내 기업과 해외 기업의 경쟁을 촉진하여 중국 가정의 삶의 수준을 올려주고 다양한 즐거움을 가져다주어 새로운 소비 영역을 열 것이다.

좋다. 이런 일들이 현실로 나타날 것이다. 또 'WTO 가입'으로 인해 더욱 빨리 현실화될 것이다. 단지 이 글의 필자는 그때 중국 시민이 어디에서 돈을 벌어야 할지에 대해 알려주지 않을 뿐이다. 값싼 미국산 밀, 콩, 면화, 쇠고기, 닭고기, 오렌지, 포도 등이 도시 시민의 식탁에 오를 때 9억의 농민은 시름에 빠져 있다. 우리는 지난 10여 년 동안 환금작물을 키우고 양식업을 발전시키겠다고 했으며, 농민들도 시장가격에 따라 많은 돈을 들여 묘목과 씨앗을 사 온실과 현대적인 양계장을 지어 수확의 계절이 오면 좋은 가격에 팔아 빚을 갚을 수 있으리라고 믿었다. 이런 인기는 오늘날까지 계속되어 시장에서는 공급이 수요를 초과하게 되었다. 돼지고기 도매가격은 1킬로그램에 5위안이다. 이 가격으로는 이익을 낼 수 없음은 물론이고, 사료와 씨돼지 값을 갚고 남은 돈 가지고는 한 가족이 먹고 살 수도 없다. 공급과잉 현상은 비단 이 경우에만 국한되지 않는다. 그래서 국가가 농산물 최저가격을 정해 농민의 도산을 막으려 하고 있다.

그런데 이런 상황에서 값싼 미국 농산물이 들어오게 된 것이다. 미국의 농업은 석유 농업이다. 자연조건이 좋을 뿐 아니라 경작지도 광활해서 매년 농지의 3분의 1을 놀릴 수 있고 1인당 생산량도 매우 높다. 석유가격 이 60년대 저유가 시대보다 낮은 상황에서 미국 농산물의 경쟁력에 대적할 만한 상대는 없다. 전세계 농산물의 절반 정도를 차지하는 미국 농산물이 중국 시장의 문을 비집고 들어온다면, 중국 농민은 기본적인 생활도 영위 하기 어렵게 되어 더 많은 농촌 인구가 도시로 흘러 들어갈 것이다.

그때 도시는 또 어떻게 될까? 많은 공장이 문을 닫을 것이다. 좋다. 중국의 자동차산업은 낙후되어 있다. 수백여 개의 공장이 도태되어야 한 다. 당연하게도 우리는 이 공장이 일자리 창출에 기여한 바를 잊어서는 안 된다. 문제는 그 작은 공장을 도태시켜 국내에 대형 자동차 그룹을 만드는가의 여부이다. 아니면, 모든 자동차산업이 도태되어야 하는가? 만 약 전자라면 자동차 생산과 관련된 고무·전자·기계공업의 하청기업들은 계속 주문을 받고, 많은 노동력을 수용할 수 있을 것이다. 이것이 바로 자동차산업을 지주산업이라고 부르는 이유이다. GM, 도요타, 벤츠가 중국 의 자동차산업을 도태시킨다면 여러 산업에 커다란 충격을 줄 것이고, 이로 인해 발생하는 실업의 규모는 외제차 판매망이 흡수할 수 있는 일자 리보다 클 것이다.

자동차산업만을 볼 경우에 이렇다는 말이다. 미국의 법률, 회계, 도시 계획, 영화, 소화물 운송 등까지 중국 시장을 점령한다면 문제는 더욱 커질 수밖에 없다. 중국 사람들은 앞으로 어디에서 돈을 벌어야 할까 걱정하지 않을 수 없다.

현재 중국의 도시 실업자, 생활수준 하락자, 장기 구직자를 합한 수치
는 매우 높다. 이런 쓴맛을 본 기자가 있을까? 채소, 과일, 어류와 육류가
갈수록 싸질 때 주머니에 돈이 얼마나 있는지 보라. 어쩌면 그 기자는
소형 자동차를 살 수 있을 것이다. 그러나 몇 년 후 AP통신이 신화사를
인수하고 기자를 감원하며, 그리고 중국의 은행 체계가 결국 파산한다면,
통장은 종이 쪼가리가 되고, 그는 석유조차 살 수 없게 될 것이다.

어떤 공장의 사장은 1994년 말 우이 吳儀가 WTO 가입 협상 회의실에
서 나오며 회의는 실패했다고 발표했을 때 안도의 한숨을 내쉬었다고 한
다. 그는 가입하지 않으면 더욱 좋고 가입하더라도 늦을수록 좋다고 했다.
현재 중국에는 자동차공장이 수백 개 있는데, 규모가 가장 큰 상타나 桑塔
納의 생산량도 몇십만 대에 불과하다. GM, 도요타 등 연간생산량이 천만
대 정도 되는 자동차회사와 어떻게 경쟁할 수 있을까? 만일 높은 보호
관세가 없다면 중국의 자동차공장은 문을 닫아야 할 것이다. 그렇게 되면
기업주는 투자자금을 어떻게 갚을 수 있을까? 또 수많은 노동자들은 무슨
일을 할 것인가?

시민들은 소비자이자 생산자이다. 소비자로서의 시민은 많은 혜택을
누리겠지만, 생산자로서의 시민은 중국 기업과 함께 일자리를 잃게 된다.
요컨대, 'WTO 가입'은 모든 중국인에게 어려운 숙제를 던져주고 있다.
다국적기업이 제공하는 값싸고 품질 좋은 재화와 서비스를 향유하는 대신
일자리를 잃을 것인가, 아니면 일자리를 유지한 채 잠시 비싼 국산 과일을
먹고 별로 좋지 않은 국산차를 탈 것인가의 양자택일 말이다.

위의 신문 기자는 모든 시민이 가진 이중적 위치를 잊지 않고 있는
것 같다. 그는 '순진한 소비자'들에게 낙관적인 광경을 그려 주었지만,
'순진한 소비자'를 일반 시민과 혼동하고 있다. 기업의 사장들만이 생산자
이기 때문에 그들만이 생산자의 위치에서 기업의 생존에 관심을 갖게 되

며, 이렇게 시민들은 다국적기업과 한 편이 되어 소비자의 이름으로 국내 기업의 생존 공간을 옥죄고 있다는 것이다. 전형적인 오류가 아닌가?

경제학의 관점에서 볼 때 사람들은 소비자인 동시에 생산자이다. 다시 말하면 먹고 마시고 놀기 위해서는 소득이 있어야 한다는 것이다. 노동자, 농민 등 전통적인 의미의 생산자는 물론, 지식인이나 공무원도 현대적인 의미에서는 모두 생산자이다. 심지어는 이자 소득자도 생산자이다. 그들의 수입원이 주로 은행 이자와 주식매매 차익이기 때문에 소득의 다소가 은행이나 기업의 경영 상태와 밀접히 관련된다. 부실 채권이 쌓여 있거나 기업이 잇달아 도산해 은행이 파산지경에 이르렀을 때, 이자 소득자 역시 구매력을 가진 소비자가 될 수 없다. 그러므로 우리는 WTO 가입의 영향을 고려할 때 소비자로서 어떤 이득이 있고 생산자로서 어떤 손해가 있을지 차분히 생각해 보아야 할 것이다.

이 점을 다룬 언론의 보도에는 많은 허점이 드러난다. 언론들은 쉽게 눈에 띄는 소비자의 입장을 일반화해서 WTO 가입의 이점이 모든 사람에게 적용되는 것처럼 보도하고 있다. 하지만 생산자의 입장은 소홀히 해 그 범위를 일부 기업인에 한정시켰다. 겉으로 보기에는 모든 사람이 WTO 가입의 장점을 누리는 반면, 극히 일부 기업인만이 손해를 보는 것으로 되어 있다. 게다가 이 기업인들은 이미 낙후되어 생산력 발전에 저해되므로 마땅히 시장에서 도태되어야 한다고 비판받고 있다.

유감스럽게도 수많은 언론들은 사람들의 이중적인 입장을 간과하고, 단지 소비자의 입장만 강조하고 있다. 겉으로는 많은 사람들을 위하는 것 같지만, 이는 사실 근시안적이고 비이성적인 오류일 뿐이다. 더 정확하게 말하면 그들은 사람들을 오도하고 있다. 당연하게도 일부 언론은 이 점을 자각하지 못한 채 다른 사람이 하는 말을 그대로 전달하고 있다.

사실 우리 모두는 노동이 소비보다 중요하다는 것을 알고 있다. 그러므

로 우리는 늘 자신의 소비 욕구, 향락 욕구를 자제하면서 안정적이고 소득
이 높은 일자리를 갖기 위해 오랫동안 공부하고 일한다. 생산자의 입장에
서 보면, 잠시 먹고 입는 것이 좋지 않더라도 노력하면 점점 나아진다.
어쨌든 먹고 입는 것, 경치 좋은 곳에 가는 것을 중요하게 여기면서 일하지
않는 사람은 소비자로서 현대적인 삶의 즐거움을 누릴 수는 있지만, 언젠
가는 길거리에 나앉게 되는 비참함을 맛보게 될 것이다. 또 개인이 일자리
를 잃어 노숙자가 되는데 국가가 일자리를 만들지 못한다면 그 국가는
혼란과 전쟁의 소용돌이에 빠질 것이다.

중국의 여론이 소비자의 이익을 강조할 때, 미국 언론은 생산자의 이익
을 강조한다. 중국이 수출산업을 더 많이 보조하면 할수록 미국 의회와
여론의 반발은 더욱 커질 것이다. 미국 언론은 생산자의 논리를 견지하고
있기 때문에 미국 생산자에게 이로우면 환영하지만 이롭지 않은 것에 대해
서는 무척 강경한 자세를 취한다. 미국인의 관점에서는 중국이 대미 수출
을 확대하면 소비자는 이득을 보겠지만, 생산자는 시장을 잃게 되고 기업
이윤이 감소해 국익이 줄어들 것이기 때문이다.

근본적으로 미국 의회와 정부는 소비자 협회가 아니라 생산자 모임이
다. 다시 말하면 이른바 과거 거대 독점자본의 대변인들이 모인 곳이다.
생산자 모임의 지휘 아래 일반 미국 시민들도 값싼 외국 상품을 사려고
하지 않는다. 미국의 전 노동부 장관 로버트 라이시는 1999년 5월 20일
『파이낸셜 타임스』에 기고한 글에서, 최근의 조사 결과 58퍼센트의 미국인
이 대외무역에 대해 "미국 경제에 좋지 않다. 왜냐하면 값싼 수입품이
임금을 줄이기 때문이다"라고 답했고, 단지 32퍼센트만이 "무역이 미국
경제에 이롭다"라고 답했다고 전하고 있다.

소비자는 경쟁을 반긴다

유감스럽게도 이런 오해는 오래 전부터 있어 왔고, 10여 년 동안 중국 국민에게 주입되어 온 것이다. "중국의 자동차공장이 문을 닫으면 어떻게 될까? 적자생존은 시장경제의 정상적인 현상인데 그렇다면 누가 나가떨어지게 되나? 중국 자동차산업의 발전을 위해 소비자로서 더 많은 돈을 지불하고 엔진의 소음을 참으면서 끊임없이 자동차 정비소에 출입해야 하는가?"라고 말하는 사람이 있다. 지금은 일본 제품을 거부하는 시대는 아니다. 파는 사람이 있으면 돈 주고 사면 될 뿐이다. 소비자로서 나는 값싸고 좋은 물건을 사고 싶다. 제발 외국 회사를 들먹이며 나를 겁주지 마라. 외국 회사가 우리에게 더 좋은 서비스를 줄 수 있다면 중국 회사보다 더 좋지 않은가? 이렇게만 한다면 기업이 경쟁하고 기술도 발전하며, 상품가격이 내려가고 품질도 좋아질 것이다. 그러면 사회도 진보하게 될 것이다. 아, 경쟁이 좋다!

우리는 모두 이러한 논리에 익숙해져 있다. 『중국경제일보』에는 컬러텔레비전의 가격인하 경쟁을 다룬 「경쟁이 가져다주는 번영」이라는 기사가 실렸다. 이 기사는 전형적으로 경쟁을 찬미하고 있다.

얼마 전 창홍 長虹사의 니룬펑 사장은 창홍 컬러텔레비전의 가격을 50~8백 위안 정도 인하할 것이라고 발표했다. 이 결정은 업계에 일대 강풍을 일으켰다. 이후 캉성 康生, 추앙지엔 創建, 시웅마오 熊貓 등도 가격할인을 발표했다. 그 가운데 캉성이 창홍의 두 배 정도인 1백~1천5백 위안에 이르는 할인폭을 발표했다. 3년 전 컬러텔레비전 업계의 대할인 경쟁으로 외제는 자리를 잃게 되었다. 3년간의 대할인 경쟁은 또 어떤 결과를 가져올까?

소비자는 창흥이 일으킨 가격전쟁이 '소비자 잉여'를 크게 늘렸기 때문
에 좋아할 것이다. 컬러텔레비전 생산 업체 중에는 따라서 가격을 내린
곳이 있는가 하면 끝까지 가격을 내리지 않은 곳도 있었다. 각각의 입장은
기업의 이익과 깊은 관계가 있다. 그러나 내가 볼 때 1996년의 할인과
비교해서 이번 할인은 커다란 매력이 있다. 컬러텔레비전 생산자의 다양한
반응은 실제로 이런 활황이 경쟁에서 비롯된다는 것을 보여주고 있다.

시장경제의 중요한 기능은 상대적인 가격으로 여러 자원을 각 산업과
산업 내부에 배분하여 자원의 효과적 이용을 가능하게 하는 것이다. 시장
은 기업의 파산과 합병을 유도한다. 경쟁을 통해 실력 없는 생산자는 경쟁
에서 물러나고 살아남은 생산자는 여러 자원을 효과적으로 이용하여 사회
복리를 최대한으로 증진한다. 비록 짧은 기간 탓에 업체간의 합병과 구조
조정을 유도하지는 못했지만 이번 인하가 경쟁의 자원배분 기능을 수행하
는 데 실패했다고 말할 수는 없다. 다른 공장의 연이은 가격인하 이전에는
컬러텔레비전 생산 이윤이 가장 많았고 할인 이후에도 이전보다는 못하지
만 아직 손해를 보지 않았다. 가격할인은 다양한 비용 절감책을 마련하도
록 생산자에게 더 커다란 압력을 주어 경쟁우위를 갖게 한다.

또한 가격할인이 생산자에게 손해만 주는 것도 아니었다. 현재 거시경
제가 전체적으로 가라앉는 상황에서 가격할인은 시장의 규모를 유지해
주었고 기업의 손익분기점을 넘지 않는 할인은 적절한 시기에 소비욕구를
자극했다. 특히 농촌 주민의 소비를 늘려주었다. 1998년 농촌 주민의 1인당
순수입이 2천1백60위안으로 도시 주민의 5분의 2 정도였다. 하지만 화시아
華夏증권연구소 후지엔쿤 연구원의 분석에 의하면 1997년 농촌 주민의
1인당 순수입은 도시 주민의 3분의 1이었다. 1인당 순수입과 컬러텔레비전
가격의 비율은 도시 주민 사이에 컬러텔레비전 구매 열풍이 불었던 10년
전과 비슷한 수준을 보이고 있다. 1997년 말까지 농촌에서 1백 가구당
컬러텔레비전 보유량은 27.32대였고, 도시에서는 100.48대였다. 그러나 이

들 가운데 대부분은 1980년대 말에 구매된 것으로 곧 새 제품으로 바뀌어야 한다. 그러므로 이번 가격할인은 단기적으로는 일부 기업에 재정적인 어려움을 주겠지만, 앞으로 경제가 좋아지고 농촌 주민의 수입이 늘어나면 경쟁이 가져온 비용인하 덕분에 컬러텔레비전시장은 급속도로 확장될 것이다. 그래서 적절한 선의의 경쟁은 '약속된 번영'을 가져다줄 것이다.

이번 가격인하 과정에서 관심을 기울여야 할 집단은 가격인하를 거부하는 하이신 海信그룹 같은 생산자이다. 가격할인 경쟁에 강경하게 반대하는 하이신 그룹의 밑천은 '소매 재고' 관리이다. 또다른 밑천은 기술의 차별성이다. 하이신은 중국에서 유일하게 '환경을 생각하는' 텔레비전으로 2개월 동안 10만여 대를 팔았다. 그 다음 밑천은 이른바 '지식 서비스'이다. 텔레비전을 구매하기 전에 소비자에게 제품의 기능을 이해시켜 쓸데없는 소비를 예방했다. 캉지아 康佳그룹은 가격인상과 인하를 동시에 채택함으로써 가격할인 전쟁에 대응했다. 도시와 농촌의 저소득층을 겨냥한 제품은 가격을 내렸지만 기술 수준이 높은 평면텔레비전과 고화질텔레비전 등의 제품은 가격을 올렸다. 가격할인을 거부한 생산자는 시장을 세분하는 전략에 관심을 두었고, 더 이상 가격할인을 유일한 경쟁수단으로 삼지 않았기 때문에 그들의 행동에 주의할 필요가 있다. 이들은 경쟁을 근본적으로 바꾸어 중국 기업들의 잘못된 인식을 벗어났다. 현재 대다수 기업은 가격을 내려 비용을 줄이고 시장을 확대하려고 하고 있다. 그러나 중국 시장에서 공급자가 유리할 때 가격할인은 효과가 있었지만 수요자가 유리한 시장으로 전환한 후의 가격할인은 악순환을 일으킬 뿐이다. 가격인하는 생산자의 자본축적 능력을 약화시키고, 악성 경쟁은 기업에게 손실을 가져다주어 시장의 혼란을 야기할 뿐이다. 그러므로 비용을 줄여 제품의 가격경쟁력을 제고하는 것 외에 생산자도 시장 분석 전략에 주의를 기울여야 할 것이다. 같은 시장에서 한 기업의 제품이 오랜 경쟁력을 가지는 이유는 다른 기업의 제품보다 더 나은 품질이나 독창적인 기능을 가져서 자기만의 가치를

만들어냈기 때문이다. 이러한 기술의 우위로 인해 뛰어난 제품이 생산된
다. 컬러텔레비전 업계에서는 시장의 세분화가 더욱 중요해졌다.

　이번 가격전쟁에서는 소비자가 이겼지만, 생산자의 반응은 매우 다양했
다. 일부 기업의 경쟁 개념과 전략에 변화가 생기기 시작한 것을 알 수
있다. 전통적인 가격경쟁에서 시장 분석을 특징으로 하는 경쟁으로 바뀌고
있다. 이러한 경쟁의 결과 소비자가 선택할 수 있는 여지는 갈수록 넓어졌
다. 그래서 점점 더 낮은 가격으로 특색 있는 제품을 살 수 있게 되었다.
중국의 이원적 경제 구조와 방대한 소비자 집단, 복잡한 소비자라는 측면
은 시장 규모를 확대할 무한한 기회를 가져다주고 있다. 모든 생산자는
독창적인 제품을 통해서만 시장에 진입하고 성장할 수 있게 된다. 경쟁은
소비와 생산을 동시에 증진시키고 사회 전체에 번영을 가져다준다.

분명히 컬러텔레비전 가격할인 경쟁은 시장경쟁의 본질을 그대로 보여
주었다. 물론 이 가격전쟁에서 국외자인 소비자의 이익이 적지 않겠지만,
이는 여러 결과 가운데 하나일 뿐이다. 중국 시장의 수요가 떨어지자 점점
더 많은 기업들이 시장경제에서 '이윤보다는 시장지배'라는 원칙을 준수
해야 한다는 것을 인식하고 있다. 대출의 경우, 경쟁자를 물리치고 시장에
서 독점적인 지위를 차지한 후에 가격을 올려 독점이윤으로 대출 원금을
상환한다. 점점 침체되는 시장에서 일정한 시장지배적 지위를 차지하기
위해, 먼저 임금·복지·주택 및 사무실 등의 비용을 줄이고, 하청 공장의
이윤폭을 낮춰 사회의 총수요를 한층 감소시킨다. 이런 가격전쟁이 계속돼
일부 기업이 도산하면 노동자들은 일자리를 잃게 된다. 불행하게도 모든
업계가 할인전쟁을 벌인다면, 거시경제의 관점에서 이는 경제 위기를 불러
오는 것이다. 이 글을 기자가 이해한 바, 소비자인 시민은 경제 위기 시대에
가격이 나선형으로 떨어지는 것을 손뼉 치며 기뻐해야 한다.

그러나 현실은 정반대이다. 경제 위기의 시기는 시민들의 삶이 가장 힘겨운 때이다. 1929년에서 1933년 동안의 대공황 시기에 미국에서는 여러 상품의 가격이 크게 떨어지고 물가도 21퍼센트나 하락했다. 곡물가격은 3분의 2 정도 내려가 19세기의 최저 수준까지 후퇴했다. 곡물 중개상이 잇달아 문을 닫았고, 정부가 집계한 실업률도 3.2퍼센트에서 25퍼센트로 올라가 수많은 중간 상인이 절망에 빠져 자살하기도 했다. 또한 거리로 쫓겨나 얼어죽는 노동자도 많았다. 그 당시의 사회는 암흑 그 자체였다. 지도층은 자본주의 제도가 이러한 손실을 피하게 해줄지에 대해 회의하기 시작했다.

무엇보다도 먼저 시민은 중요한 생산자이다. 그들은 생산자로서 경쟁의 혜택보다는 피해를 먼저 보았다. 만일 창훙, 캉지아, 또는 다른 기업에서 일해보면 그도 이 점을 피부로 느끼게 될 것이다. 임금인상은 있을 수 없고 상여금도 하락하며, 복지는 동결하고 감원 위협까지 한다면, 기업은 간신히 버틸 뿐이고 노동자들도 겨우 끼니만 이을 뿐이다. 만일 믿기지 않는다면 공장 밖에 사람을 보내 보라. 아무리 낮은 임금이라도 받겠다는 '샤강 下崗 노동자'*가 가득 차 있다. 결국, 시장에 나와 있는 물건이 쌀수록 직원의 주머니에 있는 돈으로 살 수 있는 것도 점점 적어진다.

뿐만 아니라 '이윤보다는 시장지배' 형태의 경쟁이 뜨거워질수록 생산 규모가 작고 기술 수준이 낮으며 자본이 많지 않은 기업은 재정적 곤란에 빠지게 된다. 대출금을 갚지 못하고 임금을 지불할 수 없게 되어 결국에는 시장에서 도태된다. 생산에서 많은 몫을 담당하는 기업이 점점 도태됨에 따라 시장에는 독점이 형성된다. 그래서 한 기업이 시장을 완전히 독점하

---

* [옮긴이] 샤강 노동자는 일자리를 잃었지만, 과거의 소속기관이 제공하는 사회보장제도의 혜택(의료와 주택 등)을 받을 수 있는 반실업 상태의 사람을 말한다.

는 현상이 나타나게 될 것이다(예를 들면 보잉, 마이크로소프트는 세계
시장을 완전히 독점하는 수준에 근접해 있다). 다시 말하면 위 글을 쓴
기자가 가장 좋아하는 경쟁은 우리 모두를 망하게 하는 것이었고, 그가
가장 싫어하는 독점은 불청객처럼 오고 말았다. 또한 이때의 독점은 정부
의 독점이 아니라 개인의 독점이다. 정부 독점은 국민의 이익을 위한 것이
므로 시민들이 나서서 여론과 자신들의 대표자를 통해 없앨 수 있다. 하지
만 개인독점은 이윤 추구의 결과이므로 시민들이 주도권을 가질 수 없다.

재미있는 것은 위 필자가 독점을 반대함과 동시에, 남아 있는 생산자에
의해 여러 자원이 더욱 효율적으로 사용될 수 있기 때문에 사회의 부를
최대한 증진시킬 수 있다고 말하고 있다는 점이다. 이렇게 남아 있는 생산
자가 독점자가 아니고 무엇인가? 그는 실제로는 그저 자유경쟁만 알고
있을 뿐 애덤 스미스에 대해서는 잘 모르고 있다. 스미스에 따르면 이러한
생산자는 자유경쟁을 하지만 연이은 도태는 없을 것이며, 독점을 형성하지
도 않을 것이기 때문에 사회 이익을 최대한으로 실현한다. 스미스의 이러
한 믿음으로 인해 서구 경제학사에서는 자유경쟁에 대한 끝없는 숭배가
나타나고, 반독점을 위한 사회적인 힘을 조직할 수 있게 된다. 그러나 위
글의 논리대로라면 그가 숭배하고 있는 것은 자유경쟁이 아니라 독점이다.
정확히 말하면, 그가 지지하는 것은 정부의 독점이 아니라 개인의 독점이
다.

당연하게도 위 글의 필자는 자기도 모르게 스미스의 유치하고 황당한
학설을 인용했다. 스미스는 자유경쟁이 완전독점을 일으킨다고 한 것이
아니라, 단지 자유경쟁은 '보이지 않는 손'이라고 했을 뿐이다. 그런데
위 글에서는 독점자가 시장을 조작하는 '보이지 않는 손'일 뿐이다. 그는
자기 논리의 내재적인 모순으로 인해 기사를 심층적으로 써내려 갈수록
더욱 황당해진다. '적절한 경쟁(건설적인 경쟁)'이 번영을 약속한다거나

'더 이상 가격할인을 유일한 경쟁수단으로 삼지 않고 경쟁의 근본적인 변화를 가져 온다' 등등 모두가 경쟁을 일방적으로 미화한 것이다.

하이신의 사장에게 물어 보라. 그는 대외적으로는 가격을 내리지 않으면서 할인경쟁에 버틴다고 하지만 내심 말못할 두려움에 휩싸여 있을 것이다. 남들 따라 가격을 내리자니 수지가 맞지 않고, 할인을 하지 않자니 시장지배율이 현저히 떨어질 경우를 고민했을 것이다. 아마 하이신의 사장은 창홍이 가격인하를 끝까지 버티지 못하기를 마음 속으로 바랐을 것이다. 그러면 하이신이 숨 돌릴 틈을 갖게 되기 때문이다. 그러나 미국 기업의 경쟁적인 합병 역사를 보면 가격전쟁 앞에서는 이런 생각을 하는 기업의 대다수가 파산한다는 사실을 알 수 있다. 가격을 인하하면 시장에서 죽을 것이고, 가격을 그대로 두자니 암울한 미래가 눈에 보인다. 이것이 시장경쟁의 원칙이다. 캉지아의 사장이 다른 몇몇 기업과 제휴해 가격을 내리지 않겠다고 발표한 지 얼마 되지 않아 대폭적인 가격인하가 잇달았다. 그래서 제휴했던 업체들은 난처한 입장에 빠졌다. 위 글의 필자가 이것을 '악성 경쟁'이라고 비난할지가 의문이다. 만일 그렇다면 그는 새 시대를 앞서가는 사람이다. 입만 열면 경쟁을 찬미했지만, 경쟁을 두려워했고 회피하기도 했다.

이 기자는 자신의 논리가 얼마나 많은 내재적 모순을 가지고 있는지 모를 것이다. 아마 그는 기자로서 유행을 좇아 대서특필했을지도 모른다. 이로써 사람들은 이런 신문의 편집의 자질을 의심하게 되거나, 혹은 시민을 오도하려는 것은 아닌지 의심하게 될 것이다.

경쟁은 시장경제의 핵심 개념이다. 이 핵심 개념을 잘못 이해하는 시민은 경쟁을 좋은 것으로만 여기게 될 뿐, 경쟁이 자기에게 어떤 의미를 지니는지에 대해서는 잘 알지 못할 것이다.

중국 기업의 경쟁력——불가능한 목표?

개혁개방 정책을 실시한 이후 중국의 경제는 커다란 발전을 거두었다. 1994년 중국의 석탄, 면화, 텔레비전 생산량은 세계에서 가장 많았다. 철강, 화학섬유, 화학비료의 생산량도 세계에서 두 번째로 많았고, 전력생산은 4위, 원유생산은 5위, 합성수지는 5위, 그리고 그 밖에도 주요 제품의 생산량이 세계 시장에서 우위를 차지하고 있었다. 이러한 지표만을 보면 누구라도 중국의 국력이 강해진 덕분에 중국 기업도 충분한 경쟁력을 갖추게 되었다고 생각할 것이다. 나는 바로 이러한 이유 때문에 일반 국민이 자신의 조국 중국을 자랑스러워하리라고 믿는다.

그러나 이것 또한 전형적인 오류이다. 기업의 경쟁력과 실물생산 능력은 완전히 다른 것이다. 기업의 경쟁력은 시장경제의 개념이고 실물생산 능력은 계획경제의 개념이다. 중국 기업의 경쟁력을 고려해 시장경쟁의 주체로서의 역량을 생각해보면 적극적인 공세를 펴 시장점유율을 올리든지 도태되어 탈락하든지 둘 중의 하나이다. 철강을 예로 들어보자. 1994년 중국의 철강 생산량은 미국을 넘어섰고 프랑스의 5.2배, 한국의 2.7배였다. 그러나 직원 수 178,226,432명의 중국 철강회사 가운데 어느 한 회사도 미국의 베들레헴 철강, 프랑스의 유지노 철강, 한국의 포항제철 등이 포진한 5백대 기업에 들어가 있지 않다. 증기발전 설비 역시 마찬가지이다.

만약 중국의 국영기업을 한 기업으로 본다면 세계 시장의 21퍼센트를 차지해 세계 1위가 된다. 2위인 미국의 제너럴 일렉트릭(GE)은 중국보다 약간 뒤떨어져 20퍼센트, 웨스팅하우스와 미쓰비시중공업이 함께 14퍼센트를 차지해 3위이다. 그러나 GE 또는 미쓰비시중공업과 달리 중국의 국영기업은 한 조직이 아니라, 독립적으로 감사하고 각자 손익을 책임지는 여러 시장경쟁의 주체들이 함께 모인 것이다. 이들 기업은 서로 예속되어 있지 않으며, 오히려 서로 경쟁하고 있다. 각각 개별적으로 해외 대기업과의 경쟁에 그대로 노출되어 있다.

따라서 이 기업들의 경쟁력은 미미하다. 60만 킬로와트를 생산할 수 있는 하얼빈 哈爾濱사는 1995년 매출액이 30억 위안이지만, GE의 1994년 매출액은 6백47억 달러였다. 달러 대 인민폐 환율이 1대8이라면 하얼빈사의 경제력은 GE의 172분의 1에 불과하다.[1] 철강, 시멘트, 면화, 텔레비전, 화학비료의 집중도는 이 두 분야에 훨씬 미치지 못하고 있다. 그러나 이러한 업종에서도 세계적인 다국적기업의 독점 수준은 낮지 않다.

기업 규모는 기업경쟁력의 중요한 지표이다. 마치 텔레비전 광고에서 '중국 매출량 1위'라고 허위 광고하는 것처럼, 이는 자금, 기술, 브랜드, 서비스, 경영 수준 등 여러 경쟁 요소를 종합적으로 반영하는 것이다. 포드의 경제규모는 사우디아라비아, 노르웨이의 국가 규모보다 더 크다. 필립 모리스의 연간 매출량이 뉴질랜드의 GNP보다 더 크다. 세계 3백대 기업의 총자산이 대략 전세계 총자산의 4분의 1이다. 이러한 기업들의 역량은 세계 각 국에 촘촘히 퍼져 있다.

다국적기업은 남성적인 세계를 가지고 있다. 남성의 눈으로 사고하고 기획하는 장기적인 기구이다. 20년 전 다국적기업의 경영자가 한 구상이 지금 현실이 되었다. 코카콜라 광고가 같은 시간에 수십 억 인구에게 방송되고 있다. 미국 시티은행의 신용카드가 아시아의 사무실에서 눈길을 끌고 있다. 나이키의 운동화는 전세계 판매망을 구축하고 있다. 또다른 소수의 기업들이 전세계 네트워크를 가지고 있으면서 새로운 세계 경제의 요소를 조작하고 있다. 다시 말하면 국제 비즈니스 활동의 교차된 4대 네트워크 말이다. 전세계의 문화시장, 전세계의 구매시장, 전세계의 노동시장과 전세계의 금융시장이 그것이다.[2]

이러한 의미에서 볼 때 우리는 중국 기업의 경쟁력과 이들 다국적기업의 뿌리가 수량의 등급에 있지 않다고 말할 수 있다. 만일 정부가 보호해 주지 않으면 소수의 우량 기업은 다국적기업에 인수·합병된다. 또는 종업원 1천 명 이하의 많은 중소기업이 문을 닫게 될 것이다.

분명히 중국의 몇몇 기업이 국제 시장에서 자리를 찾아가고 있고 이 기업의 사장들도 이를 발판으로 국제 시장에 진출할 야심을 내보이고 있다. 하이얼 海爾사의 장루이민 張瑞敏 사장 역시 그 중 하나이다. 하이얼과 중국 기업의 경쟁력에 대해 그는 어떻게 평가하고 있을까? 그는 1999년 4월 19일 「기업인이 바라보는 WTO 가입」이라는 『중국경제일보』와의 인터뷰에서 다음과 같이 밝혔다. "이 주제에 대한 모든 전략은 바로 우리가 국제적인 대기업과 똑같이 경쟁할 수 있는가입니다. 만일 그러한 경쟁력을 갖지 못하면 내가 보기에 중국 기업은 성장이 아니라 생존의 문제에 직면할 것입니다."

그는 솔직히 인정했다. "세계적인 대기업과 기술, 자본, 브랜드를 단순히 비교하면 우리는 뒤떨어질 것입니다. 우리는 우수한 노동력, 근면 정신과 독창적인 창조력으로 성장 속도에서 국제적인 대기업을 초월해야 합니다. 우리가 그 기업들과 교섭하면서 보인 능력은 해외의 동종 업계도 인정해 줍니다. 비록 우리의 규모가 작지만 우리의 정신, 속도는 그들을 놀라게 할 것입니다. 현재 우리가 해외에서 얻어낸 주문은 모두 이러한 정신으로 획득한 것입니다."

당연히 장루이민은 중국의 일반 국민처럼 경쟁을 두려워하지 않으며, 오히려 경쟁을 추구하고 있다. 그는 하이얼 그룹이 디자인—판촉—제작의 삼위일체를 실현하면서 경쟁력 있고 인력과 자본을 구비한 세계적인 기업이 되기를 소망하고 있다. 그러나 얼마 후에야 이러한 목표를 실현할 수 있냐고 묻자 장루이민은 배수진을 치듯이 대답했다. "3년이면 됩니다. 우리의 승패는 이 3년 안에 결정 납니다. 만일 3년 후에 우리가 여기에서 이야기를 할 수 있다면 하이얼은 성공했다고 할 수 있죠. 그렇지 않으면 말을 꺼내기도 어려울 겁니다."

장루이민의 대답은 분명한 듯하지만 모호하기도 했다. 하이얼 같은 기업은 국내에서 확고한 시장을 가지고 있다. 이 기업은 뛰어난 품질과 합리적인 경영으로 세계 시장의 경쟁 속에서 더욱 발전할 것이다. 하지만, 세계를 무대로 가전제품을 생산하는 소니, 히타치, 도시바, 미쓰비시 등 동종 대기업과 비교해 볼 때 하이얼은 자금, 기술, 생산규모, 마케팅, 브랜드의 해외 이미지 등 여러 분야에서 많이 뒤떨어진다. 게다가 다국적기업들은 냉장고, 에어컨 이외에 비디오, 오디오, 카메라, VCD, 컬러텔레비전, 세탁기, 그리고 자동차, 위성수신기 등 다양한 가전제품과 기계설비를 생산하고 있다. 이것은 몇십 년간 해외 시장에서 피나게 노력한 결과이다. 우리는 일본의 가전제품과 자동차가 세계 시장을 휩쓸고 있으며, 미국과 유럽도 일본 기업을 두려워하고 있음을 알고 있다.

그러나 이러한 사실도 알고 보면 그리 놀라운 것은 아니다. 자기의 실체를 깨달았다면 실력을 키워야지 무리하게 강자와 대결해서는 안 된다는 것을 알아야 한다. 작은 기업이 침착하게 경쟁력을 갖춰 규모가 커지고 실력을 갖출 수 있을 때까지 노력해야 한다. 그러나 장루이민은 경쟁의식에 사로잡혀서 개인의 창조력과 근면 정신을 너무 믿은 나머지 전략적으로 속전속결하려 하고 있다. 파나소닉, 소니 등의 경우, 연봉 백만 달러 수준의 경영인들이 뛰어난 판단력과 지칠 줄 모르는 성취욕을 가지고 있다. 그들은 또한 하이얼 등 국내 굴지의 기업이 부담하지 못할 정도로 방대한 연구개발기구와 일류 과학자 및 엔지니어들을 구비하고 있다. 국내 기업의 근면정신은 어디에 내놓아도 조금도 손색이 없지만, 창의력은 해외 기업이 훨씬 앞서고 있다. 동원할 수 있는 자본과 가격할인 전쟁을 벌일 수 있는 능력도 국내 기업이 훨씬 뒤처져 있다.

약하다고 해서 두려운 것이 아니다. 약하다는 사실 자체를 알지 못하고, 얼마나 미약한지 또 어디가 취약한지 모르고 있다는 사실이 우려되는 것이다. 속전속결과 실패론은 다른 이야기 같지만 실은 서로 같은 이야기를 하고 있다. "3년이면 승패가 갈린다"는 장루이민 자신의 대답이 이미 실패론의 복선을 깔고 있다. 장루이민의 용기에 고개가 숙여지지만 미래를 고려하지 않은 도박은 바람직하지 못하다.

하이얼이 도산하거나 창홍이 무너지는 것이 중요한 게 아니라, 이 기업들이 모두 시장에서 물러나면 국영기업이나 향진기업* 또는 개인기업, 민간기업 등 전국의 대다수 기업이 무너지게 된다는 점이 중요하다. 이것은 국가 경제에 일대 충격을 가져다 줄 것이다. 장루이민의 도박심리가 큰 것은 아니지만, 여러 기업의 경영인 모두가 이러한 도박심리를 갖고 있다면 상황은 매우 심각해진다. 전국의 기업 경영인은 중화민족의 장래와 운명을 걸고 도박을 하는 것과 다름없기 때문이다.

나는 장루이민을 존경하고 진심으로 그와 하이얼 사가 번창하기를 바란다. 개혁개방이 실시된 이후 중국은 한 시대를 이끈 기업가를 배출했다. 그들은 각자의 자리에서 두각을 나타냈다. 저쟝 성과 쟝수 성의 부신성, 허베이 河北의 마성리, 톈진의 위주오민, 정조우 鄭州의 비지니즈계에서 실력을 발휘한 야시야, 바다 건너 페루의 제철소를 인수한 쇼우강, 모두가 자기 분야에서만 몇 년간 매진했다. 그들은 자신이 어떻게 성공을 했는지 잘 모른다. 현지 언론이 이들을 개혁개방의 모범으로 삼아 크게 보도한 덕분에 자기도 모르게 전국에 알려지게 되었을 뿐이다. 또 기삿거리를

---

* [옮긴이] '향 鄕'이나 '진 鎭'에 위치하고 있어서 행정단위가 이름으로 굳어져 버린 기업. 향진기업은 현재 중국의 지방경제와 농촌경제를 지탱해 주고 있다.

찾는 기자의 시야에서 벗어나지 못한 상태에서 무너졌다. 이런 점에서 볼 때 장루이민은 이들 기업이 주는 교훈을 배워 사람의 자질을 언급했고, "국내에서 썩 잘했기 때문에 못할 일이 없다고 여기는 자만과 교만을 극복하는 것이 가장 어렵다"라고 말했다. 그러나 그는 하이얼의 성공담을 정리하면서 기업의 근면성과 품질, 엄격한 경영을 강조했을 뿐이었다. 아마 그는 기업경영의 협소한 부분에 대해서만 논했던 것 같다. 하이얼의 성공 비결은 장루이민과 하이얼 노동자의 부단한 노력에 돌려져야 한다. 그러나 하이얼이 걸어온 길에 무역보호주의의 힘이 있었다는 것을 잊어서는 안 된다. 높은 관세 때문에 독일, 이탈리아, 일본의 다국적기업이 중국에 직접 투자를 하려했고, 바로 그런 시간적 여유 때문에 하이얼이 조금씩 홀로 설 수 있었다. 다국적기업이 보호 관세 때문에 중국 시장에서 일정한 제한을 받은 반면, 하이얼은 국가의 보호를 받으면서 외국 기업과의 경쟁을 승리로 이끌 수 있었다.

그런데 창홍은 왜 하이얼처럼 성공하지 못했을까? 1996년 이전에 수입 컬러텔레비전의 관세는 60~65퍼센트 이상이었다. 중국산 컬러텔레비전의 경쟁도 높은 보호 관세에 기댄 것이었다. 창홍도 높은 관세라는 불공정 경쟁의 환경에서 성장했기 때문에 가격할인 전쟁을 벌일 수 있었다. 그러나 대폭적인 관세 인하가 곧 있을 예정이기 때문에 창홍은 세 번째 가격할인 전쟁을 벌이지 않을 수 없다. 이번 가격할인에서는 창홍도 내부 출혈이 있을 수 있고, 대폭적인 관세 인하 이후의 현실에도 적응해야 한다. 이해할 수 없다. 창홍과 같은 전망 있는 기업이 자본을 축적해야 할 때 연이은 가격인하로 매출 수익이 줄어, 소니와 파나소닉의 도전을 어떻게 맞설 수 있을까 알다가도 모를 일이다.

장루이민 사장이 '하이얼의 세계화'에서 '세계화된 하이얼'을 말할 때 수많은 중국 기업인은 자기 기업이 성장할 수 있었던 외부적 요건을 고려해 본 적이 없다. 시장은 경기장이 아니라 전쟁터이다. 경제 전쟁에서 이기려면 반드시 본영과 근거지를 가지고 있으면서 전진과 후퇴, 공격과 방어가 이루어져야 한다. 만일 중국 냉장고시장의 본영이 WTO 가입 이후 다국적기업에 점령된다면 하이얼의 미약한 힘으로 미국 시장에서 자리를 잡을 수 있을지 여부를 가늠하는 것은 '비즈니스계의 골드바흐의 추측'과 같다.

그러므로 '하이얼의 세계화'든 '세계화된 하이얼'이든, 나는 우리의 기업인들이 경제학계의 명사처럼 신개념을 만들 필요는 없다고 생각한다. 기업인은 성실하게 자신의 미비점을 보완하면서 경쟁력을 제고하여 오랫동안 지속될 경제 전쟁을 준비해야 한다.

조기 가입이든 실패든, 우리는 중국 기업에 돌고 있는 불안 심리를 엿볼 수 있다. 중국 기업의 경쟁력이 어떠한지 이들 기업 경영인, 기업과 긴밀한 관계를 유지하고 있는 관련 산업부문과 협회는 잘 알고 있다. 유감스러운 것은 일부 경제학자들이 WTO 가입의 합리성을 증명하기 위해서 억지를 부려 중국 기업이 WTO 가입 준비를 마쳤다고 과장하고 있다는 점이다. 중국 기업이 모두 파산하거나 외국 기업에 합병될 때, 이 경제학자들은 아마 미국이나 다른 국가에서 살고 있을 것이다.

국내 시장 및 국제 시장에서의 치열한 경쟁을 알게 되면, 우리는 자유경쟁의 이념을 숭배하는 학자들이 실제로는 말과 전혀 다른 일을 하고 있음을 확인하게 된다. 다시 말하면, 외국 독점을 끌어들여 조금씩 살아나고 있는 국내 경쟁을 죽일 수도 있는 것이다.

일자리를 늘릴 것인가, 대량 해고를 방치할 것인가

1999년 4월 26일자 『인민일보』 해외판에는 「중국의 WTO 가입에 대한 자세한 기술 분석」이라는 기고문이 발표되었다. 이 글에 실린 관련 전문가의 예상에 따르면, WTO에 가입할 경우 중국의 GDP는 2.94퍼센트 증가한다. 이것은 2천억 위안의 생산액과 일자리 백만 개의 증가를 의미한다.

이러한 장밋빛 예상은 어떤 전문가의 것일까? 상하이의 『해방일보』는 그 출처를 밝혔다. "주의해야 할 것은, 유엔무역개발위원회(UNCTAD)와 아시아개발은행의 예상에 의하면 중국이 WTO에 가입할 경우 GDP의 2.94퍼센트가 증가할 것이라는 점이다. 또 경제가 1퍼센트 성장할 때마다 4백만 개의 일자리를 늘릴 수 있다. 중국의 실업문제가 해결되리라는 것은 말하지 않아도 분명하다." 이 구절은 이 신문이 상하이 국제관계학회와 함께 개최한 세미나에서 발표된 글 가운데 일부이다. 이 세미나는 주룽지 총리의 미국 방문의 배경과 의의를 살펴보기 위해 개최되었다. 여기에서 중국과 미국 양측은 중국의 WTO 가입 문제를 둘러싼 협상과 양국 관계의 발전 배경에 대해 광범위한 토론을 벌였다고 한다.

현재까지 WTO 가입을 촉구하는 신문, 잡지 등 거의 모든 언론들은 이 자료를 인용해 실업에 대한 우려를 풀어주었다. 만일 사실이 이렇다면 최소한 노동자는 반드시 WTO 가입을 지지해야 한다.

그러나 UNCTAD와 아시아개발은행의 예상이 틀렸다면 어떻게 해야 할까? 이 두 기구가 전문가들을 모았다고 할지라도 이 기구들은 중국인의 기구가 아니며, 잘못된 예상이 가져올 수 있는 결과에 책임을 질 필요도 없다. 일단 예상과 다른 결과가 나타나면 많은 국영기업과 향진기업 및 개인기업들은 파산할 것이고 대량의 실업인구가 생겨 사회는 극도로 불안해질 것이다. 이 두 기구는 이렇게 말할 것이다. "미안하다. 우리의 계량 모델링에 문제가 있었다. 또한 우리의 계산 결과는 중국의 WTO 가입 결정에 아무런 영향을 끼치지 않았다. 그것은 당신들의 문제이다." 그때 중국의 실업인구는 어디에 가서 하소연해야 할까? 어디에 가서 우리의 밥그릇을 찾아야 할까? 미국의 전문가를 찾아가야 하나? 아니면 줏대 없는 중국의 전문가를 찾아가야 하나? 그들이 과연 우리에게 밥을 먹여 줄 수 있을까?

사실, 외국 전문가도 중국이 WTO에 가입하면 대량 실업을 양산할 것이라고 예상하고 있다. 지난 4월 20일 부루킹스연구소의 니콜라스 라디 수석연구원은 『월스트리트 저널』에 기고한 글에서, 중국이 양보해 보호 농산물과 공산품이 개방되면 1천1백만 명의 실업 노동자가 거리로 내몰리게 될 것이라고 워싱턴 국제경제연구소의 평가를 근거로 밝히고 있다. 또한 관련 제품의 수출도 30퍼센트 정도 떨어질 것이지만, 몇 년 후에는 노동 및 자본시장이 다시 소생할 수 있을 것이라고 말하고 있다.

앞서 말한 대로 GDP가 2.94퍼센트 늘어나고 1퍼센트 성장할 때마다 4백만의 고용이 창출된다면 'WTO 가입'은 1천1백76만 개의 새로운 일자리를 만들 수 있을 것이다. 또 라디의 말대로라면 1천1백만 개의 일자리가 사라질 것이다. 서로 다른 연구기관과 전문가들의 결론이 너무 큰 편차를 보이고 있다. 그러면 우리는 누구의 말을 믿어야 할까? 이윤 추구의 원칙에 따라 라디는 중국의 WTO 가입을 지지하고 있다. 라디가 소속된 부루킹스 연구소는 워싱턴에 있는 고급 싱크탱크로서 미국의 이익을 대변하고 있다. 라디는 분명히 "클린턴 대통령이 WTO 가입에 대해 중국과 협상할 수 있는 좋은 기회를 발로 차버렸다"고 비판했다. 그는 "13년에 걸친 WTO 가입을 위한 달팽이 협상 끝에 중국은 클린턴 대통령 정부를 감동시킬 만한 무역자유라는 선물을 주었다"고 말했다.

불행히도 이러한 양보는 주룽지 총리가 워싱턴에 가기 직전에 있었고, 클린턴 대통령도 주룽지 총리가 방문한다고 해서 이 모든 복잡한 이해관계가 압도되리라고 확신하지 못해 이러한 거래를 거절했다. 일부 중국 학자들의 관습적인 사고에 따르면, 중국의 WTO 가입은 중국과 미국 양국의 발전에 이롭다. 예를 들면 상하이에서 개최된 전문가들의 세미나는 중국이 WTO에 가입하면 미국의 수출입 무역을 증대시키고 미국인에게 많은 취업 기회를 가져다 줄 것이며, 무역 분야에서는 양국에 모두 순기능을 할 것이라고 내다보았다. 그렇다면 라디는 워싱턴 국제경제연구소의 예상 결과가 WTO 가입에 대한 중국인의 우려를 불러일으키리라는 점, 아니 중국이 양보를 더 할 수 없다는 점을 몰랐을까?

라디는 이러한 점을 알고 있었을 것이다. 그는 단지 워싱턴의 고위 인사가 상황을 더 잘 파악하기를 촉구했을 뿐이며, 중국의 양보는 이미 충분한 것이었다. 그런데도 그는 중국에서 대량 실업의 발생은 필연적이라며, 이를 확실하게 약속해준 것이다. 얻는 것이 있으면 잃는 것이 있다. 하지만 그 손실은 크기 마련이다.

외국의 전문가들은 각자가 원하는 것이 있고 나름대로 이론 모델을 가지고 있다. 당연하다. 이상한 것은 중국의 전문가들이 한 번 더 숙고하지 않고 맹목적으로 WTO 가입의 순기능을 증명하려고 하는 것이다. 경제학의 모든 연구 대상이 사람들의 직접적인 이익에 관련되기 때문에 과학성으로 위장된 경제학자의 입장은 그 이면에서 중대한 이익을 대변하고 있다. 몇 년 전, 미국의 어느 저명한 경제학자는 과학의 미명 아래 러시아에 '충격요법'을 제시했다. 그 결과 러시아는 핵무기를 가진 걸인으로 추락했다. 외국 전문가의 말을 맹신하는 러시아의 일부 경제 전문가들은 지금도 여전히 러시아가 잠시 쇼크 상태에 있다고 믿고 있다. 그들은 러시아의 경제가 약간 회복의 기미를 보이면 경기 소생의 전조라고 말하면서도, 러시아 경제가 추락하는 현실에 대해서는 함구하고 있다. 가이다르 같은 경제학자들은 이제는 일반 시민을 크게 오도하고 있다. 사실 중국에서도 일부 경제학자들의 행태는 이미 일반 시민의 주목을 끌고 있다.

그러므로 우리는, 중국의 WTO 가입 이후 일자리가 늘어날 것인가 아니면 실업이 증가할 것인가 하는 중대한 문제에 대해 외국 전문가의 예측을 믿을 수 없다. 또한 일부 '입으로 돈을 버는' 경제학자의 말도 믿을 수 없다. 심지어 자기 의견을 외국 전문가의 뒤에 숨겨두는 중국 전문가들은 더욱 믿을 수 없다. 이러한 사람들은 중국 시민을 오도할 뿐만 아니라 책임감도 가지고 있지 않다. 러시아의 가이다르보다 음모적이고 나약하다. 포드 기금을 받으며 미국인을 추종하는 경제학자들은 중국 문제를 논할 자격이 없다.

중국의 실업문제는 이미 심각한 상태에 있다. 1997년 말, 샤강 노동자가 1억1천1백51만 명에 달했으며, 도시와 진 이상 지역에 등록된 실업인구는 5백70만 명으로 등록된 실업률은 3.1퍼센트였다. 실질실업률과 실질실업인구가 1992년 이후 최고 기록을 보이고 있다. 자원 고갈과 몇몇 산업의 과잉생산력 축소 과정에서 일부 지역의 실질실업률은 더욱 높아졌다. 또한 매년 3천만 명의 잉여노동력이 농촌에서 도시 지역으로 몰리고 있었다. 1998년 말 전국적으로는 샤강 노동자의 비율이 작년보다 22.5퍼센트 줄어들었지만, 도시에 등록된 실업인구는 571만 명으로 실업률은 여전히 3.1퍼센트 정도를 기록했다. 특히 일부 지역의 고용 형태가 호전되지 않아 동북 지역의 흐이룽강 黑龍江, 지린 吉林, 랴오닝 遼寧성의 샤강 노동자는 전체 인구의 4분의 1을 차지했다. 도시 실업과 샤강 노동자, 그리고 농촌 실업을 합치게 되면 전체 실업률은 더욱 커진다.

경제학자인 펑란루이 馮蘭瑞가 계량한 수치에 의하면, 제9차 5개년 계획 시기에 도시와 향진에서는 5천4백만 명의 노동력이 늘어나고 3천8백만 명의 일자리가 창출됐지만, 1천6백만 명의 실업 인구가 발생했다. 또 국영기업 개혁이 실시되면 1천5백만 명의 샤강 노동자가 생길 것이며,

여기에다가 이미 샤강된 노동자를 합치면 3천만 명으로 늘어날 것이다. 농촌에서 새로 늘어난 노동력과 기존의 농촌 잉여노동력을 더하면 2억1천4백만 명인데, 현재의 경제 규모로는 7천7백만 명만 소화할 수 있어 나머지 1억3천7백만 명의 인구는 잉여노동력이 된다. 그러므로 제9차 5개년 계획의 말기에 노동력의 총공급량은 6억5천8백60만 명, 실업인구는 1억8천3백만 명(현재 신고된 향진 지역의 실업인구, 샤강인구, 농촌의 잉여노동력을 합친 것임)이 되어 실업률은 27.8퍼센트에 육박할 것이다. 다시 말하면 네 명당 한 명이 실업 상태에 있는 것이다. 농촌의 잉여노동력을 고려하면, 어떤 방법으로 계량한다고 해도 결과는 별 차이 없이 5분의 1에서 4분의 1 사이일 것이다. 실제로 1998년 샤강 노동자가 줄어들어 도시실업률의 많은 부분이 농촌실업률로 이전되었다. 대도시들은 샤강 노동자의 압박을 줄이기 위해 사회적 지위가 낮은 농민공*에 칼을 대, 기업에 샤강 노동자를 우선 고용할 것을 요구한 반면 농민공을 해고하도록 했다. 결국 농업에 종사하던 잉여노동력이 좁은 토지로 몰리면서 농촌인구의 순수입이 하락해 농촌 시장의 위축을 초래했다.

한편 1997년의 특별 감원이 효과를 보게 되면서 샤강 노동자가 급증해 중요한 사회문제로 비화되었다. 그때부터 각 신문의 헤드라인을 차지했던 '감원 특효'라는 구절이 사라지게 되었다. 이와 반대로 여러 가지 행정명령과 각종 세금 혜택 및 다양한 조치를 통해 샤강 직원의 생활을 보호하도록 하는 뉴스가 자주 기사화 되었다. 이것은 사실상 '증원 효과 절감'을 요구하는 것인데, '감원 특효'에서 '증원 절감'에 이르기까지 1년간의 정책적 변화가 너무 크다. 이러한 정책에 대한 찬반 의견 모두 몸집 줄이기에

---

* [옮긴이] 농민공은 농촌에서 도시로 흘러 들어간 하층노동자를 말한다. 대부분의 농민공은 열악한 곳에서 일하지만 신분보장이나 사회보장의 혜택을 받지 못하고 있다.

동의하지만, 노동자의 이익 보호에 주안점을 두고 공평을 강조하면서 "먼저 물꼬를 트고 나서 방류해야 한다"는 주장을 하는 사람들도 있다. 그들은 노동자들이 새로운 일자리를 찾을 수 있게 해야 한다고 역설했다. 예를 들면, 서비스업에 종사하거나 작은 가게를 창업하도록 도와 준 이후에 샤강해야 한다는 것이다.

어떤 사람은 자본가의 입장에 서서 효율을 강조하면서, 경제가 좋아지면 실업이 해결된다고 역설하고 있다. 일단 먼저 감원을 하면 샤강된 직원들은 스스로 새로운 일자리를 찾기 마련이라는 것이다. 그러나 현실에서 감원이 일으키는 사회적 모순은 매우 날카롭고 복잡하다. 대부분의 기업은 전자의 방법을 선택한 결과 감원의 폭이 그다지 크지 않아 기업 발전에 별 보탬이 되지 않았다. 따라서 초기에 대폭적으로 감원을 단행했던 일부 기업과 기구에게 다시 고려할 여지가 주어졌고, 한동안 여론도 대규모 감원이 사회 안정을 해치지는 않을 것이라고 잘못 생각하고 있었다. 전국적으로 대규모 해고를 감행해 효율을 증대시킴으로써 자연적인 해결을 구할 수 있다는 의견이 여론의 지지를 얻은 것이다. 그러나 각 기업에서 해고된 사람들은 다른 일자리를 찾지 못했고, 샤강 노동자는 홍수처럼 불어나기만 했다. 이에 중앙 정부는 정책적인 조정을 하기 시작했다.

1998년에는 각고의 노력 끝에 대부분의 샤강 노동자들이 얼마 안 되는 기초생활비를 얻을 수 있었고, 일부는 새로운 일자리를 찾기도 했다(여기에는 퇴직한 농민공도 포함된다). 이렇게 해서 1997년의 샤강 유행이 일으킨 사회문제가 어느 정도 완화되었다.

이보다 더 중요한 문제는 왜 1990년대 중반 이후에 국영기업의 감원 압력이 갈수록 가중되어, 결국 정부가 감원과 안정, 효율과 평등 사이에서 뼈를 깎는 선택을 해야 하는 상황에 처하게 되었는가이다.

이 현상은 1992년 이후의 경제 정책 가운데 특히 대외경제 정책과 밀접한 관계가 있다. 사실, 1980년대 국영기업의 전반적인 상황은 상당히 양호했다. 매출 수익과 총이윤이 모두 급증했고, 적자도 낮은 수준을 유지했으며, 노동자의 임금이 늘고 사내 복지도 좋아졌다. 국영기업이 국가재정 수입에서 절대적인 비율을 차지하면서 공적인 의무를 맡고 있고, '삼자三資기업'*과 향진기업이 불평등한 세수 환경에 있다는 것을 고려하면, 국영기업의 경제성이 일률적으로 좋을 수는 없을 것이다. 그렇다고 해서 일자리와 효율이라는 두 마리 토끼를 잡지 못하는 것도 아니지만 말이다.

  이러한 결과는 1980년대 초기의 위기 상황에 나온 것이기도 하다. 그때는 문화대혁명의 후유증이 남아 있는 가운데, 외제 상품이 쏟아져 들어왔기 때문에 심각한 인플레이션과 실업의 압력을 받고 있었다. '하방'됐던 수많은 청년들이 도시로 돌아와도 일자리를 찾지 못하는 등, 당시의 경제 구조는 심각한 불균형을 보이고 있었다. 그러나 중앙 정부는 계획경제와 시장경제를 조화시키면서 대외 개방과 민족공업 보호문제를 정확하게 처리했다. 국영기업이 산업 구조의 고도화를 강화함으로써 방직업, 야금, 기계, 전자재산업이 발전했고, 컬러텔레비전, 냉장고 등 새로운 산업도 생겨나 인플레이션의 압력과 실업의 어려움을 극복함으로써 불균형한 경제 구조를 개선하고 국영기업을 개혁할 수 있었다. 공업 분야 국영기업의 적자는 1981년에 22퍼센트였지만 1985년에는 9퍼센트로 줄어, 전체적으로는 59퍼센트가 향상되었다. 이때는 국영기업이 발전하던 시기여서 향진기업과 삼자기업이 여러 가지 제도상의 우대를 누릴 수 있었다. 또한 도시와 농촌을 가리지 않고 전국적으로 생활수준이 고르게 향상되어, 소비풍조가 만연하고 제품이 부족했다. 하지만 시장수요가 커 경제가 호경기를 구가했으며, 개혁개방도 전 국민의 성원 속에서 이루어졌다.

---

* [옮긴이] 중·외 합작경영기업, 중·외 합자경영기업 및 외자기업을 말한다.

이런 성과를 거둔 데에는 많은 요인이 있었다. 먼저 30년간 축적된 중공업 기반이 커다란 이바지를 했고, 중앙 정부가 민족산업을 중요하게 여겼던 것도 작용했다. 당연히 개혁개방이 가지고 온 전시효과도 컸다. 그때 중국은 개방을 외쳤지만 현실경제의 대외경제 정책에서는 매우 신중했다. 1980년대에는 외채 위주의 외자를 도입해 간접 투자를 했다. 직접 투자라고 해도 대다수가 합자 또는 제휴 형식이었는데, 중소기업이 중심이었고 수도 그리 많지도 않았기 때문에 시장지배력이 세지 못했다. 정부와 합작한 기업의 수출과 국산화율에는 엄격한 기준이 적용되었고, 외국 기업에 끊임없이 기술이전을 요구했다. 따라서 합자기업은 민족산업에 그리 큰 타격을 주지 않았음은 물론, 전시효과를 통해 선진적인 기술과 경영방법을 이전해 주어 경쟁을 고무했다. 또한 국제 시장과 의사소통할 수 있었으며, 국영기업의 기술혁신과 투자의 효율을 제고함으로써 많은 신흥산업을 육성해 수천만 명의 청년들을 고용할 수 있었다. 정책적 측면에서 1980년대에 중국 경제가 이렇게 발전할 수 있었던 것은 '보호와 개방'이 변증법적으로 결합하고, '자국 위주'의 보호가 유지되는 가운데 경제의 문을 여는 정책이 있었기 때문이다.

그러나 1990년대 초 사상적 반성의 분위기에서 사람들은 1980년대의 성과를 일방적으로 개혁개방과 시장경제의 결과로 돌릴 뿐, 개혁하기 전 30년 동안의 사회 건설의 성과와 개방이 가능하도록 한 보호 조치가 있었다는 사실, 시장을 거시적으로 개혁한 국가의 계획이 있었다는 사실을 간과했다. 그리고 개혁과 개방, 시장경제로의 전환만을 주장하면서, 시장의 폐단을 마냥 좋게만 보았다. 이렇게 물질을 떠난 변증법은 또다른 극단으로 가고 있었다. 중국 경제의 실패는 피할 수 없는 현실이었다.

사실, 1990년대 초기에 '삼각채 三角債'* 현상이 나타난 것은 시장맹목주의의 결과였다. 그때 중국 기업은 이미 시장의 힘에 의해 온 시장이

얼어붙고, 수요 부족 현상이 일어나 규모를 갖춰야 하는 분야에서 호된
결과를 맛보았다. 이런 상황에서 국내 시장을 계속 보호하면서 자금을
투입해 수요를 확대하고, 국내 기업을 합병하거나 가망 없는 기업을 도산
시켜 산업 구조조정을 강화하고, 기술혁신을 도모한 것은 정확한 조치였
다. 이미 과잉 현상이 나타난 시장에 해외 기업을 끌어들여 외국 자본이
중국 산업 구조의 안정화를 막을 가능성도 적어졌다.

유감스럽게도 1992년 이후 외자 도입이 커다란 반향을 불러일으켰다.
각 지역에서 해외 자본에 문을 활짝 열고 '양감삼면'으로 대표되는 우대
정책을 경쟁적으로 폈다. 외국 투자단과 외국 자본을 끌어들이면 중간
브로커들은 가만히 앉아서 성공한 사람 또는 능력 있는 사람으로 대우받았
다. 한동안 국가, 성, 현, 구, 향 등 여러 단위에 개발지구가 설정되어 광활한
옥토를 포위하고 있다. 또한 거액의 자금이 집중된 결과 엄청난 자원이
낭비되었고, 은행은 불량 채권을 떠안게 되었다.

게다가 각 지방 정부와 언론은 다국적기업을 끌어들이는 규모와 액수
를 개혁개방의 척도로 삼았다. 외자 도입도 1980년대에는 간접 투자 위주
였지만, 1990년대에는 직접 투자가 대다수였다. 1992년에서 1995년 사이
단 3년간 외국 기업의 비율이 5배 급증했다. 1992년에서 1993년 사이에
외자 이용량이 폭증해 92억 달러에서 3백90억 달러로 늘어났으며, 1995년
에는 4백81억 달러로 더 늘었다.

거대 다국적기업의 투자가 급증하자 미국의 GM, 엑슨, 포드, 모토롤라,
일본의 파나소닉, 미쓰비시, 독일의 다임러, 네덜란드의 필립스 등 세계

---

* [옮긴이] 삼각채는 기업끼리 빚을 주고받는 것으로 일종의 상호지급보증이다. 중국 국영기
  업 대부분이 3각, 4각, 5각 관계로 빚을 주고받아 중앙 경제 당국을 곤혹스럽게 하고 있다.
  마치 한국 재벌 기업의 상호지급보증을 연상케 하는데, 현재 국영기업간의 삼각채는 약
  60억 달러에 달해 문제가 심각하다.

5백대 다국적기업이 연이어 중국에 진출했다. 자본집약적이고 기술집약적인 대형 사업이 늘어났고, 연해 지역에서 내륙으로 투자 범위가 확대되었다. 석유화학, 기계, 전자, 철강 등 경제의 골간 산업이 큰 타격을 받았다. 이동통신 설비의 1백 퍼센트, 기타 음료, 맥주, 천연고무, 제약 등의 분야는 더 큰 충격을 받았다. 이렇게 사업이 하나 하나씩 외국 자본의 손에 넘어가 국영기업이 숨쉴 수 있는 공간은 갈수록 줄어들었다.

오늘날 국영기업이 위기에 처한 것은 해외 기업과 국내 기업의 무분별하고 무계획적인 중복 투자가 성행하고, 해외 자본이 국내 자본을 무너트린 결과라고 말할 수 있다. 1988년과 비교해 볼 때 1996년에는 국영기업의 수익이 64퍼센트 줄어들고 적자는 9.7배 늘어나 합산하면 적자가 3백58퍼센트 증가했다. 이로써 적자율이 12.8배 늘어났다. 국내 수요가 부진한 데다, 1998년 아시아 외환위기의 충격으로 국영기업의 수익이 떨어져 부채만 쌓여 갔다. 적자가 늘어나면서 대부분의 국영기업이 파산 위기에 처하자, 어쩔 수 없이 '직원을 줄임으로써' 효율을 제고하려고 했다.

1990년대에 중국이 직면한 실업, 기업 파산, 불량 채권 등은 경쟁적으로 외자를 들여오고 외국 기업이 중국 시장을 차지하면서 중국 기업을 무너트린 필연적인 결과이다. 개방만 주요하게 보고 보호를 경시한 결과이다.

분명히 외자 도입도 고용을 창출할 수 있다. 그러나 외자기업, 특히 거대 다국적기업이 세운 외자기업의 기술 수준이 높기 때문에, 그 기업들이 만들 수 있는 일자리로는 경쟁에서 진 중국 기업에서 일하던 실업자들을 모두 받아들일 수 없다. 그러므로 다국적기업의 중국 투자는 본국 노동자의 일자리를 줄이기는 하지만, 그렇다고 해서 중국 노동자의 일자리를 더 많이 창출하는 것도 아니다. 오히려 중국의 실업을 더 확대시킬 뿐이다.

실제로, 다국적기업이 지구를 통치하는 시대가 다가옴에 따라 세계에서는 20퍼센트의 사람만이 일자리를 가질 수 있게 되었다. 이들은 바로 다국적기업과 관련 회사에서 일하는 사람들이다. 여기에서 일할 수 없는 사람들은 모두 실업 상태에 있게 된다. '20대80' 개념은 서구 사회의 엘리트들이 제기한 것이다. 1995년 9월 고르바초프, 부시, 슐츠, CNN의 사장, 썬마이크로시스템의 CEO, 휴렛패커드의 사장 등 정치, 경제, 문화계의 국제적인 인사들이 로스앤젤레스의 페이몬트호텔에서 다가올 21세기의 문제에 대해 세미나를 개최했다. 참가자들은 미래를 '20대80'이라는 수치와 '우유로 끼니를 잇는 생활'이라는 개념으로 간략하게 정리했다. 노동 생산성이 있는 20퍼센트의 사람만 기용해도 세계 경제의 번영을 유지할 수 있어서, 점점 더 많은 노동력이 방치되고, 80퍼센트의 일하고자 하는 사람들은 일자리를 가질 수 없다. 미래의 사회에서는 부유한 나라의 중산층이 붕괴된다. 이것이 바로 '세계화의 덫'이다.3)

이러한 의미에서 1990년대 이후 중국의 국영기업, 향진기업, 그리고 개인 첨단기업에 위기가 나타났다. 마치 '세계화의 덫'에 빠져들듯이.

더욱 주의해야 할 것은 1990년대 중국의 경제가 고속 성장했지만, GDP 성장은 고용증대 효과를 가져오지 못했다는 점이다. 경제계의 많은 사람들이 이러한 현상을 어떻게 설명해야 할지 고민에 빠져 있다. 경제는 성장하는데 왜 샤강된 인구가 늘고 수요는 위축될까? 거시경제는 낙관적인데, 미시경제는 왜 비관적일까? 이 모두는 서구경제학이 해결하지 못한 것이다. 그래서 국가통계국 통계의 신뢰성에 의구심을 갖는 사람이 있고, 또 어떤 사람은 거시와 미시를 구분해 현실을 자기 이론에 억지로 꿰어 맞추기도 한다. 해외 자본이 국내 자본을 무너트린다는 사실을 염두에 두면 문제는 한 눈에 들어온다. 1990년대 경제 성장의 원동력은 해외 자본이었던 것이다. 그러므로 국내 자본과 해외 자본을 구분하지 않는 성장지표는 중국인의 실생활과 괴리되어 있다고 할 수 있다. 이러한 상황에서 국영기업을 계속 경영하기 위해서는 차입을 통해 임금을 주고, 원자재를 구매하며, 가격할인 전쟁을 펼쳐야 한다. 이 밖에 노동력을 감축해 효율을 올리기도 해야 한다. 결국 공상은행, 농민은행, 중국인민은행, 건설은행 등 4대 은행이 부실 채무를 떠안게 되었다. 국내 자본의 부실이 모든 경제 체제, 예금주, 그리고 일반 노동자들에게도 퍼져 나간 것이다. 국민경제의 붕괴는 시간 문제이며, 철저하고 잔인하게 진행될 것이다.

중국 경제의 현실이 이렇다. 이것이 중국 경제가 지닌 수용력의 현주소이다. 만약 우리가 현실을 못 본 척하거나 중국 기업에 이 전쟁을 할 자격과 능력이 있다고 믿고 무조건 '세계화'의 품으로 들어간다면, 그것은 마치 저승사자에게 달려가는 것과 같다.

이것은 결코 종이 위에 펼쳐진 가상의 그 무엇이 아니다. 전세계 수많은 국가에서 일어나고 있는 현실이다. 1995년 북미자유무역협정(NAFTA)에 가입하기 전의 멕시코의 여론은, 이 협정에 가입하면 미국 상품을 더 싸게 살 수 있고 자기들 상품을 미국 시장에 잘 팔 수 있어 일자리가 늘 것이라고 보았다. 그러나 멕시코 사람들의 생각은 틀렸다. 1996년 멕시코의 실질실업률은 49퍼센트에 이르렀고, 2년간 발생한 신규 실업인구가 2백만이 넘었다.

재미있는 것은 NAFTA 가입 이후 2년이 런던 『파이낸셜 타임스』로부터 '경제의 빠른 회복기'라고 불렸다는 점이다. 왜 이러한 결과가 나타나는 것일까? 그 이유는 간단하다. 비록 멕시코의 대미 방직물 수출량이 급증하기는 했지만, 미국 기업은 기술 수준이 높은 멕시코 기업을 대부분 파산시켰고, 신규 실업인구의 증가폭이 신규 취업인구를 훨씬 넘어섰기 때문이다. 실업 대군이 기업에서 빠져나갔으며, 멕시코 현지의 기업이든 외자기업이든 가리지 않고 남아있는 사람의 임금도 최저 수준으로 하락했다. 그 결과 멕시코 민중의 생활수준은 더욱 악화되었다. 그들은 보다 싼 물건을 살 수 있게 되었지만, 안타깝게도 주머니는 텅 비어 있었다.

사실 이런 상황은 중국의 역사에서도 이미 있었다. 항일전쟁이 끝난 후 미국과 국민당 정부는 중미 양국 사이에 우호통상조약을 맺어 상품 관세를 면제해주고 상대방 국민을 우대하기로 했다. 표면적으로 이 조약은 우호적이고 평등한 통상조약이며 중국인이 세계 시장에 나아갈 수 있도록 도와주는 입장권처럼 보였다. 그러나 양국의 경쟁력은 같은 선상에 있지 않았다. 미국 기업은 중국에 기업을 세울 실력을 가지고 있지만 중국 기업 가운데 미시시피 강에 선박을 띄울 수 있는 기업이 몇이나 될까? 이 규정은 실질적으로 1840년 아편전쟁 이후의 불평등조약을 집대성한 매국적인 조약이다. 그때 미국 제품의 가격은 유사한 중국 제품 가격의 3분의 1에서 10분의 1에 불과했기 때문에 중국 기업은 잇달아 파산할 수밖에 없었다.

1946년 하반기에서 1947년까지 상하이, 톈진, 충칭, 한코우, 광조우 등에서 2만7천여 곳의 공장이 문을 닫았다. 특히 1948년 초 톈진에 있는 공장 가운데 70~80퍼센트가 도산했다. 중국 국민들은 값싼 미국 물건을 살 수 있었지만 그럴 만한 소득이 없었다. 결국 이 '우호'통상조약은 국민 당 정부의 괴멸을 앞당기는 촉매제였던 것이다.

이렇게 라디가 인용한 워싱턴 국제경제연구소의 평가는 어느 정도 현실감이 있다. 그러나 라디의 논의 가운데 중국이 몇 년 후에 빠질 함정을 놓친 부분은 신빙성이 그리 크지 않다. "몇 년 후 노동 및 자본시장은 활력에 차 있을 것이다"라고 말한 부분도 믿을 수 없다. 이 함정을 해부하 면 당연히 약간의 사실도 있을 것이다. 미국 기업의 사장이 보기에 현재 멕시코의 노동 및 자본시장은 생명력으로 가득 차 있다. 미국 기업은 최저 가격으로 생산성이 높은 멕시코 노동자를 고용해 경쟁력을 제고할 수 있 다. 이러한 관점에서 그들에게 멕시코의 노동시장은 활력에 가득 차 있는 것이다. 그러나 간과해서는 안 될 전제가 있다. 멕시코 국민들은 가장 기본적인 의료·교육·취업 보장과 사회보험을 잃게 되었고, 일을 할 때는 배불리 먹을 수 있지만 일이 없을 때는 가난과 병으로 죽어간다는 사실이다. 이것이 서구 경제학자의 선조인 스미스가 말한 '노동과 자본의 규칙'이다. "수요가 일을 할 수 있는 사람의 수보다 낮을 경우 그들의 수입은 노동자계급 가정이 생활하는 데 필수적인 비용보다 낮은 수준으로 떨어진다. 아이와 병자가 있는 대부분의 가정은 붕괴될 것이고, 그때부터 노동 공급은 감소하는 반면 노동력의 가격은 상승한다." 멕시코는 18세기로 후퇴한 것이다.

낙후된 것을 보호하라, 스스로를 보호하라

본래 경제에서의 경쟁과 생존을 위한 경쟁은 모두 잔혹하고 이중적이기 마련이다. 점점 독점력을 강화해 가는 대기업, 재벌, 거대 다국적기업이 있는가 하면, 시장에서 도태되는 수많은 중소기업과 일자리를 잃은 노동자가 있다. 그러나 최근 중국 경제학계와 여론은 '경쟁의 신화'를 날조해 경쟁이 이긴 자와 진 자 모두에게 이롭다고 말하고 있다.

이런 억지가 유행하자 어떤 사람들은 사회 전체의 이익을 위해 '뒤떨어진' 사람에게 몰인정한 도태 정책을 펼쳐야 한다고 주장하고 있다. 예를 들어, 베이징의 '빵차'*를 보자. 본래 빵차의 운전기사는 빵차 한 대를 8년 동안 운전해야 겨우 본전을 뽑고 돈을 벌 수 있다고 계산했다. 그러나

---

* [옮긴이] 빠오 面包는 일반 시민이 애용하는 빵 모양의 택시이다. 현재 대기오염의 주범으로 지적되어 점진적으로 폐차 처분하고 있다.

갑작스런 폐차 지시가 떨어지자 빵차의 설자리가 사라졌다. 빵차 운전기사가 꾸던 떼돈의 꿈은 물거품이 되어 버렸다. 몇 년간 고생해서 산 빵차를 몰 수 없어 그 큰돈을 버리게 됐을 뿐만 아니라, 차를 사려고 빌린 돈을 갚을 도리가 없게 되었다. 별 수 없이 다시 돈을 빌려 차를 사 돈을 갚을 수 있기를 바라며 무리하게 운전 시간을 연장할 수밖에 없다. 빵차 운전기사는 자신의 억울함을 하소연할 곳도 없다. '뒤떨어지면 도태된다.' 현실이 이러한데 스스로 운이 없다고만 여겨야 할까?

그러나 여기에는 세 가지 중요한 문제가 있다.

첫째, '뒤떨어지면 도태된다' —— 이것은 동물계에나 적용되는 생존의 법칙이지 사람 사는 사회의 규칙은 아니다. 우리는 스스로 문명사회에 살고 있다고 생각하지 않는가? 문명사회는 반드시 인본주의를 따라 사람의 생명과 존엄성을 근본으로 삼아야 한다. 사람 사는 사회에서는 동물세계의 약육강식이 원칙이 될 수 없을 뿐만 아니라 정당화될 수도 없다. 그렇지 않다면 나토가 유고슬라비아를 치고, 과거 8개국 연합군이 중국을 침략한 것이 모두 약육강식의 논리에 들어맞는다. 약자는 강자에게 당하고 그들의 말만을 들어야 한다면, 정의와 공정성은 어디에 있고, 인권과 자유, 그리고 문명은 또 무슨 소용이 있겠는가?

인류 사회의 역사는 문명과 야만, 공정과 강권 사이의 전쟁이었고 인권과 금권의 싸움이었으며, 다수의 자유와 소수의 자유가 다툰 기록이었다. 이렇듯 약육강식에 저항하는 세력이 있었기 때문에 인류 문명의 진보가 가능했다. 시장경제에서 약육강식과 야만의 힘이 주도권을 가지고 있음을 부인할 수는 없다. 정의와 문명의 힘은 항상 주도권을 쥐지는 못했다. 그러나 정의와 문명의 힘이 무력했다는 것은 아니다. 세계 각 국의 부를 빨아들이는 다국적기업을 내버려 둔 탓에 제국주의의 편자에 세계 각지가 유린되었다는 말이 아니다. 단지 시장경제에서 정의와 문명의 목소리가 더욱 절박했고, 위기에 빠져 있었으며, 그 동안 힘껏 싸워왔던 정의와 문명의 힘이 자신의 이론과 신념을 확고하게 했다는 것을 말할 뿐이다. 우리는 정의와 문명을 위한 전쟁에 끊임없이 뛰어들어야만 인류의 진보에 대한 희망을 품고 출구를 찾을 수 있다. 그렇지 않으면 이윤을 추구하기 위해 나날이 급변하고 있는 기술이 인류의 멸망을 앞당길 것이다. 현실적인 것이 합리적인 것이 아닐 수 있고, 합리적인 것은 비현실적인 것일 수도 있다. 현실과 합리성을 혼동한다면 인류는 옳고 그름을 구분할 수 있는 능력과 진보의 가능성을 잃어버릴 것이다.

둘째, '뒤떨어지면 도태된다'는 논리는 사람의 생명과 인권을 무시하는 것이다. 한 국가, 한 지역, 한 부문 혹은 한 계층이나 단체가 뒤떨어졌다고 인식되면 기술진보와 사회발전에 저해된다고 낙인 찍혀 생존의 이유를 잃어버리게 된다. 콜럼버스가 인디언을 학살하고, 앵글로 색슨 족이 아메리카 대륙의 인디언을, 히틀러가 유태인을, 일본인이 중국인을 학살하면서 자신의 행동을 정당화한 논리는 '선진적인 것은 낙후된 것을 도태시킨다'였다. 그러므로 노동자의 권익이 무시되고 농민의 권리가 침해되는 것도 정당성을 갖게 된다. 중화민족의 도태도 정당화되며, 또한 미국은 선진 기술의 대표주자 자격으로 세계를 통치하면서 다른 민족과 국민을 무참히 학살하고 노예화할 수 있는 근거를 갖게 된다.

셋째, 현실적인 면에서 중국 경제는 전반적으로 선진국보다 훨씬 뒤떨어져 있다. '낙후된 것은 도태된다'는 논리에 의하면 체제가 낙후된 국영기업은 당연히 도태되어야 한다. 제도는 마련되었지만 자금과 기술이 부족하고 규모가 작은 향진기업도 도태되어야 한다. 그렇게 되면 노동집약적인 업종과 현지 생산과 현지 소비를 하는 다국적기업의 중국 지사만이 살아남을 수 있다. 이러한 상황은 경제 규칙과 국제 분업 체제에 걸맞겠지만, 자주적으로 강대해지겠다는 꿈은 물거품이 되어 중국은 망하고 말 것이다.

우리는 이러한 분업을 받아들여야 하는가? 반드시 도태되는 현실을 받아들여야 하는가?

중국의 일부 경제학자와 언론들이 이러한 '도태'의 논리를 일반 대중에게 주입시킬 때 이 문제를 인식하고 있었는지 모르겠다. 사실 그들 자신도 도태되어야 할 것이다. 오늘날 신자유주의를 맹종하는 경제학자들이 미국의 학계와 정계에서 많은 지지를 얻고 있는 이유는 그들이 중국을 도태시키는 데 도움이 되기 때문이다. 일단 중국이 도태되면 신자유주의를 맹종했던 그들은 역사적 사명을 완수한 셈이고, 이제 거꾸로 그들이 도태될 차례가 될 것이다.

모르는 것이 약이라는 말이 있다. 그러나 의식적으로 미국이 중국을 도태시키도록 돕고 있는 경제학자들은 경쟁 신화의 충실한 신도이다. 그들은 자신들이 도태될 때도 쾌재를 부를까? 대중들은 중국이 도태되어야 한다고 주장하는 학자들을 따라 쾌재를 부를까? 사강 노동자와 실업인구가 자신이 무능하다는 사실을 인정하고 진보의 초석이 될 수 있을까? 중국기업은 낙후되었다는 비판을 퍼붓고 스스로 경쟁에서 탈퇴해 선진적인 다국적기업에 합병되어야 할까? 도태의 필연화를 철저한 개혁의 성과라고 해야 할까?

아니다! 우리는 비록 뒤떨어져 있지만 여전히 사람이다. 우리는 살아야 한다. 우리는 약자에서 강자가 되기를 바라고 있다. 만일 우리 중국인이 50년간의 투쟁에서 얻은 성과가 자유주의자들의 경제학에 의해 낙후된 것으로 치부된다고 해서 도태되어야 한다면, 중국 국민의 향상된 생활수준을 기득권으로 오판해 거부한다면, 우리에게 과연 미래가 있을까?

이 방면에서 우리는 미국으로부터 배워야 할 것이 있다. 실제로 중국이 미처 예상치 못한 양보를 했더라도 미국은 한 발짝도 양보하지 않을 것이다. 우리는 미국에게 WTO의 규정을 준수하라고 요구하고 있다. 즉 2005년에 중국 방직물에 대한 수출 쿼터제를 폐지하는 것이다. 그러나 미국은 삼중의 방어제도로 중국의 수출을 막고 있다. 첫째 2005년에 폐지되는 방직물 방어 제도, 둘째가 수입 촉진 제도——일단 중국의 대미 수출이 급속도로 증가하면 쿼터제는 2012년에 사라질 것이다——이고, 셋째 반덤 핑제도이다. 중국이 WTO에 가입한다고 해도 미국은 시장경제 국가가 아닌 것으로 간주되어 조사와 제재를 받지 않을지도 모른다. 사실, 주룽지 총리의 미국 방문 전야에 미국의 방직물제조업자협회는 정부와 국회에 자신들의 산업을 보호해 달라고 요구하는 팩스를 잔뜩 보냈다. 그런 후에 상원 외교관계위원회의 제시 헬무스 위원장과 오니스터 휠린스는, 중국의 방직물 쿼터제를 2010년까지 연장하지 않으면 의회는 중국의 WTO 가입을 허용하지 않겠다고 공언했다.

이 일로 인해 세상물정 모르는 중국인의 눈이 크게 열렸다. 본래 미국은 낙후된 국내 산업뿐만 아니라 부가가치가 낮고 전략적이지 않은 산업도 보호하고 있다. 미국이 역설하는 자유경쟁에 위배되는 역설적인 일이다. 오랫동안 우리는 자유무역 이념을 실천해 왔던 모범생이었다! 중국의 은행, 보험, 자동차, 통신, 화하, 제지, 농업의 자유화 정도가 야하지만, 또 이들 분야는 중국 경제에 중요한 의의를 가지고 있지만, 이 분야들이 외국 기업에 지배될 가능성이 있어도 중국은 억지로 자유경쟁의 거센 파도에 직면하려 하고 있다. 중국이야말로 자유경쟁에 기반한 시장경제의 충실한 신도라고 할 수 있을 것이다.

문제는 바로 여기에 있다. 중국 경제계는 단지 시장경제의 신도일 뿐이고, 미국은 교황이라는 것. 신도가 얻을 수 있는 것은 영혼의 위안이고 교황이 얻는 것은 십일조이다. 신도는 천당에 가기 위해 마지막 한푼까지도 헌납하고, 교황은 환락을 구하면서 이런 바보 같은 신도들을 우롱하고 있다.

[부록]

어느 외국인이 중국 지도자에게 보내는 서신

존경하는 중화인민공화국 총리에게.

얼마 전 한 중국인 친구가 제게 중국의 WTO 가입 문제에 대한 서한을 보내달라고 권유했습니다.

이 편지가 외람된다고 생각하지는 말아 주십시오. 제가 이 편지를 쓰는 이유는 이 문제가 중국의 미래를 결정할 수 있다고 생각했기 때문입니다. 시장의 힘이 사회와 정치 등 여러 분야에 침투하고 있을 때 수수방관할 수만은 없었습니다.

WTO는 중국 제품이 잘 수출되도록 할 것입니다. 이것은 사실입니다. 그러나 WTO가 관리하는 범위는 제조품에 그치지 않습니다. 일부 새로운 영역도 WTO의 관리에 들어가게 될 테고, 우리는 바로 이 점을 우려하고 있습니다. 제가 몇몇 사례를 들어 문제를 요약한 다음, 투자 부분에 대해 살펴 보겠습니다.

아시다시피 곧 시애틀에서 WTO 장관회의가 열려 농업, 서비스, 지적 재산권 문제에 대해 의논할 것입니다. 그런데 일반 시민과 학자들은 모든 공식 서류에 접근할 수가 없습니다. 그나마 제가 아는 최신 소식에 의하면 구체적인 논의 내용은 다음과 같습니다.

먼저 농업 분야입니다. 공업국가(미국, 캐나다, EU, 일본 등 4대 강국)들은 개발도상국이 원래 계획된 2010년이 아니라 2004년에 농업시장을 전면 개방할 것으로 기대하고 있습니다. 유럽과 미국의 대규모 자본집약적인 농업과 경쟁해야 할 가족 경영의 노동집약적인 농장들은 전면적인 시장 개방을 받아들일 수 없습니다. 특히, 여러 이유로 정부 보조를 받고 있는 농장은 더욱 그렇습니다. 식량 안보와 소규모 가족 경영 농장을 보호하는 일부 기구들이 있기는 하지만, 전세계의 개발되지 않은 시장에는 값싼 수입품이 가득 차 있습니다. 대부분의 농장이 파산해 농민들이 도시로 몰려들고 있습니다.

중국은 현재 세계 최대의 식량 생산 국가입니다. 중국 국민의 부식(계란, 육류, 맥주 등)은 계속 개선되고 있지만 더 많은 식량이 필요할 것입니다. 미국은 이 거대한 잠재 시장을 주시하면서 현재 자급자족 상태인 중국의 식량 사정이 악화되기를 바라고 있습니다. 실업 문제가 갈수록 심각해지고 있는 오늘, 중국은 도시로 유입되고 있는 농촌 인구를 감당할 수 없게 되었습니다. 이러한 사태는 적자생존이라는 WTO의 원칙 아래서 필연적으로 나타나는 현상입니다.

다음으로 서비스업입니다. 최근 소식에 의하면 의료보건 체계 및 공교육(초등학교, 중등학교, 고등학교, 직업학교)이 서비스업으로 간주됩니다. 모든 공공시설이 사유화 대상이 되고 있는 것처럼 이들 분야도 사유화되고 있는 것입니다. 이 점은 아래의 투자 협의와 관련됩니다.

마지막으로 지적 재산권 분야입니다. 무역과 관련 있는 지적 재산권에는 유전자 변형 생물도 포함되었습니다. 그리고 유전자에 번호를 준 동식물까지도 포함됩니다. 예를 들어, 외국인이 A국가에서 희귀 식물을 발견해 새로운 약물이나 교배종을 얻었다면, A국가는 어떠한 보상도 받을 수 없고, 지적 재산권은 처음부터 이 식물을 수집한 회사에 속하게 됩니다.

우리는 이 계획이 과도하다고 여기고 있습니다. 개발도상국에게 주는 손해가 너무 커, 현재의 협상을 철회한 다음 WTO의 기존 조치가 갖는 영향력을 먼저 평가해야 합니다. 그런데 오히려 개발도상국에 대한 압력을 강화해 더 많은 영역을 장관회의의 의제에 넣으려 하고 있습니다. 그래서 자신들이 이러한 영역들에 관여할 권리가 있다고 발표했던 겁니다. 또 이러한 전면적인 협상을 이른바 밀레니엄 라운드로 격상시켰습니다. 앞에서 말한 새로운 영역에는 공공시설, 전자상거래, 경쟁 정책, 특히 가장 중요한 투자 분야가 포함됩니다. 리언 브리턴 EU 집행위원회 부위원장 겸 대외관계집행위원은 일본과 미국에게서 밀레니엄 라운드에 대한 동의를 얻어냈습니다. 그는 현재 아시아 지역을 순회하면서 인도, 파키스탄, 인도네시아, 말레이시아 등 여러 나라의 정부 책임자를 만나 지지를 구했습니다.

1995년 이후 전면적인 투자 조약 즉, '다자간 투자협정'이 OECD 29개 회원국 내부에서 논쟁 중에 있습니다. 그런데 이 협정은 모두 공개되지 않아서 일반 시민들은 1997년이 되어서야 이 구체적인 내용을 알게 되었습니다. 사람들은 다자간 투자협정이 다국적기업과 대형 금융투기 기관에 권력을 주고, 각 국의 정부에 대해서는 매우 엄격한 규제를 두고 있다는 것을 알았습니다. 각 국의 정부는 어떠한 영역에서도 국내 기업을 우대할 수 없게 되었음은 물론, 단기 및 장기 금융자본의 유입과 유출을 받아들여야 했습니다. 투자의 걸림돌이 될 여지가 있는 법은 철폐되어야 합니다.

'국민 대우 원칙'과 '최혜국 대우 원칙'은 모든 영역의 투자에도 적용됩니다. 천연자원, 지적 재산권, 농지와 도시 용지, 주식, 국채와 기타 금융상품 모두가 전형적인 외국인 직접 투자와 똑같은 법률의 적용을 받습니다. 즉 자본은 세워져야 할 권리가 있을 뿐, 자본의 설립을 위해 허가를 받아야 한다는 것은 아닙니다. OECD 국가의 시민들은 이 대형 재단과 금융회사가 국민 경제를 파괴하고 민족 주권을 빼앗으려고 한다는 소식을 들은 후,

광범위한 국제적 운동을 펼쳐서 프랑스가 OECD의 다자간 투자협정을 위한 협상에서 철수하도록 했고, 결국 이 협상은 실패했습니다. 다자간 투자협정은 1998년 12월 3일에 정식으로 "죽었다"라고 발표되었습니다.

다국적기업과 금융기관, 리언 브리턴 같은 정부 대표 부류들은 협상을 WTO로 이전해 놓고 도망쳐 버렸습니다. '다자간 투자협정'이 실패로 돌아서기 전, OECD 회원국 정부들은 이미 이 조약의 90퍼센트에 대해 협의를 마쳐서 새로운 협상의 기반을 다져 놓았습니다. 그들의 수단은 바뀌었습니다. '위에서 아래로'의 방식을 취했던 '다자간 투자협정' 같은 전면적인 협상에는 어려움이 따른다는 것을 알게 된 것입니다. 각 국의 시민이 그들의 행동에 깊은 관심을 기울이고 있기 때문에, 그들은 이 주제를 WTO의 안건에 올려놓고 '아래에서 위로'의 협상 방식을 만들었습니다. 그런 다음 '다자간 투자협정'과 완전히 똑같이 될 때까지 이 일정을 강력히 밀고 나아갔습니다.

또한, 다루는 영역이 많아질수록 교역의 공간이 커지고 있습니다. 우리는 농업 분야에서 우리의 조건이 충족되는 것만으로도 만족하고 있습니다.

저는 중국의 독립이 다른 개발도상국처럼 신자유주의를 관철하기 위한 '다자간 투자협정'의 일정에 영향을 받을까 걱정됩니다. 저는 중국이 WTO 의정서를 받아들이기 전에 전문가에게 모든 분야에 대한 연구를 위임해 미래의 발전 방향을 모색하기를 바랍니다. 감사합니다.

1998년 4월 9일
수전 조지*

* 수전 조지는 파리의 <국제화 옵저버>의 위원장이자 암스테르담 소재 다국적 연구소의 부소장이다. 그녀는 학자이자 사회활동가이다. 수전은 미국에서 태어나 프랑스에서 거주하고 있다. 대표작에는 『믿음과 신용: 세계은행의 세속적인 제국 *Faith and Credit: the World bank's Secular Empire, with Fabrizio Sabelli*』(Penguin 1994), 『외채 부메랑: 제3세계의 채무가 왜 우리를 위험하게 하는가 *The Debt Boomerang: How Third World Debt Harms Us All*』(Pluto Press 1992), 『또다른 절반은 어떻게 죽고 있을까: 세계 기아의 문제 *How the Other Half Dies: the Real Reasons for World Hunger*』(Penguin 1976) 등이 있다. 수전은 <녹색평화운동>과 프랑스 녹색평화운동을 위해 일했으며, 노동조합, 환경과 발전 등 NGO에서 대변인을 맡고 있다.

2

준비된 시장개방? ─ 중국 시장개방의 득실

1장에서 일부 독자들은 약간의 위기감을 느꼈을 것 같다. 한편 꼭 그렇지만은 않다고 생각하는 독자도 있을 것이다. 중국이 정말 그렇게 낙후되었다는 말인가? 정말 온통 시장에서 도태될까? 혹시 겁을 주기 위해 너무 과장한 것은 아닌가? 1장의 논리처럼 외국 자본을 끌어들이는 것은 중국 시장을 잃게 되는 것이고, 국민 경제를 무너트리며, 노동자의 실업을 양산한다는 말인가? 그렇다면 우리는 개방의 문호를 닫아야 하지 않을까? 더 이상 개혁하고 개방한들 무슨 소용이 있을까? 하지만 그들에게 중국이 WTO에 가입하는 것은 개혁과 개방을 심화하고 건전한 시장제도를 세워, 기업의 경쟁력을 한층 강화해 세계화의 도전에 응전할 준비를 잘 갖추는 것에 불과하다.

상황이 그들이 바라는 대로 그렇게 될까?

보호를 받지 못할수록 먼저 도태된다

사실 중국 기업의 도태는 현재 진행형이지 미래의 일이 아니다. 일부 산업
에서는 이미 도태 과정이 완성되고 있다. 개방 이데올로기를 실현하기
위해 중국은 보호 범위를 축소하고 그 정도도 약하게 하고 있다. 전체적으
로 농업, 중화학공업, 자동차, 가전 등 국민 경제와 밀접한 분야는 강력한
보호를 받고 있지만, 식품가공업과 경공업에 대한 보호는 매우 미약하다.

　일반적으로 중국 식품가공업과 경공업의 기술 수준이 상대적으로 낮
아 선진국의 기술을 따라 잡기가 비교적 쉽다. 동종 외국 기업들이 들어오
게 되면 '메기 효과'[1]는 더욱 선명해진다. 따라서 경쟁을 뚫고 살아남아
발전하는 데 알맞은 조건이 마련된다. 먼저 식품가공업과 경공업의 현실을
간단히 살펴보자.

음료산업[2]

음료는 전략적인 의미가 있는 업종은 아니다. 전쟁이 일어났을 때 코카콜
라가 부족하다고 해서 처전선에 나가지 못하는 것은 아니기 때문이다.
그러나 이 산업은 고이윤을 창출하기 때문에 경제적으로는 매우 중요하다.

　30~40세 이상의 사람들이 구매층을 형성했던 1980년대 중국의 음료
산업계는 춘추전국시대였다. 베이징에서는 '베이빙양 北冰洋,' 상하이에
서는 '정광허 正廣和,' 광조우에서는 '젠리바오 健力寶,' 스촨성에서는 '톈
부콜라 天府可樂'를 생산하는 등, 전국 각지 거의 모든 지역이 자기 브랜드
를 가지고 있었다. 음료 생산공장들은 지방과 국가의 재정에 상당히 기여
했고, 수많은 일자리를 만들었으며, 이들 기업의 고이윤으로 노동자의 소
득과 복지가 끊임없이 향상되었다. 예를 들면, 톈진의 음료공장은 1983년
에 새 공장을 지은 후 그 해 총매출 2천4백만 위안에 5백30만 위안의 이윤

을 얻었다.

그러나 이 업종의 전망은 밝지 않았다. 국가의 보호를 받지 못할 뿐만 아니라 해외에 우선 개방되어야 하는 분야로 분류되어 개방의 물결이 들이칠 때마다 시장점유율을 잠식당했다. 1981년 중국 최초의 캔 코카콜라 생산공장이 베이징의 펑타이 豐台 지역에 들어서면서 세계 음료산업의 거인이 중국 음료시장에 첫발을 내딛었다. 1983년에 주쟝 珠江에 캔 코카콜라 공장이 설립되었고, 1986년에는 상하이에 음료식품회사가 세워졌다. 1987년에도 톈진에 진메이 津美음료가 창설되었고, 1992년에는 코카콜라가 13개의 합자기업을 설립했다. 1992년 이후 코카콜라는 확장에 박차를 가해 원경공업부와 MOU를 체결했다. 코카콜라는 그 후 5년간 10개의 캔 생산공장을 증설했으며, 1996년에 또다시 증설했다.

이로써 코카콜라는 중국 전역을 지배하겠다는 목표를 달성한다. 1996년에 코카콜라는 실질매출량 1백50만 톤으로 중국 시장의 3분의 1을 차지해 중국의 음료시장을 어느 정도 지배하게 되었다. 코카콜라와 펩시의 충격으로 각 지역에 흩어져 있던 유명 음료기업은 붕괴 위기에 몰렸다. 그 당시 베이징의 베이빙양, 톈진의 하이관 海關 청량음료, 상하이의 정광허 청량음료, 우한의 음료회사, 광조우의 야주 청량음료, 선양의 파왕스 八王寺 청량음료, 충칭의 톈부콜라가 모두 무너졌다. 1987년에 이 7대 기업이 젠리바오 사와 연합해 국가에 '국내 음료산업 보호'를 요구했다. 국무원에서도 외국 음료기업의 공장 건설을 제한할 것을 지시했다. 그러나 이러한 조치가 중국 음료산업의 도태를 막지는 못했다. 코카콜라와 펩시는 충분한 경쟁력을 가지고 있어서 거액의 광고비를 들여 브랜드 이미지를 구축해 국산 음료시장을 장악했다. 중국 음료기업의 아우성이 끊이지 않을 때, '코카콜라와 펩시'는 '도움'의 손길을 뻗었다. 그래서 이들 국산 음료기업은 두 다국적기업의 품으로 들어갔고, 중국의 음료시장은 코카콜라와 펩시콜라 사이의 국제 경쟁이 벌어지는 전장이 되었다.

음료산업은 왜 이렇게 빠른 속도로 외국 기업에 넘어가는 것일까? 코카콜라가 톈진에서 벌이는 공세를 살펴보면 그 이유를 알 수 있을 것이다. "코카콜라와 톈진의 진메이가 합자한 톈진코카콜라는 1990년에 영업을 시작해, 4년 후에는 생산량이 1980년대의 10배, 1990년의 2.5배로 증가했다. 현지의 싸구려 음료보다 50퍼센트나 싸기도 했지만, 맛있고 시원해서 불티나게 팔렸다. 1994년 이 기업은 90만 톤의 콜라를 팔아, 1만 톤 당 1백만 위안을 벌어들였다. 이러한 판매력 앞에 우후죽순으로 생겼던 싸구려 음료는 버틸 재간이 없었다. 이 4년 동안은 비온 뒤 날이 갠 시기였다. 톈진 시장의 90퍼센트를 코카콜라가 장악했다."[3] 코카콜라는 전세계 5백대 기업 중에서 2백1위를 차지했다. 1997년도 매출량은 1백89억 달러, 광고비 50억 달러, 이윤 41억 달러를 기록해 이윤 획득 순위 15위를 차지했다. 코카콜라 때문에 음료산업은 매우 성장하기 어려운 분야가 되었다. 캠브리지 대학의 피터 로만 교수는 이에 대한 정밀한 분석을 내놓았다.

업종	기간(연도)	업종	기간(연도)
항공우주	23	화학공업	7
계측기계	16	호텔	7
소비재	14	소매	7
종이, 포장용품	12	자동차	6
약품, 의료기계	11	교통	7
건축	10	보험	6
은행, 금융기구	9	철강	6
전력	9	타이어	5
에너지	9	연구개발	4
광산채굴	8	패션	2
공중파 방송	8	통신	2

이 표는 모건 스탠리사의 통계자료인데, 숫자는 다양한 업종에서 한 기업
이 거대기업으로 성장하기까지의 기간을 나타낸다.

　패션의 경우, 어느 정도의 자원만 있으면 빠른 기간 안에 선진국 수준을
따라잡을 수 있다. 철강과 자동차산업은 충분한 자원과 강력한 실력만
갖춰질 경우 6년이면 따라잡을 수 있다. 화학 분야는 7년, 석탄 분야는
8년이 걸릴 것이다. 은행과 금융의 서비스 향상은 30~50년이 걸릴 것이다.
의약 분야는 신약 개발을 위해 연구개발 인력을 키워야 하기 때문에 더
많은 시간이 필요할 것이다. 제지와 포장업은 쉽게 보이지만 발전하기가
매우 어려운 분야이다. 이 분야들은 자본집약도가 높아서 고도의 기술을
요구하기 때문이다. 소비재 분야에 대해 이해할 수 없는 것은 왜 14년이라
는 긴 시간이 걸려야 하느냐는 것이다. 우리는 와하하 娃哈哈, 젠리바오
健力寶*만 보아도 그 답은 코카콜라에 있음을 쉽게 알 수 있다. 코카콜라는
매년 50억 달러를 들여 브랜드 이미지를 만들어 내는 데 1백 년이 걸렸다.
이들 기업이 아무리 노력해도 시장 장악이 어려운 것은, 코카콜라가 우리
의 뇌리를 완전히 장악했을 뿐만 아니라 정서적으로도 가장 중요한 자리를
차지했기 때문이다.[4]

다시 말하면, 국가의 보호가 없을 경우 단순한 경쟁력으로만 보면 어떠한
국가의 음료산업도 코카콜라와 대등한 경쟁을 할 수 없다.

　이러한 측면에서 보면 젠리바오가 획득한 실적은 매우 우수한 편이다.
코카콜라와 펩시의 '압박'을 받던 젠리바오는 펩시의 매출량이 50만 톤이
었던 1996년에 70만 톤을 팔았다. 그러나 젠리바오의 고위 인사(리즈창
기획실장)는 별로 낙관적이지 않다. 그는 1996년의 매출량은 펩시보다 많
지만 머지 않아 추월당할 것이라고 본다. 펩시가 중국에 투자한 수많은

---

* [옮긴이] 중국의 인기 음료 상표들이다.

기반시설을 아직 가동하지 않기 때문이다. 개인적으로 보아도 중국 음료시장의 전망은 그리 밝지 않다. 국내의 유명기업은 국가의 확실한 지원을 받지 못하고 오랫동안 자금 압박에 시달렸다. 1998년 젠리바오의 총생산은 40억 위안으로 10억 위안의 유동 자금이 필요했지만 3천만 위안밖에 벌지 못했다. 젠리바오의 해외 마케팅도 막혀 있어서, 현재 젠리바오는 커다란 자금 압박에 부딪쳐 있다. 다행히 프랑스의 몇몇 은행이 다른 국가의 10여 개 은행과 함께 젠리바오에 5천5백만 달러를 무상 대출해 주었다.

중국 시장에서 고군분투하고 있는 음료산업의 새싹이라고 할 수 있는 젠리바오에게 이 '5천5백만 달러'는 구세주와 같았지만, 전세계를 무대로 하는 음료산업의 상어 펩시는 여전히 매년 수십억 달러를 광고에 투입하고 있다. 마치 현대판 거지와 왕자의 한판 대결이라고나 할까.

이 승부의 끝은 세 가지가 있을 수 있다. 가장 바람직한 것은 국가가 코카콜라와 펩시에 대해 규제를 실시하고 젠리바오를 지원해 젠리바오가 결국 승리하는 것이다. 두 번째는 젠리바오가 패배를 인정하고 코카콜라 또는 펩시에 인수 합병되어 코카콜라나 펩시로 기업명을 바꾸는 것이다. 미지막으로 가장 비참한 결말은 젠리바오가 최선을 다했지만 파산되는 것이다. 어쨌든 리이닝의 '메기 효과'의 미래에는 '상어밥'만이 있을 뿐이다.

맥주산업[5)]

음료산업과 마찬가지로 맥주 역시 국내에서 가장 먼저 개방된 분야이다. 어쩌면 메기가 그 안에 도사리고 있는, 치어로 가득 찬 어항일 수도 있다. 메기와 치어의 생존경쟁이 벌어지기는 맥주도 음료와 마찬가지일 것이다.

맥주는 중국의 모든 음료산업에서 가장 빠르게 성장하는 분야이다. 현재 생산량이 전체 음료 생산에서 가장 많은 비중을 차지하고 있다. 1980

년대 이후 고속성장의 시기를 거친 맥주산업의 발전 속도가 현재 둔화되고
있어 앞으로 안정적인 성장이 예상된다. 1995년까지 중국의 맥주 생산량은
1천5백46만 톤으로 독일을 넘어섰고, 미국에 이어 2위를 달리고 있다. 중국
맥주시장의 고속성장은 중국 기업이 사력을 다해 일궈낸 결과라고 해야
할 것이다. 중국의 맥주 소비는 '어색함—익숙함—좋아함'의 과정을 거쳤다.
수요가 급증하는 시장에 맞춰 맥주산업도 비약적인 발전을 거듭해 한순간
에 각지에 크고 작은 공장이 세워졌다. 그 결과 1990~97년 동안 중국의
맥주 생산공장이 불과 몇십 개에서 5천6백 개로 폭증해 맥주 생산량도
엄청나게 늘어났다. 그러나 수많은 소규모 맥주공장이 방대한 시장에서
각축을 벌임에 따라 혼전을 피할 수가 없다는 것이 문제이다. 더욱 중요한
것은 국제 맥주시장의 거인들이 이 기회를 틈타 중국의 맥주시장을 석권할
수 있다는 것이다. 실제로 거인의 맹공 앞에서 국내 맥주기업은 하나둘
무너지고 있다.

어떻게 하면 무너지지 않고 버틸 수 있을까? 1995년 중국의 맥주공장
은 6백17개였지만 1996년에는 5백89개로 줄어들었고, 2년 후 1997년에는
5백50개로 다시 줄어들었다. 1천5백여 개 브랜드의 평균생산량이 3만4천3
백 톤이었다. 1997년에 생산량 순위 10위권 안에 있는 기업의 생산량이
전국 생산량의 17.5퍼센트, 시장점유율도 20퍼센트에 불과했다. 생산량이
최고였던 옌징 燕京맥주의 1997년도 시장점유율은 3.86퍼센트에 불과했
다. 브랜드와 시장 모두 지역화, 분산화의 특징을 보이고 있는 것이다.

그러나 외국 맥주는 다른 양상을 보여주고 있다. 미국의 7대 맥주 브랜
드의 자국 시장 점유율은 95퍼센트에 이른다. 그 가운데 최대 기업인 앤하
우저 부쉬 사가 점유율 48.2퍼센트를 차지했는데, 주요 제품인 버드와이저
의 1996년 전세계 판매량은 1천60만 톤이었다. 일본의 4대 맥주 브랜드도
국내 시장의 99퍼센트를 차지하고 있는데, 최대 기업인 기린맥주는 국내

시장의 43퍼센트를, 2위인 아사히맥주는 34.4퍼센트를 차지했다. 네덜란드의 라블탕크 은행이 발표한 시장보고서에 따르면, 1996년 세계 순위 5위의 맥주기업이 전세계 시장의 27퍼센트를 차지하고 있고, 이 가운데 버드와이저가 10퍼센트 정도를 차지하고 있다. 세계 최대 생산량을 자랑하는 20대 기업에 중국 기업은 포함되지 않았다.

현재 세계 10위권에 있는 모든 맥주 회사들이 중국에서 제휴 파트너를 찾고 있다. 중국양조산업협회 맥주지회의 자료에 의하면, 1997년 해외 합자기업이 지분을 많이 가지고 있는 맥주의 생산량이 전국 생산량의 30.8퍼센트를 차지하고 있고, 그 중에서 28개 외국 브랜드의 맥주 생산량이 66만2천 톤으로 전국 생산량의 3.6퍼센트를 차지했다. 현재 중국에서 연산 5만 톤 이상인 기업 가운데 72퍼센트가 해외 합자기업이다. 이들 기업의 생산량, 매출량, 이윤과 세금의 지표가 20대 해외 합자기업의 거의 절반을 차지하고 있다. 통계에 따르면 1994~96년 3년 동안 맥주산업의 자본금에서 외국 자본의 비중이 19.7퍼센트, 37.5퍼센트, 45퍼센트를 기록해 해마다 상승 추세를 보였다. '외국 맥주'가 중국의 고급 맥주시장을 선점한 것이다. 지금 베이징의 중상급 맥주시장은 벡스, 버드와이저, 산미구엘, 칼스버 그 같은 외국 맥주가 석권하고 있다.

베이징의 8대 맥주기업 가운데 베이징 시장의 60퍼센트를 차지하는 '옌징 燕京'만이 유일하게 해외 기업과 제휴하지 않고 있다. 다른 기업들은 이미 외국에 넘어가서, 미국의 아시아투자전략회사는 베이징의 우싱 五星 맥주의 지분 가운데 60퍼센트를 차지했다. 상하이의 5개 맥주기업도 모두 해외 기업과 합자한 결과, '광밍 光明,' '상하이 上海,' '톈어 天鵝' 같은 유명 브랜드가 상하이 시장에서 사라지게 되었다. 미국의 앤하우저 부쉬사는 우한 武漢의 중더 中德맥주를 합병해 버드와이저를 생산하고 있으며, 일본의 아사히 맥주는 항조우 杭州에서 합자 공장을 세우고 베이징맥주와 옌타이 烟台맥주의 지분을 얻었다. 영국의 배스 사는 지린 吉林의 진스보 金斯伯사의 지분을 취득했으며, 프랑스 기업은 하오먼 豪門의 지분을 얻었다. 덴마크 기업도 광둥의 휘주오 惠州에 있는 맥주공장을 사들였다.

이들 해외 맥주산업의 거인들이 중국 시장에 진출하는 과정에는 여러 공통점이 있다. 먼저 시기상의 선택이 좋았다. 1990년대 중반기에 중국의 맥주시장은 성숙기에 들어섰지만, 출혈을 감수하는 가격경쟁을 벌인 크고 작은 기업들이 경영난에 허덕이면서 해외 자본의 힘에 기대어 경쟁 상대를 무너트리려고 했다. 또는 값싸게 팔아서 장렬히 시장에서 물러나려고 했다. 이런 상황에서 맥주산업의 다국적기업이 중국 기업을 돕는다는 명목으로 가볍게 중국 시장에 진입할 수 있었던 것이다.

둘째, 대상의 선택이 훌륭했다. 이 해외 맥주산업의 거인들은 중국에서 지명도가 높은 기업만을 선택해 제휴 파트너로 삼았다. 이렇게 해서 미래의 경쟁상대를 없애고 현재 그 기업들이 장악하고 있는 판로를 이용할 수도 있게 되었다. 이 전략이 시장의 최고 지점을 장악하는 전략이면서 중국 맥주시장을 주머니 안에 넣을 수 있는 방법이었다. 합자를 해야 성공한다는 목소리 가운데에서도 옌징, 칭다오, 주지앙, 첸지앙 등 네 기업은 민족적인 맥주산업을 굳건히 지키고 있다. 첸피 사의 황웨이칭 사장은, 첸피는 사거리에 있는 셈이라고 말하고 있다. 중국의 맥주산업뿐만 아니라 중국의 모든 민족산업이 기로에 서 있다는 것이다. 지금 겪고 있는 압력은 갈수록 세어지고 있을 뿐 줄어들 기미가 보이지 않고, 경쟁자도 점점 거세어지고 있다.

국내 기업이 살아남으려면 두 가지 선택밖에 없는 것 같다. 진지를 지키든지 다른 기업의 깃발을 올리든지. 황웨이칭은 외국 기업과의 경쟁에 당당히 맞섰지만, 그에 따르는 위험이 크다는 것을 직시해야 한다. 기업을 지키는 전쟁은 침략자와 맞붙은 전쟁과는 다르다. 기업 경쟁의 핵심은 이윤이지만 침략자와의 전쟁은 생존과 존엄성을 지키기 위한 것이기 때문이다. 경쟁을 원리로 하는 기업이 계속 적자만 보게 될 경우 다른 기업에 흡수되어 재편되는 것은 시장의 원리이므로 어느 누구도 왈가왈부할 수 없다. 그러나 침략자와의 전쟁에서 항복이란 있을 수 없다. 마지막 한 사람, 마지막 한 방의 총알이 없어질 때까지 싸워야 한다. 이는 시장에서 적자를 계속 보더라도 마지막 한 푼이라도 남아 있을 때까지 기업을 계속 운영하는 것에 비유할 수 있을 것이다. 그러므로 중국의 맥주산업이 해외의 거대한 맥주기업들이 벌이는 광고 공세와 덤핑 압력을 이기지 못한다면 어쩔 수 없이 경쟁에서 도태되고 말 것이다.

메기 효과를 주장하는 사람과 지지하는 사람들을 일깨우기 위해, 1998년 5월 맥주업계의 광고비 순위를 아래에 제시한다. 수족관에 넣은 것이 메기인지 상어인지 직접 확인하기 바란다.

상품명	비용(백 위안)
밀러	618
라이크	344
산미구엘	283
엘로우 리브	235
포스터스	207
아사히	184
옌징	150
칼스버그	121
성촨	103
칭다오	99

자료 출처: 『중국 맥주』

세척제, 자전거, 패션산업

중국에서는 이제 세척제산업의 유명 브랜드가 모두 사라진 것 같다. 1996
년 초, 한때 선풍적인 인기를 얻었던 '휘리 活力 28'이 합병을 결정함으로
써, 중국 세척제산업의 선두기업이 외국 기업에 고개를 숙이고 말았다.
미국의 피앤지, 일본의 가오, 영국의 유니레버, 독일의 헨켈 등 4대 국제
가정용 세척제기업들이 중국의 시장을 분할 지배하게 된 것이다. 상하이,
베이징, 톈진, 후베이 등에서 오랫동안 사랑을 받아온 르화 日花사마저
합병 혹은 지분 축소되어 국내 유명 브랜드는 사실상 모두 사라졌다.

국가 과학기술위원회의 조사에 따르면 세척제의 경우 1994년 합자기
업의 실질생산량은 55만 톤으로 그 해 전국 생산량의 35퍼센트를 차지했
다. 1995년에는 40퍼센트로 상승했고, 2000년에는 합자기업의 생산량이
1백60만 톤으로 늘어나 제9차 5개년 계획 기간 말기에는 예상 생산량의
60~70퍼센트를 차지할 것이다. 그때까지 세척제시장에서 살아남을 기업
은 농촌과 산간지방의 낙후 지역을 판로로 삼는 르화 日花밖에 없을 것이
다. 그러나 르화의 세척제는 생산비용이 낮고 품질이 뒤떨어지는 데다
이윤도 그리 많지 않아 시장에 미치는 영향력은 미미하다.

자전거산업은 본래 중국이 자신감을 보였던 분야이다. 중국은 자전거
이용 대국이자 생산 대국이기도 하다. 세계 자전거의 40퍼센트가 중국에서
생산되고 있다. 그러나 자전거산업에도 앞서 말한 문제들이 있었다. 생산
공장의 규모는 작은 데 비해 숫자는 많아 경쟁력을 갖지 못하고 있었다.
기존의 자전거시장은 용지우 永久, 평황 鳳凰, 페이거 飛鴿 등 가장 규모가
큰 세 브랜드의 지배율이 낮았고, 각 지역의 이름 없는 자전거들이 지방
정부의 보호를 받아 운영되고 있었다. 1990년대에 들어 경쟁이 치열해지면
서 외국 자본이 빈 틈을 헤집고 들어오기 시작했다.

1996년까지 중국에는 3백여 개의 자전거 생산공장이 있었다. 그 가운

데 삼자기업이 60개였고, 부품 생산기업이 6백여 개 있었다. 삼자기업의 자전거 생산규모는 연간 1천5백만 대에 이르렀다. 자전거산업이 다른 산업과 다른 것은 해외에서도 자전거시장에는 독점 현상이 나타나지 않았다는 점이다. 본래 중국에서는 여러 해 동안 경쟁을 거친 결과 수많은 자전거 생산기업이 나타났다. 이들은 나름대로 생산 기술 향상, 제품의 브랜드 효과, 해외 시장 개척을 위한 기반을 마련해 놓았다. 그러나 맹목적으로 외제가 좋다는 생각 때문에 장기적인 안목을 갖지 못하고 스스로를 폄하해, 적극적으로 해외 자본을 끌어들임으로써 새로운 브랜드와 경쟁해야 하는 상황에 부딪치고 말았다.

가장 전형적인 예를 보자. 상하이의 평황과 대만의 제안터 捷安特가 1천2백만 달러를 투자해 쥐펑 巨鳳자전거유한회사를 세워 연간 1백20만 대 생산을 계획했다. 상하이의 용지우도 미국 및 대만과 합자해 1억3천만 위안으로 용성 永勝사를 세워 연간 1백만 대 생산을 계획했다. 그러나 이것은 분명히 치어가 메기의 입 속으로 들어가는 것과 같은 자살행위였다.

이 밖에 관심을 두어야 할 분야가 패션산업이다. 중국은 의류 생산 대국으로 관련 기업이 셀 수 없을 정도로 많다. 아주 작은 영세기업은 그만두더라도 규모를 갖춘 경우만 4천4백여 개나 된다. 이 기업들이 연간 80억 벌을 생산하고 있는데, 이 가운데 절반 이상을 수출하고 있다. 그러나 패션 대국이 곧 패션 강국이라는 의미는 아니다. 중국의 수출용 의상의 평균 단가는 3.2 달러인데, 외국 기업은 이렇게 낮은 가격으로 중국의 수출용 의상을 산 다음 자사의 상표를 붙여 유럽, 미국 같은 초대형 시장에서 10배 이상의 가격으로 판매하고 있다.

중국의 패션시장에서 판매되는 대부분의 외국 브랜드는 중국에서 생산한 것이다. 피에르 가르뎅, 크로커다일, 지오다노, 플레이보이 등은 중국 사람들이라면 누구나 갖고 싶어하는 유명 브랜드이다. 이러한 패션산업의 거두들은 디자인, 원단 선택, 품질 관리, 광고 등으로 생산비용의 10배에 달하는 이윤을 벌어들이고 있다. 중국 패션계의 '치어'들은 어디로 사라졌을까? 아마 메기의 세포 증식에 쓰이거나 생체 기관의 일부가 되었을 것이다.

제지업

제지업의 상황은 '규모는 크지만 실속이 없다'로 정리할 수 있다. 현재 국내의 종이와 판지 생산량은 미국과 일본에 이어 세계 3위를 기록하고 있는데, 1996년 전국 생산량은 전부 2천6백만여 톤이다. 그러나 이러한 규모의 생산량으로는 세계적인 수준의 대기업과 견줄 만한 생산업체를 육성할 수 없다. 현재 기업의 평균 생산 규모가 너무 작기 때문이다. 1995년 공업 조사 결과 전국적으로 제지기업은 1만1천25개에 달했는데, 연간 생산이 1만 톤 이상 되는 것은 1천1백87개에 불과해 전체의 11퍼센트를 차지했다. 1만 톤 이하의 영세 공장은 9천8백35개로 전체의 83퍼센트를, 또한 1만 톤 이하의 영세 공장 가운데에서도 5천 톤 이하의 공장이 9천1백41개로 전체의 83퍼센트를 차지했다.

규모가 터무니없이 영세하다는 것은 많은 문제가 있다는 것을 의미한다. 제품의 구조가 불합리하고, 효율이 떨어지며, 제품의 질이 낮고, 환경오염도가 높다는 것이다. 선진국의 기업은 평균 연간생산량이 14만 톤에 이르는데도, 생산비용이 낮고 좋은 품질을 유지하고 있다. 게다가 환경 친화적이기도 해서 강력한 경쟁력을 가지고 있다.

국가가 중점적으로 발전시키려는 품목인 신문용지는 종이 제품 가운데에서도 대표성이 강하며 시장잠재력이 큰 항목이다. 중국에서 현재 신문용지의 연간 수요량은 1백만 톤이다. 1995년의 생산력은 85만 톤이었지만 실제 생산량은 80만 톤이었고, 그것도 국가에서 중점적으로 지원하는 아홉 곳의 제지 공장에서 72만 톤, 90퍼센트를 생산했다. 신문용지의 경우 선진국의 일반적인 생산 규모는 1백만 톤이지만, 중국의 경우는 최대 15만 톤에 불과하다. 기술 수준이 낙후되었기 때문이다. 국내에서 가장 좋은 기계인 지린 성 스시엔 石嵊 제지공장의 9호기는 분당 7백 미터를 생산하지만, 최신 외국 기계의 경우 분당 평균 1천7~8백 미터 이상을 생산한다.

그러므로 제지업에서 해외 기업에 대한 진출 제한이 완화되면 국내 기업들은 강한 압박을 받을 것이 분명하다. 중국은 WTO에 가입하고자 하는 진심을 보여주기 위해 1996년 초 관세를 다시 한번 인하했다. 그 결과 신문용지의 관세가 15퍼센트로 떨어졌다. 같은 해 중국의 종이 수입이 크게 증가, 총 4백50만 톤에 이르러 전국 총생산량의 20퍼센트에 가까웠다. 1995년에 비해 48.38퍼센트가 늘어나 사상 최고 기록을 세운 것이다. 그 가운데 신문용지의 생산 증가율이 가장 빨라 35.63만 톤을 기록했는데, 전년보다 6.56배 늘어나 국내 생산량의 42퍼센트에 달했다.

1997년도에도 이러한 추세는 더욱 짙어졌다. 이 해 중국이 수입한 종이와 판지의 총량은 5백52만4천3백 톤으로, 전년도보다 22.9퍼센트 늘어나 28억2천7백만 달러를 소모했다. 담배 말이 종이와 생활용 종이의 수입은 줄었지만, 다른 품목의 수입량은 큰 폭으로 늘어났다. 신문지, 경량 도포지, 동판지, 우피 종이와 종이 봉지, 미도포백지판 등은 수입 증가폭이 25퍼센트 이상이었다. 이 외에 펄프와 폐지의 수입량도 증가했다.

수입 종이의 종류와 수량이 급증하자 국내의 종이시장에 커다란 변화가 생겼다. 불황으로 수요가 줄어 가격이 떨어지자 자금난이 가중됐다. 그러자 수많은 제지공장이 생산을 멈추거나 생산 규모를 절반으로 줄여 심각한 적자를 보게 되었다. 국가경공업국이 1997년에 전국의 24개 성을 대상으로 집계한 통계에 따르면, 적자 규모는 8억2천5백만 위안으로 전년 대비 22.04퍼센트 늘어났고, 적자를 기록한 분야도 전체의 40.56퍼센트를 차지해 동기 대비 5.12퍼센트 증가했다. 이자와 세금의 합계는 31억8백만 위안으로 전년 동기 대비 13.8퍼센트 줄어들었다. 그 중에서 손익분기점 이후의 이윤이 8억5천3백만 위안으로 전년동기 대비 32.4퍼센트 하락했다. 결국 24개 성 중에서 12개 성이 적자를 본 것이다.

국내 제지업계는 이렇게 경쟁력이 뚜렷하게 차이나는 비교경쟁에서 거액의 적자를 견뎌내지 못하고 대외경제무역부에 반덤핑 조사를 청구했다. 국내 신문용지 업계의 평균 생산비용은 톤당 5천2백37위안인데 비해 평균 판매가는 5천4백12위안으로, 판매수익이 3퍼센트도 못되어 더 이상 가격을 인하할 여지가 없었다. 그런데 캐나다, 미국, 한국에서 생산한 고급 신문용지의 본선인도(FOB)가격은 5천3백 위안 정도였기 때문에 국내의 제지업에 미치는 손실은 엄청나게 컸다. 1997년 국내 신문용지의 총생산량은 73만 톤으로 전년동기 대비 19퍼센트 줄어들었지만 재고량은 늘어났다. 결국 적지 않은 공장이 생산을 멈춰야만 했다.

1997년에 수입량이 많아 신문사마다 대량으로 쌓인 재고를 소화하느라 1998년 중반기까지 기업의 경영 상태는 뚜렷하게 개선되지 않았다. 단기간 동안에는 수요량이 크게 늘 수 없었다. 1997년에 제품주문위원회는 15만 톤의 신문지가 팔리지 않았기 때문에 10만 톤에 이르는 상부하달을 내렸는데, 4만5천 톤만 계약이 이루어졌을 뿐 5만5천 톤은 계약조차 맺지 못했다.

국내 신문용지 업체가 모두 도산하는 압력 속에서 대외경제무역부는 1997년 4월 1일부터 신문지 수입 관세를 20퍼센트로 올려야 했으며, 10월1일부터는 자동세율을 적용하기 시작했다. 이 결과 가격이 올라가면 관세는 인하되고 가격이 내려가면 관세가 인상되게 되었다. 이후에 신문용지 수입량이 크게 떨어졌다. 자동세율을 적용하기 전인 1997년 1월부터 9월까지 신문용지의 전체 수입량이 37만 톤으로 매월 평균 4만 톤 이상이었던 데 비해, 10월부터 12월까지의 수입량은 8만 톤으로 매월 4만 톤도 채 되지 않았다. 만약 덤핑 판정이 나면 수입량을 한층 감소시켜 국내 업계의 어려움을 완화해 줄 수 있을 것이다.

그러나 자동세율의 적용은 국내 제지업계의 곤경을 일시적으로 완화해줄 뿐이다. 더욱 심각한 일은 국내에 개방이 필요하다는 의식이 팽배해지면서, 외국 기업이 '양면삼감'의 혜택을 받으며 중국에 대형 제지기업을 차릴 수 있게 되었다는 것이다. 잠정적인 집계에 의하면 최근 10여 년간 전국의 제지업체가 이용한 외국 자본은 16억 달러였다. 그 가운데 해외 차관이 6억2천만 달러로 전체의 39퍼센트를 차지했고, 외국 기업의 투자는 9억8천만 달러로 61퍼센트를 차지했는데, 1백여 개의 중상급 제휴기업들이 여기에 해당한다. 이 덕분에 1백20만 톤의 생산량이 증가할 수 있게 되었다. 인도네시아 사이나 마스 그룹의 중국 진출은 더욱 놀랄 만한 일이다. 이 그룹은 1995년에 중국을 무대로 전략적 투자를 시작해 일단 공장 설계를 60만 톤 수준으로 제한해 놓았다. 중국 정부가 비준한 제지공장 세 곳의 생산량은 각각 닝보 寧波 1백40만 톤(1분기에 40만 톤), 전지앙 鎭江 1백35만 톤, 하이난 海南 60만 톤 등이다. 이 공장들의 조립 규모는 광둥의 칭웬 淸遠, 샤오관 韶關 등 두 지역과의 제휴 협의를 통해 결정한 1천1백만 무 정도로, 1995년에 실시되었다.6) 이렇게 거대한 물량이 시장에 나오면 자동세율은 국내 제지업을 보호해줄 수 있을까?

의약산업7)

최근 중국의 의약산업은 20퍼센트씩 성장해 1997년에는 총생산이 1천4백억 위안에 이르렀다. 그러나 전체적으로는 여전히 분산되어 있고 규모도 작은 데다가, 혼란스러운 상태에 있다. 현재 중국에는 5천3백96개의 의약 생산기업이 있다. 그 가운데 네 곳의 규모가 가장 크며, 1백77개의 대기업과 5백48개의 중소기업이 있다. 화학제약사는 2천2백 개인데, 76퍼센트가 영세하다. 또 중간 정도 규모의 한약제조사는 7백 개인데 대부분이 영세하다. 기업의 평균 총자산 규모는 1천8백17만 위안이고, 평균 실수입 자본은 40만 위안, 평균 순자산 규모는 6백만 위안, 평균 직원수는 3백~4백 명이다. 제품 구조도 합리적이지 못해서 경쟁력 있는 규모의 경제로 우위를 만들기가 어렵다.

또한 대형 제약기업의 수가 매우 적다. 일부 기업들이 스스로 대형 혹은 초대형이라고 과장하지만 세계적인 규모와는 비교할 수 없을 정도로 왜소하다. 1995년 순위 50위였던 일본 기업의 매출액은 10억 달러였지만, 현재 중국 최대 규모의 화베이 華北제약과 하얼빈 哈爾濱제약은 일본의 25퍼센트 정도에 불과하고, 세계 시장에서는 2백 위권 밖으로 밀려나 있다. 상위 1백 위 안에 있는 기업의 매출액이 전세계 거래량의 80퍼센트 이상을 차지하고 있다.

중국 제약기업들의 기업 구조와 제품 구조로는 세계를 무대로 펼쳐지는 경쟁에 끼어들 수 없다. 특히 국영기업의 경우 기술이 낙후된 데다 품종이 오래되었고 설비도 노화해 생산력이 현저히 떨어져서 경제적 효율이 계속 하락했다. 그 결과 매출 수익이 1980년대 중반에는 18퍼센트였지만 지금은 10퍼센트이다. 적자율이 40퍼센트 안팎인 것이다.

더욱 심각한 문제는 기술집약적 분야인 의약산업에서 중국 기업의 연구개발 능력이 현저히 뒤떨어져 있다는 것이다. 남의 기술을 모방한 것이 많고 연구개발비도 너무 낮게 책정되어 있다. 일부 세계적 대기업들은 일반적으로 연간 매출액의 15퍼센트 이상을 신약 개발에 투자하고 있지만, 중국의 경우 이보다 훨씬 낮은 0.7퍼센트였다. 지금은 이마저 점점 낮아지고 있는 추세이다. 상하이의 산웨이 三緯제약의 1994년도와 1995년도 연구개발비는 각각 9백만 위안과 1천3백만 위안이었고, 화베이 제약이 최근에 투자한 연구개발비도 단지 1천5백만 위안에 지나지 않았다. 이보다 규모가 작은 기업의 연구개발비 규모에 대해서는 더 말할 필요가 없을 것이다.

중국의 의약산업은 최근 들어 남의 것을 본 따는 일만 해왔다. 국가의 약관리국의 한 인사에 따르면, 매년 30~40종의 외제 신약을 모방하고 있는 중국이 신약 개발에 투자하는 비용은 50만~3백만 위안 정도로, 이는 외국의 해외 신약 개발비용의 천 분의 일이다. 또 중국은 1987년에 신약 연구개발기금을 설립했지만 10년 동안의 기금이 5천만 위안에 불과해, 해외의 막대한 연구개발비와 엄청난 차이를 보여주고 있다. 일단 WTO에 가입하면 더 이상 남의 것을 모방할 수 없게 된다. 외국 대기업들은 이미 중국에 4억~10억 달러에 이르는 배상금을 지불하라고 요구하고 있다. 규모가 작은 중국 기업들에게는 사형선고와 같은 것이다.

위에서 살펴본 것처럼 뚜렷한 차이를 보이고 있는 경쟁력은 중국이 의약산업을 보호해야 하는 이유이다. 그러나 유감스럽게도 1992년 이후 당국은 이 필요성을 잊고 관세를 여러 번 인하했다. 그 결과 수입 약품이 1980년대에 비해 두 배로 증가했다. 1995년까지 중국의 의약품 수입액은 7억 달러를 넘어서고 있으며, 최근에는 밀수 약물도 놀라울 정도로 늘었다. 현재 수입 혹은 밀수되는 약품이 이미 의약시장의 22퍼센트 정도를 지배하고 있을 뿐만 아니라, 점차 증가 추세에 있다. 집계에 의하면 베이징 시장에서 수입 약품의 점유율이 한때는 41퍼센트를 넘어섰고, 합자회사에서 만든 약품은 18퍼센트, 국산 약의 비율은 41퍼센트로 떨어졌다. 한편 상하이 시장에서 수입 약품의 비율은 33퍼센트, 합자회사 약품은 23퍼센트였다.

결국 수입 약품과 합자회사에서 만든 약품이 국내 시장의 많은 부분을 차지하게 된 것이다. 중국의 의약산업은 이미 심각한 곤경에 빠져 있다. 1996년 전국 의약기업의 38.5퍼센트가 적자를 보고 있는데, 화학제약사의

38.4퍼센트, 의료기기 제조사의 33.83퍼센트, 한약제약사의 40.2퍼센트가 각각 적자를 내고 있다. 모든 의료산업의 부채율이 1996년에 이미 67퍼센트에 달하고 있다.

더욱 중요한 문제는 뒤늦게 관세를 인상하고 밀수 단속을 강화한다고 해도, 중국의 의약기업들이 겪고 있는 어려움이 이미 개선하기 어려운 지경에 다다르고 있다는 것이다. 1990년대 이후 '독자 獨資' 제약기업이 급증하고 있기 때문이다. 1980년부터 1990년까지 10년 동안 의약산업의 삼자기업은 1백 개에 불과했지만, 1992년에는 5백66개로 급증했고, 1996년 말에는 제약산업에 투자한 외국 기업이 8백70여 개로 폭증했다.

그 결과 완전히 독립적이라고 할 수 있는 제약기업은 16퍼센트에 불과하게 되었는데, 이것은 제조업 분야에서 외자기업이 차지하는 비율인 0.81퍼센트보다 17배나 많은 수치이다. 외자기업의 최종 제품 생산액은 1백90억 위안으로 동종 업계 총액의 15퍼센트를 차지하고 있다. 뿐만 아니라 외국 기업이 지분을 갖고 있는 기업은 대부분 규모가 크고 경영 상태도 양호했다. 중국의 대외경제무역부와 국가통계국이 공동으로 발표한 1995~6년 5백 대 외자기업 순위에서 14개의 의약기업이 상위를 차지했는데, 이들 가운데 13개의 회사에 외국 기업이 지분 참여를 하고 있었다. 외국 기업의 투자 규모가 가장 큰 회사는 시안 西安의 양산 楊森제약이다. 벨기에 기업이 회사 지분의 52퍼센트를 가지고 있었기 때문에 당연히 경영권도 가질 수 있었다.

외국 자본이 중국에 들어온 목적은 분명하다. 중국의 의약시장을 석권하는 것이다. 실제 경영 상황으로 볼 때 외국 자본의 주된 투자 형태는 수출주도형 투자가 아니라 시장개척 목적의 투자였다. 다시 말하면 이들은 중국 시장을 점령하기 위해 투자했던 것이다. 전국 5백 대 외국 기업 명단에 올라있는 12개 의약기업의 매출에서 수출이 차지하는 비중은 매우 작았

다. 일례로 60위를 차지한 양산제약의 수출액도 전체 매출의 0.7퍼센트에
불과했다.

이러한 상황에서 국가가 보호 조치를 거두어들이면 중국 기업은 도태
될 것이다. 사실 일부 기업은 이미 도태되었으며, 현재 그 과정을 겪고
있는 기업도 있다. 여기에서 열거한 기업들은 극히 일부일 뿐이다. 이미
완전히 쪽박을 찬 업종도 많다.

화장품을 예로 들면, 미국의 피앤지, 영국의 유니레버, 폰즈, 독일과
노르웨이가 세운 합자 및 독자기업 등이 높은 시장점유율을 보이고 있다.
조명기기 분야의 우수 기업도 모두 합자 형태를 띠고 있다. 상하이의 야밍
亞明의 경우 네덜란드의 필립스가 60퍼센트의 지분을 가지고 있고, 상하이
의 피앤지는 미국이 60퍼센트의 지분을 가지고 있다. 중국이 자부심을
가지고 있는 도자기도 예외가 아니다. 기업 규모가 작고, 환경오염도가
높은 데다 기술도 낙후되어 있어서 외국 기업의 침투를 막을 수 없었다.
홍콩의 리카싱 일가도 중국에 30여 개의 합자기업을 세웠으며, 미국도
중국에 네 개의 합자기업을 가지고 있는데, 모두 지분율이 66퍼센트에
이른다.

유리산업도 마찬가지이다. 전국 5대 기업 가운데 세 업체가 이미 합자
기업이 되었고, 나머지도 외국 기업과의 합자를 모색하고 있다. 타이어산
업 역시 1992년부터 합자 바람이 불어 지금까지 대부분의 선두기업이 합자
를 했다. 대다수의 지명도 있는 기업도 외국 자본이 상당히 많은 지분을
가지고 있다. 엘리베이터산업의 경우 톈진의 아우디스 奧的斯, 상하이의
미쓰비시, 중국의 쉰다 迅達 등 몇몇 합자기업이 중국 시장을 지배하고
있다. 이 기업들도 외국 자본이 상당히 많은 지분을 가지고 있지만, 본래
중국에 존재하지 않았던 업종에는 당연히 중국 기업이 별로 없다. 프로그
램 교환기 제조업이나 이동통신업도 거의 모두 외국 기업이 점령하고 있

다. 신생 기업인 동신 東信이동전화도 수입 핵심부품칩(MSM칩)을 조립하고 있을 뿐이며, 컴퓨터업계의 거두인 린엔샹 聯想도 실은 인텔, 마이크로소프트의 위탁 판매상에 불과하다.

그러므로 진정한 문제는 중국의 민족산업이 생존의 위협을 받고 있다는 사실이 아니라, 이 기업들이 대부분 도태되고 있다는 것이다. 1990년대 중반 이후 국영기업의 적자가 계속 눈덩이처럼 불어나고 샤강 직원도 늘어나는 현상은 민족기업이 점점 도태되고 있는 현실과 동전의 양면을 이룬다. 지금까지 국가의 보호를 받아왔던 농업, 자동차, 화학, 제지, 정보통신, 금융 및 보험 등은 사회 안정이나 국가의 경제적 주권과 직결된 분야이다. 그런데 이들 분야의 기업들은 과연 다국적기업과 동등하게 경쟁할 수 있는 실력을 갖추고 있는가?

가장 많이 보호받는 업종은 충분한 대외경쟁력을 가지고 있나

중국의 개혁개방이 진전되고 점차 풍부한 경험을 쌓아 감에 따라, 일부 권위 있는 사람들은 WTO 가입이 가져 올 수도 있는 문제들을 우리 스스로 충분히 감독하고 이겨낼 수 있다고 생각하고 있다.

여기에서 '감독'은 은행 및 통화에 대한 감독을, '이겨낼 수 있다'는 것은 중국 산업이 외국과 경쟁할 수 있는 능력을 말한다. 현실은 과연 우리가 바라는 그대로 될까? 여기에서는 이 점을 검토해보자.

플랜트산업
플랜트산업은 공업을 위한 산업이다. 그 특성상 중공업과 유사하지만, 다른 점도 있다. 과거에는 일반적으로 차량, 프레스, 평삭반, 연마기, 조립기계 등을 공작 본체라고 불렀다. 즉 기계를 만드는 기계였던 셈이다. 공작 본체 관련 기술 수준은 한 국가의 공업 수준을 결정하는 기준이었다. 전자 기술 및 신소재의 발달, 생산라인 관련 기술의 향상에 따라 플랜트산업의 정의도 한층 확장되었다. 일반적으로 플랜트산업은 생산라인 설계·제조 기술 및 플랜트 패키지기술과 같다고 할 수 있다.

한 국가가 세계 일류 강대국으로 발전하기 위해서는 플랜트산업이 반드시 필요하다. 한 나라의 국민 경제를 사람에 비유한다면 플랜트 공업 은 사람의 골격에 해당한다고 할 수 있다. 다른 사람의 뼈로 자기의 몸을 유지하는 사람을 건강하다고 말할 수 없다. 타국의 플랜트산업으로 일어선 국가의 경제 역시 마찬가지로 타국에 의지하는 경제일 수밖에 없다. 만약 많은 의류를 생산할 수 있다고 해도 의류를 만드는 기계는 수입해야 한다 면, 방직물을 대량으로 생산하는 국가일지라도 방직기계는 수입한다면, 세계에서 가장 많은 텔레비전을 생산할지라도 그 생산라인은 수입한다면, 발전 용량이 유럽과 미국을 바짝 뒤쫓아간다고 해도 이 설비들이 수입품이 라면, 시멘트 생산량이 세계 1위라고 해도 시멘트 생산 설비는 외국에서 수입한다면, 과연 중국에 특별히 자부할 만한 게 있는 것일까? 국가가 위기 에 빠지고 외국이 부품 수출을 중단한다면, 중국 기업은 계속 생산하면서 살아남을 수 있을까?

플랜트산업은 첨단기술 분야이고 고부가가치 산업이다. 기술적으로 도 경제적으로도 매우 중요한 의미를 지니고 있다. 플랜트 설비, 전자 부품, 컴퓨터 부품, 자동차 및 자동차 부품, 통신 설비, 비행기 및 선박 등 7가지 제품을 평가한 결과, 플랜트 설비의 부가가치율이 73퍼센트로 가장 높았 다.[8] 바로 이러한 이유 때문에 플랜트산업이 전통적으로 정부의 관심을 끌고 있는 것이다.

1950년대에 1만 톤 짜리 수압기의 개발에 성공하자 모든 국민이 기쁨에 들떠 환호성을 질렀었다. 지난 30여 년 동안 플랜트산업이 마치 비행기를 탄 듯 발전했지만, 출발지점이 너무 낮아 80년대 초까지도 여전히 선진국에 비해 많이 뒤떨어져 있었다. 플랜트산업은 해외의 유력한 플랜트산업과 경쟁해야 했기 때문에 제자리걸음을 면할 수 없었던 것이다. 정부 부문의 비능률과 각 지방의 이기주의 때문에 많은 신개발 품목과 중요한 기술 개조 항목에서는 국산 설비를 사용하려고 하지 않는다. 세탁기, 컬러텔레비전, 냉장고, 에어컨 등은 처음부터 외국의 생산라인을 대규모로 중복해서 들여왔다. 반면 중국 플랜트산업은 주문이 날로 감소해 심각한 이윤 압박을 받고 있다. 그 결과 생산 자체가 어려워져서 얼마나 많은 자본을 들여 연구개발을 해야 세계적인 수준을 넘어설 수 있느냐의 문제는 입 밖에 내기조차 어렵게 되었다.

1990년에서 1996년까지의 집계에 의하면 매년 기계설비 수입이 늘어나 고정자산 투자 중에서 설비 구입에 들어가는 비용이 3분의 2 정도를 차지하고 있다. 1995년에는 자그마치 72퍼센트였다.

제3차 전국 공업조사 결과, 1995년 말 3천2백여 종의 주요 생산설비 가운데 국산이 52.4퍼센트, 수입이 47.6퍼센트를 차지해 1985년에 비해 수입 설비의 비중이 29.4퍼센트 늘어났다. 1990년대 이후 수입 방직, 전자 및 인쇄설비는 국산 설비보다 몇 배 더 증가했는데, 어떤 것은 몇천 배가 넘는 것도 있고, 심지어 1백 퍼센트 전부 수입한 것도 있다.

일부 기반 산업과 인프라 산업의 수입 설비 의존도가 갈수록 상승하고 있다. 현재 석유화학산업 설비의 80퍼센트, 자동차산업 설비의 70퍼센트가 수입에 의존하고 있으며, 디지털 제어기계, 방직기계, 대형 공정기계, 오프세트 기계 같은 첨단기술 관련 설비시장의 70퍼센트 이상이 수입 제품에

점령되었다. 기계공업의 설비 수입액은 1990년에는 1백63억6천만 달러였
지만, 1995년에는 4백30억7천만 달러로 상승해 21.4퍼센트의 연평균 성장
률을 기록했다.[9]

이러한 수치들을 통해 우리는 동북 지역의 중공업 기지가 낙후된 이유와
그 지역 대도시의 샤강된 직원들이 왜 자리를 잡지 못하고 거리를 배회하
는지 알게 되었다. 또한 서북 지역, 남서 지역, 남부 중앙 지역의 기계산업
과 군수산업이 힘없이 추락하는 모습을 보게 되었다.

그렇다면 중국의 플랜트산업은 이렇게 도태될 수밖에 없는 것일까?
플랜트산업을 보호하지 않고 서둘러 국가가 개입하지 않으면, 즉 지금
허덕이고 있는 국내 업체를 다국적기업과 경쟁하도록 내버려둔다면 중국
의 플랜트산업은 살길을 찾을 수 없게 될 것이다. "현재 전국에 흩어져
있는 약 10만 개의 동력전기업체는 2천만 위안의 평균 자산을 보유하고
있다. 하지만 설비가 노화하고 기업의 규모가 작아, 경쟁력이 뒤떨어지며
생산 효율이 해마다 처지고 있다. 중국 10대 업체의 시장점유율은 7.8퍼센
트정도 밖에 되지 않지만, 미국의 10대 기업은 58.4퍼센트, 일본은 53.4퍼센
트를 기록하고 있다."[10] 이것은 완전히 달걀로 바위치기이다. 생각이 있는
사람이라면 이런 상황을 보고 '공정한 경쟁'이라고 할 수 있을까? 어떻게
중국의 플랜트산업이 이런 경쟁을 이겨낼 수 있다고 생각할 수 있을 것인
가?

이와는 반대로 중국 플랜트산업의 총체적인 낙후성을 인정하고 국가
의 독립 유지와 강대한 국가의 건설이라는 장기적 안목에서 출발한다면,
비교적 장기간 확실한 보호를 받을 수 있다. 또한 국가의 힘을 빌어 개혁을
실천할 수 있다면, 중국 플랜트산업의 미래는 그렇게 어둡지 않을 뿐만
아니라 새롭게 다시 성장할 가능성도 있다. 우리는 독일, 일본, 미국의

플랜트산업의 발전사를 모두 참고해야 할 것이다. 이 문제에 대해서는
다음 부분에서 자세히 살펴보자.

자동차산업

중국의 자동차산업은 21세기의 지주산업으로 확정되어 오랫동안 관세를
2백 퍼센트 이상으로 유지해왔다. 현재도 자동차 관세가 80～1백 퍼센트의
높은 수준을 유지하고 있다. 보통 사람들은 실질 관세가 이보다 더 높다고
여기고 있다. 고급 리무진이 홍콩에서는 약 10만 홍콩 달러이지만 중국
국내에서는 약 40만 위안이나 된다고 한다. 이 정도면 관세가 하늘을 찌른
다고 할 수 있지 않을까? 뿐만 아니라 정부는 자동차 분야에서 외국 합자기
업이 소유할 수 있는 지분을 50퍼센트로 제한하고 있다. 그 동안 WTO
가입 협상에서 중국은 자동차산업을 유치산업으로 간주해 보호해야 한다
고 결정했다. 이와 같은 여러 정황으로 미루어 보아 중국이 자동차산업을
보호하기 위해 얼마나 과감한 결정을 했는지 알 수 있다.

　　다국적기업은 정부의 보호 아래 중국의 자동차기업과 합자하기 위해
중요한 주변 기술을 이전하지 않을 수 없게 되었다. 이를 통해 중국의
자동차산업도 수준이 상당히 향상되었다. 가장 전형적인 예가 중국과 미국
이 합자한 주식회사 베이징지프차이다. 이 회사가 세워진 1984년에는 개방
과 관련한 규제가 많았기 때문에 양쪽 모두 무척 조심스러웠다. 미국에게
는 이 사안이 중국 정부의 개방 의지와 그 수준을 가늠하는 시험대였다.
중국도 외자를 유치해야 하지만 이용당하지는 말아야 한다는 의식이 매우
강했다. 이런 이유로 협상이 체결되기까지 4년이나 걸렸다. 그 당시 협상
조인식에 참가한 두 나라 대표의 직급도 매우 높았다. 중국측 최고 대표는
국무원 위원이자 대외경제무역부 장관인 천무화 陳慕華였고, 미국측은
주중 미대사관의 상무참사관이었다. 사실 이 협의는 협의라기보다는 실험

및 탐색의 성격이 짙었다. 미국측은 지분권 범위를 고집하지 않고 31.35퍼센트에 만족했다. 이 지분은 현금뿐만 아니라 기술과 산업생산권 등으로 이루어졌다.

10여 년간에 이르는 합자의 결과 우리는 선진적인 지프차 제조기술을 배워 부품 국산화 비율을 높였다. 그리고 지분에 명시된 권한은 물론 절반이상의 이윤을 가지게 되어, 외자를 이용해 오히려 주체적으로 자동차산업을 발전시킨다는 목표를 달성했다. 하지만 여전히 유감스러운 점은 독자적설계 능력과 기술혁신 능력이 없다는 것, 즉 여전히 미국 선진기술의 뒤에서 뛰고 있다는 것이다. 오늘날과 같은 첨단기술의 시대에 미국에 크게뒤진다면 세계적 수준에서 기술적인 단절을 피할 수 없을 것이다. 미국이취하는 수익은 주로 지분의 배당 소득과 미완성 부품 수입에서 나오는이윤이다. 그런데 미완성 부품을 판매한 이윤이 배당 소득보다 훨씬 컸다. 이러한 상황에 불만이 있었던 미국은 1995년 지분 한도를 50퍼센트까지올려줄 것을 요구했고, 우리는 이에 대해 명확한 답변을 하지 않았다.

이 문제는 베이징지프차가 현재 직면하고 있는 가장 중요한 난관이다. 규정에 의해 계약이 만료되는 2003년에 미국은 중국이 지분 확대 요구에동의하지 않는다면 철수한다고 위협할 가능성이 있다. 하지만 중국은 미국의 기술을 포기할 수 없는 상황이다. 만약 중국이 미국의 요구에 동의한다면 합자 공장을 세워 독자적인 개발 능력을 갖겠다는 최초의 의도에서벗어나게 되는 것이다. 외국 자본에 대한 전방위적인 개방 분위기가 점점짙어짐에 따라, 10여 년 후 베이징지프차가 크라이슬러의 세계화된 생산라인 가운데 하나로 전락해 미국 자동차의 중국 진출을 위한 교두보가 될것은 불을 보듯 뻔했다. 이렇게 되면 크라이슬러는 합자를 결정했을 때의전략적 의도를 실현하게 되겠지만, 우리는 베이징지프차의 외자도입 전략이 실패했다고 인정하지 않을 수 없게 될 것이다.

그럼에도 불구하고 베이징지프차는 아직도 중국 자동차산업에서 가장 성공한 합자 사례이다. 아마 중국측의 신중한 태도 때문에 미국의 포드는 지금도 중국과 합자를 하지 않고 있을 것이다. GM도 최근에 와서야 합자를 시작해 상하이에서 승용차 생산에 들어갔다. 크라이슬러의 성공은 독일의 벤츠(상타나), 프랑스의 푸조(광조우의 푸조), 일본의 닛산(텐진의 샤리), 야마(창안의 오토), 이탈리아의 이베코(피아트의 자회사) 등 세계적인 자동차기업들을 끌어들였다. 하지만 이 기업들은 크라이슬러와 달리 중국에 손발이 묶이지는 않았다. 그들은 외국 자본 도입을 좋은 자극으로 여기는 분위기에서 들어와, 자기 보호를 위한 장치를 거의 가지고 있지 않은 중국 기업을 파트너로 만났다. 외국의 자동차기업들은 여러 합자기업 중에서도 기술, 매출, 부품조달, 재무 등 실질적인 권한을 많이 가지고 있어서 명실상부한 경영권을 장악할 수 있었다.

『중국외자』는 1997년도 첫 호에 우파청의 「중국의 자동차산업은 외자를 어떻게 이용해야 하는가」라는 제목의 글을 실었다. 이 글은 중국 자동차산업의 합자 전략에 대한 훌륭한 분석을 내놓았다.

첫째, 자동차 다국적기업과의 합자는 우리 나라의 자동차산업의 발전에 이로운 전략이 아니라는 것을 분명히 인식해야 한다. 세계적인 자동차 다국적기업의 진의는 자본 독점과 시장 확장에 있다. 그들이 중국에 와서 합자까지 하면서 공장을 세우는 이유는 중국이 광활한 자동차시장과 값싸고 풍부한 노동력을 가지고 있기 때문이다. 자본, 기술, 제품의 절대적인 비교 우위를 기반으로, 고관세와 쿼터제를 이용해 중국의 자동차시장을 지배함으로써 높은 이윤을 얻으려는 것이다. 다국적기업은 중국 기업이 그들과 함께 개발한 신제품으로 국제 시장에 나가 자기들의 영역을 빼앗는 사태를 마냥 두고 보지는 않을 것이다. 그러므로 그들의 투자 전략은 일시적으로 거대 자본을 투자해 합리적이고 효과적인 생산 규모를 신속히 형성하는 것이 아니라, 제한적인 투자로 조립 능력은 육성하면서 미완성 조립품 수입 기간을 최대한 연장하는 것이다. 최대한의 이익을 추구하는 외국자본이 후진국에서 주로 쓰는 방법이다.

기술 이전도 마찬가지다. 다국적기업은 최신 기술이나 최신 상품을 제공하는 것이 아니라, 이미 시기적으로 그 적절성이 떨어졌거나 낡은 제품과 기술을 제공하고 있다. 제품, 설비, 가공 기법과 직접적인 생산 기술은 제공하지만 제품설계 기술은 주려고 하지 않는다는 것이다. 심지어는 중국이 제품설계 기술을 배워 독립적인 개발을 통해 국제 경쟁력을 제고하려는 것을 방해하기도 한다. 브랜드 전략에서도 독자 브랜드를 사용하지 않고, 합자 형식으로 다국적 브랜드를 이용하거나 다국적기업과 중국의 유명기업이 협력한 브랜드를 이용한다. 이렇게 다국적기업은 현재와 미래의 강력한 경쟁 상대를 견제할 수 있고, 제품의 브랜드 재산권을 통제해 유명 중국 브랜드가 가지고 있던 시장을 안정적으로 점령할 수 있게 된다. 시장전략에서 다국적기업은 합자 제품의 수입대체 능력이 제고되어 수입이 감소하는 것을 원하지 않고, 합자 제품이 자국에서 다시 판매되거나 수출되어 해외 시장에서 경쟁하는 것도 원하지 않는다. 궁극적으로는 합자기업을 통해 자본, 기술, 제품, 시장에 대한 통제권 및 독점권을 얻어 중국 자동차시장 점령이라는 전략적 목표를 실현하려고 한다.

둘째, 우리 나라 자동차산업의 외자 이용이 지니는 문제의 심각성을 확실히 인식해야 한다.

1) 합자 품목의 선정이 중요하다. 합자할 품목은 원칙적으로 국내에서 생산할 수 없는 품종이거나 결핍된 첨단 기술이어야 한다. 국내에서 생산하기는 하지만 다량 생산할 수 없는 것도 선정할 수 있다. 또 자동차의 기능에 영향을 주는 핵심 품목을 선택해야 한다. 우리 나라 자동차산업 정책에 부합하며, 우리의 비교 우위와 독립성에 손상을 주지 않으면서

발전의 동력이 될 수 있는 항목이어야 한다. 여러 국가, 여러 품종의 중복 합자로 기술 수준이 낮고 규모가 작은 공장이 난립해 부품의 표준화, 일관성, 상용성과 완성 자동차 및 부품의 국산화, 대량 생산, 독립적인 자동차 정책의 마련을 가로막아서는 안 된다.

2) 합자 대상의 선정도 매우 중요하다. 상대가 성의껏 협력할 의사가 있는지, 기술 수준이 높고 즉각적인 현실 적용이 가능한지, 현대적인 경영 경험이 있는지, 경제력은 튼튼한지 꼼꼼히 점검해야 한다. 일부 합자기업이 실패한 주요 원인에는 제휴 파트너를 잘못 선택하거나 유령회사에 속은 경우도 포함된다.

3) 단일한 항목은 외자의 수량, 규모, 건설 기간 등의 문제를 살펴야한다. 합자의 주요한 목적은 자금 부족을 해결하고, 기업의 경제 규모와 경쟁력을 빠르게 향상시키는 데 있다. 그러나 수많은 합자기업은 예상과 달리 이러한 목적을 이루지 못하고 있다. 예를 들면, 독일의 폴크스바겐은 유럽 시장에서의 경쟁력을 강화할 목적으로 체코에 32억 달러를 투자해 25~30만 대를 생산할 수 있는 자동차 생산부지를 사들였다. 한편 대 중국 직접투자액은 2억 달러가 채 못 되며, 상하이의 상타나나 이치 一汽, 재규어 자동차도 모두 합리적이고 효율적인 생산 규모를 갖추지 못한 채 중국의 무역 보호정책을 역이용하여 중국 시장을 선점하려고 했다.

다른 자동차 관련 합자 건들도 같은 문제를 가지고 있다. 2백32개 정도의 자동차부품 삼자기업의 투자 규모를 분석해 보면, 외국 기업의 협상 금액이 1천만 달러 이상인 건은 전체의 4퍼센트뿐이다. 1백만 달러 이하가 22퍼센트, 1백만~1천만 달러가 74퍼센트를 차지하고 있는 것으로 보아 대형 건이 매우 적음을 알 수가 있다. 현재 수많은 건이 모두 최저 경제 규모에도 다다르지 못하며, 게다가 대개 건설 기간이 길다.

4) 합자기업의 경영권 문제도 중요하다. 외국 기업이나 다국적기업의 투자는 일반적으로 좋은 기업을 선택하고 경영권을 획득해 합자기업을

장악하는 순서로 진행된다. 현재 중국의 상황을 살펴보면, 상하이 폴크스바겐, 이치 폴크스바겐, 둥펑 東風회사, 광조우 푸조 같은 합자기업의 대다수를 중국측이 경영하고 있다. 중국은 본래 합자를 통한 국산화와 개발 능력의 강화를 바라고 있었다. 그러나 외국 자본은 기술 및 재무 부문의 권한을 장악하고 있으며, 본사에서 파견한 외국인이 매출을 관리할 것을 요구하고 있기 때문에 경영권을 둘러싼 쟁탈전이 상당히 치열하다. 제품 개발과 설계에 대한 권한은 외국인의 손 안에 있다. 미완성 제품 수입은 이윤 획득의 주요한 방법이기 때문에 합자 생산한 외제 자동차는 모두 기나긴 CKD 과정을 거쳐야 한다. 중국의 희망사항인 국산화는 외국 파트너의 방해를 받게 되는 것이다. 중국에도 수많은 부품에 대한 검증 과정이 마련되어 있지만, 외국 파트너는 여러 가지 문제를 들먹이면서 해외 필증을 강력하게 요구하고 있다. 검증 기간이 1년 이상 연장되기 일쑤이기 때문에 국산화를 향한 길은 매우 멀어지게 되며, 제품 생산비용도 그에 따라 증가한다. 현재 우리 나라가 도입하거나 합자한 자동차의 국산화 주기는 일반적으로 10년 이상이다. 이에 반해 현재 다국적기업의 신형차 개발 주기는 3년 정도이다. 우리가 제품의 국산화를 실현할 때는 이미 유행에 뒤떨어진 것이 되고 만다. 또다시 제품을 도입하려면 기액의 비용을 부담해야 하기 때문에, 우리는 기술 도입-낙후-재도입-낙후라는 악순환에 빠지게 된다.

5) 합자기업의 상표, 브랜드의 사용과 권리 귀속 문제도 고려해야 한다. 우리 나라 자동차 업종 합자기업에게 주어진 상표와 브랜드 사용 방법은 네 가지가 있다. 첫째, 우리가 주인이 되어 우리 나라 기업의 상표를 이용하고 있다. 둘째, 중국과 외국 파트너가 공동으로 새로운 상표를 만든다. 셋째, 중국측 파트너와 외국측 파트너가 상표를 공동으로 사용한다. 예를 들면, 상하이 폴크스바겐, 이치 폴크스바겐처럼 말이다. 마지막으로, 외국 파트너의 상표를 그대로 이용하는 경우가 있다.

첫 번째와 두 번째의 방법이 이상적일 것이다. 합자를 한 해외 유명 브랜드의 힘에 기대 우리 나라의 독자적인 브랜드를 만들어 국내 시장의 주도적인 자리를 차지할 수 있으며, 외국 기업의 힘을 빌어 해외 시장을 개척할 수도 있기 때문이다. 그러나 이 역시 외국 파트너에게 쉽게 받아들여지지 않으며, 실제 그렇게 하는 경우도 많지 않다.

마지막의 외국 브랜드를 이용하는 방법도 소비 시장에서 중국의 주도적인 지위를 약화시킬 뿐만 아니라 중국의 민족정신에 손상을 줄 수 있다. 무형의 자산을 축적할 수 없음은 물론이고 유형 및 무형의 자산도 외국 파트너에게 넘어가게 될 것이다. 결국 남 좋은 일을 한 꼴이 되는 것이다.

양쪽의 상표를 공동으로 쓰는 세 번째 방법은 현재 자동차산업에서 보편적으로 사용되고 있지만, 우리는 외국 파트너가 이러한 방법을 사용하면서 합자기업의 상표권을 장악하고 있다는 사실을 분명하게 인식해야 한다. 이러한 방법을 사용하면, 제품의 개량과 기능 향상도 반드시 외국 파트너의 동의를 얻어야 하기 때문에 중국측에게는 훨씬 불리하다. 다국적기업이 합자기업을 통제할 수 있는 가장 큰 이유는 그들이 제품의 상표권을 가지고 있기 때문이다.

6) 합자로 생산한 제품의 시장 진출 방향도 역시 경시되어서는 안 된다. 우리 나라 자동차산업이 약세이고 세계에서 잠재력이 가장 큰 자동차시장을 가지고 있다는 특징 때문에, 합자는 투자와 기술을 끌어들여 이런 약점을 극복하는 데 필요한 조치였다. 그러나 현재 수많은 합자기업의 외국 파트너는 상표권을 가지고 있다는 이유로 중국 기업이 경쟁력 있는 제품에 이를 사용하도록 허용하지 않고 있다. 해외 시장에는 중국에서 생산한 제품을 팔거나 수출하지 않아 외국 파트너가 이미 점령한 시장에 파고들어갈 수도 없다. 외국 파트너의 본국으로 재판매와 수출을 허용했다고 하지만, 가격 때문에 이 역시 매우 어렵게 되었다. 여러 해 동안 중국의 합자기업 가운데 승용차, 상용차, 대형 버스를 대량으로 수출하는 곳은

하나도 없었다.

7) 합자기업과 기존의 기업 및 관련 기업간의 관계를 고려해야 한다. 우리 나라의 수많은 기업은 합자를 통해 기존의 기술과 경영을 전면적으로 개혁해 기업의 활력과 실력을 강화하고, 관련 업종의 발전을 도모하고자 했다. 그러나 외국 기업들은 결코 부처님 가운데 토막이 아니다. 그들은 기술과 설비가 노화하고 재고가 쌓여 있는 기업에 투자하려 하지 않는다. 그들은 우리의 특혜 정책과 조건을 이용해서, 국내 업체 가운데 기술 수준과 시장점유율이 크며 공장 설비가 비교적 양호한 기업을 찾아 합자하려고 한다. 또는 한 기업 중에서도 비교적 우량한 부분을 가려내 합자하려고 한다. 뿐만 아니라 본사의 공장과 생산라인에 투입하기 위해 우수한 기술·경영 인력과 젊은 노동자만을 고르고, 기업의 채무와 과잉 인력, 휴직 및 퇴직한 직원 등 부담이 되는 요소는 완전히 우리 중국 기업에 떠넘긴다. 그 결과 이들 기업의 사기와 우세함이 손상을 입어 더욱 심각한 위기에 직면하게 된다.

8) 합자기업의 효율성과 세수가 목표에 도달하는지도 고려해야 한다. 합자의 기본 원칙은 호혜평등, 즉 서로의 장점을 강화해 기업의 자산 가치를 제고함으로써 경제적 효율을 높이는 목표를 실현하는 데 있다. 우리는 외국 기업이 우리 나라의 노동력과 시장의 우세를 이용하도록 허용해 주었다. 우리는 이를 통해 외국의 자본, 기술과 경영의 장점을 도입하고자 하는 것이지, 결코 일방적으로 외국 기업에 이용당하고 양보하려는 것은 아니었다. 그러나 수많은 합자기업들은 좋은 것은 받아들이고 나쁜 것은 내보내는 불평등한 교환 행위를 하고 있다. 외국 기업들은 비싼 기술과 설비를 이용해 주식을 매입하고 있다. 또는 값싼 합병으로 주식을 사들여 합자기업의 투자 한도를 늘리고, 이윤 분배에서 지분을 높일 수 있는 조건을 만들려고 하고 있다. 반면 합자 과정에서 중국의 유형 자산과 무형 자산은 평가하지도 않으며, 설사 하더라도 저평가하거나 여러 항목을 평가에서

누락시켜 투자 한도와 주식 배당의 권리를 부당하게 빼앗고 있다. 이 외에 합자기업은 미완성 부품이나 원료를 값비싼 가격으로 수입해 제품을 만들어 값싸게 수출한다. 이런 과정을 통해 이윤이 일방적으로 외국 기업의 수중에 들어가는 것이다. 이러한 불평등한 교환행위에서 일어나는 이윤의 왜곡은 합자기업의 수익률 저하 또는 적자로 나타난다. 이것은 중국의 이윤 손실이며, 국가의 세수가 빠져나가는 것이다.

중국이 자동차산업 발전이라는 꿈을 외자 도입을 통해 실현하려고 하는 것은 잘못된 발상이다.

중국 자동차산업의 문제는 제지업이나 의약산업 처럼 분산된 영세기업의 무분별한 개발이라고 보는 사람이 있다. 언뜻 보기에 완성차 제조 공장 1백 개, 자동차 개조 공장 5천여 개로 자동차 공장이 세계에서 가장 많지만, 생산량은 세계의 2퍼센트에 불과한 상황은 분산, 난개발, 영세성의 전형인 것 같다. 이러한 대책 없는 '난개발'은 2백 퍼센트라는 높은 보호관세 때문에 나타났다고 보는 사람도 있다. 이들은 관세를 인하해 분산된 국내의 자동차산업을 집중시켜야 한다고 말하고 있다.

그러나 문제는 이러한 '난개발'이 이루어지고 있는 상황에서 이미 중국 자동차산업이 몇 개의 합자기업으로 집중되고 있다는 데 있다. 현재 상타나, 샤리, 아우디, 아우토반, 푸캉 등 몇몇 합자기업은 수익을 내고 있지만, 다른 수많은 기업들은 겨우 명맥만 유지하고 있다. 가격 전쟁이 지속됨에 따라 이 기업들은 파산을 피할 수 없을 것이다. 1999년 5월 11일 『경제참고보』는 「국제 무대에서도 자동차산업이 '살아남을' 공간은 있다」라는 제목의 글을 실어, 경쟁에 직면한 중국의 자동차산업이 '전멸'하지는 않을 것이며, 오히려 곧 대형기업이 나타날 것이라고 지적했다.

현재 WTO에 가입하게 되면 중형 트럭, 소형 버스 등은 경쟁력이 있지만 승용차는 매우 큰 타격을 입을 것이다. 그러나 이것도 일반화할 수는 없으며, 개별적으로 분석해야 한다. 상타나는 작년에 생산량이 23만 대였고, 보급형 카뷰레터의 매출량은 약 11만 대였다. 업계에서는 8만 대만 팔면 흑자를 볼 것이라고 추측하고 있다. 또다른 승용차인 아우디도 기본 가격이 5만 위안 정도이지만, 몇 년만 지나면 3~4만 위안으로 파는 것이 불가능하지는 않다. 몇 년간의 보호기간을 거친 결과 대부분의 중국 자동차가 가격경쟁력을 지니게 되었을 뿐만 아니라 브랜드 인지도도 크게 올라 있다. 이 외에도 중국은 완벽한 판매망과 애프터서비스 망을 갖추고 있다. WTO 가입 후 현재 1백20개 정도의 자동차 생산업체 가운데 절대 다수가 충격을 입는 것은 피할 수 없다. 그들은 생산 중지, 전업, 파산하게 될 것이다. 현재로서 가장 좋은 해결책은 국내 대형 생산업체와의 합병인데, 중국 정부도 이를 몹시 희망하고 있다.

통계에 의하면 작년에 중국은 1백62만7천8백 대의 자동차를 생산했는데, 이 가운데 선두 14개 기업의 생산량이 전체의 91.2퍼센트를 차지하고 있어 집중화가 더욱 심해지고 있다. 나머지 1백여 개의 자동차 업체는 대형 자동차회사에 합병되어야 한다. 제9차 5개년 계획의 핵심 내용에도 대기업 중심의 전략, 즉 구조 조정과 합병을 제기했지만, 업체 사정, 지역적 제약 및 여러 다른 제한 때문에 몇 년간 계획의 실시가 심각하게 지체되고 있었다. WTO 가입은 국내 자동차기업의 대형화를 추진하는 계기가 될 것이다. 대형화 추세에 밀려 일부 중소 자동차 생산업체는 상치, 이치, 둥펑 등 거대기업에 기댈 것이며, 다시 몇 년간의 발전을 거듭해 연간 생산량 1백만 대가 넘는 3~4개의 초대형 자동차기업이 나타날 것이다.

이렇게만 된다면 중국 자동차업계로서는 참으로 다행한 일이다. 그러나 여기에서는 세 가지 문제가 거론되지 않았다. 첫째, 중국 자동차시장을 점점 독점하고 있는 기업이 중국 기업일까? 대답은 부정적이다. 자동차 관세를 소폭 인하하겠다는 중국의 약속을 미국이 일방적으로 발표하자, 대외무역부를 찾아가 항의를 한 사람들은 합자기업의 외국인 경영자들이었다. 그들은 중국의 관세가 25퍼센트로 떨어지면 어떻게 합자기업을 경영할 수 있겠느냐고 하면서, 중국에서 직접 수출하는 자동차라면 받아들일 수 있다고 말했다. 그들은 자기 나라에서 자동차 생산라인의 가동률이 80퍼센트에 불과한데, 왜 중국에 와서 또다시 같은 짓을 하겠느냐고 물었다. 그 나라들에서도 자동차 분야의 규모 있는 경영은 연 30만 대 이상으로 여겨지고 있기 때문에, 연 1백만 대라면 초대형 기업이라는 것이다.

그러나 연간생산량이 천만 대를 넘는 GM, 도요타 앞에서 이런 수치는 이미 의미 없는 것이 되었다. 1994년 포드는 60억 달러를 투자해 세 가지 모델의 '월드카'를 개발했다. 30~50만 대를 팔기 위해 대당 1, 2만 달러의 설계비용을 들인 것일까?[11] 연구개발 비용이 이미 생산비용의 핵심을 차지하는 시대에 규모 있는 경영의 한계는 이미 30만 대를 초월해버렸다. 국제적인 거대 자동차기업이 중국 자동차시장에서 벌어지는 경쟁에 거침없이 참여하는데, 우리는 여전히 1백만 대 정도의 수준을 초대형으로 대우해주고 있다. 우물안 개구리가 아니고 무엇이겠는가?

더욱 일방적인 문제로, 국제 시장의 인플레이션과 국내에서의 수요 부족 현상이 서로 상승 작용을 일으킨다면 3~4년 후에 중국의 소형 자동차시장 규모가 3백~4백만 대를 수용할 수 있을까? 또는 그러한 수준의 소형 자동차기업을 수용할 수 있을까?

이 문제에 명확하게 답을 하기 전에 우리 스스로 '중국 자동차는 죽지 않을 것이다'라고 생각하는 것은 아무런 도움이 되지 않는다. 이러한 논조는 스스로를 마비시키고, 중국인 특유의 체면을 내세워 자동차산업에 필요한 경계심을 포기하게 만든다. 우리 스스로 함정에 빠져드는 꼴이다.

요컨대 중국의 자동차산업은 이미 합자기업에게 독점되었고, 높은 관세를 통한 보호정책은 GM과 폴크스바겐에게 이윤을 가져다줄 뿐이다. 자동차 관세를 크게 인하한다고 해서 우려할 필요는 없다. 자동차산업은 이미 외자기업의 그물망에 걸려들었는데 새삼스럽게 호들갑을 떨 필요가 있을까? 관세 인하가 소형 자동차기업의 파산으로 이어져 많은 사람들이 일자리를 잃게 되는 사태는 필연적인 수순이다. 일자리를 잃는 사람들은 바로 중국 국민일 테지만 말이다.

농업

농업은 오랫동안 국가의 정책적인 보호를 받아왔다. 지금까지 중국 인구의 75퍼센트가 농촌에서 살고 있으며, 농업은 여전히 9억 농촌 인구의 주요 생계수단이다. 농업이 발전하면 농민의 생활이 부유해지기 때문에 농촌의 안정은 국가의 안정과 직결된다. '농자천하지대본'이라는 사상이 이미 많은 사람들의 마음 속에 자리잡았으며, 사회의 각계각층도 이에 공감하고 있다. 그러므로 주룽지 총리가 보호가격으로 식량을 수매한다고 발표했을 때도 도시 주민들은 이를 원망하지 않았고, 납세자 입장에서 항의하지도 않았다.

20세기 말에도 시장경제에 정복되지 않는 황무지가 있다면, 그것은 중국 농촌일 것이다. 중국의 식량 생산량이 세계에서 수위를 다투고 있지만 이 놀라운 성과는 자본주의적 생산방식으로 성취한 것이 아니다. 실제 중국 농업은 시장화가 가장 덜 진척된 산업으로 상품화율이 35퍼센트 안팎에 불과하다. 2억의 농업 노동력의 경우에는 주어진 경지도 몹시 작아서 반半자급자족적인 생산을 할 수밖에 없다. 이러한 방식은 계획경제적이고 평균주의적이어서, 자본주의적 상품을 생산하는 농업에 적합할 수는 없다. 이러한 생산방식은 광대한 농촌 인구의 기본적인 생존 조건을 보장해주기 위해서 그 어느 것도 바꿀 수 없는, 가장 적절한 것이다. 그러나 이는 이윤을 추구하는 시장의 눈으로 볼 때는 중대한 결함이 있을 수밖에 없다. 이러한 일자리 우선의 방식은 효율을 우선하는 이윤 극대화의 원칙에는 위배되는 것이다. 다시 구체적으로 말하면, 중국 농업은 세 사람이 할 수 있는 일을 다섯 사람이 하고, 심하게는 한 사람이 할 수 있는 일을 열 사람, 백 사람이 하는, 생산력 과잉 현상이 두드러지는 부문이다.

중국의 농업을 미국과 비교해 보자. 미국의 농업 인구는 2퍼센트에 불과하지만, 농민 한 명이 98명의 미국인과 34명의 외국인을 먹여 살리고 있으며, 경작지도 1백 헥타르를 단위 면적으로 계산한다. 2백여 년 전에는 미국도 소농장을 중심으로 하는 소농경제였다. 다른 것이 있다면 미국의 소농경제 방식은 안정적이지 않았으며, 토지 집중화의 방향으로 발전해 갔다는 것이다. 뛰어난 실력과 우수한 기술을 가진 농장주가 소농장을 계속해서 합병했다. 여러 번의 경제 위기에 몰린 수많은 중소농장주들은 파산해 대농장주에 고용되거나 도시로 흘러 들어가 일을 찾기도 했다. 1930년대에 미국 농업의 집중화는 이미 놀라운 수준에 이르렀다. 전국적으로 6백만 개에 이르는 농장의 절반을 차지하는 대농장이 전체 환금작물의 89퍼센트를 생산했으며, 나머지 절반은 겨우 11퍼센트를 차지했다. 소농장주의 평균 소득은 2백 달러에 못 미쳐 매우 어려운 상황에 빠져 있었다.

제2차대전 이후 미국의 농업기술은 더욱 진보하여 1950년대에 물리적 농업(기계화와 전력 이용이 특징)이었던 것이 1960~70년대에는 화학농업(화학비료, 농약이용)으로 발전했고, 1980년대 이후에는 생물기술 및 유전공학을 이용해서 비약적으로 발전한 생물—생태농업이 등장했다. 또한 농업의 집중화도 놀라운 속도로 진전되었다. 수많은 소농장을 합병한 후 물리적·화학적·생물 및 생태적 농업이 삼위일체를 이룬 미국의 대농장은 세계 시장에서 막강한 경쟁력을 과시하고 있다. 제2차대전 이후 여러 해

동안 미국의 식량 수출량은 세계 곡물 교역액의 40~50퍼센트 정도를 차지
했다. 미국의 곡물에는 유럽의 대농장도 대항하지 못했으니, 라틴아메리
카와 아프리카에 있는 작은 나라는 말할 것도 없다. 미국과의 시장경쟁에
서 이기기 위해 유럽 각 국 정부는 농업에 고액의 보조금을 주지 않을
수 없었다. EU의 농업 보조금 예산은 전체 예산의 60퍼센트 정도로, 매년
4백억 달러가 집행되고 있다. 캐나다, 오스트레일리아, 아르헨티나 같은
주요 농업 수출국 역시 보조금을 통해 전세계 곡물 수출시장의 한 구석을
차지할 수 있었는데, 이 국가들 역시 주로 대농장을 통해 대량 생산이
이루어지고 있으며, 기술 수준도 미국과 별반 다를 것이 없다.

　고도로 집중화·기술화·상품화된 유럽과 미국 등 선진국의 농업을, 세
밀화되어 있지 않고, 기술 수준이 낮으며, 석유 이용 빈도도 적고, 상품화율
이 낮은 중국 농업과 비교해 보자. 상식이 있는 사람이라면 중국 농업의
경쟁력이 얼마나 약한지 알 수 있을 것이다. 우리는 이 문제에도 농업
대국이면서도 농업 약소국이라는 역설을 적용할 수 있다. 중국 농업이
7퍼센트의 토지로 22퍼센트의 인구를 먹여 살리는 것은 기적에 가까운
일이다. 그러나 어느 정도의 토지로 얼마나 많은 사람을 먹여 살리느냐는
개념은 계획경제적이고 평균주의적이며, 필요에 따른 분배의 원칙과 관련
된 것이다. 반대로 시장경제의 핵심적인 개념은 경쟁, 집중, 효율이지, 사회
가 얼마나 많은 사람의 삶을 유지할 수 있게 하느냐는 아니다. 예컨대
아르헨티나의 농업이 비교적 발달하고 대외경쟁력이 강하지만 실업률은
오랫동안 높은 수준을 유지하고 있다. 뿐만 아니라 취업인구의 임금 수준
이 낮아 많은 사람들이 영양실조나 기아 상태에 시달리는 등 장기간 빈곤
선 아래에서 허덕이고 있기도 하다.

　사람은 엄청나게 많은데 땅은 지독하게 좁은 현실은 전면 시장화를
앞둔 중국 농업이 직면한 근본적인 곤경이다. 영국, 프랑스, 독일 등 서유럽

국가들도 농업 시장화 과정에서 유사한 문제에 부딪친 적이 있다. 영국의 엔클로저 운동도 실제로는 농업 시장화의 일환이었다. 당시 시장에서 공급 부족으로 양모의 가격이 오르자 수많은 농지와 목초지가 방목용으로 쓰였다. 본래 좁은 땅을 일구고 있던 농민은 어쩔 수 없이 고향을 떠나 도시로 흘러 들어가 가혹한 착취를 당했을 뿐만 아니라, 농민의 도시 유입으로 도시 수공업자의 임금도 덩달아 하락했다. 시장의 발전이 가져온 농민의 파산, 실업 등의 사회적 위기를 완화하기 위해, 영국 사회는 막다른 골목에 처한 농민들이 남은 재산을 팔고 목숨을 담보로 대서양을 건너가 신대륙에서 새로운 인생을 시작하게끔 여론을 조성해 시장이 발달하는 데 장애가 되는 요인을 제거했다. 미국 농업의 시장화 과정도 사람은 많은데 땅은 좁은 난관에 부딪치게 되었다. 자연환경 탓에 거주 가능한 지역의 인구 밀도가 무척 높았는데, 기술의 진보에 따라 점차 적은 인구가 광활한 토지에서 풍족하게 생활할 수 있게 되었다. 게다가 미국의 산업화와 도시화의 속도는 무척 빨랐다. 특히 19세기 말에 새로운 공장들을 세워 대농장에서 흘러 들어온 수많은 농민을 흡수할 수 있게 된 결과, 이러한 난관은 곧 해결될 수 있었다.

본질적으로 말하면 중국 농업의 분화는 자동차산업, 가전산업, 일용 화학용품 등 여러 업종이 어지럽게 산재하고 있는 현상과 동일하다. 즉 자유경쟁에서 독점경쟁으로 변화하는 과정에 있다는 것이다. 한편 선진국은 국가독점주의에서 지역독점주의, 그리고 전세계적 독점주의로 변화하고 있다. 마이크로소프트의 운영체제시장 독점, 인텔의 반도체시장 독점, 보잉사의 대형 여객기시장 독점이 대표적인 사례이다. 중국 농업의 경쟁과 도태는 이제 막 시작된 반면, 지난 50년간 많은 인구와 좁은 땅 때문에 농업 정책은 변함이 없었다. 그래서 농업의 자본주의화가 중국 사회에 커다란 충격을 가져다준 것이다.

1인당 경작지가 좁다는 근본적인 모순 때문에 이 자리에서 중국 농업의 장기적인 발전 전략을 확정지을 수는 없다. 일부 전문가는 미국 모델을 배워서 농업 현대화를 추진하자고 힘주어 말하기도 한다. 그렇지만 농촌에서는 일자리 마련이 우선이고, 앞으로도 상당히 오랜 기간동안 이원적인 경제 구조를 유지해야 농촌이 산업화 과정에서 생기는 불안정한 세력을 흡수하는 광활한 바다가 될 수 있다고 주장하는 사람도 있다.

전자는 시장의 기능을 발휘해 숙련된 농민에게 토지를 집중시켜서 농업 노동력을 공업과 도시로 향하도록 해야 한다고 역설하고 있다. 다른 한편, 후자는 보호 가격(이중 가격)을 채택해 열악한 토지에서 생산된 고비용 농산물을 수매하고 낙후되어 있는 농민이 더 비참한 상태로 전락하는 사태를 방지해야 한다고 주장하고 있다. 20년간 농업 정책은 이 두 가지 모순된 전략을 잘 운용해왔다. 거시적으로는 후자가 중심이 되었고, 미시적으로는 전자를 적절히 진작시켰다. 이렇게 해서 농업 생산은 국가의 보호를 받으며 점진적인 발전의 길을 걷게 되었다. 상당히 오랫동안 중앙 정부는 50년 동안의 정책적 일관성을 여러 번 확인하면서 보호 가격으로 농산물을 수매하겠다고 밝혔다. 이 조치는 실제로 일자리 우선의 농업 정책을 점진적으로 채택해 도시 실업률의 상승이 가져온 압력을 완화해주었다. 잠시 생각해 보자. 만약 도시에서 일자리를 잃은 농촌 출신 노동자나 파산한 향진기업에서 일하던 농촌 출신 노동자들이 고향에 돌아왔을 때 그나마 농사지을 땅이라도 없다면, 그들이 과연 도시의 샤강 노동자를 우선 채용하는 정책을 받아들일 수 있을까?

일자리 우선의 농업 전략은 농업의 자본주의화와 시장화를 향한 발걸음을 더디게 한다. 그러나 표면적으로는 시장경쟁의 원칙에 위배되더라도 전체 중국 국민의 장기적인 이익을 고려하면 책임 있는 정책이라고 할 수 있을 것이다. 뿐만 아니라 앞으로 50년 후 또는 이보다 더 긴 시간이 지난 후에 1인당 토지 소유 면적이 좁은 근본적인 모순을 완전히 해결하기는 더욱더 어려워진다. 이러한 전략은 중국이 계속 견지해야 할 국가적 시책이지, 상황에 몰려 내놓은 궁여지책이라고 할 수는 없을 것이다.

그러나 이러한 책임 있는 농업 정책 덕분에 안심하고 있을 때, 국가는 갑자기 이 반자급자족적인 농업을 국제 시장에 개방해 버렸다. 수억의 농업 인구가 아무런 전반적인 대책이 없는 상황에서 개별적으로 수천 개의 대농장 혹은 수백 개의 다국적기업과의 경쟁에 직면하게 된 것이다.

1998년 4월, 중국과 미국은 「중미 농업협력 협의서」를 체결했다. 협의서 체결 이후 양측 인사는 앞으로 생기게 될 영향을 분석했다. 일반적으로 볼 때 이러한 분석은 대개 기술적인 것으로 중국과 선진국간의 농업경쟁력의 근본적인 차이와, 1인당 토지 소유 면적이 매우 작은 중국의 현실을 진지하게 고려했다.

흥미롭게도 많은 학자들이 농업 협의서가 가져다 주는 단기적 충격을 피할 수 없으리라는 점과, 이런 충격은 아주 구체적이고 현실적인 것임을 인정했다. 그러나 어느 분야일지는 분명하지 않지만 WTO 가입이 중국에 장기적으로는 이로울 것이라고 일방적인 예상을 하고 있기도 하다.

『남방일보』는 온스메이 溫思美 교수의 글 「농업 개방, 도전인가 기회인가」를 실으면서 이런 견해를 밝혔다.

「중미 농업협력 협의서」의 체결은 중국이 강력한 경쟁력을 지닌 외국 농산물에 시장을 열어주는 것이다. 이 협의서의 체결은 8억 농민이 살고 있는 중국에 어떤 영향을 가져다줄까? 우리 성의 농업은 이러한 도전에 어떻게 응전해야 할까? 기자는 이 문제를 살펴보기 위해 화난 華南농업대학 경제무역대학원의 온스메이 교수 및 관련 인사들을 탐방했다.

단기간 동안 해외 농산물은 우리 성의 농산물 시장에 강력한 충격을 줄 것이다. 일부 분야가 받는 충격은 매우 클 것이다. 그러나 전체적으로 중장기적인 관점에서 보면 광둥의 농업은 이 충격을 이겨낼 수 있다.

온스메이 교수는 우리 나라의 농업 규모가 작고, 기술이 낙후되었으며, 농업 생산성이 떨어지기 때문에 농촌의 제도 마련이 시장이 요구하는 경제성에 부응하지 못할 것이라고 생각하고 있다. WTO에 가입한 후 농업 경쟁력은 심각한 시험대에 놓여 있다. 뛰어난 품질의 값싼 해외 농산물은 국내 농업에 강력한 충격을 줄 것이다. 일부 농산물이 받을 충격은 생각보다 클 것이고 이에 따라 농민의 소득도 적지 않은 영향을 받을 것이다. 구체적으로 말하면 식량 생산은 직격탄을 맞아 국내에서는 경쟁자가 없을 정도로 거대한 곡창지대인 광둥 지역이 받을 충격은 더욱 클 것이다. 이 외에 우리 성의 귤, 쇠고기, 돼지고기 등의 농산물은 힘겨운 도전을 받을 것이다.

그러나 중국에는 12억 인구가 있고, 농산물시장의 규모가 방대하며, 인구와 소비 수준이 계속 성장하고 있어서 농산물시장 규모도 한층 확대되고 있다. 시장 규모가 크고 해외로부터의 충격을 막을 능력도 있기 때문에 시장이 작은 다른 국가들처럼 해외 농산물 때문에 일격에 쓰러지지는 않을 것이다. 가격 면에서는 몇몇 제품의 가격이 국제 시세보다 높지만 전체적으로 볼 때 국내 농산물 가격은 여전히 가격경쟁력을 가지고 있다. 품질과 가공 및 포장기술이 약간 뒤떨어져 있는데, 이 문제를 해결하면 중국 농산물의 경쟁력은 틀림없이 제고될 것이다.

장기적으로 볼 때 WTO 가입은 농업의 세계화를 앞당겨 우리 나라가 국제 시장에서 각종 자원을 효율적으로 배분함으로써 농업의 현대화를 실현하는 데 도움이 될 것이다. 온스메이 교수는 장기적으로 WTO 가입은 우리 농업의 현대화에 커다란 힘을 줄 것이라고 지적했다. 구체적으로 말하면 아래의 여섯 가지가 잠재적으로 우리 나라의 농업 발전에 이로울 것이다.

• WTO 가입은 시장경제와 자유무역 제도에 다가서는 것을 의미하므

로, 조속히 중국 농업을 시장경제의 궤도에 올려놓을 수 있을 것이다.

• 세계적인 도전에 맞서서 우리 나라는 전면적인 농업 개혁을 추진, 농업 현대화를 가속화해 조방형 경영에서 집약적 경영으로 전환해 갈 것이다.

• 안정적인 무역 환경을 만드는 데 도움이 될 것이다. WTO의 다자간 협상 제도를 통해 우리 나라 농산물의 수출을 확대하는 데 유리한 돌파구를 마련할 수 있을 것이다.

• WTO에 가입한 후 우리 나라는 개방된 다자간 무역 체제에 편입하게 된다. 이를 통해 1백여 회원국과 똑같이 무조건적인 최혜국 대우를 누리면서, 현재 우리 나라의 수출이 일부 국가의 시장에 과도하게 의존하는 국면을 타개할 수 있게 되었다.

• WTO의 경제 및 무역 정보를 얻게 되면서 국제 경제의 현황과 우리 현실에 맞는 거시경제 정책을 마련하는 데 유리하다.

• WTO에 가입하면 국민 대우 및 최혜국 대우 등 여러 문제가 해결되는 동시에, 국제 시장 진출을 가로막는 많은 장벽들을 깨고, 외자 이용, 기술 도입 및 경영 등을 적극적으로 추진해 우리 나라의 농업 발전을 도모할 수 있다.

그러나 중국의 1인당 토지 소유 면적은 좁고 농업경쟁력은 떨어진다. 일자리 창출을 우선적으로 고려하는 농업 전략의 관점에서 보면, 앞서 말한 여섯 가지의 잠재적인 장점은 매우 회의적인 것이 된다. 시장경제의 궤도에 오르고 조방형 경영에서 집약적 경영으로 전환하는 것은 근본적으로 일자리 창출 우선의 농업 전략과는 상충되기 때문이다.

농업경쟁력이 떨어지면 안정된 국제 무역 환경에서 농산물의 수출을 확대할 수 없다. 그렇게 되면 특정 국가의 시장에 과도하게 의존하는 국면을 타개한다는 것의 의미가 사라지게 된다. 만약 우리가 중국 농업과 선진국 농업 사이에 있는 경쟁력이 차이——이것을 알기 위해 WTO의 정보를 공유할 필요는 없다. 국제 경쟁의 현실에 관심이 있는 사람이라면 누구나 잘 알고 있다——를 정확히 인식하지 못한다면, 세계 경제에 걸맞는 거시경제 정책을 마련한다는 것은 어불성설이다. 그럼에도 불구하고 마지막 한 가지는 곰곰이 생각해볼 만하다. 외자를 적극적으로 이용해 농업을 발전시킨다는 것은, 중국 농업을 합병하고 농촌의 토지를 겸병할 기회를 주어 외자기업이 우리의 농업시장을 점령하는 데 힘을 더해 주는 것이기 때문이다.

한마디로 말하면 온 교수가 묘사한 농업 세계화 과정은 현실적으로는 중국 농업이 파산하는 지름길이고, 다국적기업이 우리 나라 농업의 동맥을 장악하는 과정이다. 이것이 분명 중국 농업의 세계화를 완성하는 지름길이고, 농업의 현대화를 순조롭게 진행하는 길임에는 틀림없다. 남아 있는 문제는 이 지름길이 9억 중국 농민에게 도움이 되는가, 13억 중국인에게 이로운가이다. 그렇지 않다면 농업 현대화는 아무래도 중국 농업을 위한 것은 아닐 것이다.

온스메이 교수의 관점과 비교해 볼때 국무원 연구개발센터 농촌부의 천시온 陳錫文 주임은 「중미 농업협력 합의서」에 대한 평가하면서 대단히 신중한 태도를 취했다. 그는 먼저 세 가지 일반적인 오해를 분명히 밝혔다.

첫째, 중국의 WTO 가입과 관련된 일괄적인 계획을 중미 양국의 농업 협의서와 동등하게 여기는 것은 옳지 않다. 둘째, 과거에 중국이 미국에서 밀을 수입한 적이 있다고 하지만, 이는 사실무근이다. 중국은 미국으로부터 밀을 수입한 적이 없다. 단지 병충해 방제를 위해 미국 서북부 일곱 개 주에서 생산되는 밀의 중국 수출을 금지한 적은 있다. 현재 검역, 가공처리기술의 향상으로 이러한 금지 조치는 해제되었다. 셋째, 중국의 WTO 가입과 농업

일괄 협정 내용에서 식량, 원유 등 제품의 수입쿼터제에 대한 해외 보도를 보고 우리 나라가 매년 규정에 따라 쿼터량을 수입할 것이라고 우려하는 사람이 있다. 사실, 쿼터량은 단지 시장 진입에 필요한 규정에 불과한 것으로 쿼터량 이내의 수입은 높은 관세를 물릴 수 없다. 그러나 쿼터제의 의미는 수입가능 품목, 수입가능 수량, 품종과 가격 등은 모두 시장의 원칙에 따라야 하고, 또 이것은 협상의 결과에 달려 있다는 것이다. 현재 우리 나라의 수입량에 비춰 보아 해외에서 보도된 쿼터량은 결코 낮은 것이 아니다. 하지만 매년 그렇게 많은 양을 수입하겠다는 것은 아니다. 수입량은 국내 수요에 의해 결정될 것이다.

협상의 영향에 대해 천 주임은 다음과 같은 의견을 제시했다:

우리 나라가 WTO에 가입하면 농업 문제가 분명히 복잡해질 것이다. 현재의 상황으로 볼 때 우리 나라의 농업은 두 가지 특징을 가지고 있다. 첫째, 좁은 1인당 토지 면적 탓에 상대적으로 노동생산성이 낮고 비용은 높아 경쟁력이 세지 못하다. 농업의 경영 규모가 확대되기 어려운 점도 단기간에 개선되기 어려운 약점이 된다. 둘째, 전반적인 과학기술과 생산 장비의 수준이 낮고 농산물의 품종 개량과 품질 제고가 쉽게 이루어지지 못하고 있다. 어떤 점에서는 국제 경쟁에서 많이 뒤처져 있다고 할 수 있다. 이 두 분야 모두 경쟁력을 갖추지 못하거나 열세에 있다면 세계화의 흐름 속에서 농업이 견뎌내야 할 압력은 더욱 커지게 된다. 농업은 국민 경제의 기반이며, 기술이 비교적 낙후되어 있는 분야이다. 또 수많은 사람들의 일자리와 관련된 민감한 문제이기 때문에 얼마나 해결하기 어려운지 쉽게 알 수 있을 것이다.

유감스럽게도 천 주임은 이 두 가지 취약점의 중요성에 대해 더욱 천착하지 않고 농업 협상이 중미 양국의 경제 관계에 미치는 영향을 논의했다.

이번에 「중미 농업협력 협의서」를 체결한 것은 양국의 관계를 개선한다는 중대한 의의가 있다. 이 협의서가 양국의 무역에 대해 가지는 강조점은 세 곳에 있다. 첫째, 무역 적자와 흑자의 문제이다. 둘째, 장기적으로 미국은 군비 확산에 대한 우려를 핑계로 중국에 첨단기술 제품의 수출을 기피한 결과 양국의 무역 적자가 줄어들기 어려워졌다. 셋째, 농산물 문제이다. 미국은 농산물 생산 대국이다. 미국의 농산물 수출량은 세계적으로 중요한 자리를 차지하고 있다. 미국의 농장주와 상인들은 중국 농산물시장에 수출할 길을 모색해왔다. 이번 「중미 농업협력협의서」에서 제시한 세 가지 품목 역시 양국의 농산물 무역에서 첨예한 문제로 대두될 것이다. 이 문제는 중미 양국의 농산물 무역을 합리적으로 해결하는 데 커다란 역할을 했다. 그 반대 역시 마찬가지지만 말이다. 양국의 무역 마찰을 해결하는 것은 양국의 전반적인 무역 거래를 개선하는 데 중요한 의의가 있다.

천 주임은 협의서의 단기적이고 지엽적인 문제를 변호하는 글을 썼다.

WTO의 일괄적인 계획에서 농산물 수출입에 관한 문제는 주로 세 가지 내용을 다루고 있다.

첫째, 관세 전반적인 수준의 문제이다. 우리 나라는 WTO 가입 5년 후에 관세의 전반적인 수준을 17퍼센트로 인하하기로 약속했고, 모든 품목에 대해 구체적인 인하폭을 정했다. 둘째, 쿼터량 문제이다. 쿼터량이란 낮은 관세를 적용하는, 식량, 면화, 석유 등 거래량이 많은 품종의 수입허용량을 말한다. 중국이 허용하는 농산물 쿼터량을 미국이 받아들이면 다른 국가의 문제는 자연히 해결된다. 셋째, 쿼터량의 분배 문제이다. 미국을 포함한 국가들은 국영기업과 민간기업이 각각 얼마나 많은 쿼터량을 차지할지

고려해 정부가 모든 것을 독점적으로 결정하는 국면을 피하고자 한다.

올해 안에 중국은 WTO에 가입할 것이다. 그때 중국 농업은 비교적 거센 압력을 받을 것이다.

1996년 10월 당시 리펑 李鵬 총리는 이탈리아의 로마에서 열린 세계식량정상회의에 참가하는 동안, 중국의 식량 자급자족 비율을 95퍼센트 이상으로 유지하겠다고 약속한 적이 있다. 이것은 나머지 5퍼센트의 식량은 수입을 고려하고 있음을 의미했다. 현재 우리 나라의 식량 생산량은 5억 톤 정도이므로 5퍼센트면 2천5백만 톤에 해당한다. 이것은 해외에서 보도된 2천1백80만 톤의 쿼터량보다 많은 것이다. 그러므로 이 정도는 중국 농업에 커다란 충격을 주지는 않을 것이다. 중국이 지역 경제의 구조 조정과 품종 개량을 완성한다면 문제는 쉽게 해결될 것이다.

현재 중국이 곡물시장을 개방하면 낮은 국제 농산물 가격 때문에 국내의 식량 생산은 큰 타격을 받을 것이라고 우려하는 사람이 있다. 사실 이 문제는 변증법의 관점에서 바라보아야 한다. 먼저, 식량 가격은 끊임없이 변동하는 것이다. 우리 나라는 국제 시장의 가격을 이용해 농산물 가격을 올릴 수 있고, 국내의 식량시장과 재고량을 조절할 수 있다. 중국의 식량 수입이 늘어나면 국제 시세가 올라갈 것이다. 하지만 국제 시가가 올라가면 국제 시장의 식량 생산량이 증가할 것이고, 가격도 따라서 올라갈 것이다. 우리는 단순히 국제 시장에 의해 식량 문제를 해결하는 것이 아니라, 세계에서 가장 큰 식량 생산 대국이자 소비 대국으로서 매우 커다란 주도권을 가지고 있다. 중요한 점은 국내·외 시장을 충분히 융통성 있게 이용해야 한다는 것이다. 최근 들어 국제 시가가 내렸는데, 이는 우리 나라의 식량 수입과 매우 밀접한 관계가 있다. 1995~96년에 중국이 식량을 대량으로 수입하자 해외에서는 식량을 대량으로 생산하게 되었다. 하지만 1998년 우리가 식량을 수출만 하는 상황이 되자 가격이 변동하게 되었다. 그러므로 현재의 낮은 국제 시세를 고정적인 것으로 보아서는 안 된다.

이러한 분석은 실사구시에 입각한 것이다. 문제는 천 주임이 언급하지 않은 협의서에 근거해 중국이 WTO 규정에 따라 모든 규제를 철폐할 의무를 진다는 사실에 있다. 특히 민감한 제품에 대해 중국은 관세율 쿼터제를 채택할 것이다(이러한 제도 아래에서는 수입 쿼터량이 배급 수준보다 낮으면 저관세를 적용해 1~3퍼센트의 관세만을 징수한다). 이 제도로 인해 국영기업은 대부분의 제품을 국제 시장가로 구입하게 될 것이다. 다시 말하면, 협의서의 해악은 쿼터량을 늘리는 것뿐만 아니라 5~6년 후에는 쿼터제를 없애고 관세율을 미국의 다른 무역 파트너보다 더 낮은 수준으로 인하해야 한다는 데 있다.

또다른 문제는 국영기업이 분배된 쿼터량을 구매하지 못하면 그 나머지는 다시 새로이 민간 업체에 분배된다고 규정하는 데 있다. 중국은 이미 국영 무역공사가 장부상의 쿼터방식으로 미국 농산물의 수입을 제한할 수 없게 되었던 것이다. 사실상 이것은 천 주임의 말, 즉 쿼터가 매년 그렇게 많은 양을 수입해야 한다고 정한 것이 아니라 국내의 수요에 달려 있다는 말을 부정하는 것이다.

농업부 농촌경제연구센터 온테쥔 주임의 분석은 비교적 냉철하다. 그는 협의서의 긍정적인 면과 부정적인 면 모두를 분석했다. 긍정적인 측면으로는 다음과 같은 것이 있다.

첫째, 도시 소비자에게 유리하다. 우리는 최근 3년간 풍부한 수확으로 해외의 우수한 밀을 수입하지 않았다. 소비자는 모든 빵에 부스러기가 생기고, 면발이 쫄깃쫄깃하지 않으며, 끓는 물에 넣으면 쉽게 퍼져 버린다고 불만을 터트렸다. 이것은 저강력분에 쓰이는 밀을 사용해 만든 가공 밀가루의 품질이 문제가 있기 때문이다.

둘째, WTO에 가입하면 경쟁력 있는 농산물의 수출길이 열리게 된다.

1980년대에 우리 나라의 농산물 수출은 토지자원에 뿌리를 둔 기본적인 농산물이 대종을 이루었다. 1990년대에 들어서는 수산물, 채소, 과일과 일부 축산물이 주종을 이루게 되었다. 그리고 여러 해 동안 30~40억 달러의 흑자를 유지하고 있다. 그러므로 장기적으로 볼 때 곡물, 면화, 식용유 등의 기본 농산물을 제외한 우리 나라의 가공 농산물은 수출경쟁력을 가지고 있다.

셋째, 비경제적인 요인의 방해가 없는 평등한 조건에서 자원을 크게 점유하는 기본 농산물의 수출을 늘리면, 토지자원이 부족한 연해 지역이 농업구조 조정을 진행하는 데 큰 도움이 된다.

넷째, 현재 진행하고 있는 식량 유통의 개혁을 촉진하는 데 도움이 된다.

부정적인 측면은 다음과 같다.

먼저, 국내 식량 유통량이 삭감되어 2만 톤을 초과하는 저장량은 이제 불가능할 것 같다. 둘째, 국내에서 안정적으로 식량을 생산하기 위한 장기적인 정책을 마련하는 데 불리하다. 셋째, 이미 국내 식량 가격이 수입 압력을 받아 떨어지는 상황에서 중서부의 전통적인 농업 지역에 사는 농민들이 타격을 입을 것이다.

유엔 식량기구(FAO)의 연구 결과에 따르면 국제 시장에서 곡물 가격은 18년 동안 하락 추세를 보이고 있다. 하지만 우리 나라는 그렇지 않다. 특히 1989~91년, 그리고 최근의 상황은 매우 특수하다. 지난 20년간 식량 가격은 꾸준히 오르고 있었다. 1979~82년, 1994~96년에 대폭적인 가격 인상이 두 차례 있었다. 전자는 계획경제 시기에 가격 협상으로 인한 차이와, 인위적인 농산물 저가 정책이라는 임시 보상책의 실시 때문이라고 볼 수 있다. 그러나 후자는 농업의 수익이 낮은 상황에서 가격 보상을 통해 곡물 생산의 안정을 도모한 경우이다.

통계에 의하면 국내 곡물 가격은 1993년 하반기 이후부터 오랫동안 최고 가격을 유지해왔다. 1994년 상반기에는 외환제도의 개혁으로 위안화를 평가절하해 3~4개월 동안 국제 시세보다 약간 낮았다. 각 시기에 각 품종의 국내 가격은 미국보다 한 배 비쌌다. 이것 역시, 연속해서 풍년이 들어 창고에 쌓인 식량에 보조금을 주지 않으려면 수출해야 했기 때문이다.

더욱 중요한 것은 식량 생산 구조에 협의서가 미친 영향을 분석한 온 주임의 견해이다.

먼저 국내 시장을 보면, 우리 나라의 밀 생산은 국가의 생산량 향상 유도 정책과 일괄적인 가격 아래에서 품종 및 품질 구조를 개혁함으로써 우수한 품질과 값싼 가격을 실현하기 어렵게 되었다. 그러므로 기본적으로 점도가 30퍼센트가 못 되는 박력분이 많이 생산된다. 점도가 35퍼센트 이상인 강력분이 차지하는 비중은 이에 미치지 못한다. 지금까지는 강력분이 밀 생산량의 20퍼센트 정도를 차지했다. 하지만 밀의 수입이 국내 가격보다 20퍼센트 낮은 수준에서 이루어지고 있을 뿐 아니라 점도도 높고 품질도 우수해 시상의 수요에 쉽게 적응할 것이다. 한면 동북 지역의 꼭창시대에서 생산되는 옥수수도 수분 함량이 높고 운송도 쉽지 않은 등 고질적인 문제를 가지고 있다. 이에 비해 미국 —— 그리고 캐나다, 호주, 유럽 등 식량 수출국——의 밀과 옥수수는 커다란 비교우위를 가지고 있기 때문에 국내 시장을 손쉽게 점령할 수 있을 것이다.

둘째, 식량안보 전략에 대한 고려가 있어야 한다. 도시와 농촌의 이원적인 체제 아래에서 농촌 인구는 여전히 자급자족의 상태에 머물러 있다. 전체 생산량의 35퍼센트만이 상품성이 있는데, 대략 매년 1억6천만~1억8천만 톤이 될 것이다. 식량안보 전략의 관점에서 보면 총생산량이 아니라 상품화할 수 있는 식량을 기준 수치로 보아야 한다. 과거 여러 해 동안

밀 수입량은 대개 1천만 톤 정도로 상품성 있는 식량의 6~8퍼센트를 차지
했다. 미국과의 쌍무 협정에서 규정한 밀 9백30만 톤은 예년의 총수입량과
맞먹으며, 상품성 있는 식량의 8퍼센트에 해당한다. 또 옥수수 7백20만
톤, 쌀 5백30만 톤을 수입해야 한다. 미국 한 나라에서 수입하는 세 가지
품목이 우리 나라 상품성 곡물 소비의 20퍼센트 이상을 차지한다. 그러므
로 이 협정이 우리 나라의 식량안보 전략에 미치는 영향을 간과할 수 없는
것이다.

셋째, 이론적으로 볼 때 소농 경제인 우리 나라는 농업 생산 가운데
농민의 육체노동 비용을 계산하지 않았기 때문에, 농민의 소득은 농업
잉여의 분배이자 지대의 분배이다. 농산물 같은 1차 상품의 무역경쟁력이
부족한 것은 우리 나라의 지대가 너무 낮기 때문이다. 토지 면적이 클수록
지대가 많아지는데, 중국은 농촌 가구의 평균 토지 면적이 0.4헥타르인
영세 농업으로 식량 생산에서 얻을 수 있는 잉여가 매우 적다. 농촌 가구의
평균 토지 면적이 수백 헥타르에 이르고 농업 잉여가 중국 대규모 농장의
수천 배인 미국과는 경쟁을 할 수가 없다. 그러므로 중국과 미국간의 곡물
무역은 전형적인 불공정 경쟁이다.

전형적인 불공정 경쟁이라는 말은 상당히 깊이가 있다. 그러면 중국은
왜 이런 경쟁을 담고 있는 협의서를 체결했을까? 후속 협상에는 어떻게
대응해야 할까? 온 주임은 아래의 문제에 주의해야 한다.

1) 미국은 무역 협상 뒤에 숨겨져 있는 정치적인 목적을 바꾸지 않는다
최근 국내에서 발표되었거나 인터넷에 올라와 있는 자료를 분석해 보
면, 이번 농산물 무역 협상이 국내에 미칠 영향을 주시해야 할 뿐만 아니라
이번 달에 시작될 후속 협상이 어떻게 진행될지도 면밀히 보아야 한다는
사실을 알 수 있다. 미국의 진정한 목적은 바뀌지 않을 것이기 때문이다.

"클린턴 대통령은 중국의 WTO 참가는 경제 문제가 아니라 세계화의 문제라고 했다. 이를 통해 중국은 서구적 방식의 무역법을 적용 받게 될 것이다. 시장 개방이 더욱 확대됨으로써 더 많은 중국인이 해외 사상을 받아들일 수 있게 되었다."12)

농산물 분야에서 중국은 이미 많은 양보를 했다. 미국도 이에 상응하는 양보를 해야 한다. 또한 미국은 중국의 WTO 가입에 대한 쌍무 협의서에 서명하지 않았고, 지금도 가입 후 중국에 대해 일방적으로 무역 제재를 가할 수 있는 권한을 요구하고 있다. 그러므로 우리는 미국이 중국의 WTO 가입을 지지한다는 말을 믿을 수가 없다. 이 점을 감안할 때, 중국은 과거에 한 양보를 협상의 조건으로 삼아 금융이나 보험 등의 분야와, 국가가 독점하고 있어 국민에게 우선 개방해야 하는 분야에서의 양보폭을 최소한으로 줄여야 한다. 그렇지 않으면 중국의 WTO 가입은 남 좋은 일만 하는 꼴이 될 것이다.

2) 중국이 WTO에 가입하는 지위

중국은 인구밀도가 높고 취업 문제가 심각한 개발도상국의 지위를 얻어야 한다. 그렇지 않으면 자본주의가 발달한 선진국이 만든 게임의 법칙에 따라 자본이 전세계를 지배하는 무역기구에 가입하게 될 것이다. WTO 가입 이후의 손익 계산을 해보면 어느 쪽이 클까? 우리는 WTO에 가입하기 전에 이에 대해 진지하게 토론했어야 했다.

우리는 근대사에서 미국의 농산물이 '미국 밀 차관'과 '미국 면화 차관'을 통해 중국 시장에 진출해 우리의 소농 경제를 무너트렸던 것을 잊지 말아야 한다. 서구 학자들은 미국이 제시한 조건에 따라 중국이 WTO에 가입하는 것은, 아직 미숙한 어린이가 미국이 정한 링 위의 규칙에 따라 타이슨과 권투를 하는 것과 같다고 지적하고 있다. 농업 협정에서의 양보는 다른 부문에서 미국의 양보를 얻어내려는 목적에서 취해진 것이다. 이 양보를 대가로 국가 재정이 의존하고 있는 국영 경제, 특히 금융 부문에서 미국의 양보를 얻기 위해서였다. 우리는 위의 비유를 또 할 수 있다. 미숙한 어린이가 아니라 쿵후의 고수인 국영기업이 싸운다고 하더라도 미국이 일방적으로 정한 경기 규칙 아래에서라면 여전히 승산은 없다.

3) WTO 가입 이전의 준비

중국은 1970년대에 초기 산업화를 완성한 이후 모든 산업이 고루 발전하는 사회주의 대량생산 체제를 이루었고, 경제 원칙에 따라 개혁개방을 실시해 세계 시장에 참여했다. 중국은 20여 년이 흐르는 동안 일반 무역에서 세계 10위권에 들어섰기 때문에 WTO에 가입해야 한다. 그러나 가입 이전과 준비 기간 동안에 먼저 '내공'을 쌓아야 한다.

먼저, 단순한 성장 위주의 전략에서 일자리를 우선적으로 고려하는 지속적인 발전 전략으로 바꿔야 한다. 21세기에 들어선 우리 나라가 직면한 가장 큰 문제는 인구 과밀과 노동력 과잉 현상이다. 미국의 한 아시아계 연구소에서 최근에 진행한 시뮬레이션 실험 결과에 의하면, WTO에 가입한 이후 국제 무역의 증가, 자본 및 기술 투입의 증가는 해마다 우리 나라의 GDP 증가에 0.5~0.6퍼센트 기여할 것으로 예상된다. 국가정보센터의 연구에 의하면, 우리 나라의 취업 탄성은 제8차 5개년 계획 시기에는 0.108퍼센트가 될 것이고, 경제는 해마다 1퍼센트씩 성장해 60만 인구의 일자리가 창출될 것이라고 한다. 자본밀집형 및 기술집약형 산업이 발전함에 따라 경제 성장이 고용 창출에 미치는 영향은 그리 크지 않다. 그러므로 0.5퍼센트의 경제발전도 중요하지만 발전 모델의 전환이 더욱 중요하다. 20세기 말에 2억이 넘는 잉여노동력을 가진 인구 대국이 가장 먼저 해결해야 할 문제는, 어떻게 낡은 경제발전 모델을 기반으로 자본이 축적되는 체제를 만들어 일자리를 창출할 수 있는 경제 성장 메커니즘을 세우느냐이다. 그렇지 않으면 넬슨의 성장 함정에서 헤어나지 못할 뿐만 아니라, 대규모 무역에 지나치게 기대게 되어 무역의 속박에서 벗어나지 못할 것이다.

둘째, 국제 자본에 시장을 개방하기 전에 국내 자본에 먼저 개방해야 한다. 우리 나라는 현재 중복 수치에 따라 계산하는 국유 부동산과 상공업 자산이 아직 10조가 넘는다. 오래된 중앙계획경제 체제의 해체 과정에서 재산권 개혁을 시의 적절하게 진행하지 않았기 때문에, 과거의 전국민 소유제는 점점 일부 특권층의 독점으로 바뀌었다. 국민에게 유리한 재산권 개혁을 서둘러 진행함으로써, 해외 자본에 대한 자본시장 개방을 틈 타 독점자본이 방대한 자본력을 가지고 국내·외 부문을 독식하는 사태를 막아야 한다. 특히 재산권의 개혁은 15대 정신에 의거, 기여도에 따라 잉여가치로 형성된 자산을 분배하도록 개혁해 노동자를 이롭게 함으로써, 국유자산의 평등한 사회적 분배를 이룩해야 한다. WTO에 가입하기 전에 민간 경제가 국내 자본시장에 성공적으로 진입하고, 화폐 발행을 늘려 국민 경제가 배로 발전할 때, 우리는 진정으로 대외에 자본시장을 개방해 경쟁에 참여할 수 있을 것이다.[13]

기본적으로 온 주임의 분석은 타당하다. 다만 그의 냉철한 분석도 많은 허점이 있다는 것을 지적해야 할 것이다.

먼저, 소비자 논리에서 의견을 제시한 것은 높이 평가해야 한다.

둘째, 인간의 노동이 중요하게 사리잡고 있는 농산물 분야는 경쟁력이 있다고 지적한 점도 매우 독특하다. 그러나 축산물이나 수산물 같은 비자원형 농산물에서 중국 기업의 경쟁력은 한계가 있다는 점을 덧붙여야 할 것이다. 축산업은 이미 간단하게 사료를 주는 데 머물지 않고, 품종 개량, 질병 예방 및 치료 등의 생물 및 의학 엔지니어링이 결합된 첨단기술 산업으로 바뀌었다. 수많은 생물학자와 의학자들을 갖추고 있는 다국적 축산기업 앞에서 중국의 축산업이 과연 경쟁력이 있을까 하는 문제는 여전히 의문이다.

셋째, 토지자원이 부족한 지역에 유리한 산업구조 조정을 제기한 것은 긍정적이다. 문제는 연해 지역의 농업구조 조정이 계속 진행 중이라는 것이다. 1990년대 이후 북쪽의 곡창지대를 남쪽으로 전환하는 움직임이 계속 진행되고 있는 것이 가장 좋은 예이다. 일단 연해 지역은 중서부 지역, 화북 지역과 북동부 지역의 식량을 흡수할 수 없다. 그러므로 식량을 수입해 산업구조를 전환하고 있다. 그렇게 된다면 곡창 지대의 농민은 도대체 어디에 어려움을 호소해야 할까?

넷째, 식량 유통에 유리한 제도 개혁을 제시한 점은 긍정적이다. 분명히 국내의 시각으로 볼 때 이 논점은 정확하다. 그런데 이에 근거해 실행한 식량 유통 제도의 개혁은 국영 체계의 독점적인 지위를 간단히 깰 수도 있지만, 오히려 국내의 독점적인 식량 유통 체제로부터 식량의 커다란 국제적 흐름, 즉 대순환으로 나아감으로써 다국적기업의 독점이 국내 식량 체계의 독점적 지위를 대체하는 결과를 낳게 될 것이다. 이러한 유통 제도의 개혁으로 중국 농업은 다른 아무 것도 고려하지 않고 자연스럽게 자본주의의 길로 들어서서 1인당 토지면적이 좁은 지금의 상황이 달라지게 될 것이다.

온 주임은 「중미 농업협력협의서」의 영향에 대한 평가뿐만 아니라 정책에서도 많은 허점을 드러내고 있다. 일자리 중심의 지속적인 발전 전략으로 좁은 1인당 토지 면적이라는 고질적인 문제를 해결해야 하나 시장을 개방하기 이전에 먼저 국내에 개방해야 한다는 논점으로 정곡을 찌른 것은, 농업뿐만 아니라 다른 분야에서도 참조할 만하다. 단지 우리는 국내에 우선 개방하고 국민에게 유리한 재산권 개혁을 실시한다고 해도, 상당한 시간이 지난 후에야 농업 및 다른 분야에서 다국적기업과 겨룰 수 있는 실력을 갖추게 될 것이라는 점이 우려될 뿐이다.

사실 다른 분야와 마찬가지로 중국 농업이 직면한 현실은 학자들의 책상머리에서 논의되는 학술상의 문제가 아니라 생존의 문제이다. 중국의 농업은 강력한 힘을 가진 해외의 농업 자본에 의해 타격을 받고 있는 것이다.

1990년대 초기에 수입 양모가 과다해서 2~3년간 국산 양모가 재고로 쌓인 적이 있었다. 내몽고 같은 지역의 유목민 소득이 줄어들자, 정부는 양모를 포함한 다른 농산물의 수입과 밀수에 대한 단속을 강화했다. 최근 대외경제무역대표부는 WTO에 조기 가입하기 위해 농업 관세를 여러 번 인하하고 비관세 장벽을 철폐해, 과일 같은 주요 농산물에 대한 보조금 정책이 가장 먼저 타격을 입게 되었다. 그 결과 외국 농산물이 중국에 거침없이 들어와 고급 농산물시장을 점령하고 말았다.

세관 통계에 따르면 1996년 이후 식용유의 순수입이 50여 억 톤을 기록해 국내 총수요량의 50퍼센트를 차지했다. 콩깻묵의 수입은 더 놀라운 수준이다. 1995년의 수입량이 1천 톤이었던 것이 1997년에 3백60억 톤으로 3천5백 배나 폭증했다. 1998년 일사분기만 해도 콩깻묵의 수입은 2백만 톤에 불과했다. 그런데 라오닝 성의 식용유 회사가 원료를 수입해서 가공하는 데 드는 생산비가 킬로그램당 1.75위안인 데 비해 흑룡강 성의 생산비는 1.9위안으로, 가격과 품질에서 원료를 수입하는 경우가 모두 비교우위를 가시고 있었다. 콩깻묵과 식용유의 과다한 수입으로 전국의 수많은 유지기업이 어려움에 빠지게 되었다. 라오닝 성 식량국에 따르면 전국에 있는 40여 유지기업의 가동율이 3분의 1이 채 못 되고, 28억 위안의 부채를 안고 있으며, 1만5천 명의 노동자가 일자리를 잃었다고 한다.

후난, 후베이 등의 지역은 본래 연해 지역에 연평균 약 4백만 톤의 쌀을 공급했다. 그러나 연해 지역이 식량을 수입하기 시작하면서 최근 3년간 이 지역에 대한 평균 공급량이 1백만 톤에 불과했다. 태국산과 호주산 쌀이 중국의 식량 부족 지역의 시장을 점령했으며, 창사 長沙와 같은 대도시 쌀시장의 3분의 1이 태국산 수입쌀에 점령당했다. 광동 성의 식량 거래인들의 쌀 수입가격은 국내 가격보다 그램당 1지아오 角 정도 낮았다. 그 결과 생산 지역의 창고가 가득 차게 되어 후난 성의 곡창지대에 1천8백만 톤의 식량이 쌓여 있다. 또한 쌀 생산기업의 재정적 부담이 가중되어 후난 성은 1백억 위안의 적자를 기록했다.[14] 1998년 후난 성은 수매량과 가격을 대폭 삭감해야 했고, 농민들의 1인당 소득은 31위안씩 떨어졌다.[15]

면화 생산 농가가 받은 충격은 더욱 컸다. 국산 면화의 가격이 국제 시세보다 훨씬 높아 농가들은 많은 빚을 지게 되었다. 과일도 예외가 될 수 없었다. 세관 통계에 따르면 1996년 중국이 수입한 여러 종류의 과일은 65만 톤, 2억 달러를 기록했다. 1997년에는 수입이 분기 별로 1백72퍼센트, 134.9퍼센트 늘어나 76만 톤이 되었다. 동북 지역의 과일 도매시장인 안산의 시팡타이 시장의 대표가 말한 바에 따르면, 바나나의 연간 거래량이 약 1백 톤에 달하고 이 가운데 수입 바나나가 약 60톤을 차지해, 국산 바나나는 국내 시장에서 설 자리를 잃게 되었다.[16]

이러한 상황이 협의서 체결 이전에 중국이 당면한 현실이다. 협의서 체결 후에는 어떻게 될까? 「중미 농업협력 협의서」 체결 전후의 관세대조표를 보자. 만약 협의서가 발효된다면 중국 농업은 유사 이래 처음으로 심각한 도전을 받게 될 것이다.

농산물	현행 관세율(%)	협의서에 의한 관세율(%)	비 고
대두	114	3	수량 무제한
술	65	20	
쇠고기	45	12	
돼지고기	20	12	
닭고기	20	10	
귤	40	12	
사과	30	10	
살구	30	10	
치즈	50	12	
아이스크림	45	19	
보리	91.2	9	
콩깻묵	25	5	수량 무제한

* 이 외에도 현재 국가는 이상의 제품에 대해 13~17퍼센트의 부가가치세를 징수하지만 이것도 조만간 철폐될 수 있다. 자료 출처:『중국 식량정보 속보』,『중국세관 통관수칙』,「국가계획위원회 관리 쿼터 및 등록 상품 목록」(팡타오, 다이진휘,『중국 농산물 무역에 대한 중미 농업협력 협의서의 영향』, 홍콩팩스 No. 18~99).

징보통신산업

중국은 우루과이라운드의 정보기술 협상, 통신 협상, 금융서비스 협상 등 세 가지의 주요 다자간 협상에 참가하겠다고 약속했다. 중국은 비용 원가 의 경쟁 조정 원칙에 따라 외국 기업이 중국의 통신시장에 들어오는 것을 허용해, 서로의 경쟁을 통해 상호 보완하면서 정보통신 관련 제품의 무관 세를 실현하게 될 것이다. 정부는 앞으로 단지 중국 기업과 외국 기업이 공정한 경쟁을 하도록 중재자 역할만을 할 것이다. 또한 중국은 기술중립 적 입장에 동의한다. 다시 말하면 외국 통신기업이 임의의 기술로 통신 서비스를 제공할 권리를 가지고 있기 때문에, 중국은 전체 통신 분야에서 외국 기업의 투자를 49퍼센트까지 허용하며, 4년 안에 부가가치통신과 호출 분야에서 50퍼센트의 소유권을 허용하기로 했다. 이것은 차이나텔레콤이 다국적기업과 결코 피할 수 없는 경쟁에 직면했음을 의미한다.

문제는 충격의 강도가 얼마나 될 것인가에 있다. 중국의 통신산업이 이런 충격을 견뎌내고 경쟁력을 강화할 수 있을까?

사실 통신산업은 개혁개방 이후 국가의 보호가 가장 강력했던 분야이며, 지금까지 계획경제의 방식으로 운영해 온 몇 안 되는 분야 가운데 하나이다. 최근에 유관 산업이 의도적으로 통신산업의 발전을 지원해 어느 정도 경쟁력을 높였지만, 전체적으로 보면 차이나텔레콤으로 대표되는 정부의 독점이 더욱 강화되었다. 먼저 우리는 정부의 보호 속에서 절대적인 독점적 지위에 있는 중국의 통신산업이 비약적으로 발전하고 있는 것을 확인할 수 있다. 중국 사회과학원 경제문화센터의 정잉타오는 인상적인 글을 남겼다.[17]

현재 전국의 기본 전송망에서 성과 성, 성 내부 지역을 관통하는 광케이블의 총거리는 11.7만 킬로미터이지만, 해당 지역의 전화망의 광케이블 길이는 6.7만 킬로미터이다. 디지털 마이크로 라인은 57.6만 킬로미터이고, 국내·외의 위성기지국은 33개에 이른다. 기본 네트워크에서 광케이블 네트워크, 마이크로 웨이브망, 위성 네트워크가 상호 보완하고 있다. 전국 현 및 시 이상 도시의 장거리 자동 교환 네트워크와 교환기의 총용량이 1억 회선을 돌파하고 있다. 이미 유럽 및 아시아의 광케이블 시스템을 세운 중국의 일부 지역은, 하얼빈에서 하바로프스크에 이르는 국제적인 광케이블, 중국과 일본 및 한국과 중국간의 해저 광케이블, 전지구 광케이블의 중국 연해 지역 및 유럽 및 아시아의 해저 라인과 상호 보완적이다. 직접 회로를 가설한 국가와 지역은 62개를 넘어서는데, 이 가운데 73개가 통신 회사이다. 우리 나라는 규모에서 이미 미국에 이어 세계 2위를 자랑하는 통신 대국이다.

　중국은 이러한 광케이블을 근간으로 해서 이를 마이크로 라인 및 위성 통신으로 보완하는 네트워크를 형성했다. 기본적인 전보나 전화 업무를 제외하고 무선 이동통신 전화망, 로밍 서비스, 디지털 정보 네트워크, No. 7 신호 네트워크, 디지털 동시 네트워크, 인터넷, 200 및 300 업무 네트워크, 공공 팩스 저장 및 발송, 화상회의 등의 서비스를 개통했다. 우리 나라의 인트라넷 교환기의 99.5퍼센트가 프로그램 교환을 실현하고 있다. 각 성에서도 이미 실시간 디지털 네트워크 설비를 이용하고 있다. 우리 나라의 통신망은 그 규모가 클 뿐만 아니라 기술 수준도 높다. 네트워크 구조가 합리적이고 압축 음성파일, 디지털 자료, 동영상 통신이 일체가 되어 통신의 다원화에 대한 사회 각 분야의 요구에 부응하고 있다.

중국의 일반 시민 모두가 중국 통신산업의 발전을 피부로 느낄 수 있다. 5년, 10년 전과 비교해 보면 통화음질이 크게 개선되었으며, 시외전화, 시내전화가 대도시, 중소도시, 농촌 할 것 없이 모두 음질이 깨끗하고, 상대방이 통화하고 있지 않다면 통화율도 좋아 중간에 끊기지도 않았다. 이동전화, 로밍 서비스, 팩스, 인터넷 모두가 전국 각지에 개통되었다. 인터넷 이동전화와 일부 도시의 작은 규모의 호출기 품질이 약간 문제가 있는 것과, 인터넷 접속이 느린 것을 제외하고는 새로운 통신 서비스의 기술 수준이 선진국에 버금간다. 언론에서 문제를 제기하는 일반 전화의 설치 대기 시간이 짧아지고, 설치비도 크게 인하되었다. 중국 시민이 누리고 있는 통신 서비스가 품질, 종류, 가격 등 모든 분야에서 10여 년 전에 비해 천양지차를 보이고 있는 것이다.

　더욱 눈길을 끄는 대목은 통신 분야가 독점적인 지위에 있다고 해서 규모만 크고 내실은 없는 상태에 빠지지는 않았다는 점이다. 차이나텔레콤이 대외경쟁을 해야 한다면, 상대가 아무리 강력하다고 하더라도 진지하게 맞이해야 할 것이다. 왕샤오창 박사는 "아무리 세계 굴지의 통신회사라고 해도 중국은 한판 벌일 각오가 되어 있다"라고 말한 적이 있다.

이러한 발전은 눈부시다고 할 만 하지만, 미국인이 누리고 있는 통신서비스는 훨씬 품질이 좋으면서 값도 싸다. 미국의 AT&T에 비하면 차이나텔레콤은 아직 개선해야 할 점이 많은 것이다. 이러한 차이를 어떻게 보아야 하며, 또 어떻게 줄여 나가야 할까. 차이나텔레콤이 갖고 있는 문제의 핵심은 자연스럽게 해결될 것이라고 지적하는 사람이 있다. 이들은 경쟁을 도입해 거대한 외국 기업을 끌어들인다면 통신료가 크게 떨어지고 서비스도 크게 나아져 시민들은 최상의 서비스를 받게 될 것이라고 보고 있다. 일찍 도입할수록 통신 서비스의 향상에 이롭고, 시기가 늦어질수록 상황은 악화된다고 한다.

그러나 지난 10여 년 동안 중국의 여론은 경쟁만능론을 조성해왔기 때문에 경쟁의 견지에서 볼 때 통신 서비스의 차이는 자연스러운 현상이다. 문제는 경쟁의 논리에 따르면 차이나텔레콤이 존재할 수 없게 된다는 것이다. 1949년 이전에 중국 대도시의 통신 서비스는 세계적인 수준과 비슷했다. 전화가 세상에 나온 지 얼마 안 되어 에릭슨 같은 오늘날의 거대 통신업체가 중국에 진출해 서태후의 침실에 전화를 설치했다. 그 후 인공 교환에서 자동 교환에 이르기까지, 전화기 품질에서 전화 음질까지 중국 도시의 부자들은 다국적기업의 혜택을 입으면서 세계 일류의 통신 서비스를 누렸다. 당시 중국에는 당연히 현대적인 통신 수단이 없었다. 통신 서비스는 일부 도시의 고관들만이 누리는 특권이었다. 신중국 건국 이후에는 서구의 봉쇄 정책 때문에 스스로의 기술로 통신인프라를 구축해야만 했다. 모든 농촌에 전화선이 깔렸지만 낙후된 수동식 전화여서 전송률이 낮고, 통화 음질도 매우 나빴다. 빈털터리 상태인 중국의 통신산업은 힘든 길을 걷기 시작했다. 신중국 초기 30년 동안 정부는 중화학공업 발전에 정력을 쏟아 부어 서구의 전화가 초기 50년 동안 걸어왔던 길을 더 빨리 완성했다.

개혁개방 이후 서구 국가가 중국에 대한 기술 봉쇄를 철폐했기 때문에, 중국의 통신산업은 국가의 정책적인 보호 아래 해외 기술과 설비를 끌어들여 대규모 기술 향상과 투자를 할 수 있었다. 그 결과 불과 10여 년 만에 선진국 수준에 바짝 다가갈 수 있었다. 중국 통신업의 비약적인 발전은 유치산업이 국가 보호를 받으며 개방 정책을 실시한 결과 성공을 거둔 대표적 사례이며, 말레이시아와 태국의 예처럼 약소국이 빈익빈 부익부의 악순환을 피한 사례였다. 지난 50년 동안 외국 기업을 끌어들여 경쟁을 벌였다면 중국의 통신산업이 과연 살아남을 수 있었을까? 중국의 모든 산업 가운데 통신산업은 개혁개방의 혜택을 입고 이 충격을 이겨내야 하는 표준적인 산업일 것이다. 심지어 중국의 통신산업은 약소국의 정책적 보호라는 개방의 이념을 실현시켰고, 우리에게 국내·외 경쟁에서 모두 승리할 수 있다는 유일한 희망을 가져다주었다.

그러나 이것은 거대 다국적기업이 가장 우려하는 점이다. G8이 새로운 파트너의 가담을 바라지 않는 것처럼, 거대한 다국적기업들도 새로운 경쟁자의 출현을 바라지 않는다. 만약 중국이 통신시장을 분리하지 않는다면 AT&T의 진출은 그렇게 순조롭지는 않을 것이다. 반면에 중국의 통신산업은 광활한 국내 시장이 있고 세계 최고의 엔지니어들을 끌어들일 수 있기 때문에, 라틴아메리카, 중동, 북아프리카 시장에서 AT&T와 힘을 겨룰 수 있을 것이다. 이러한 의미에서 중국 시민이 납부한 초기 설치비는 통신산업이 발전할 수 있는 밑거름이 되었다고 할 수 있다. 이러한 자본은 또한 중국의 통신산업이 세계 시장의 거물과 경쟁할 수 있는 원동력이 되었다. 이는 중국 시민이 한 배에서 두 배 비싼 가격으로 승용차를 구매함으로써 국내 자동차산업을 육성한 것과 매우 유사하다. 그런데 유감스럽게도 국내 자동차산업이 명칭을 바꾼 것이다. 더욱 유감스러운 일은 이름을 바꾼 자동차산업도 계속 살아남지 못한 것이다. 이러한 비참한 결과를 일찍 알 수 있었더라면, 지난 20여 년간 지속되었던 자동차산업의 고관세가 무슨 의미를 가질 수 있을까? 중국 시민이 비싼 돈을 주고 차를 사는 게 어떤 의미를 가질까?

비교하지 않는다면 차이도 없을 것이다. 통신산업과 자동차산업의 과거와 미래의 각도에서 문제를 생각해 보면, 해결해야 될 것은 전화의 초기 설치비가 아니라 자동차의 고관세임을 깨닫게 될 것이다. 중국의 통신업이 지금부터 몇 부분으로 해체된다면, 국가의 정책적 보호를 받지 못해 서구 국가의 게임의 법칙에 따라 개별적으로 다국적기업의 강력한 압력에 직면하게 되는 것은 당연하다. 이렇게 해서 다국적기업에 의해 하나둘씩 합병된다면 전화의 초기 설치비도 아무런 의의를 갖지 못할 것이다.

한 걸음 더 나아가서 묻고 싶다. 이미 의의를 상실한 자동차의 고관세가 여론의 지탄을 받지 않는데, 현실적 의의가 있는 초기 통신 설치비는 왜 동네북이 되는 것일까? 이 두 가지 문제의 오묘함은 다국적기업의 각도에서 보면 분명해진다. 고관세는 대부분 이미 기술 이전비와 정가 이전비, 그리고 정상적인 이윤 분배 형태로 독일의 폴크스바겐, 프랑스의 시트로앵, 미국의 GM 같은 다국적기업의 수중에 들어갔다. 또 중국 자동차산업의 주도권은 중국인에게 있다고 하기 어렵지만, 통신의 초기 설치비는 중국의 통신사만이 그 혜택을 누릴 수 있다. 이 때문에 다국적기업들은 중국 통신기업의 실력이 강해지는 과정을 옆에서 지켜볼 수밖에 없었다. 결국 다국적기업은 중국 시민의 지갑에 관심을 갖게 되었고, 이미 형성된 경쟁만능주의에 의거해 중국의 통신업을 교묘히 공격함으로써 몇 개로 해체하려고 하고 있다.

이러한 분석이 차이나텔레콤의 초기 설치비용은 토론의 가치가 없다
거나, 차이나텔레콤의 서비스 품질이 뒤떨어진다고 비난하려는 것은 아니
다. 득실을 자세히 따져 보자는 것이지, 옥에 티를 잡을 생각은 아니다.
차이나텔레콤이 어떻게 발전했는지, 중국 시민에게 어떤 서비스를 제공할
지, 다른 나라의 정보통신시장에 진출할 수 있을지는 우리 모두가 진지하
게 연구해 보아야 하는 문제이다. 결코 경쟁만능론이 모든 것을 해결할
수는 없기 때문이다. 지난 몇 년간 차이나텔레콤의 초기 설치비용이 합리
적이기는 했지만 약간의 문제가 있기도 했다. 과연 5천 위안이나 필요했을
까? 2천 위안이면 충분하지 않았을까? 도대체 어느 정도의 초기 설치비용
이 차이나텔레콤 직원의 소득이 되었을까, 아니면 일부 고위 공무원의
주머니에 들어갔을까?

중국 시민은 이러한 문제들에 대해 알아야 한다. 또한 차이나텔레콤의
독점은 사기업의 독점이 아니라 공공 업무를 위해 진행한 독점이라는 사실
도 잊어서는 안 된다. 그러나 아무리 정부의 독점일지라도 일반 시민은
공공의 부가 어떻게 쓰이는지 알 권리가 있고, 차이나텔레콤의 비용 구성
과 지출 사항에 대해 공개를 요구할 권리가 있다. 정보통신 관련 가격
및 정책 결정에 대해 이야기할 수 있는 것은, 전인대가 재정부의 지출
상황과 세수 목표에 대해 알아야 하는 것과 같은 이치이다. 개인의 독점,
즉 다국적기업의 독점이라면 이러한 문제를 거론할 수도 없을 것이다.
만약 정부가 독점을 감독하고 조절할 가능성——이것이야말로 민주주의의
구현일 것이다 —— 을 저버리고 자유경쟁 이론만을 맹목적으로 따른다면
차이나텔레콤은 쪼개질 것이다. 그렇게 되면 중국의 정보통신이 선택할
수 있는 유일한 길은 다국적기업의 독점으로 정부의 독점을 대체하는 것이
다.

이보다 더욱 중요한 문제가 있다. 무슨 이유로 일반 대중은 정부의

독점과 개인의 독점을 구분하지 않는 것일까? 그리고 무의식중에 다국적기업의 개인적인 독점을 선호하는 걸까? 공공 정책에 대한 비판이 결여되어 있기 때문이다. 만약 정부의 독점이 공공 정책에 대한 비판과 감독을 받지 않는다면 총체적 부패로 이어지는 것은 자연스러운 현상이며, 이는 일반 대중의 격렬한 비난을 초래할 것이다. 중국 정보통신에 대한 비판에서 경쟁만능론의 관점이 사람들의 마음을 사로잡은 것은, 정책의 설계 측면에서 개재될 부패 요인으로 인해 '부패보다는 다국적기업이 낫다'고 판단하고 있기 때문이다.

부패는 다국적기업이 중국에서 살아남을 수 있는 천연의 동맹이다. 부패의 힘에 기대어 다국적기업은 중국인의 벗으로 가장할 수 있었고, 여러 업종을 해체해 중국의 경제와 정치, 문화를 새롭게 지배함으로써 1949년 당시의 중국은 사라지게 되었다.

중국 사람 대다수의 근본적 이익에서 출발하면, 우리가 선택해야 할 것은 부패도 아니고 다국적기업도 아니다. 우리에게 필요한 것은 개방과 보호의 결합이다. 국내적 독점과 국제적 경쟁을 결합한 모델이 필요한 것이다. 신문, 잡지, 텔레비전에서 펼쳐지는 정부 독점에 대한 비판은, 다시 한번 중국 국민을 하나로 모아 부패를 억제하고 다국적기업의 도전에 정면 승부할 수 있도록 하고 있다. 1998년 초에 시작된 차이나텔레콤에 관한 비판은 어느 정도 성과를 거두었다. 차이나텔레콤은 1999년 초에 초기 설치비를 하향 조정하고 인터넷 접속비용을 인하했다. 또한 전문성에 따라 차이나텔레콤을 둘로 분리했다.

그러나 공공 정책에 대한 비판의 결과로 가격만 인하하는 것은 아니다. 공공 정책에 대한 비판이 항상 구체적이고 정확한 성과를 얻는다고 보장할 수는 없지만 올바른 영향을 줄 수는 있을 것이다. 미국이 수입이나 일자리가 줄어들더라도 중국에 대한 기술 수출을 제한하는 것처럼, 미국의 대

중국 정책도 실패하는 경우가 있다. 하지만 공공 정책에 대한 비판은 국가와 국민의 장기 이익을 지향해 민주주의, 번영과 부강을 보장하는 길이다.

유감스럽게도 현재 중국에서는 공공 정책에 대한 관대하고 민주적인 비판의 분위기가 아직 형성되지 못하고 있다. 차이나텔레콤 역시 국제 경쟁에 대한 심적·물적 준비를 갖추지 못하고, 경쟁만능론의 영향을 받아 '국내 경쟁은 잘하지만 해외 경쟁에서는 잘 못하는' 뫼비우스 띠에서 헛돌고 있다. 또한 차이나텔레콤은 정부만의 독점도 아니다. 더 많은 지방 독점이 존재한다. 즉 차이나텔레콤의 지방 지사는 지방 정부의 주요한 자금 출처이기 때문에, 차이나텔레콤은 중앙 정부가 지시할 수 있는 조직으로 통합되지도 못했다. 그러므로 차이나텔레콤은 고도의 일체화와 시스템화가 이루어진 다국적기업의 위협에 직면할 때 믿을 만한 무기가 되기는 어려울 것이다.

금융서비스

중국의 금융서비스는 지금까지 거의 대부분 국영기업이 독차지하고 있다. 1997년 동남아시아의 금융 위기 이후 정부는 금융서비스에 대한 감독과 통제를 강화하고 있다. 그렇다면 금융기관에 대한 국가의 감독은 어느 정도 수준일까? 중국과 미국간의 협정에 의하면, 중국은 WTO 가입 후 2년 안에 미국 은행이 은행 업무를 취급할 수 있도록 한다는 데 동의했다고 한다. 5년 안에는 미국 은행이 중국 국민을 상대로 창구 업무를 할 수 있는 것이다.

중국의 은행 체계가 심각한 불량 채권 문제를 안고 있다는 것은 잘 알려져 있다. 1999년 중앙은행이 지정한 몇 가지 사건은 금융 위기를 예방하기 위한 조치였다. 1997년 미국의 메릴린치 증권은 중국의 은행이 이미 기술적으로는 파산했다고 말한 적이 있다. 메릴린치의 추측에 의하면 중국

은행의 불량 채권율(전체 상환되지 않은 대출에서 불량 채권이 차지하는
비율)이 25퍼센트나 되는데, 이는 약 1조6천6백억 위안에 해당한다. 만약
은행의 순자산(약 3천여 억)으로 불량채권을 갚는다면 순자산의 5배에 해
당하는 자금이 필요할 것이다. 개인 계좌의 예금 인출 사태가 일어난다면
은행은 다섯 번이나 파산해야 한다.

　한동안 여러 언론은 메릴린치사가 고의로 '중국파산론'을 만들어 불안
을 조장하고 있다고 비난했다. 1999년 전인대 기간에 중국 인민은행의
다이샹롱 은행장은 중국에서 불량 대출의 개념은 외국과 다르다고 지적했
다. 중국의 국영은행이 가진 불량 채권에는 대출 기한이 만료되었지만
상환되지 않은 기한 초과 대출, 기한을 2년 이상 초과한 정체 대출, 심사
후 면제되는 불량 대출 등 세 가지가 있다는 것이다.

　1999년 4월에 창립된 중국 신다 信達 자산관리공사의 사명은 젠서
建設 은행이 짊어진 2천억 위안의 불량 자산을 해결하는 것이었다. 젠서은
행은 중국의 4대 은행 가운데 불량 채권이 가장 적은 곳이다. 외환 위기
이후 정부는 이미 1천억 위안의 은행권 불량 채권을 해결해 주었다. 정부는
1998년에도 2천7백억 위안의 특별 국채를 발행해 은행의 자본금을 지원해
주었다. 이때 젠서은행에서 발표한 불량 대출 규모는 2천여 억 위안에
다다르고 있었으니 상황이 얼마나 심각한지 알 수 있을 것이다.

　어떻게 중국의 은행 체계가 이렇게 많은 불량 채권을 축적하게 되었을
까? 1999년 초, 중앙은행은 성 단위의 금융문제 연구전담반을 발족했다.
참여 인사들은 1992년에서 1993년까지를 경제가 과열되어 사실상의 금융
위기가 일어났던 때라고 판단하고 있다. 1992년에 5천5백억 위안이었던
사회간접자본 투자가 1993년에 1조 위안으로 급증해, 전국이 부동산 투기,
개발구 붐, 증시 과열로 시끌시끌했다. 이러한 자금의 대부분은 규정을
위반하고 대출금을 전용함으로써 충당될 수 있었다. 은행과 개인들은 거품

경제의 상승 단계에서 많은 돈을 벌어 보려고 했지만, 거품이 꺼지자 모든 대출자금이 동결되었다. 압류된 부동산이 전국적으로 7천여 만 평방미터나 되어 은행의 불량 채권이 5천억 위안 정도 기록되었다. 당시에는 이자가 무척 높았기 때문에 지금까지 축적되어온 불량 채권이 더욱 부풀려졌던 것이다.

거품 경제는 수많은 불량 채권을 만들었을 뿐만 아니라, 일상적인 부패 관행이 심각해져 은행의 대출담당 직원과 일부 지방 부문 및 고위 간부의 자녀가 서로 결탁해 수많은 부실 공사를 낳았다. 물론 그 책임은 감독자에게 물어야 하겠지만, 시장경제의 규칙을 지키지 않고 맹목적으로 투자 정책을 결정했기 때문에 수많은 중복 건설 공사를 하게 되었다는 것은 분명하다. 이러한 대출금은 '돌아오지 않는' 자금이 되거나, 자금 효율이 낮아 심각한 적자를 낳고 있다. 그러나 대출의 회수 여부와 공사의 효율과는 상관없이, 이에 관여된 사람들은 어쨌든 많은 돈을 챙길 수 있었다.

기업 제도가 개혁되면서 일부 지방 정부는 '일단 먼저 팔고 나면 줄행랑 치는' 일을 일삼아, 은행은 개혁이라는 미명 아래 파산하게 되었다. 더욱 재미있는 일은 이런 경험들이 비밀리에 또는 공개적으로 다른 사람에게 전수된다는 것이다. 공상 工商 은행의 통계자료에 의하면 몇 년간 기업이 제도 개혁을 통해 폐기 처분한 채무가 약 1천억 위안에 달했다. 그래서 중앙은행이 말을 번복하는 일이 여러 번 있었다. 은행 돈을 자기 돈으로 생각하고 아무렇게나 써버리는 일이 10여 년간 계속되었다. 특히 1992년 이후의 시기는 가장 이해할 수 없는 상황이었다. 그래서 어떤 사람들은 이렇게 말할지도 모른다. 이제 은행의 채권을 정리하는 것이 어떨까?

은행 체계의 심각성에 대해서는 이미 모든 사람들이 알게 되었다. 상식적으로는 은행에 대한 신뢰가 온통 무너져 예금 인출 사태가 일어나야 한다. 일부 지역에서 이런 사건이 있기는 했지만, 전국적으로는 은행 예금은 전혀 줄어들지 않고 오히려 늘어나기만 했다. 은행의 이자가 계속 인하되고 있지만 개인 저축은 늘어나고 있었다. 왜 이런 일이 일어난 것일까?

두 가지 이유가 있다. 첫째, 4대 은행이 모두 국영은행이기 때문이다. 건국 이래 50년 동안 은행은 매우 높은 신뢰도를 쌓아왔고, 중국인들은 은행에 대한 신용과 정부에 대한 믿음을 하나로 생각했다. 비록 사업적 측면에서 보면 4대 은행의 상황과 그 이미지가 좋지 않지만, 중국인의 마음에 있는 정부는 아직 권위를 가지고 있다. 그들은 정부가 이런 은행을 파산시키지 못할 것이라고 믿고 있는 것이다. 이것이 대다수의 개인 저축자의 마음이다.

둘째, 4대 은행 외에는 저축할 곳이 없다. 자오상 招商은행, 민성 民生은행 같이 정부의 지분이 절반이 넘는 민영은행이 있지만 이 은행들은 더더욱 믿을 수가 없다. 게다가 순수 민영은행의 사업적 네트워크는 국영은행보다 훨씬 뒤떨어져 있다. 외화 환전도 쉽지 않다. 만약 대량의 위안화가 협소한 암시장으로 흘러 들어간다면 암시장의 환율은 폭등할 것이다. 이때 국내의 환율이 미동도 하지 않는다면 매우 낮은 환율로 달러를 바꾸는 사람은 크게 손해를 보게 될 것이다. 그러므로 정보와 자금이 풍부한 '큰 손'의 문제는 인민폐를 둘 곳이 없다는 것이다. 개인 저축자의 20퍼센트를 차지하는 '큰 손'들이 이미 전체 저축의 80퍼센트를 차지하고 있기 때문에 그들의 움직임은 매우 민첩할 수밖에 없다.

이러한 상황에서 외국 은행이 뛰어난 실력과 양호한 신용으로 중국 금융시장에 비집고 들어오면 정보에 민감한 '큰 손'들은 도망갈 구멍을 찾게 되는 것이다. 일단 '큰 손'들이 그 80퍼센트의 저축을 상하이, 베이징, 광조우 같은 대도시의 외국 은행으로 옮겨 놓으면 4대 은행이 무너질 날은 그리 멀지 않을 것이다. 이런 행위는 외환 위기에 직면한 태국에서 일반 국민과 기관이 바트화를 매각한 것과 같다.

이상으로 몇몇 산업이 직면한 경쟁의 윤곽을 어느 정도 그려 보았다. 한 산업이 도태되는 정도는 개방의 정도와 정비례한다는 사실을 쉽게 알 수 있을 것이다. 또한 도태의 방식도 거의 유사하다. 한 업종의 유명 기업을 먼저 도태시켜 시장을 지배한 다음, 고급 상품에서 시작해 중저가 상품으로 확장하는 수순을 밟아 절반 이상의 판매량과 80퍼센트 이상의 생산량을 지배함으로써 중국 기업을 박리다매의 저가 상품 시장으로 내모는 것이다. 중국의 여러 업종이 정부의 보호를 잃는 것과 비교하면, 미국과 유럽에서 뻗어내린 보호주의의 신경망은 이보다 훨씬 민감하다. 중국이 유럽과 미국 시장에 수출하는 상품은 선진국 시장이든 저개발국의 시장이든 값싸고 단순한 것이었다. 저개발국의 시장에서도 고급 제품은 다국적인 '큰 손'에게 장악되어 있어서, '농촌이 도시를 포위하는' 식의 야심을 품을 수도 없었다. 그러나 중국 제품이 수출되기 시작하면서 시장지배율 문제를 꺼내면 유럽과 미국에서는 반덤핑 규제를 발동하고는 했다.

최근 20여 년간 성장한 산업은 대부분 국가의 보호를 받았던 분야이고, 그 보호의 강도가 강할수록 성장이 빨랐다. 하지만 이러한 산업도 단독으로 다국적기업과 경쟁하는 수준까지 나아가지는 못했다. 특히 대다수의 산업이 과다한 경쟁 상태에 있기 때문에 전체적으로 '규모는 크지만 나약한' 것이 특징이다. 정보통신 같은 최첨단산업에 대해서는 국제 경쟁을 받아들이는 사고가 존재하지 않았기 때문에 어떻게 분산하고 나누어야 할지를 고려할 수 없었고, 경쟁력도 국제적 독점기업과 비교할 수 없다. 이러한 상황에서 중국 기업이 국가의 보호 없이 어떻게 세계 시장의 경쟁을 기꺼이 받아들일 수 있겠는가?

3
시장낙관주의와 세계화

중국 기업의 경쟁력이 너무 약한데 왜 우리는 WTO에 가입해야 하느냐고 묻는 사람들이 많이 있다. 왜 중국의 학계, 언론계, 재계는 WTO 가입에 그토록 매달리고 있을까? 우리는 이 문제를 계속 고민해왔다. 사실 중국과 미국의 협상이 현실적인 것이라고 믿고 싶다. 문제는 수많은 언론들이 WTO에 가입하면 모든 문제가 한꺼번에 해결된다고 오도한다는 데 있다. 이익추구의 원칙에 따라 생각해 보면 학계의 저명인사들이 어느 편에 있는지 의심스럽기도 하다. 일부 학자만이 다국적기업을 지지하고 있다고는 하지만, 불행하게도 대다수의 WTO 가입 지지자들은 시장낙관주의적 사고방식에 사로잡혀 있다.

여기에서 '시장낙관주의'는 사실상 서구 경제학의 핵심으로, 시장이 모든 것을 해결해 준다고 믿는 것이다. 사람마다 개인의 이익을 추구하다 보면 사회의 복리가 자연스럽게 최대화된다는 것이다. 19세기 초 독일의 경제학자 리스트 Friedrich List는 이미 국가주의 경제학을 제기해 애덤 스미스의 자유방임주의에 대항했다. 그러나 스미스의 학설이 사유재산제를 옹호하고 개인적 가치관에 독특한 영향을 주었기 때문에, 1930년대 이전까지 시장낙관주의는 서구 경제학에서 정통의 자리를 고수해왔다.

하지만 대공황이 도래해 정통 경제학이 현실 경제를 해석할 수 없게 되자 이른바 '시장의 실패' 문제가 대두되었다. 또한 정부 간섭의 합리성도 어느 정도 인정받게 되었다. 그러나 케인즈주의 역시 시장낙관주의에 대해 전면적으로 부정하지는 못하고 단지 어느 정도 수정만 가했을 뿐이다. 케인즈주의는 시장과 정부의 거시적 정책을 결합하는 '일보 전진을 위한 이보 후퇴' 방식으로 시장 제도의 핵심적 위치를 다시금 확인했고, 근본적으로는 스미스의 '보이지 않는 손'을 들어주었다.

개혁개방 이후 중국은 실제로 이 '보이지 않는 손'을 받아들여, 그것이 가리키는 자유경쟁의 논리에 따라 경제 체제를 개혁했다. 결국 "우리 사업의 방향을 결정하는 것은 경쟁이고 우리를 이끌고 가는 힘은 자본"이라고 말하는 지경에 이르렀다. 우리 중국인은 경쟁 논리의 부정적인 효과에 대해 경계를 조금씩 늦추면서 중국이 세계 시장에서 뒤처져 있다는 것을 망각했던 것이다. 실제로 오늘날 중국의 경제학계에서 활발하게 활동하고 있는 저명한 학자들의 대다수는 자유경쟁의 논리를 숭배하는 사람들이다. 정기간행물을 펼쳐보면 온통 내수 확대, 인플레이션 억제 같은 서구 경제학의 개념들뿐이다. 10여 년 동안 수많은 젊은 학생들도 강의실 안팎에서 시장을 중시하는 경제학의 영향을 깊이 받으면서 자유경쟁을 숭배하게 되었다. 이제 그들은 서구 경제학이라는 색깔 있는 안경으로 현실을 바라

보고 있다.

중요한 사실은 국가 정책이 점점 자유경쟁을 무제한적으로 숭배하고 있으며, 언론도 애덤 스미스의 경제학설을 전파하는 선교사가 되었다는 데 있다. 자유경쟁의 논리가 사람들의 마음을 사로잡게 되자(이 점에서 자유주의 논자들은 언론에 고마워해야 한다. 그렇지 않았다면 리스트의 국가주의 학설이 스미스와 한판 벌였을 것이다), 이 논리를 견지하고 있는 WTO는 자연히 사람들에게 자유의 여신상으로 받아들여지게 되었다. 오늘날 WTO 가입에 대해 고민하게 되면 어쩔 수 없이 근본적인 문제에 직면하게 되고, 시장낙관주의에 대해 심도 있는 토론을 벌이게 될 것이다.

'보이지 않는 손'은 누구의 손을 들어 주는가

애덤 스미스는 시장낙관주의의 태두이다. 그는 자신의 주저 『국부론』에서 다음과 같이 말하고 있다.

> 모든 사람은 자신의 돈을 이용해 상품을 생산해서 최대의 가치를 얻으려고 한다. 일반적으로 사람들은 공공복리를 추구하지 않고 자신이 증진한 공공복리가 얼마나 되는지도 모른다. 그가 추구하는 것은 단지 개인의 안락과 이익이다. 이렇게 할 때 보이지 않는 손은 한 가지 목표를 실현하도록 한다. 하지만 이 목표는 개인이 추구하는 것은 아니다. 자기 자신의 이익을 추구하기 때문에 개인은 항상 사회의 복리를 증진하게 된다. 그 효과는 사회 복리를 증진하려고 하는 것보다 더 크다.

스미스는 이 구절이 후세 사람들의 끊임없는 사유와 논쟁을 불러일으키게 만들 줄은 몰랐을 것이다. 하지만 이 짧은 구절이 지난 2백여 년 동안 수많은 경제학자들의 생계를 유지해 주었으며, 가장 화려하게 사유제와 시장경제를 포장해왔다.

중국인들은 영국 상인이 개인의 이익을 추구하기 위해 멀리 중국에 와서 아편을 팔았다고 생각하기는 어려울 것이다. 이 보이지 않는 손은 어떻게 공공의 복리를 증진시키는 걸까? 인디언도 콜럼버스가 개인의 이익을 추구하기 위해 아메리카 대륙에 와서 자신들을 학살하는 일이 어떻게 공공복리를 증진하는지 알기 어려울 것이다. 개인의 이익을 추구하는 유럽인에 의해 아메리카의 농장에 노예로 팔려간 아프리카인이 공공의 부가 어떻게 증진되었는지 알기는 더욱 어렵다. 스미스의 시대에 살던 유럽 노동자들도 개인의 이익을 추구하는 자본가들에 의해 하루 온종일 어둡고 바람 한 점 없으며 소음이 가득한 공장에서 일하면서 공공의 부가 어떻게 향상되었는지 알기 어려웠을 것이다.

만약 이 모든 것이 스미스가 보기에 공공복리가 제고된 것이라면 우리는 보이지 않는 손이 누구의 이익을 대표하는지 의심해 볼 필요가 있다. 우리는 스미스가 동인도회사의 자금을 지원 받아『국부론』을 쓴 사실을 알고 있다.『국부론』의 해석에 따르면 동인도회사가 아시아에서 저지른 온갖 만행은 공공의 부를 증진하기 위한 하느님의 행위 같은 것이었다. 또한 영국 기업주의 노동자에 대한 참혹한 착취 역시 사회 진보를 추구했던 역사적인 사명이었다. '보이지 않는 손'의 해석 아래 상류 사회의 배부른 신사들은 도덕이라는 이름으로 비열한 짓을 하고도 부끄러워하지 않았다. 이런 이유로,『국부론』이 세상에 나오자 애덤 스미스는 영국의 재계와 정계에서 많은 존경을 받게 되었다.

『국부론』에는 진실이 담겨 있기도 하다. 부는 분업과 협업에 의해 증진된다는 부분이 그것이다. 서구 경제학을 배운 사람이라면 공업을 묘사한 부분이 그의 저작 가운데 가장 인상 깊다는 것을 잘 알고 있을 것이다.

핀 제조 산업이 매우 위축되었다. 하지만 이 분야의 분업은 사람들의 눈길을 끌곤 했다. 그러므로 나는 핀 제조 산업을 예로 들고자 한다. 한 사람의 노동자가 이 분야에 대해 적절한 교육을 받지 못했다면 핀을 생산하는 기계 사용법을 알지 못했을 것이다. 물론 분업의 결과 핀 제조는 전문 분야가 되었고 기계도 발명되었다. 과거에는 열심히 일한다고 해도 하루에 핀 한 묶음도 채 생산하지 못했을 것이고, 스무 묶음은 더욱 말도 안 됐다. 그러나 현재의 경영법을 계속 따른다면 이 분야는 전문 분야가 될 뿐만 아니라 몇 가지로 세분화되어 전문성을 띠게 될 것이다. 한 사람이 철사를 끌어내면 그 다음 사람은 철사를 곧게 펴고, 그 다음 사람은 철사를 자른다. 그 다음 사람은 철사의 한 끝을 날카롭게 하고, 그 다음 사람은 한 끝을 마모시켜 둥근 머리를 만든다. 핀의 머리를 둥글게 하려면 두세 가지 조작이 필요하다. 둥근 머리를 달고 흰색을 칠해 포장하는 모든 공정이 전문성을 띠고 있다. 이렇게 핀의 제조과정은 18가지로 나뉘어 있다. 일부 공장은 18가지의 공정을 18명이 한 가지 일만 하도록 분업하고 있다. 물론 어떤 때에는 한 사람이 2~3 가지의 공정을 책임지기도 한다. 나는 작은 공장에서 10명의 노동자만을 고용한 것을 본 적이 있다. 이 공장에는 몇 명의 노동자가 2~3가지의 공정을 맡고 있다. 작은 공장의 노동자들은 비록 가난에 찌들고 그들이 필요한 기계도 낡아빠져 있지만, 근면하게 일한다면 하루에 12파운드의 핀을 만들 수 있다. 파운드당 4천 묶음의 핀이 나오는데, 10명의 노동자가 날마다 4만8천 묶음의 핀을 만들어낸다. 즉 한 사람이 하루에 4천8백 묶음의 핀을 만들어 낼 수 있다. 그들이 독립적으로 일하면서 특수한 한 분야를 전문으로 하지 않는다면, 누가 되었건 간에 20묶음, 아니 한 묶음도 만들지 못했을 것이다.[1]

그러므로 분업과 협력이 부를 창출한다는 사실을 어느 누구도 부정할 수는 없을 것이다. 문제는 부의 증진이 공공의 복리와 일치하지 않는다는 데 있지 않을까? 스미스에 따르면, 분업 덕분에 각 분야의 생산량이 크게 증가해 사회 최하층의 보편적인 부도 만들어진다. 그러나 현실은 전혀 그렇지 못했다. 스미스 시대에도 현실에서는 분업의 증진이 최하층민의 빈곤을 더욱 악화시켰을 뿐이었다. 영국 수공업 작업장에서는 분업의 발전에 따라 생산량이 늘어나 농업 원료의 수요가 증가했고, 농업 내부의 분업도 이루어졌다. 그러나 수많은 농민들은 토지를 잃고 도시로 흘러들어가 고된 육체노동을 했다. 그 결과 도시 수공업 노동자의 임금이 인하되면서 노동의 강도가 세어졌다. 21세기가 된 현재, 전세계는 지구적 시장경제의 분업 체제에 들어갔다. 축적된 부의 양이나 종류 모두 크게 증가했지만, 이러한 분업과 부의 증진이 국민의 삶과는 아무런 관계 없는 이율배반적인 현상이 계속되는 안타까운 일이 벌어지고 있는 것이다.

유엔 라틴아메리카 경제위원회의 통계에 따르면 1990년 라틴아메리카와 카리브 해 지역의 전체 인구 4억6천만 가운데 45.9퍼센트를 차지하는 2억이 빈곤선 이하에서 살고 있다. 페루, 파라과이와 일부 중남미 국가의 빈곤층 인구가 68~78퍼센트에 이르렀고, 베네수엘라와 브라질과 같은 중진국도 빈곤층 인구가 50퍼센트 정도를 기록하고 있다. 라틴아메리카의 빈부 격차가 갈수록 확대되어 사회적 불안이 급속히 커지고 있다. 1970년대 이후 부의 편중이 계속 심각해졌다. 1970년대 초에는 사회 전체 소득의 절반을 차지하는 부유층이 전체 인구의 10퍼센트였지만, 1990년대 초에는 5퍼센트로 축소되었다. 그러면서 중산층이라고 불리던 사람들이 빠른 속도로 사라지고 있다. 도시의 수많은 노동자와 얼마 안 되는 화이트칼라들이 일자리를 잃고 있다. 일부 국가의 경우 실업, 반실업 상태의 인구 비율이

40~60퍼센트 증가했다. 도시 빈곤층의 비율이 1970년대 초에는 41퍼센트였지만 현재에는 60퍼센트로 상승했다. 유엔의 집계에 따르면 라틴아메리카에서 빈곤선 이하에서 살고 있는 농민이 전체의 60퍼센트에 이르고 있다. 가장 심각한 경우로는, 볼리비아 97퍼센트, 페루 75퍼센트, 브라질 73퍼센트를 기록하고 있다. 농민 반란이 일어난 멕시코 남부의 인디언 농민은 하루 5센트도 안 되는 소득을 가지고 굶주림과 추위를 견디며 살고 있다.[2]

그러므로 문제의 핵심은 부의 증진이 왜 공공복리의 증진에 이어지지 않는가, 왜 수많은 사람들이 굶주림과 질병에 시달리고, 어린 나이에 죽어야 하는가이다. 또 왜 분업이 발달하고 부의 축적이 이루어지는데 전쟁 발발의 가능성, 전쟁의 규모와 살상 능력은 커지는가이다.

그래서 우리는 분업과 협력이 어떻게 형성된 것인지를 연구해야 한다. 사실상, 『국부론』은 앞서 말한 문제에 대해 논리적인 실마리를 주었다. 스미스는 "분업을 하면 보편적인 부를 창출할 것이다. 그러나 보편적인 부의 분배가 실현된다고 할지라도, 앞서 말한 이익을 추구하는 분업은 인류의 지혜의 산물이 아니다. 분업은 효율에 목적을 둔 의식의 경향으로서, 서서히 형성된 필연적인 산물이 아니라, 가진 자와 못 가진 자간의 물물교환이고 거래를 하려는 경향이라는 점"을 인식했다.[3] 스미스는 "우리가 날마다 먹고 마실 수 있는 것은 푸줏간 주인, 양조장 주인, 요리사의 자비심이 아니라 자신의 이익에 대한 관심 때문인 것이다. 우리는 사람의 이타심이 아니라 이기심을 환기하고자 한다. 자기에게 필요한 것이 아니라 타인에게 이익이 되는 것을 말하려고 한다"고 말한다.[4]

자본주의에서 분업과 협력의 동력은 이기주의이다. 이 점에서 우리와 스미스의 관점은 일치하고 있다. 그러나 이어지는 분석은 근본적인 차이를 보여주고 있다. 스미스의 눈에는 이기주의가 분업과 부의 증진을 촉진함으로써 이타주의의 효과를 달성할 수 있었다. 그러나 우리가 보기에 이기주의는 분업과 협력을 촉진하지만 협력하는 주체의 힘이 서로 불균형하기 때문에 힘이 센 자가 협력의 성과물을 차지하게 된다. 또 강자에게 더욱 센 힘을 주게 되어 강자는 더욱 강해지고 약자는 더욱 힘을 잃게 되는 불행을 낳게 된다. 강자의 주기적 강화는 사회 모순을 더욱 심화시켜, 사람들간의 전쟁이 일상사가 되고 이타주의의 실현은 물거품이 된다. 비록 사회의 부가 증진되었지만 가난한 사람이 늘어나기 때문에 전쟁의 위협과 죽음의 먹구름이 우리의 마음을 뒤덮고, 인류는 사람이 늑대와 다를 바 없는 동물의 세계로 퇴보하게 되었다. 그러므로 '보이지 않는 손'은 강자의 이익을 전체 사회의 이익으로 일반화하고, 강자의 입장을 대변한다. 스미스가 첫 장을 연 서구 경제학의 정통은 본질적으로 과학이 아니라 시장이라는 종교였던 것이다.

서구 학자들 사이에서도 스미스의 경제학을 비판하는 목소리가 끊긴 적은 없다. 1980년대 초 미국 경제학자인 알프레드 S. 애크너는 『경제학은 왜 과학이 아닌가』[5]를 썼다. 이 책에는 1970년대 이후 미국과 유럽의 일부 경제학자들이 정통 경제학을 신랄하게 비판한 내용이 수록되어 있다. 다음은 그가 이 책을 저술하게 된 동기를 밝힌 대목이다.

나는 이 글이 많은 경제학자들의 심정을 반영하고 있다고 자부한다. 그들은 모든 경제학계에서 소수가 아니며, 경제학에는 근본적인 오류가 있다는 생각을 가지고 있다. 이러한 오류를 수정하지 않거나, 서로 다를 수 있다는 기반을 설정하지 않으면 경제학은 진정한 발전을 이룰 수 없다. 이와 동시에 이러한 경제학자들은 외부의 압력이 있을지라도 경제학이 스스로 자기 혁신을 하기 어렵다는 믿음을 가지고 있다. 경제학이 변해야 한다면 그 변화는 자기 내부에서 이루어진다는 것이다. 경제학이 외부의 비판을 거부하는 것은 비평이 정확하지 않기 때문이 아니라, 그들의 주장이 통용되고 있는 정통 이론의 핵심내용과 위배되기 때문이다. 기존의 관념과 일치하는 현실만이 인정되기 때문에 현실에 주의하라는 호소는 눈길을 끌기 어렵다. 이 점에서 경제학은 폐쇄적으로 변질되어 이미 학문이 아니라 종교가 되었다.[6]

중국인은 경제학의 정통 이론이 소외된 교조가 되었다는 식으로 그 용례를 바꾸어 놓았다. 하지만 애크너가 바라는 것은 현실에 뿌리를 두면서 예외가 많지 않은 이론을 세우는 것이었다.[7] 그는 또한 현실은 진리를 검증하는 유일한 표준이라고 주장했다. 이것은 매우 흥미로운 대조이다. 1970년대 말 중국과 미국의 학계에서는 현실이라는 이름으로 각 국의 정통 이론에 강렬한 비판을 제기했다. 두 국가의 정통 이론은 서로 상반되었다. 더욱 재미있는 점은 당시 중국에서 정통이라고 불리던 흐름이 정통 이론가와 함께 쓰러져서 거대한 사상적 해방이 이루어졌다는 사실이다. 미국에서는 소수파가 여전히 야당의 자리를 지키고 있었지만 말이다.

미국의 소수파 경제학자들은 정통 경제학의 이론을 어떻게 비판할까? 그들에 따르면 경제학은 확고부동한 총체적인 범주이다. 그러나 비록 이 범주가 대다수 사람에게 인정받고 있다고 하더라도, 핵심적인 명제 대부분은 엄격하게 검증되지 못했다. 또한 논리실증주의의 관점에서 보아도 학문이 될 수 없다. 우리 일반 사람들에게는 과학처럼 보이지만, 사실을 살펴보면 그렇지 않은 것이다. 그들의 경제학은 이미 협소하고 정체되어 있으며, 폐쇄적인 사상 체계인 것이다.

제임스 A. 스완과 로버트 플레므스는 경제학이 왜 논리실증주의의 기준을 만족시키지 못하는지를 심층 분석했다. 그들은 경제학자가 시작 지점과 중요 시점에서 과학적인 방법을 따르지 않고, 우연한 경험, 직관, 비현실적인 가설에 근거해 수학적이고 연역적인 방법을 통한 이론 모델을 만들었다고 주장했다. 피터 헤일스는 경제학이 깊이 의존하고 있는 연역적인 사유 방법에 대해 비판했다. 그는 연역적인 추리는 가능한 방법 가운데 하나이지만, 과학적인 방법과는 거리가 멀다고 보았다. 이러한 공식과 많은 추상으로 이뤄진 경제결정론은 '리카도의 악습'을 만들어냈다. 그 결과 경제학은 의사경제학의 지적 유희가 되었다. 또한 경제학자는 인플레이션을 유발하는 요인과, 경제학자가 아니더라도 쉽게 찾을 수 있는 요인도 간과했다.

경제학과 현실 경제의 거리가 이렇게 먼데도 어떻게 경제학자의 사고방식은 여전히 그대로 전달되고 있을까? 피터 올도는 경제학자들도 다른 사람들과 마찬가지로 개인적 이익을 추구하는 동기가 진리를 추구해야 하는 의무보다 훨씬 크기 때문에, 그들의 관심은 직업과 개인적인 목표에 있다고 생각했다. 개인적인 성과가 학계에서 인정되기 때문에 신세대 경제학자는 신고전적인 전통 안에서 연구해야 했다. 그는 이렇게 말했다.

마약 많은 경제학자들이 모두 정통적인 신고전주의 학파라면, 아직 알려지지 않은 젊은 경제학자들이 명예나 학술적 지위를 얻을 수 있는 가장 현명한 방법은 신고전주의 경제학자가 되어 그들과 유사한 방법으로 연구하는 것일 것이다. … 전통적인 관점과 같은 길을 걸으면서 전문가들의 인정을 받으면 직장을 얻는 데 매우 유리할 것이다. 일부 회원이 경제학자가 아닌데도 승진을 하고, 위원회에서 전형적으로 정보력을 얻고 있기 때문에 이런 일이 일어나는 것이다. 일반적으로 이러한 위원회에서 오늘날의 경제학을 대표하는 수많은 신고전주의 경제학자들이 자신의 저작과 유사한 저작이 많은 가치를 가지고 있다고 밝힌다면, 비주류는 그들에게 반박하기 어렵게 된다. 다른 견해를 지닌 후보자가 미래의 동료이거나 상사가 될 것이라고 말하면, 해서는 안 되는 일을 저지른 바보가 될 것이다. 그러면 그들은 신고전주의 학파의 저항을 받게 될 것이다. 주류 경제학자의 머리 속에 있는 경제학과 다른 견해를 가진 경제학자는 이 분야에서 소외되는 위험에 처하게 된다. 그들의 관점이 쓸모 없는 쓰레기로 여겨진 결과이다. 이 경제학자들은 주류에서 내몰린 자신의 처지를 알게 될 것이다. 만일 어떤 사람이 정통을 탈피하려는 학파에서 비주류 경제학자로 불렸다면 그 자체가 매우 불리한 경력이 될 것이고, 그에게 추천서를 써 준 사람도 웃음거리가 될 것이다.[8]

리처드 X. 찰스는 스미스 학파의 동굴 속으로 달려들었다. 그는 논리의 일관성을 고려한다고 해도 지배적인 지위를 갖고 있는 신고전주의 이론은 치명적인 이론적 결함을 가지고 있다고 생각했다. 케인즈의 분석에서 신고전주의 이론의 미시적 기초인 시장의 자동최적화 이론은 부정확하게 된다.

주류 경제학 저널에는 수학적 모델이 넘쳐나고, 경제학을 공부하지 않은 사람도 수학과 과학을 연결 지으려는 경향을 가지고 있다. 존 블라트 는 최근 경제학자들이 열중하고 있는 최적통제 이론을 분석한 후 그들이 사용하는 수학적 방법은 합당하지 않다고 말했다. 블라트는, "이렇게 현실 세계에 이용하는 수학은 경제 문제가 아니다. 이와 반대로, 가장 정확하고 정밀한 수학을 사용하는 것은 완전히 허구로 가득 찬 이상 세계이다."

J. 론 스탠퍼드의 비판은 더욱 놀랍다. 그는 경제학에서 지배적인 지위 를 가지고 있는 신고전주의 이론이 잘못된 문제를 제기하고 있다고 보고 있다. 즉, 경제학은 이성의 선택이라는 협소한 문제에 주의를 기울여 수학 형식주의로 변질되었다는 것이다. 경제학은 서로 다른 사회에서 필요한 물질을 제공하고 경제 문제를 해결하는 여러 가지 방법을 연구해야 한다. 우리는 문제를 제기하는 것이 문제를 해결하는 것보다 중요하다는 말을

듣는다. 따라서 제기된 문제가 허위라면 이에 대한 모든 연구는 열매를 맺을 수 없는 꽃이 되고 만다. 어떤 사람이 어둠 속에서 떨어뜨린 바늘을 빛이 있는 곳에서 찾는 것과 같은 우스개가 되고 마는 것이다.

이들 소수파 경제학자의 비판은 정통 경제학 이론에 치명적 위협이 되었다. 그런데 왜 많은 경제학자들은 굳어진 교조를 죽으라고 붙잡고 있는 걸까? 이러한 교조가 공통의 언어와 이상적인 세계에서 교류할 수 있는 수단을 제공했기 때문이다. 바로 이 때문에 경제학은 유사한 교육을 받은 수많은 사람들은 물론 다른 사회과학을 공부한 사람들을 벗어났으며, 신고전주의 이론은 거듭 아류를 양산해 어떠한 변화도 만들어내지 못했다.[9] 더욱 날카로운 지적도 있다. 경제학과의 학과장이 해마다 인재양성, 승진, 연구활동을 엄격하게 통제하기 때문에 현재의 경제학은 앞으로도 계속 그대로 유지되리라는 것이다. 이 국가에서 가장 영향력이 있는 대학과 기구는, 기존의 방법을 그대로 고수하기 위해 해군을 고용해서 치안을 유지했던 사람을 상기시킨다.[10] 애크너는 결론 부분에서 다음과 같이 썼다.

이 글의 목적은 부정적인 것을 드러내 경고를 하는 데 있다. 그들은 소수파일지라도 역시 경제학을 공부한 사람들이다. 그들은 경제학이 학문으로 발전하는 과정에서 있을 수 있는 오류를 경계하고 있다. 경제학자들은 신고전주의 이론이 전통 경제 이론의 기초 위에서 마련된 것이기 때문에 그들이 발표한 이론은 사람들을 설득하기 어렵다고 분석한다. 분명히 이것은 단순한 경고는 아니다. 경제학의 현 상황에 대한 불만으로 가득 찬 절규이다. 경제학은 세계 경제의 문제에 해결책을 제시하지 못했음은 물론 이 문제의 주요 요인이 되었다. 경제학의 외부에 있는 사람은 모두 이 점을 확신하고 있다. 정부나 기업의 높은 자리에 있는 사람들에게 현재의 경제학이 이론적으로 몰락하고 있다는 사실은 명백하다.

우리는 애크너와 같은 경제학자들의 비판을 중요하게 보아야 한다. 본래 스미스의 경제학은 힘있는 자를 위한 학문이다. 세계 무대에서 중국은 약자이기 때문에 충분한 준비가 있어야 한다. 유감스러운 일은 쇠락하고 있는 서구 경제학의 교의가 중국에서는 진부한 기적이 되었다는 것이다. 이런 상황을 본다면 애크너는 어떤 생각을 할까?

사실 중국에서 이런 사실을 모르는 사람은 없다. 1995년 말, 당시 95세의 고령이던 천다이순 陳岱孫 선생은 『고등교육 이론의 전선』에 「현재 서구 경제학 연구에 대한 몇 가지 의견」을 발표해 서구 경제학을 맹목적으로 숭배하는 분위기에 일침을 놓았다.

1970년대 말에 중국은 서구 경제학에 대한 무분별한 비판과 모든 것을 배척하는 태도를 극복했다. 그때 서구 경제학을 연구하는 많은 학자들은 이 관점에 동의했다. 즉 당시의 서구 경제학에 대해 통속적인 이론과 틀을 버리고 합리적인 부분을 받아들이는 과학적인 분석 태도를 갖고 있었다. 맹목적인 비판이나 모든 것을 배척하는 태도를 반대하고, 남의 것을 베끼고 그대로 믿는 것도 반대한다. 최근 중국은 광범위하게 서구 경제학에 대한 연구와 교육을 확대하고, 경제 정책의 수립 및 기업 관리 분야에서 서구의 경제학을 참고해 어느 정도 성과를 거두었다. 10여 년간의 연구를 거치면서 우리는 현대 서구 경제학에 대해 많은 것을 이해하게 되었다. 최근 출판된 많은 논문, 저작과 번역물은 중국의 학계가 해외 경제학, 특히 현대 서구 경제학 연구에 있어 높은 수준에 도달했음을 보여준다. 우리의 연구 활동과 교육은 많은 일을 해냈다. 그러나 다른 한편으로 최근 중국 경제학계에서 현대 서구 경제학의 모든 것이 옳다고 하는 맹목적인 숭배

경향이 생겨났다. 중국 사회주의의 발전 모델에 대한 연구 과정, 특히 사회주의 경제 체제의 개혁방안에 대한 연구 과정에서 서구 경제학에 대한 맹목적인 숭배, 백 퍼센트 옳다고 믿고 그대로 베끼는 경향이 심각하게 짙어지고 있다. 우리는 이 점을 경계해야 한다. 만약 우리가 이 점을 간과한다면 그 피해는 매우 클 것이다.

최근 10여 년간 이루어진 서구 경제학 연구와 교육에서 우리는 커다란 성과와 동시에 심각한 오점과 결함을 남겼다는 것을 인정해야 한다. 앞에서 살펴본 대로 서구 경제학에 대한 맹목적이고 미신적인 태도가 나타나 넘쳐나게 된 현상은, 이에 대한 연구와 확산 과정이 지닌 결함과 분리될 수 없다. 우리의 문제점은, 그대로 믿고 아무 일도 하지 않거나 너무 믿어서 비판을 하지 않는다는 것이다.

물론 중국의 일부 전문가들은 개혁개방 초기부터 현대 서구 경제학에 대해 분석적인 태도를 견지하면서 찌꺼기는 버리고 알맹이만 취해 사회주의 건설 및 개혁에 참고해왔다. 그러나 거세게 밀려오는 서구 경제학의 물결 속에서 이들의 목소리는 너무 작아 사회 전체적인 흐름을 통제하기에는 역부족이었다. 그래서 이러한 역사적인 상황에 직면한 우리는, 과거에는 서구 경제학을 맹목적으로 배척하고 이제는 맹목적으로 숭배하는 극단을 달려왔다. 이것이 현재 우리가 처해 있는 주요한 위기이다.

우리가 당면하고 있는 위기는 두 가지이다. 첫째, 서구 경제학은 청년 학생과 청년 지식인에게는 독약과 같다는 점이다. 둘째, 서구 경제학은 중국의 경제적·사회적 발전과 개혁개방의 방향을 잘못 이끌고 있다. 잘못하면 서구 경제학의 이 두 가지 악영향이 되돌릴 수 없는 비극을 만들 수 있다. 중국의 경제 발전이 구소련이나 동유럽보다 많이 낙후되어 있고 인구가 많기 때문에 급변의 파장은 훨씬 클 것이다. 우리는 최선을 다해 이러한 역사적인 결말을 막아야 한다. 서구 경제학을 맹목적으로 그대로 답습하는 보수적인 경향을 극복하는 것이 우리의 급선무이다.11)

'천다이순'은 '천다이라오 陳岱老'로 존칭되고 있다. 그는 1920년 칭화 대학을 졸업한 후 장학금을 받고 미국으로 유학을 갔다. 1922년 미국의 위스콘신 대학을 졸업한 다음 1926년에 하버드 대학에서 박사 학위를 받았다. 1927년 귀국한 후 칭화 대학 경제학과 교수로 초빙되어 재직해왔다. 그의 수많은 제자들이 중국 경제학계에서 많은 덕망을 얻고 있기 때문에, 천다이라오의 글은 경제학계에게 강한 충격을 주었다. 시장, 주식 같은 말로는 대적하기 어려웠다. 사실, 서구 경제학의 기초 이론틀을 포기하라고 주장하는 경제학자 가운데에는 서양에 유학을 다녀온 선배 학자들이 많다. 그 가운데에는 중국 인민 대학의 가오훙예 高鴻業 교수가 있다. 가오 교수는 폴 새뮤얼슨의 『경제학』(제12쇄)에 실린 역자 서문에서 이렇게 말했다.

> 결론을 말하자면 현실에 근거를 두는 것이 진리를 검증하는 유일한 원칙이다. 우리는 이 책의 이론 체계에 부정적인 태도를 가져야 한다. 중국의 현실을 고려하더라도, 우리는 반드시 그렇게 해야 한다. 우리의 목적은 중국적 사회주의를 세우는 것이고, 이것은 서구의 자본주의와는 완전히 다른 것이다. 미국적인 서구 자본주의 이론 체계를 부정하지 않는다면 중국에는 이데올로기의 혼란이 일어날 것이고, 그 결과는 매우 심각할 것이다.12)

이 두 노교수의 통찰력은 매우 날카롭다. 서구 자본주의의 부정적인 영향은 도대체 어느 정도일까? 최근 몇 년간 떠들썩했던 학계와 여론의 시각에서 볼 때, 중국은 현재 선진국에게 팔려 가는 처지가 되었다. 중국의 국익을 상실했는데도 시장경제라는 천국에 들어서는 양 착각하고 있다. 이런 의미에서 서구 경제학은 선진국이 중국에 메스를 들이대면서 중국 국민의 전신을 마비시키려는 환각제 같은 것이다. 공정하게 말하지만, 서구 경제학은 중국의 중추신경을 마비시키는 것도 모자라 중국 경제학계와 여론의 힘마저 빌리고 있다. 환각 효과가 있는 마취제의 작용 속에서 망나니는 외과의사로 돌변했고, 사람을 죽이는 칼은 메스로 돌변해 있다.

비교우위론은 누구에게 이로운가

스미스의 보이지 않는 손이 시장낙관주의의 발원지라면, 리카도의 비교우위론은 또다른 시장낙관주의의 주춧돌이다.

　이른바 비교우위론은 각 국가가 가장 경쟁력이 있는 제품을 전문적으로 생산한다면 국제 무역이 모든 국가에게 이익을 가져다준다는 것을 말한다. 리카도의 말을 들어보자.

　자유주의 무역 제도 속에서 각 국가는 자본과 노동을 국가에 가장 유리한 용도로 써야 한다. 이러한 개인의 이익 추구는 전체의 보편적인 행복과 결합될 수 있다. 근면을 촉구하고 지혜를 장려하며, 자연이 부여한 여러 가지 특수한 힘을 효율적으로 이용하면, 노동은 가장 효과적이고 경제적으로 분배될 수 있다. 이와 동시에 생산 총액의 증가로 모든 사람들이 그 혜택을 누릴 수 있게 된다. 또한 이해관계와 서로 왕래하는 공통적인 유대는 문명 세계의 모든 민족을 하나의 통일된 사회로 결합할 수 있게 된다. 바로 이러한 원리에 근거해 포도주는 반드시 프랑스와 포르투갈에서 양조

되어야 하고, 곡물은 미국과 폴란드에서 재배되어야 하며, 금속 제품과
기타 상품은 영국에서 제조되어야 한다.[13]

리카도는 이어서 보충 설명을 했다.

기계와 기술 분야에서 커다란 경쟁력을 가지고 있어서 이웃 국가보다 훨씬
적은 노동력으로 제품을 생산하는 국가가 있다면, 이 제품을 수출함으로써
필요한 곡물을 수입할 수 있다. 예를 들어, 두 사람이 신발과 모자를 생산할
수 있다고 하자. 이들이 신발과 모자를 생산할 때 한 사람이 다른 한 사람보
다 일을 잘 하지만 모자를 만들 때에는 5분의 1 혹은 20퍼센트의 경쟁력이
있고 신발을 만들 때에는 3분의 1이나 33퍼센트의 경쟁력이 있을 경우,
이 사람은 신발만 전문적으로 만들고 다른 사람은 모자만 전문적으로 만들
면 두 사람 모두에게 이롭지 않은가?[14]

마치 스미스가 분업을 하면 부를 늘릴 수 있다고 말한 것처럼, 각 국가가
생산효율이 가장 높은 제품을 생산해 다른 국가와 교환하면 부를 증진할
수 있다고 리카도가 말한 것 역시 매우 완벽해 보인다. 그러나 모든 사람의
힘이 균등하지 않아서 분업으로 증진된 부의 대부분이 힘있는 사람에게
몰린다는 것을 보지 못한 스미스처럼, 리카도 역시 각 국가의 불균등한
국력이 부를 생산효율이 높은 국가로 집중시킨다는 사실을 알지 못했다.
매우 재미있는 것은 비교우위론이 이익의 분배 문제를 회피하고 있다는
점이다. 사실 리카도의 비교우위론은 단지 스미스의 분업론을 국제적 범주
에 적용한 것일 뿐이어서, 우리는 그 안에서 스미스의 보이지 않는 손을
다시 확인할 수 있었다. 리카도의 비교우위론도 스미스의 경우처럼 힘있는
사람과 강대국의 이익을 옹호하고 있다.

방법론에 대해서 말하자면, 스미스와 리카도의 근본적인 결함은 문제를 정태적으로 관찰하고 있다는 데 있다. 신발을 잘 만드는 사람은 신발만 만들고 모자는 다른 사람이 만들도록 내버려둔다면, 부의 총량이 증가해 두 사람 모두를 이롭게 할 수 있다? 그러나 동태적으로 볼 때 신발 제조와 모자 제조는 상관성이 있다. 신발 만드는 사람의 생산효율이 높기 때문에 더 많은 부를 얻을 수 있고, 다른 물건을 생산할 수 있는 기술도 가질 수 있게 된다. 그러면 그는 모자 제조 기술을 향상시켜 모자 잘 만드는 사람의 경쟁력을 잃게 할 수 있다. 그래서 그는 부유한 사람들의 신발을 만드는 사람의 하청업자로 전락하거나, 유산으로 물려받은 토지, 광산, 금, 은을 팔아 생계를 유지하게 된다.

현실의 경제 활동은 이익이라는 문제를 회피할 수 없다. 그리고 역사는 정지해 있는 것이 아니다. 그러므로 리카도의 정태적인 자유무역 이론은 스미스의 보이지 않는 손과 마찬가지로 현실과 동떨어져 있다. 18세기 말과 19세기 초에 걸쳐 해가 지지 않는 나라 영국의 자유무역이 활성화되면서 각 국의 수공업은 쇠락했고, 차례차례 영국의 식민지나 반식민지로 몰락해 삶은 더욱 피폐해졌다.

영국의 자유무역이 가져온 충격으로 독일 경제학자 리스트는 스미스와 리카도의 위험성을 깨닫게 되었다. 독일 경제의 발전이라는 견지에서 리스트는 국가주의 경제학설을 제기하고 보호무역과 관세동맹을 제창해 독일이 발전할 수 있는 이론적 근거를 마련했다. 리스트의 시대에 독일은 분열되어 있는 유럽의 약소국이었다. 나폴레옹전쟁 이후 독일의 38개 영방은 각각 독립적인 관세를 가지고 있었고, 각 영방 내부의 성도 별개의 생산율을 규정하고 있었다. 이러한 현실은 상품의 전국적인 유통과 시장 형성에 커다란 걸림돌이 되었다. 이런 제약을 없애기 위해 독일의 자본주의적 계급들은 리스트의 주도 아래 1819년 상공업협회를 세웠고, 1834년에는 통일된 관세동맹을 발족시켰다. 공통된 세제의 확립으로 대공업, 특히 방직 공업이 급속하게 발전했으며, 그 결과 1835년에는 독일 최초의 철도가 건설되었다. 그러나 영국, 프랑스와 비교할 때 독일의 공업은 매우 낙후된 상태에 있었다. 당시 이미 고도의 산업화를 이루어 자유로운 경쟁과 자유무역을 제창한 영국의 값싼 상품이 독일 시장에 진출했다. 영국 제품의 공략에 직면한 독일 산업은 매우 어려운 상황에 빠졌다. 그때 스미스의 자유로운 경쟁과 자유무역은 세계주의로 불리면서 마치 오늘날 세계화와 마찬가지로 사회 각계에 유행하고 있었다. 이러한 현실을 두고 리스트는 다음과 같은 말을 했다.

> 과학 교육을 받은 모든 사무원, 신문 편집자, 정치경제학과 관련된 모든 저자들은 세계주의 학파에 물들어 있어서 보호관세 논의에 대해 이론적으로 끼어들 틈이 없다고 보았다. 당시 그들을 후원하고 있던 세력은 영국이었고, 독일의 해안과 상업도시에서 영국 제품을 팔고 있던 상인이었다. 당시 영국 정부가 '기밀비'의 배치를 통해 해외 여론을 조종하는 데 얼마나 강력한 수단을 가지고 있었는지에 대해서는 모두 잘 알고 있었다. 영국의 상업적 이익에 이롭다면 어떠한 희생도 아까워하지 않았다. 그래서 함부르크와 브레멘, 라이프치히, 프랑크푸르트에서 수많은 기자와 관련 인사들이 여기에 몰려들어 독일 상공업자들이 통일된 보호관세라는 불합리한 꿈에 대해 거침없는 비판을 쏟아 부었다. 그들은 또한 독일 상공업자의 어느 유능한 고문을 여지없이 파멸시켜 버렸다. 예를 들면 그들은 이 고문이 학문의 최고 권위자가 말한 정치경제학의 원리에 대해 아는 것이 하나도 없다고 말하거나, 이러한 원리를 이해할 만한 지능도 못 된다고 비난했다. 경제 이론과 독일 학자들의 견해는 원래 영국인들의 편에 서 있었고, 영국의 이익을 옹호하는 사람들이었다. 그러므로 독일 학자들의 비판은 영국인

들에게 더욱 환영받았다.

　이러한 이론적인 전투에서 양쪽이 가지고 있던 무기는 불평등했다. 한 쪽은 세밀하게 가공되고 철저하게 교리화된 이론, 완전한 학파, 강력한 파벌을 가지고 있었다. 또한 의회와 학술단체에 옹호하는 사람이 많았는 데, 무엇보다도 가장 큰 옹호자는 자본이었다. 그러나 또다른 한 쪽은 그렇 지 못했다. 그들은 돈이 없었고, 내부 분열이 심각했으며, 이론적 기초가 탄탄하지도 못했다.[15]

리스트는 이 점을 감안해 두 핵심 지점에서 스미스를 강력히 비판했다.

　첫째, 스미스의 세계주의. 리스트는, "정치경제학이나 국가 경제는 국 가의 개념과 본질에서 출발하는 것으로서, 한 국가가 세계의 현 상황과 축소된 국제 관계에서 자국의 경제 상황을 어떻게 유지하고 개선시켜 나가 는가가 중요하다. 또한 세계주의가 의지하는 가설은, 모든 국가가 한 사회 를 구성해 지속적이고 평화로운 세상에서 살아가는 것이다"[16]라고 덧붙 였다. 국제 사회에는 국가가 있고, 국가간에는 정쟁이 일어나게 마련이다. 또 모든 국가는 자국의 생산력 향상에 힘을 기울이기 때문에 각 국가가 보유하고 있는 부는 별 차이가 없다. 그러므로 스미스의 자유무역 이론이 암시하는 전제는 성립하지 못한다. 리스트는 "만약 한 국가가 보편적이고 영구 평화적인 이익과 무엇이 합리적인지에 대해 알고 있다는 이유로 군대 해산과 무장해제 및 요새 철수를 주장할 경우, 머리가 있는 사람이라면 이 정부가 정신이 있다고 생각하겠는가?"[17]라고 꼬집었다.

　둘째, 리스트는 동태적인 생산력이 정태적인 부보다 훨씬 중요하다고 여겼다. 스미스와 리카도의 방법론상의 허점을 간파한 것이다. 부의 원인 과 부 자체는 완전히 다르다. 한 사람이 부를 가질 수 있었던 것은 교환가치 때문이다. 그러나 소비되는 가치보다 큰 가치를 생산할 능력이 없다면,

그는 갈수록 가난해졌을 것이다. 따라서 부를 창출할 수 있는 생산력이
부 자체보다 훨씬 더 중요한 것이다.[18] 국가의 생산력에서 보면 리카도는
스미스의 약점을 지적했다. 그는 생산력의 특징에 대한 타당한 연구가
없었기 때문에 국가의 상황을 전체적으로 고려하지 못했고, 농업, 상공업,
정치적 힘과 한 나라의 부의 비율의 중요성, 국가의 특정 부문이 발달할
때 산업이 지니는 가치 등 중요하게 다루지 못했다. 노동, 자연력, 자본
등은 개괄적으로 논의될 뿐, 그것들 사이의 차별성은 고려되지 않았다.[19]

사실 19세기에 스미스의 학설을 실천하는 국가는 스페인, 포르투갈,
폴란드, 러시아 등이었다. 이들 국가의 지주, 귀족들은 자신의 농산물을
영국의 공산품과 교환하여 좋은 물건을 값싸게 살 수 있었다. 그러나 본국
의 산업을 일으키지 않아 농산물 공급이 과잉 상태에 이르자 지주들의
아우성은 끊이지 않았다. 이들 국가는 궁극적으로는 유럽의 농업국으로
전락했고 국제적인 발언권을 잃게 되었다. 하지만 당시에 영국보다 낙후된
독일, 프랑스, 미국 등은 스미스의 학설을 순진하게 그대로 믿지는 않았다.
이들 국가의 경제 정책을 이루는 핵심 사상은 독일 경제학자인 리스트의
국가주의 경제 이론이었다. 오늘날 이들 국가는 강대해졌다. 특히 그 당시
보호무역주의를 통해 부강해진 미국은 선진국의 맹주가 되었다. 미국은
새로운 경쟁자가 선진국 대열에 끼어 드는 것을 막기 위해 영국의 수법을
그대로 사용해 세계 도처에 애덤 스미스의 교조를 확산시켰다. 미국은
자국의 성공 경험──리스트의 국가주의 경제학──을 남몰래 숨겨 놓았다.
그래서 19세기의 뛰어난 경제학자인 리스트와 그의 저작은 현대 경제학자
들에 의해 경제학의 명예전당에서 내몰리게 되었고, 경제사에서도 별다른
눈길을 끌지 못했다. 우리는 이 점에 주목해야 한다.

1998년 11월 중국어로 번역된 크루그먼 공저의『국제경제학』은 리스
트를 배격했다. 저자들은 먼저 리카도의 '비교우위론' 모델을 자세하게

소개한 후, "이 모델의 상대적인 노동생산성에 대한 탐구는 국제무역 연구에서 매우 유용한 도구이다. 구체적으로 말하면, 간단한 단일요소 모델은 비교우위론의 의미와 자유무역의 성격에 대한 잘못된 이해를 바로잡는 데 도움이 된다는 것이다. 이러한 오류는 경제 정책에 대한 공개토론에서 자주 나타난다"고 했다. 심지어는 전문가라고 자칭하는 사람의 저작에도 이런 오류가 나타난다고 덧붙였다. 과연 크루그먼은 어떤 오해를 바로잡을 수 있을까?

[오류 1] '한 국가는 생산율이 국제 경쟁에서 제대로 견딜 수 있을 수준에 오를 때에서야 자유무역에서 이득을 볼 수 있다.' 이 주장에 수많은 사람들이 긍정하고 있다. 한 유명한 역사학자는 최근 자유무역주의를 비판하면서 현실 경제에서 자유무역은 존재하지 않는다고 했다. 그는 "한 국가가 노동비용을 줄이는 것 외에 다른 국가보다 더 저렴한 제품을 더 효과적으로 생산할 수 있는 방법이 없다고 하자. 이 국가가 어떻게 자유무역에서 이익을 보겠는가?"라고 말했다. 그는 자유무역에 대해 우려의 뜻을 밝힌 것이다.

이러한 논평을 한 사람의 문제는 리카도식 모델의 본질을 이해하지 못한 데 있다. 무역에서의 이윤은 비교우위에 있지 절대우위에 있는 것이 아니다. 그는 한 국가가 다른 어떤 국가보다 어떠한 제품도 더 효율적으로 생산할 수 없다는 것을 걱정하고 있다. 다시 말하면 이 국가는 어떤 제품에 대해서도 절대우위를 점하지 못하고 있다. 그러나 누가 이것을 두려운 것이라고 말하겠는가? 자료화된 간단한 무역 모델을 보면, 미국은 유제품과 포도주 분야에서 노동의 투입이 모두 외국보다 낮았다. 이는 두 부문의 노동생산성이 다른 국가보다 높다는 것을 의미한다. 그러나 우리가 앞에서 보았듯이 두 국가 모두 무역에서 이윤을 얻는다.

사람들은 한 국가가 제품을 수출하는 능력이 그 국가가 갖고 있는 생산성의 절대우위에 있다고 잘못 가정한다. 그러나 한 제품을 생산하는 노동 생산성의 절대우위는 이 제품에서 비교우위를 갖기 위한 충분조건도 아니고 필요조건도 아니다. 단일요소 모델은 한 부문의 노동생산성의 절대우위가 경쟁우위를 낳게 하는 충분조건도 필요조건도 아닌 이유를 말해준다. 한 부문의 비교우위는 상대 국가 해당 부문의 노동생산성에 의해 결정될 뿐만 아니라 외국의 임금률에 의해 결정되기도 한다. 한 국가의 임금률은 다른 부문의 상대적인 노동생산성에 의해 결정되기도 한다. 앞에 나온 구체적인 사례를 보면 외국의 포도주 생산효율이 국내보다 낮지만 유제품의 노동생산성은 상대적으로 우위에 있다. 외국 각 부문의 노동생산성이 모두 낮기 때문에 임금률은 자연적으로 본국보다 낮다. 이 수준이면 포도주의 생산비용도 본국보다 낮게 된다. 같은 논리로 현실에서 포르투갈이 면을 생산하는 노동생산성이 미국보다 낮지만 기타 산업 부문의 노동생산성이 높기 때문에, 포르투갈의 임금 수준은 포르투갈이 면을 생산하는 것에 대해 비교우위를 가진다.[20]

분명히 크루그먼의 '오류 1'은 리스트의 주요한 관점이다. 그러나 크루그먼의 비판은 리카도의 정태적인 모델을 되풀이했을 뿐, 리스트가 2백년 전에 제기한 동태적인 모델처럼 자유무역이 낙후된 국가의 생산력에 손실을 가져다준다는 관점에 대해서는 정면으로 대응하지 않았다. 그러므로 이러한 비판은 진부하고 무력한 것이다. 둘째, 비교우위와 절대우위를 언급할 때 크루그먼은 낙후된 국가의 임금이 충분히 낮으면 국제 무역에서 비교우위를 누릴 수 있다고 여겼다. 다시 말하면 선진국은 매우 높은 임금률에서 비교우위가 있지만 저개발 국가는 매우 낮은 임금률에서 비교우위를 갖기 때문에 자유무역은 양쪽에게 모두 이로운 것이다.

그런데 크루그먼은 무엇을 낮은 임금률이라고 하는 걸까? 중국인에게 낮은 임금률이란 매우 가난하다는 의미일 것이고, 중국인이 살기 위해서는 소나 말이 되어야 하지만 미국인은 말을 타고 소를 몰 수 있다는 것을 뜻한다. 양쪽에게 모두 이롭다는 것이 이런 의미인가? 동남아시아 외환위기가 일어난 이후 각 국의 임금률이 큰 폭으로 떨어져 임금에서 비교우위를 갖게 되었다. 이것은 어쩌면 크루그먼이 보기에 자유무역에서의 비교우위가 구현된 것일 테지만, 동남아 국가들에게는 하루아침에 생활수준이 20년 전으로 후퇴한 것을 의미했다. 미국인의 생활수준은 계속 향상되기만 하는데 동남아 국가의 생활수준은 최저임금 언저리에서 머물고 있다. 동남아 지역에서 임금이 상승하면 비교우위를 잃게 되는 것일까? 고통에 시달리던 구중국의 육체노동자[包身工]들만이 낮은 임금률을 이야기할 수 있고, "모두에게 이롭다"라고 말할 수 있는 자격이 있다. 존경하는 크루그먼은 모두에게 이롭다는 말은 거두었으면 좋겠다. 그래야만 "늑대와 같다"는 오명을 벗고, 공정함을 미덕으로 하는 학계에서 명예를 회복할 수 있을 것이다.

홍미로운 점은 후진국도 낮은 임금률을 대가로 한 자유무역 제도에서의 비교우위를 거부한다는 것이다. 선진국 노동자도 후진국의 노동자가 낮은 임금으로 비교우위를 얻어 자기 밥그릇을 빼앗아 가는 것을 용납할 수 없을 테고, 이렇게 되면 선진국의 노동자가 노동력과 제품이 자유롭게 이동하지 못한 데서 비롯되는 높은 임금 상승률을 누릴 수도 없다. 크루그먼은 이것을 자유무역에 불리한 오류라고 여겼다.

[오류 2] 외국에서 비롯된 경쟁은 저임금 위에서 만들어진 것이다. 그러한 경쟁은 불공정해서 경쟁에 참여하는 다른 국가에도 손실을 가져다준다. 이러한 결론은 가끔 빈민노동론이라고 불린다. 그것은 외부와의 경쟁에 직면해 있으면서 보호가 필요한 노동조합의 지지를 얻게 된다. 이러한

관점을 견지하는 사람들은 국내 산업은 저효율-저임금의 해외 산업과 교류할 필요가 없다고 보고 있다. 이러한 관점은 널리 확산되어 있고 상당히 큰 정치력을 가지고 있다. 1993년 자수성가한 억만장자이자 전 대통령후보인 로스 페로는, 미국과 멕시코 사이의 자유무역이 멕시코의 낮은 임금률 때문에 미국 산업을 멕시코로 이주시키는 꼴이 되어 마치 미국의 자원을 한숨에 휩쓸어 가는 것 같다고 경고했다. 같은 해 또다른 억만장자이자 영향력 있는 유럽의회 의원인 어느 프랑스인은 자신의 책『함정』에서 페로처럼 생생하지는 않지만 유사한 관점을 피력했다. 우리의 간단한 사례는 이 결론이 틀렸다는 것을 다시 한번 보여주고 있다. 위의 예에서 보듯 본국의 두 부문의 노동생산성이 모두 외국보다 높아서, 외국의 생산비용은 매우 낮은 임금에 전적으로 의지해야 했다. 본국이 무역에서 이득을 볼 수 있느냐의 문제는 외국의 저임금과 관계가 없다. 외국의 포도주 생산비가 비교적 낮은 것은 노동생산성이 높거나 임금률이 낮은 것과는 아무런 관계가 없다. 중요한 것은 자국의 노동력으로 유제품을 생산해 포도주를 수입하는 편이 포도주를 직접 생산하는 것보다 훨씬 저렴하다는 데 있다.

이러한 비판은 리카도의 정태적인 모델을 답습했을 뿐, 외국의 저렴한 제품을 사들임으로써 국내 산업의 생산력에 미치게 되는 손실이나, 노동자의 실업 문제는 회피하고 있다. 저개발국은 선진국의 높은 생산력으로 생산한 값싼 제품을 수입하기 때문에, 국내의 고부가가치 산업은 발달할 수 없다. 반면 선진국은 저개발국가의 저임금으로 생산되는 저렴한 제품을 수입하기 때문에 본국에서는 저부가가치 산업에 종사하고 있는 노동자의 실업이 유발된다. 우리 모두가 이러한 사실을 알고 있다. 우리 눈앞에서 펼쳐지고 있는 논리와 사실을 외면한 채 정태적인 모델로 되돌아간다면, 이는 자기 살을 깎는 것과 마찬가지이다. 사실, 크루그먼은 여전히 리스트가 제기한 문제에 대해 해답을 내놓지 못하고 있다.

프랑스가 자국의 산업 발전이 정체되고 있기 때문에 25퍼센트의 보호관세로 산업을 발전시킬 수 있다면, 영국은 자국의 수출업자에게 30퍼센트의 보조금을 제공할 것이다. 영국 정부의 배려는 프랑스 산업에 어떠한 영향을 미치게 될까? 프랑스의 소비자는 몇 년 후면 저렴한 가격으로 필요한 공산품을 살 수 있을 것이다. 이렇게 보면 프랑스인이 이득을 얻겠지만, 프랑스의 산업은 몰락하여 수백만 명의 노동자가 구걸을 하게 되고, 해외로 이주하거나 다시 농업에 종사하게 될 것이다. … 어떤 사람이 셔츠를 사는 데 이전보다 40퍼센트 낮은 돈을 들인 대가로 자신의 팔 하나를 잃는 것과 같은 처지가 된다면 과연 기뻐하겠는가?21)

크루그먼은 장기 거래를 할 수 없는 보따리장수에 불과하다. 그는 스미스의 이론에서 드러나는 표준적인 장사꾼의 이미지로 생산자의 관점에서 문제를 보거나, 일국의 장기적인 관점에서 문제를 고려하지 않는다. 학술적인 관점에서 보아도 크루그먼은 리스트의 국가주의 경제학의 도전을 회피하고 있다. 우리가 이러한 권위를 그토록 숭배할 필요가 있을까?

그러나 크루그먼은 의기양양하게 세 번째 오류를 지적한다.

[오류 3] '만일 한 국가의 노동자가 다른 국가의 노동자보다 낮은 임금을 받는다면, 무역으로 인해 낮은 임금을 주는 국가는 착취의 강화와 복지의 악화를 겪게 될 것이다.' 사람들은 감정이 섞인 말로 이러한 논점을 밝히곤 한다. 예를 들면, 한 칼럼니스트는 갭 The Gap이라는 패션 프랜차이즈기업의 회장이 얻는 2백만 달러의 소득과 그 기업의 의류를 생산하는 라틴아메리카 노동자의 시간당 임금 0.56달러를 비교하곤 한다. 분명히 세계의 많은

노동자들이 무척 낮은 임금을 받고 있다. 그들의 임금은 잔혹할 정도로 합리적인 수준에 있다.

그러나 자유무역의 이점이 무엇이냐고 묻는다면, 자유무역의 취지는 저임금 노동자가 더 많은 임금을 받을 수 있게 하는 것이 아니라, 저임금 노동자와 그들의 국가에게 저임금 위에서 이루어지는 상품 수출이 '신분을 박탈하는' 무역을 거절할 때의 복지 수준과 비교할 때 더 나은지 물을 수 있어야 한다. 이러한 문제를 제기할 때에는 다른 어떤 선택이 있는지를 먼저 물어야 한다.

비록 추상적이지만 우리의 사례는 좀더 나은 선택이 아니며, 저임금 속에서 진행되는 무역은 착취를 의미한다고 말할 수밖에 없다. 이러한 예에서 외국 노동자의 임금이 국내 노동자의 임금보다 훨씬 적다며 한 신문의 칼럼니스트가 그들이 당하는 착취에 대해 분노를 표시하는 이유를 쉽게 알 수 있다. 그러나 외국이 무역(또는 수출 부문의 노동자에게 더 높은 임금을 지급함으로써 같은 효과를 볼 수 있다)을 거절하거나, 혹은 피착취를 거절한다면 해당 국가의 실질 임금은 더욱 떨어져 노동자들의 시간당 임금의 구매력은 3분의 1파운드에서 6분의 1파운드로 떨어진다.

갭 사 사무직 노동자의 소득과 생산직 노동자의 임금을 비교한 그 칼럼니스트는 라틴아메리카 노동자의 빈곤 상태에 대해 분노를 터트리고 있다. 그러나 수출과 무역의 기회를 거부한다면 그들은 더욱 가난해질 뿐이다.

이것은 품격을 갖춘 이론이 아니라 적나라한 위협이다. 즉, 만일 네가 나를 위해 소나 말이 되어 주지 않는다면 나는 너를 굶길 것이라는 말이 된다. 만일 착취를 거절한다면 너는 입에 풀칠하기도 어려울 것이라는 협박이다. 그들의 진심은 더욱 가공할 만하다. 세계 자본주의 체제에서 벗어나려고 우리와의 교류를 끊는다면, 너희는 더욱 빈곤해질 것이라며 으름장을 놓는 것이다.

미국과 서방 국가는 1949년 이후에야 중국을 우스갯거리로 만들기 위한 어조를 떠올렸다. 그러나 애치슨의 계산은 틀린 것이었다. 서구 세계의 틀을 벗어난 '신중국'은 가난에서 탈피했을 뿐만 아니라 전쟁의 상흔을 빠른 시일 안에 치유하고 인플레이션을 억제했다. 이를 통해 중국의 경제가 회복 궤도로 들어섰고, 대규모 산업 건설을 시작했다. 중국의 국민은 생존을 위해 인간의 존엄성과 인격을 포기하지 않아도 되었다.

주인 정신이 가득한 철강 노동자 왕진시는 "여건이 돼도 일하고 여건이 못 되어도 일하자"라는 마음을 품었다. 신중국 건국 이후 서구 세계와 완전히 격리되었던 30여 년간 중국인의 평균 수명이 35세에서 70세로 빠르게 개선되었다. 원자탄과 수소폭탄 실험이 성공을 거두고 위성을 발사했으며, 대륙간 탄도미사일까지 하나씩 개발되었다.

또한 이 30여 년 동안 공업 및 농업의 연평균 총생산량이 7.6퍼센트 증가했다. 중국에 완전히 독립적인 산업 체계가 세워진 것이다. 또한 방대한 과학기술팀과 교육팀이 형성되어 이후 20여 년에 걸쳐 실시된 개혁개방 정책의 물질적 기초를 닦고, 할 수 있다는 자신감을 갖게 해주었다.

크루그먼은 미국 독립전쟁이 종식된 이후 영국인도, 현대의 미국이 중국에게 했던 것처럼 미국을 위협했다고 지적한다. 미국이 당한 위협은 매우 현실적이어서 1781~1789년 사이는 '위기의 시대'라고 불렸다.[22] 그 때 영국은 자국의 강대한 제조업과 상업의 경쟁력을 이용해 미국의 수출에 엄격한 제한을 가했다. 예를 들어 미국 상품은 서인도제도로 수출할 수 없었던 반면, 미국에는 영국 상품을 대량으로 덤핑 판매했다. 독립 전야에 북아메리카는 매년 평균 3천9백29톤의 강철을 영국으로 운송했지만, 1791년에는 이 양이 7백97톤으로 감소했다.[23] 담배, 쌀, 인디고 같은 농산물의 대량 수출이 큰 폭으로 줄어 상업과 해운업의 발전이 정체되었고, 조선업도 쇠락했다. 상인, 농장주가 한꺼번에 파산해 부채도 산더미처럼 쌓여 사회 불안이 더욱 심각해졌고, 농촌에서는 농민들의 항의시위가 잇달아 일어났다. 그러나 미국인은 영국의 품으로 되돌아가지 않았다. 조금씩 국가의 체제를 연방으로 바꿔가면서 재정과 은행 체계, 중앙집권 제도를 강화했다. 이를 바탕으로 영국에 대항해 수많은 고난을 이겨냈다. 보호무역주의를 국가 정책으로 확정해 독립적이고 강력한 산업 체계를 세운 덕분에 오늘날 그나마 크루그먼이 발딛고 설 수 있는 여지가 생긴 것이다. 이 점에서 리스트는 2백 년 후에 나타나 국제경제학자로 유명해진 크루그먼보다 훨씬 현명하다.

> 독일은 매 세기마다 질병, 기아, 내분, 외국과의 전쟁에 지칠 대로 지쳐 있었지만 생산력은 계속 유지되었다. 그러므로 내외의 충격을 받더라도 어느 정도 빨리 회복할 수 있었다. 스페인은 부강한 국가였지만 전제주의와 수도자들의 압력을 견뎌내지 못했다. 국내 환경은 평화로웠지만, 가난을 벗어나기는커녕 점점 깊은 늪에 빠지게 되었다. 스페인 사람들은 같은 태양 아래 있었고 같은 영토와 광산을 가지고 있었다. 아메리카 대륙을 발견한 스페인들은 종교재판 이전의 스페인인과 동일한 사람들이었다. 그러나 이 국가는 점점 생산력을 상실해 가면서 국부의 유출도 심각해졌다. 미국은 독립전쟁에서 많은 자원을 잃었지만, 독립 이후에는 생산력이 눈부시게 향상되었다. 미국은 평화시대 후 몇 년도 안 되어 유사 이래 최대의 국부를 축적했다.[24]

크루그먼과 새뮤얼슨은 언제쯤에야 포도주와 나일론 거래의 게임에서 벗어나 그들의 지혜로운 머리로 역사와 현실에 부합하는 국제 무역 이론을 만들어 낼 수 있을까?

경제발전 단계론──시장낙관주의의 우매한 약속

'보이지 않는 손'이 개혁에 대한 설계와 진행을 이끌었다고 한다면, '비교우위론'은 대외개방 정책을 이끌었을 것이다. 일반 대중에게 있어 시장낙관주의는 부강하고 선진적인 '아메리칸 드림'을 꿈꾸는 것과 다름없다.

역사 발전 단계론은 광범한 중국 대중을 그 기반으로 한다. 역사유물론은 인류의 역사를 원시 사회, 노예 사회, 봉건 사회, 자본주의 사회, 공산주의 사회의 다섯 단계로 나눈다. 공산주의 사회에서도 공산주의의 초기 단계인 사회주의 단계와 공산주의의 최고 단계가 있다. 중국 공산당 제13차 전인대는 생산력 낙후로 중국이 '사회주의 초급단계'에 머물고 있다고 강조하고 있다. 보고에 따르면 사회주의 초급단계는 '빈곤과 낙후성을 극복한 단계'이다. "사회주의 초급단계는 농업 인구가 다수를 점하는 수공업 노동력 중심의 농업 국가로서, 점차 농업에 종사하지 않는 사람이 다수를 차지하는 현대화된 공업 국가 단계로 들어서고 있다. 또한 자연 경제가 많은 비중을 차지하는 단계에서 상품 경제가 고도로 발달한 선진적인 단계로 들어서고 있다. 개혁과 탐색을 통해 힘이 넘치는 사회주의적 경제·정치·문화 단계로 발전해가는 단계이며, 전 인민이 분발해 중화민국의 위대한 부흥을 이룩하는 단계"라는 것이다. 보고서는 또, "중국 사회주의가 처한 역사적 현실을 정확하게 인식하는 것은 중국 사회주의를 건설하는 데 있어 중요한 문제이며, 정확한 노선과 정책을 입안하는 근본적인 근거이다"라고 덧붙이고 있다.

역사유물론적 단계론에 대한 교육이든 현재 중국이 처한 단계에 대한 여론의 표현이든, 일반 국민들이 받은 인상은 역사 발전이란 서로 다른 단계로 나뉘어져 있다는 것이다. 농촌은 도시로 발전하고, 도시는 규모가 더욱 커지며 직선적으로 나아간다. 역사 발전의 단계를 결정하는 것은 생산력의 수준이다. 생산력의 상태가 사회의 형태와 제도를 결정한다. 역사 발전의 단계는 건너 뛸 수 있는 것도 아니고, 오지 않는 것도 아니다. 이 도식은 생산력의 단선적 결정론으로 개괄할 수 있다. 이 도식에서 인간의 능동성은 매우 제한적이다.

매우 재미있는 것은 많은 사람들의 지지를 받고 있는 이 이론이 제도 결정론 혹은 체제 결정론이라는 점이다. 이 이론에서 생산력은 지극히 수동적인 요인이고, 제도가 결정적인 영향을 미치고 있다. 개혁을 떠드는 수많은 말들은 제도 혹은 체제 결정론에 불과했다. 농촌에서 사유제가 일부 인정되면서, 주식 투자와 도시나 해외로의 이동이 자유로워졌고, 외국 제도에 대한 선호, 체제 전환, 정책 운용 등이 또한 그러했다.

시장경제에 대한 이해에서 보자면 단선적 결정론과 제도 결정론은 시장경제 단계론을 만들 수 있다. 즉, 높은 단계의 공산주의에 대한 열망이 시장경제의 고도 단계에 대한 열망으로 바뀔 수 있다는 것이다. 시장경제 단계론에는 두 가지 특징이 있다. 첫째, 시장만이 경쟁력과 창의성을 자극할 수 있고, 자동적으로 가격등락을 조정할 수 있으며, 자원을 가장 효율적으로 배분할 수 있다는 시장만능주의이다. 시장은 소비자를 중심으로 물질 문명에 대한 수요를 충족시켜 줄 수 있다. 둘째, 낙후된 시장경제에서 선진적인 시장경제로 자동적으로 전환해 나아갈 수 있다는 것이다. 믿지 못하겠는가? 미국을 한 번 보자. 미국의 오늘은 우리의 내일이다.

실권을 쥐고 있는 간부, 국영기업의 대표, 외국기업의 화이트칼라, 민간기업의 대표, 언론인 및 방송인이 보기에 시장낙관주의가 기대하는 아메리칸 드림은 조금씩 우리 일상에 파고들고 있다. 냉장고, 세탁기, 컬러텔레비전에서 에어컨, 승용차, 별장과 해외 여행, 이동전화, 호출기, 비행기 출장, 고급 호텔 등이 그 예이다. 사실 모든 미국인이 이런 물질적 풍요를 누리고 있지는 않은데, 이런 사람들은 아메리칸 드림에 푹 빠져서 주위 사람의 부러움을 사고 있다. 그 결과 길에는 운전학원과 헤어샵이 넘쳐나 아메리칸 드림이 현실로 다가오고 있는 것처럼 보인다.

사회주의 초급단계론에서 나온 시장경제 단계론은 비교적 중국적인 것으로, 일반 사람들이 쉽게 이해할 수 있게 변형된 것이다. 이보다 더욱 정교한 것은 W. W. 로스토우*의 단계론이다. 그는 1950년대 초반부터 경제 발전 단계론을 내놓았지만, 1960년대에 들어와서야 주저인 『경제 발전의 제 단계: 공산당 선언과 다른 경제발전 단계론』을 출판했다.

로스토우의 견해에 따르면 인류 사회의 발전은 6단계의 경제 발전 단계로 나눌 수 있다. ① 전통사회, ② 이륙 이전의 단계, ③ 이륙 단계, ④ 성숙 단계, ⑤ 고소득 소비 단계, ⑥ 삶의 질적 향상 단계가 그것이다. 선진국이든 저개발국이든 이 6단계에 따라 앞서거니 뒤서거니 하고 있다. 이 6단계 가운데 이륙의 단계가 매우 중요하다. 이륙의 단계 이후에는 지속적으로 발전하는 단계에 들어서서 차례로 성숙, 고소득 소비 단계 등의 단계로 들어가기 때문이다. 그러나 이륙에는 세 가지 중요한 요건이 있다. 첫째, 높은 축적률이다. 생산 투자가 국민소득에서 차지하는 비중이 5퍼센트 이하에서 10퍼센트 이상으로 상승될 때 이륙의 단계가 현실화될 수 있다. 높은 축적률 외에 두 번째로 중요한 요건이 첨단기술의 개발과 확산이다. 로스토우는 기술혁신을 매우 중요하게 보고 있다. 그는 자신의 글에서 "무엇이 경제 발전의 토대일까? 나는 경제 발전은 신기술을 끊임없이, 효과적으로 흡수한 결과라고 믿는다"라고 말하고 있다. 또 "현대 사회에서 발전의 뿌리는 신기술이 효율적인 기반 위에서 계속 확산되는 데 있다"[25]라고 덧붙이고 있다.

---

* [옮긴이] Walt Whitman Rostow(1916~). 미국의 경제학자. 『경제 발전의 제 단계 *The Stages of Economic Growth*』에서 경제 발전 단계론을 주장했다.

『경제 발전의 제 단계』는 출판 이후 증쇄를 거듭하는 베스트셀러가 되었다. 이 책의 시각은 미국 경제학계에서 커다란 관심과 논쟁을 불러일으켰다. 찬성하거나 받아들이는 사람이 있는가 하면, 그렇지 않다고 생각하는 사람도 있다. 전반적으로 경제학 연구자들의 의견은 일치하지만, 경제사를 연구하는 사람들은 또다른 입장을 가지고 있다. 정계 인사는 찬성하지만, 재계 인사는 그렇지 않았다.

일반 사람들은 경제 발전의 단계에 대해 수긍하는 것 같지만 연구원들은 그렇지 않았다. 이 책이 출판된 후 로스토우는 케네디 대통령과 존슨 대통령 같은 주요인사의 초청으로 국가안보위원회 특별보좌관, 국무원 고문 겸 정책계획위원회 회장을 겸임하면서 대외 정책, 특히 개발도상국의 경제 발전 단계 연구를 책임졌다. 로스토우는 경제학계의 유명인사가 되었고, 그의 경제 발전 단계론도 많은 사람으로부터 인정을 받게 되었다. 한동안 '이륙'이라는 말은 언론에서 가장 자주 사용하는 어휘 가운데 하나였다. 헨리 로스프스키는 "로스토우는 틀림없이 우리 시대의 저명한 경제사학자이다. … '이륙'이라는 말은 금세기 중반에 널리 쓰이는 어휘일 것이다. 이러한 위치에 있어 보았던 경제사학자는 없었다"라고 말했다.[26]

그러나 엄격하게 말하면 로스토우의 저작은 학술적인 것이 아니라, 이데올로기의 색깔이 짙은 반공산주의적, 반사회주의적 저작이다. 책의 부제인 '공산당 선언과 다른'에서부터 로스토우가 자료를 자의적으로 취사 선택했고 역사적인 사실과 주관적인 의지를 혼동하고 있음이 나타나고 있다. 로스토우는 공산주의는 일종의 질병이고 경제가 어려울 때 나타나는 부산물이라고 여기고 있다. 그러므로 냉전에서 승리하기 위해서는 조속히 개발도상국의 경제적 이륙을 도와주어야 한다고 보았다. 로스토우는 이러한 관점을 가지고 있었기 때문에 워싱턴의 지지를 얻을 수 있었던 것이다.

그러나 현실은 그렇게 자의적으로 오도할 수 없는 것이다. 로스토우는 모든 국가가 이륙할 수 있다고 했지만, 산업혁명 이후 2백여 년 동안 영국, 미국, 프랑스, 독일, 이탈리아, 일본만이 경제적 '이륙'을 실현할 수 있었다. 다른 많은 국가들도 사유재산제와 시장경제를 실시했고, 상류 사회에서 사용하는 소비재 역시 유럽과 미국에서처럼 잘 팔렸지만, 이들 국가의 경제는 '이륙'하지 못했다.

　중국의 경우도 쑨원 같은 선각자들이 부국의 꿈을 잊지 않고 살았다. 그들은 서구 국가의 제도, 기술, 문화를 연구하면서 중국의 경제도 발전하기를 바랬던 것이다. 그러나 서구 열강은 중국이 가지고 있던 발전에 대한 열망이 실현되도록 도와주지 않고 웬스카이 袁世凱의 전제주의를 지지했다. 그들은 지리·경제·정치·군사적으로 중국을 나누었고, 값싼 상품으로 중국의 산업을 짓눌렀다. 중국이라는 비행기는 비상하지도 못한 채 활주로에서 부서지게 되었다. 로스토우의 눈에는 중국혁명이 성공할 수 있었던 이유가 중국의 경제가 이륙하지 못했기 때문인 것으로 보였다. 물론 어느 정도 일리가 있는 견해이지만, 더 중요한 것은 중국 경제가 왜 '이륙'하지 못했는가 하는 문제이다. 우리는 자본주의 제도가 처음부터 확장적이고 침략적이있음을, 또는 로스토우의 말처럼 기생적이었음을 알고 있다. 자본주의의 이러한 경향 때문에 전세계에서 몇몇 국가만이 경쟁자를 무너트려 자원을 독점하고, 다른 수많은 국가의 고혈을 빨아들여 경제 발전을 이루었다. 중국의 선각자들도 중국이 자본주의 체제 안에서는 경제를 발전시킬 수 없다는 것을 알고 있었다.

　로스토우는 러시아가 근대화 직전에 있던 1917년에 세계대전이 10년만 늦게 발생했다면 산업화를 이루어 '공산주의 국가'가 되지 않을 것이라고 말했다. 그의 이러한 해석은 경제사에 대한 잘못된 이해에 기반하고 있다. 사실, 1917년 이전의 러시아는 현대화를 위해 프랑스, 독일, 영국 및 미국의 자본주의 제도를 도입했지만, 바로 이것 때문에 마치 오스만터

키가 서구 열강의 식민지가 되었던 것처럼 서구 열강의 식민지가 되었을 것이다. '10월혁명'이 일어나지 않았다면! 러시아는 10월혁명 덕분에 20여 년 동안 빠르게 발전해 세계 1, 2위를 다투는 현대화된 공업국이 될 수 있었다.

로스토우는 미국 정부에 개발도상국 경제의 이륙을 원조하라고 요구했다. 그러나 사실, 라틴아메리카, 아프리카, 아시아에 흘러들어간 미국과 유럽의 자본은 현지의 자원과 시장을 점령한 채 대부분의 잉여이윤을 착취하고 있었다. 그 결과 개발도상국은 이중의 고통을 안게 되었다. 1980년대 이후 아프리카는 희망을 잃어버린 대륙이 되었고, 라틴아메리카는 엄청난 부채로 인해 경제 위기가 끊이지 않았다. 로스토우에 의해 경제 발전의 대표적인 사례로 불렸던 아시아의 '네 마리 용'도 '네 마리 벌레,' '네 마리 고양이'로 전락해 생활수준이 하루아침에 20년 전으로 후퇴했다.

로스토우 역시 개발도상국이 경제 발전을 이룩하는 데는 많은 어려움이 따른다는 것을 인정했다. 첫째, 국내 정치의 불안으로 인력과 자금의 유출이 심각했다. 그러나 로스토우는 개발도상국의 정치가 장기적으로 불안했는지에 대한 심층적인 연구를 하지 않았다. 중국인의 눈으로 보면 1949년 이전의 중국이 장기적인 정치적 혼란에 빠지게 된 것은 서구 열강의 식민지 정책 때문이었다. 수많은 역사적인 사실들이 구중국이 걸어온 길은 중국만의 것이 아니라 제3세계 국가들이 공통적으로 경험한 것이었음을 말해 주고 있다. 로스토우의 방관자적인 입장은 '매우 잔인한 것'이다. 그가 개발도상국의 정치적 혼란을 이해하지 못하는 것은 당연한 일일 것이다.

인력과 자금이 유출되는 가장 주요한 요인은 세계 자본주의 체제에서 작동하는 이기주의와 약육강식의 규칙이다. 실제로, 세계 자본주의 체제에의 편입을 영예롭게 생각하면 정치적 혼란은 없을 것이고, 개발도상국의 인력과 자금이 유출되지도 않을 것이다. 지난 20년간 중국의 역사가 가장 좋은 설명이 될 것이다. 중국 국민이 조금씩 사유제와 이기주의를 받아들이면서 중국의 엘리트들도 이기적인 방향으로 기울고 있다. 여기에서 말하는 방향은 국내와 아래가, 해외와 위를 향하는 것이다. 그 이유는 간단하다. 중국의 과학기술기관이나 교육기관은 미국의 대기업과 연구기관이 보장하는 고액 임금을 지불할 능력이 없는 반면, 그들은 고액 임금을 지불하더라도 기술독점적 지위로 인해 투자를 회수할 수 있기 때문이다. 지금 중국의 엘리트는 주관적으로는 자신을 위해, 객관적으로는 미국 기업이 높은 수익을 얻을 수 있도록 하기 위해 일하고 있다.

자금의 유통 역시 마찬가지이다. 세계적으로 유럽, 미국, 일본의 대기업이 차지하는 고액의 독점 이윤이 계속 증가하고 있기 때문에 제3세계 국가의 국민 경제는 살아남기 어렵게 되었다. 그래서 제3세계 국가의 자금이 유럽과 미국의 주식시장, 채권시장에 흘러들어가 안정적인 고이윤을 노리고 있다. 중국에서 자금의 흐름을 알고 있는 사람이라면 중국이 실질적으로는 자본 수출국이라는 것을 잘 알고 있다. 대량의 해외 자본이 중국에 들어오지만, 이러한 자본은 많은 수익을 챙긴 뒤 나가 버린다. 더욱 중요한 사실은 중국 은행이 위안화로 달러를 사들인 후 이 달러로 미국의 국채와 주식을 매입한다는 것이다.

이와 같이 로스토우의 경제 발전 단계론은 각 국의 밀접한 경제적 연관성을 무시한 이론이다. 선진국과 개발도상국의 착취와 피착취 관계라는 현실을 무시한 일방적인 이론인 것이다. 더 솔직하게 말하자면 개발도상국을 자본주의의 길로 유도하는 심리전의 무기인 셈이다. 각 국의 경제 발전을 비행기에 비유한다면, 이 비행기는 서로 다른 항로에 있는 연관성이 없는 비행기가 아니라 서로 공격하는 전투기와 같다. 먼저 이륙한 전투기가 집중포화를 퍼부어 나중에 이륙한 비행기(개발도상국의 입장에 선

엘리트)의 조종석과 엔진(자금, 기술, 시장)을 파괴하고, 후발 비행기의 연료 통(자연자원, 값싼 노동력)을 자기 비행기에 고정해 지속적으로 비행하는 것이다.

유감스러운 것은 비록 로스토우의 이론이 허구적일지라도 대중에게 아메리칸 드림을 꾸도록 하고, 중국 사회에 존재하는 사상의 일부와 일치한 탓에 경제학계와 여론의 지지를 받았다는 사실이다. 1980년대 말 이후 네 마리의 용, 네 마리의 호랑이를 추켜 세울 때마다 많은 학술지와 간행물에 이륙이라는 어휘가 자주 등장했고, 중국 국민은 이륙 이후의 고소득 대중소비에 대한 달콤한 꿈을 꾸게 됐다.

로스토우의 단계론은 객관적으로는 중상층[샤오캉 小康], 중등 국가라는 목적을 달성하게 해주었다. 그러므로 많은 사람들의 눈에는 중국적 사회주의 이데올로기와 같은 것으로 보였다. 우리는 이 점을 기억해야 할 것이다. 반공 이론이 중국의 여론을 빌어 사람들의 마음속에 자리잡게 되었다는 점을 다시 되새겨보아야 한다는 말이다.

'보이지 않는 손,' '비교우위론,' '경제 발전 단계론'은 서구 경제학에서 이데올로기의 색채가 가장 짙은 이론이다. 이 이론들 모두가 시장낙관주의를 구성하고 있다. 이 세 가지 이론이 사람들의 머리 속에 깊이 뿌리박혀 있기 때문에 WTO 가입에 대한 열망은 더욱 뜨거울 수밖에 없는 것이다.

시장낙관주의의 실례

최고의 경제학자라고 자칭하는 몇몇 사람들에게 시장낙관주의는 사람들의 눈을 가리고 '톈진'으로 가는 속임수이다.[27] 그러나 대다수 사람들은 자신이 속았다고 생각하지 않았는데, 이는 중국측 입장을 견지하고 있는 엘리트들도 마찬가지였다. 중국 사회과학원 정세분석위원회의 캉샤오광 康曉光을 가장 대표적인 인물로 들 수 있겠다. 레스터 브라운이『누가 중국을 살릴 것인가』에서 제기한 식량 전략 토론에 있어 캉샤오광은 중국의 입장과 앞에서 말한 3대 이론을 결합해『지구촌 시대의 식량 공급 정책』을 저술했다. 이 책에서 캉샤오광은, 중국의 입장에서 보면 브라운은 '전형적인 신제국주의 이론가'라고 지적했다. 또한 한동안 성행했던 '식량 수입 유해론'에 대해 시장낙관주의로 반박하면서, 중국이 산업화 중기의 식량 순수입 규칙을 따라 "시장이 제대로 기능하도록 해야" 하고, 식량 수입 정책을 실행해야 한다고 주장했다. "오늘날 브라운이 중국의 식량 수입 문제를 들고 나온 것을 생각해보면 내일은 조지가 중국의 석유 수입 문제를 들고 나올 것이고 모레에는 야마다가 중국의 기술 도입 문제를 들고 나올 것이다. … 그렇다면 '우리는 자급자족하자. 수입불가. 타인에게 폐를 끼쳐서는 안 된다'라고 할 것이다. 그렇게 되면 우리는 과연 발전을 기대할 수 있을 것인가? 우리의 개방은 '세계와 미래로 향하는' 것이다."[28]

캉샤오광의 주장을 이해하지 못하는 농업 책임자가 꽤 있었다. 그들은 문제가 있기는 한데, 이를 말로 꺼낼 수 없었다. 증화궈 曾華國가 서술한 『국가 위기』는 이러한 뜻을 전달하고 있다. 그는 농산물시장이 충격을 받은 이후의 상황을 정리했다. "해외 농산물이 중국 시장에 대거 들어와 심각한 영향을 끼치게 되었다. 중국 사회과학원 정세분석위원회의 캉샤오광 같은 전문가들은 수입 농산물이 국내 시장을 풍족하게 했고, 일부 농산물의 부족을 메워 주어서 중국이 해외 자원을 이용해 공급 능력을 재고하는 데 도움이 되었다고 말한다. 우량 품종의 도입은 국내 농업 생산의 질적 향상을 가져왔다. 그러나 수많은 지방 행정 책임자와 관련 전문가들은 이를 우려하고 있다. 중국 농업의 기초는 취약하다. 특히 외국 농산물이 대거 들어오기 전에 갖춰야 할 준비가 부족하고 국가의 보호 정책도 미진해 시장이 받을 충격은 더욱 클 것이다."[29]

캉샤오광의 의견은 왜 실무자들과 다를까? 서로 따르고 있는 논리가 다르기 때문이다. 그가 힘있는 사람을 옹호하는 시장낙관주의 이론에 근거해 그러한 결론을 내릴 수 있었던 반면, 실무자는 약자의 입장에 서서 시장경쟁의 냉엄한 적자생존을 몸소 체험하고 있기 때문이다.

캉샤오광이 펼친 논리의 첫 번째 오류는 '비교우위론'이다. 사실 그는 첫 마디에서부터 오류를 범했다. "소위 '국제 무역'이라는 것은 국가와 국가간의 상품 교환이다."[30] 이러한 관점은 겉보기에는 정확한 것 같지만 의심스러운 점이 있다. 그는 국제 무역에서 경쟁의 핵심을 이해하지 못하는 정태적인 의견을 견지하고 있는 것이다. 동태적인 관점에서 국제 무역은 기업간의 국제 경쟁이 이루어지는 방식이다. 한 국가의 무역 역량과 수출량은 해당 국가의 기업 경쟁력을 재는 척도이다. 한 국가의 제품 수출이 많을수록 경쟁력이 강해지고 기술 도입의 원동력도 강해진다. 그 결과 수입국의 시장을 점유하게 되어 경쟁자는 갈수록 약화된다. 심지어는 수입국의 기업 파산이나 합병을 유발하기도 한다.

캉샤오광은 국제 무역에서 경쟁의 본질을 이해하지 못했기 때문에 이른바 국제 무역의 교과서라고 불리는 이론을 인용했다. "한 국가의 무역 구조를 결정하는 주요 힘은 두 가지이다. 첫째, 해당 국가의 자연자원이 결정하는 비교우위이고, 또다른 하나는 해당 국가의 각종 이익집단이 지닌 협상 능력에 의해 결정되는 정치력이다."[31] 캉샤오광의 해석에 따르면 미국은 공업에 비교우위가 있기 때문에 농업은 취약 산업이다. 그러나 미국은 관련 이익집단의 협상 능력이 강하기 때문에 농산물 수출국이 될 수 있었던 것이다.

그러나 이것은 핵심적인 오류이다. 미국을 대표로 하는 현대 농업은 더 이상 토지집약적인 산업이 아니라, 자본집약적이고 기술집약적이며 시장 영향력이 강한 산업이다. 현대 농업은 값싼 석유, 농업기계와 전기, 화학비료, 농약, 유전공학과 규모의 경제에 일치하는 산업인 것이다. 미국 농업의 강력한 공세로 인해 제3세계 국가들은 자급자족 국가에서 식량 수입국으로 변모되었고, 유럽 국가들도 이를 효과적으로 막지 못했다. 차기 WTO 협상에서 미국은 농산물시장 전면 개방을 얻어내려고 하고 있다. 미국의 농장주와 곡물 상인들은 그들의 농산물에 대적할 만한 경쟁자가 없다는 것을 알고 있기 때문이다. 아마도 이러한 우려는 우리에게 곧 현실로 다가올 것이다. 미국을 중심으로 한, 대형 곡물상과 생명공학이 일체화된 10여 개의 기업이 전세계 대부분의 토지 자원을 보유한 채 1억 명 정도의 농업 노동자를 고용하고 있다. 각 국의 영세한 자영농이나 소농장주들은 대부분 땅을 잃고 도시로 흘러들게 될 것이다.

국제 경쟁의 냉혹함을 알지 못하는 캉샤오광은 모든 국가가 선진국이 거쳐 왔던 산업화의 초기, 중기 및 후기 단계를 거칠 것이라고 보고 있다. 이것은 캉샤오광이 식량 수입 유해론을 반박하는 또다른 근거가 된다.

산업화 과정에서 한 국가의 무역구조, 특히 농산물 무역과 식량 무역의 구조에 규칙적인 변화가 일어나고 있다. 이러한 규칙은 다음과 같다.

산업화 초기에 농업인구와 농업성장률의 비중이 매우 높았다. 국내 산업도 국가의 보호를 받아 공산품의 수입대체기에 있었다. 농업은 국제무역의 비교우위를 가지고 있어서 농산물 수출이 주요 외환 수입원이었으며, 농업에서의 잉여생산물은 공업 투자의 원천이었다.

산업화 중반기에 공업인구와 공업성장률의 비중이 크게 상승했다. 국제무역의 비교우위가 산업으로 옮겨갔다. 공업이 수출지향적인 시기에 들어서면서 농업의 비교우위가 떨어지거나 이를 완전히 상실해 농산물을 수입하기 시작했다. 무역 자유화가 확대되었고, 국내 시장에서 공업 증가치와 농업 증가치의 비중이 비교적 경쟁 상태에 있었다.

산업화 후기에는 농업인구와 농업증가치의 비율이 매우 낮다. 국내에는 이미 농업을 보호하는 경제 환경이 갖추어져 있고, 관련 이익집단의 협상 능력도 크게 향상되어 국가의 보호를 받게 되었다. 또는 농업 현대화를 진행한 결과 농산물 생산량도 늘어났다. 이 단계에서는 서유럽 국가들처럼 농산물 수입을 수출로 전환하거나, 일본과 한국처럼 농업구조를 개선하고 있다.

그러나 오늘날 선진국 가운데 캉샤오광의 규칙을 따르는 나라는 미국밖에 없을 것이다. 미국 농업은 산업화 초기에 비교우위를 가지고 있었다. 당시 제퍼슨 대통령은 최근의 시장낙관주의에 가까운 생각을 하고 있었다. 그는 농업입국을 통해 서부를 개발하면 영국이 공업에서 비교우위를 갖게 될 경우 영국의 기술을 수입할 수 있다고 주장했다. 이러한 사고를 바탕으로 미국의 공업 발달이 더디게 진행되어 영국 제품이 공산품 시장을 독점하고 있었다. 영국이 화물선을 포격하고 선원을 체포했을 때, 미국인은 세계는 지구촌이 아니며 강력한 공업과 군대가 있어야 한다는 사실을 깨닫게 되었다. 이를 계기로 미국은 비교우위론과 다른 길을 걷기 시작하면서 영국에 대해 금수조치를 취하게 되었다. 이렇게 해서 미국의 산업이 빠르게 발전하게 된다.

영국, 프랑스, 독일, 일본 등이 산업화 초기에 모두 농산물 원료 수출을 제한했다. 예를 들면, 영국은 양모 수출을 중죄에 처했다. 폴란드, 러시아의 농업과 비교해볼 때 영국의 농업이 비교우위를 가지고 있지 못했기 때문에, 곡물법을 통해 농산물 수입을 엄격히 제한했다. 영국은 자국의 산업이 세계시장에서 비교우위를 확고하게 점한 후에 곡물법과 이에 상응하는 보호무역주의 정책을 철폐해 다른 국가의 공산품 시장의 문을 열게 함으로써 자국의 이익을 극대화했다. 프랑스도 마찬가지로 콜베르가 프랑스의 경제권을 장악한 22년간 보호무역주의 정책을 엄격히 실시해 수입 공산품의 과세율을 두 배로 늘렸다. 그 결과 원료 수입은 면세되었지만 수출은 여러 명목으로 금지되었다. 콜베르의 노력으로 프랑스는 유럽에서 영국 다음가는 공업대국이 되었고, 그는 '프랑스 상공업의 아버지'로 추앙 받게 되었다.

대다수 제3세계 국가들에서는 캉샤오광이 제기한 '규칙'이 나타나지 않고 있다. 캉샤오광의 견해에 따르면 제3세계 국가들은 여전히 산업화 초기에 있기 때문에 농업에서 비교우위를 가지고 있어야 한다. 그러나 현실에서는 대부분 식량을 수입하고 있다. 이들 국가는 공산품과 농산물 수출에서 비교우위를 가지고 있지 못하며, 국민 경제의 동맥이 다국적기업의 수중에 있다. 한 국가의 농산물 수입과 수출은 그 국가의 농업 경쟁력과 보호무역주의 정책의 실행 여부에 따라 결정되는 것으로 산업화 정도와는 아무런 관계가 없음이 드러난 것이다. 캉샤오광이 말하는 중국의 식량 수입은 'U'자 형 모델을 따르는데, 1인당 소유토지가 매우 좁다는 사실과 경쟁력이 약하다는 중국 농업의 특성을 전혀 고려하지 않았으며, 국제적인 농업 경쟁의 현실을 간과하고 있다. 이것은 미국식 논리를 억지로 중국에 맞추려고 한 데서 나오는 오류이다.

캉샤오광은 미국식 모델을 억지로 모방하려고 한다. 이것은 그의 추론 과정이나 글과 말을 분석한 결과이다. 캉샤오광은 식량 수요의 장기적인 흐름을 예상했지만, 기본적인 방법론의 원칙은 '재반복률'이었다.

우리가 채택한 예측 방식은 경제학자와 사회학자가 일반적으로 사용하는 계량분석 도구이다. 계량분석 도구의 '합리성'은 '재반복률'(생물학자가

제기한 '철학적 명제')에 있다. 재반복률의 본래 뜻은 '개체의 발육과정'에
서 재반복하는 종이 진화하는 역사이다. 그러나 '재반복률'에 대한 이해는
생물학자의 그것과 다르다. 우리의 문제에 대해 말하자면 '재반복률'의
뜻은, (1) 모든 국가의 1인당 소득과 평균 식량 수요량의 흐름은 같다. 다시
말하면, 후발 국가는 선발 국가가 밟아온 길을 '재연'하거나 '반복'한다.
또는 선발 국가가 거쳐온 길은 후발 국가의 '전망'이다. (2) '선발'과 '후발'
을 나누는 기준은 1인당 소득 수준이다. 1인당 소득 수준이 높은 국가는
선발 국가이고 1인당 소득 수준이 낮은 국가가 후발 국가이다. (3) '재반복
률'은 일정한 시기에 사람들의 1인당 소득수준이 다른 국가는 서로 다른
발전 단계에 있는 국가임을 가리킨다. 그러므로 우리는 한 시기에 국가의
단면적 자료로 임의의 국가의 시간적인 서열을 '대신'할 수 있다.

사실 '재반복률'은 방법론상의 원칙이라기보다는 일상 생활에서의 '믿
음'이다 —— 같은 사물은 같은 발전 규칙을 따른다는 믿음.

이 내용은 우리를 매우 놀라게 한다. 그는 시장경쟁의 현실은 물론 지난
2세기 동안 자본주의 세계가 어떻게 변화해 왔는지를 잘 모르고 있을 뿐만
아니라, '개인적인 경험에서 비롯되는 신념'을 내세워 미국이 걸어온 길을
반복하고 있다. 이러한 '재반복률'에 기반한 예측은 신뢰하기 어려운 것이
다. 캉샤오광이 정밀하게 서술한 재반복률에 대해서라면 리스트의 경제
발전 단계론도 그만 고개를 숙여야 할 것이다.

캉샤오광 이론의 근거는 분명히 시장낙관주의에 있다. 바로 그렇기
때문에 그는 식량의 수입을 주장하는 것이고, 국민에게 거꾸로 된 'U'자
형 곡선을 제시함으로써 다량의 식량 수입에 반대하는 사람들에게 현재는
수입량이 많지만 앞으로는 감소할 것이라고 말하고 있는 것이다.

식량 수입이 필요하다는 점에 대해서는 논란의 여지가 없다. 과거에

중국은 식량을 수입하였고, 지금도 수입하고 있으며, 앞으로도 변함없을 것이다. 문제는 어떻게 수입하는가이다. 쿼터제에 따라 수입을 조정할 것인가, 아니면 농산물시장을 완전 개방해 국제 시장의 조절 기능에 맡길 것인가? 사실, 식량 수입 반대를 둘러싼 논쟁 자체가 계획경제적인 행위이다. 이는 장기적이고 전체적인 관점에서 볼 때 식량의 주도권을 장악하는 문제로, 식량 수입 쿼터제나 관세 부과는 전략을 실시하는 수단에 불과하다. 국제 시장의 조절기능에 기대기만 하면 중국의 식량안보가 미국 농장주와 곡물상의 수중에서 좌지우지되는 사태가 벌어지게 된다.

그러므로 캉샤오광의 결론에서 드러나는 근본적인 오류는 식량을 수입하자는 주장이 아니라, 시장의 기능에 의해 자원을 배분한다는 데 있다. 그렇게 되면 경쟁력이 약한 중국의 농업은 미국의 강력한 자본 앞에 무릎을 꿇고 말 것이다. 중국의 농민들은 그의 결론에서 바로 이것을 우려하고 있다. 캉샤오광은 비록 학술적으로 국제 시장이 식량 수입을 조절한다고 주장하지만 실제 정책의 실시가 이렇게 대담하지는 못할 것이다. 따라서 적절한 보호가 필요해진다.

적절한 보호란, 보호를 해주어야 하지만 과도하지는 않아야 한다는 것이다. 식량 생산을 둘러싼 생태 환경, 1인당 토지비율, 현실적인 경제 발전 단계 등의 요인이 함께 작용해 세계 주요 식량 수출국과의 경쟁에서 중국이 뒤떨어지고 있는 것이다. 만약 식량 분야에서 철저한 자유무역 정책을 실시한다면 중국 저개발 지역 농민의 경제적 이익이 심각한 타격을 받을 것이다. 그러므로 우리는 식량시장을 완전히 개방할 수 없다. 그러나, 동시에 중요한 사실은 중국의 경제 발전 단계에서는 식량 생산에 강력한 보호를 해줄 만큼 경제력이 없고 정치적인 여건도 마련되지 못했다는 점이다. 더욱 중요한 사실은 이러한 단계에서 식량을 수입하게 되면 산업화 비용을 줄일 수 있다는 것이다. 그렇게 되면 중국의 공산품이 국제 시장에서 경쟁력을 제고할 수 있기 때문에, 이는 중국 전체에 유익하며 장기적 이익에 들어맞는, 합리적이고 필연적인 선택이다.32)

캉샤오꽝이 주장하는 바가 '적절한 보호'라면 이는 우리가 말하려는 것과 완전히 똑같다. 단지 여기에서는 캉샤오꽝이 보호 문제를 꺼낸 맥락이 '비교우위론'과 '지구촌'의 개념을 벗어나 경쟁력을 제기했을 때라는 점만을 지적하겠다. 또 그는 시장의 방식으로 식량을 수입할지 계획경제 방식(쿼터제)으로 수입할지 여부에 대해 이야기하지 않았다.

그의 논점에서 강조되는 것은 농산물시장의 개방이다. 이 외에도 값싼 농산물을 수입해 중국 공산품의 경쟁력을 제고할 수 있다고 생각하고 있다. 그러나 사실, 1990년대 중반 이후에 값싼 농산물이 밀려올 때 중국 산업의 경쟁력은 급격히 하락하고 있었다. 그 맥락은 매우 간단하다. 중국의 농업이든 산업이든 모두 곤경에 빠진 것이다.

유감스럽게도 캉샤오꽝은 시장낙관주의의 화려함에 갇혀 중국의 현실을 보지 못했을 뿐만 아니라 다국적기업이 중국의 발전에 크게 도움이 될 것이라고 착각하고 있다. 그는 '중국 위협론'의 중요한 배경과 동기를 잘못 이해하고 있다. 캉샤오꽝의 견해는 다음과 같다.

서구인의 모순은 중국의 사회주의가 지닌 자본주의 또는 자유주의에 대한 위협의 소지를 없애기 위해 중국의 시장화, 세계화를 촉진시켜야 한다고 보는 데 있다. 시장화와 세계화된 중국은 날로 부강해지는 중국을 의미할 것이기 때문에, 중국의 발전이 그들의 국제 강권 또는 헤게모니적 위치에 위협을 주리라는 것이다. 광활한 지구이지만, 서구 세계는 전세계 인구의 5분의 1을 차지하는 중국이 '부자나라 클럽'에 참여한다면 자원 획득 경쟁과 시장에서의 마찰을 피할 수 없으리라 보고 있다. 그러므로 서구 세계는 중국의 발전을 '억제'하거나 '포위'하여 '선점한 자'의 독점 이윤을 지키기로 결정했다. 나는 이것이야말로 그들이 하나같이 '중국 위협론'을 외치는 이유라고 생각한다.

그러나 '시장화, 세계화된 중국이 날로 강성'하리라는 것은 캉샤오광의 주관적인 생각일 뿐이다. 미국과 서구 세계의 반중국 정책 공방에서 연이어 일어나고 있는 '중국 위협론'도 단지 반중국 여론을 일으키기 위한 구실에 불과하다.[33] 클린턴의 반중국 정책은 중국에 대한 미국의 진의를 알 수 있게 해준다. "중국은 안정적이지도 강력하지도 않다. 우리는 엄격한 통제가 실은 껍질뿐임을 알 수 있다."[34] 중국은 미국에 위협이 되지 못하는 데다 중국 시장은 G7 국가가 나눠 가지고 있는데, 미국은 무슨 이유로 '중국 위협론'을 선동하는 걸까?

이것은 더욱 심층적인 문제와 맞닿아 있다. 중국은 소련 해체 이후 유일하게 사회주의를 헌법에 명시하고 있는 국가이다. 이 밖에도 중국은 아직 서구 자본주의 세계의 본 궤도에 올라서지 않았고 중국의 각계 각층의 지도자도 민족의 이익을 견지하고 있다. 서구화가 진전되고 사회 모순이 가중됨에 따라 중국은 세계화에서 일탈할 가능성을 많이 가지고 있다. 이 사실이 서구 세계에 위협이 되는 것이다. 그러므로 중국이 소련처럼 가능한 한 빠르고 철저하게 미국의 지도를 받아들이도록 하는 것이 냉전 이후 미국의 중대한 과제가 되었다. 이를 위해 미국은 당근과 채찍을 함께 써 중국의 외교적 공간을 줄이면서 군사적인 압력을 더해가고 있다. 자신의 목표를 달성하기 위해 '중국 위협론'으로 미국과 서구 세계의 여론을 조작하고 있는 것이다.

이것이 1990년대 이후 '중국 위협론'이 날로 거세지고 있는 진정한 배경이며, 개방의 시대에 오늘날의 중국이 직면하고 있는 준엄한 현실이다. 물론, 개방의 시대에 지혜를 모아 해결책을 찾는 것은 반드시 필요한 일이다. 문제는 과연 어떠한 개방을 추구하는 고급 엘리트가 '대미국 공영권'에 자신의 이익을 투영하기를 포기할 것인가에, 혹은 어떤 고급 두뇌가 자신의 이익을 견지하기 위해 미국, 일본, 유럽을 맴돌고 있는가에 있다. 세계 경제의 경쟁에서 중국의 약세를 고려해 보면, '경쟁 시대에는 경쟁적인 두뇌로 문제를 해결해야 한다'라는 구호가 더욱 의미 있게 받아들여지고, 애국이라는 미명 아래 나라를 팔아 넘긴다고 몰리지는 않을 것이다.

4

시장현실주의와 세계화

지금까지 이 글을 읽은 독자들은 느낀 바가 있을 것이다. '시장낙관주의가 좀 이상하다는 생각이 들었는데, 알고 보니 힘있는 사람을 옹호하면서 약한 사람들을 기만하는 것이었구나!' 한편, 이에 그치지 않고 대안을 생각해 보는 사람도 있을 것이다. 시장낙관주의가 잘못된 것이라면 정확한 시장경제 이론은 무엇일까? 약자인 중국은 시장경제를 어떻게 바라보아야 할까? 시장에서 후퇴하고 폐쇄적인 국가로 되돌아가야 하는 걸까? 분명히 지난 10여 년간 시장낙관주의는 많은 사람들에게 깊숙이 받아들여져서 시장경제를 설명하는 중요한 수단이 되었다. 시장낙관주의를 벗어나면 시장경제를 이끌어 낼 이론을 찾지 못할 정도이다. 사실, 문제는 사람들이 생각하는 것처럼 이 세상은 시장 아니면 계획, 개방 아니면 폐쇄, 경쟁 아니면 독점, 자본주의 아니면 사회주의 같은 이분법적인 세상이 아니라는 데 있다. 현실 경제의 수많은 문제들은 그 가운데에 흩어져 있다. 계획적인 시장, 보호주의적인 개방, 독점적인 경쟁, 사회주의적인 자본주의가 존재하는 것이다. 이렇게 중간적인 현실을 다룬 이론이 시장현실주의이다.

시장현실주의는 시장의 존재를 인정한다. 그러나 시장을 완벽한 것으로 보지는 않는다. 또 경쟁을 인정하고 있지만, 경쟁을 하고 있는 자신을 잘 알고 현실적인 태도로 허상을 극복해 경쟁력을 제고할 것을 주장하고 있다. 시장 개방을 인정하고 있지만 국가 이익을 지고의 가치로 삼고 있고, 보호해야 할 산업은 국가적으로 보호하고 있다. 자본주의를 인정하고 있지만 사회주의의 성취와 합리성을 부인하지도 않는다.

좀더 구체적으로 말하면 시장현실주의는 우리에게 국가 이익을 지상의 가치로 삼을 것을 요구하고 있다. 또 시장을 경쟁의 장으로 이해함으로써, 체질이 허약한 국내 산업이 국제 시장의 경쟁에 뛰어들어 지구전을 펼치면서 힘센 상대를 이겨내고, 마지막에는 중화민족의 진정한 도약을 이루어 내야 한다고 말한다. 시장낙관주의처럼 시장현실주의는 세 가지로 구성되어 있다. 경쟁 이론, 보호무역 이론, 중심-주변 이론이 그것이다.

경쟁 이론

경쟁은 시장경제에서 가장 중요한 인간의 행위이다. 완전 경쟁은 경제학자들이 가정하는 가장 이상적인 상태이다. 완전 경쟁의 조건 속에서 자원이 가장 효율적으로 배분되고, 거래하는 각자가 얻는 효용도 파레토 최적 효과를 볼 수 있다. '보이지 않는 손'이 바로 이러한 힘을 가장 잘 발휘하는 것이다. 장기적으로 볼 때, 가격이 손익분기점보다 낮으면 일부 기업은 손익분기점을 회복할 때까지 해당 분야에서 퇴장할 것이다. 이와 달리 가격이 손익분기점보다 높으면 새로운 기업이 진입하여 시장가격을 손익분기점 수준으로 끌어내릴 것이다. 다시 말하면 각 기업과 업종의 이윤은 장기적으로 제로가 될 것이다. 순수 경제 이론에 근거하면, 이윤이 플러스냐 마이너스냐가 기업의 시장 진입과 퇴장을 결정한다. 이러한 완전 경쟁의 도식에는 수많은 수식과 가설이 상응한다.

겉보기에 완벽해 보이는 이런 수식들에 의하면 이윤 극대화를 목표로 삼는 기업의 장기 이윤이 제로에 가까워지고, 공급이 충분하고 융통성 있게 이루어지면 이기적인 동기와 사회 이익의 극대화가 최적의 결합을 하게 된다. 그러나 유감스럽게도 이 수식들은 경쟁에서 독점에 이르기까지의, 즉 낮은 이윤에서 고액의 독점 이윤에 이르는 시장경제의 이력을 설명하지 못할 뿐만 아니라, 세계적으로 양극화 현상이 점점 두드러지고 있는 이유를 밝히지 못한다. 이론과 현실 사이에 왜 이렇게 커다란 간극이 생기는 걸까?

문제의 핵심은 경쟁을 숭배하는 사람들이 경쟁의 본질을 제대로 이해하지 못하는 데 있다. 경쟁은 항상 움직이는 동태적인 것이지만, 자원의 효율적인 배분과 파레토 최적은 정태적인 것이다. 또 경쟁력을 제고하는 데에는 생산량의 증가와 감소만이 영향을 주는 것은 아니다. 기술 향상뿐만 아니라 임금 삭감, 경상비 지출의 절감, 가격 덤핑과 가격 카르텔, 여신 대출 등이 있다. 더욱 심하게는 테러와 암살, 뇌물 등의 방법도 동원된다. 경쟁은 기업으로 하여금 이윤 극대화를 추구할 수 없도록 하기 때문에 시장지배력 강화에 역점을 기울이게끔 만든다. 그러므로 경쟁을 가격 변화에 영향을 주는 생산량의 조절 수단으로 이해한다면, 이는 무식의 소치라고밖에 할 수 없다.

케인즈주의 이후에 수정주의의 이상적인 모델들이 서구 경제학의 중심적인 위치를 차지하고 있다는 것을 감안하면, 우리는 시장경제의 진정한 그림을 분명하게 그리고 있는 경제학이 아직 나타나지 않았음을 알 수 있다. 새로운 경제학은 경쟁의 개념을 새롭게 정의하는 데에서 시작해야 한다.

경쟁은 매우 다양한 경제 주체들간에 이루어진다. 매번 거래가 이루어질 때마다 물건을 파는 사람과 사는 사람의 경쟁이 이루어지는 것이다. 사는 쪽에서는 가격이 낮을수록 좋고 파는 쪽은 그 반대이다. 예를 들어 농산물시장에서 파는 사람과 사는 사람이 소 한 마리를 1천 위안에 거래했다고 하자. 이때의 가격이 파레토 균형 가격이다. 그런데 문제는 왜 가격이 1천2백 위안이나 8백 위안이 아니라 1천 위안에서 형성되었는가이다. 이 가격은 거래 당사자간의 힘 겨루기로 결정된다. 일반적으로 물건을 사는 사람은 파는 사람보다 불리하다. 판매자가 소에 대해 더 잘 알고 있기 때문이다. 예컨대 판매자는 소의 발육 상태, 병의 유무, 불임 여부, 성장 호르몬 투약 여부 등에 관한 정보를 가지고 있다. 그러나 사는 사람은 소에 대해 자세히 알지 못해서 항상 손해를 볼 가능성이 있다. 그러나 이와는 반대의 경우도 있다.

식당의 조달 담당 직원과 한두 마리의 소로 한 해를 넘기려는 농부가 거래를 한다고 가정하자. 식당 직원은 소비자의 각도에서 눈앞에 있는 소의 약점을 꿰뚫고 있어 농부를 당황하게 한다. 그는 오늘 소를 팔지 못하면 내일은 목장에서 자란 값싼 소가 시장에 나올 것이라는 정보를 주기도 하면서 소의 가격을 크게 깎는 것이다. 결국 이렇게 해서 사는 사람과 파는 사람의 복잡 미묘한 힘 겨루기 과정인 매매 자체가 전문적인 영역으로 발전했다. 어떤 사람은 앉은자리에서 흩어져 있는 농부들이 생산한 농산물을 사들이고, 수요자의 힘을 빌어 농부를 착취하면서, 이렇게 산 물건을 다시 소비자에게 비싸게 팔아 넘긴다. 이때에는 판매자의 힘으로 소비자를 착취한다. 이러한 과정을 거쳐 중간 거래를 하는 상인들은 벼락부자가 되는 것이다.

매번 거래가 파레토 균형에서 이루어진다고 하지만, 힘이 센 사람은 더욱 강해지고 힘이 약한 사람은 더욱 약해지게 되며 거래 자체도 점점 불평등해진다. "당신이 나를 필요로 하는 것은, 당신은 부자이고 나는 가난하기 때문이다. 그러므로 계약을 맺어 내가 당신을 위해 일할 수 있는 영광을 주는 조건은 당신의 잉여물을 내게 주어서 내가 당신을 위해 치렀던 노동을 보전해주는 것이다."1) 계약론의 표면적인 평등이 실질적인 불평등을 감춘 것과 마찬가지로 파레토의 정태적인 균형론도 경쟁에서의 불평등을 숨기고 있다.

현재 중국 경제학계에는 '윈-윈'에 대해 힘주어 말하는 사람이 꽤 많다. 그들이 주장하는 논리의 뿌리가 바로 여기에 있다. 정태적으로 보면 계약, 파레토 균형은 거래가 판매자와 소비자 모두에게 득이 되는 것처럼 보이게 한다. 한 쪽은 때리고 싶고 다른 쪽은 맞고 싶다면 이러한 상황은 당연히 서로에게 이롭다고 할 수 있다. 그러나 동태적으로 볼 때 매매 당사자 사이의 힘의 불평등이 축적되고 있으며, 파레토 균형점이 힘이 있는 자 쪽으로 점점 기울어지고 있다.

윈-윈 논리에 따르면 1841년 중국과 영국이 체결한 난징조약은 양국에게 득이 되는 것이었고, 중국과 일본이 체결한 시모노세키조약도 마찬가지였다. 어떠한 조약도 한 쪽이 일방적으로 승리할 수는 없다는 것이다. 모든 조약은 평등하므로 불평등이란 있을 수가 없다는 것인데, 이는 영국인, 일본인, 미국인이 듣기에 그저 감미로울 따름이다. 하지만 중국인의 귀에 윈-윈 이론은 매국 행위와 다름없다. 이 논리에 따르면 강대한 타국이 침략해 들어올 때 침략하는 자와 침략당하는 자에게 모두 이로운 가장 합리적인 방법은 항복하는 것이다. 투항하거나 패배를 인정하지 않으면서 죽을 때까지 항거하는 것은 비이성적인 행위이다. 다시 말해서, 이러한 행위는 양측에게 이롭지 못하다. 윈-윈 이론은 본래 패권적인 이론이다. 약소국에서 윈-윈 이론을 펼치는 학자가 나온다면, 그는 나라를 팔아 명예를 추구하는 침략자의 주구이다. 일부는 스스로 이런 매국 행위를 저지르기도 하지만, 대개 자기도 모르게 잘못된 길로 들어선다.

흥미로운 것은 스스로 주구의 길을 걷는 '윈-윈' 이론가가 항상 '자유파'로 자임한다는 것이다. 그러나 이 논리에 의하면 자유를 이야기하는 것은 비이성적인 행위이다. "생명이 가장 고귀하고 사랑이 가장 소중한 것인데, 왜 자유 때문에 이 두 가지를 버려야 하는가?" 이것이야말로 서로가 서로에게 해를 주는 대표적인 예가 아닌가?

'자유주의자'들은 근본적으로 자유와는 아무런 연관이 없다. 그들이 말하는 '자유'는 아마 힘이 있는 사람이 약자를 괴롭힐 '자유'이거나, 약자를 노예로 삼을 '자유'일 것이다. 그러므로 미국에서의 자유파는 늑대나 호랑이 집단이라고 불리는 것이 더욱 정확할 것이며, 중국에서는 주구 집단이라고 불리는 편이 타당하다. 그들의 공통점은 사람의 생명과 존엄, 자유를 경시한다는 것이다.

윈-윈 논리와 유사한 것으로 '비 非제로섬 게임'이 있다. 이기는 쪽이 있으면 지는 쪽이 있는 것이 제로섬 게임이므로, 윈-윈과 제로섬 게임은 다르다. 동태적으로 볼 때 경쟁은 제로섬 게임이다. 얻는 자가 있으면 잃는 자가 반드시 생긴다. 그러나 정태적인 관점에서 보았을 때 경쟁은 비제로섬 게임일 수도 있다. 그러므로 경쟁은 제로섬 게임이기도 하고 비제로섬 게임이기도 한 것이다. 제로섬 게임은 절대적인 것이지만 비제로섬 게임은 상대적인 것이다. 이것은 마치 사물의 운동과 같다. 사물은 절대적 운동을 하기도 하고 상대적으로 정지해 있기도 하다. 만약 이 가운데 한 면만 부각시키게 되면 '날고 있는 화살이 정지해 있다'거나 '사람은 동일한 강물에 뛰어들 수 없다'라는 억지 주장을 하게 되는 것이다.

현실의 경제에서는 경쟁이 매우 치열해서 사람들이 피부로 느끼는 경쟁은 '너 죽고 나 살자' 식이다. 그러나 경쟁의 한 순간, 예를 들어 거래가 이루어지는 한 순간만을 본다면 경쟁은 샴페인과 신선한 꽃다발로 표현될 수 있고, 파레토 효율이 달성된 것으로도 볼 수 있다. 윈-윈 이론이나 비제로섬 게임 이론은 기계적·정적·고립적인 철학의 산물이기 때문이다. 더 나아가 파레토 효율에 기반하는 모든 보수적 경제학 역시 이와 마찬가지이다. 금세기 말에는 사실 윈-윈 이론의 커다란 유행과 선명한 대조를 보인 현상이 나타난다. 강자가 약자를 통째로 삼켜버린 것이다. 이론과 현실의 괴리가 더욱 커졌지만 경제학계의 일부 저명 학자들은 아직도 파레토 효율을 맹신하고 있다. 이들의 이론은 이미 경직되어 있으며 교조화되었다.

철학의 관점에서 경쟁 이론을 분석해 보면 현실 시장경쟁의 모습은 더욱 선명해진다. 먼저 우리는 소위 완전 경쟁이 이론적 허구에 불과하다는 사실에 주목할 수 있다. 이 점은 서구 경제학계의 유명 인사들도 부인하지 않고 있다. 새뮤얼슨은 "현실 세계의 대부분은 불완전한 경쟁의 상태에 있다"라고 인정하고 있다.[2] 그러나 그의 이론에 따르면 완전 경쟁은 구체적이고 긍정적인 것을 의미하고 있고, 분명한 효율성을 가지고 있어서 분석하고 이해하기 쉽다. 그러므로 완전 경쟁은 매우 중요한 특수 상황이다.[3] 그러면 어떤 상태를 완전 경쟁이라고 하는가? "소규모 공장이 대량으로 있을 때 모든 기업이 똑같은 제품을 생산하고 이들 기업의 시장가격에 미치는 영향이 작을 때 완전 경쟁이 이루어진다."[4] 이것은 스미스의 경제학이 내포하고 있는 이상적인 모델이며, 새뮤얼슨은 스미스 경제학에서 '보이지 않는 손'을 인용했다.

그러나 이러한 모델은 오늘날뿐만 아니라 스미스의 시대에도 현실과는 거리가 멀었다. 스미스가 생존했던 시대에는 교통과 통신이 발달하지 못했고, 방직물 같은 경우를 제외하면 대부분의 시장은 모두 지방색이 짙었다. 설사 전국적으로 유사한 제품을 생산하는 기업이 있다고 하더라도, 비싼 운송 및 통신 비용 때문에 기업은 각 지방의 시장에 격리되어서 지방마다 유사한 기업은 그리 많지 않았다. 각 지방의 시장에서 많지 않은 기업이 서로 경쟁했지만 완전 경쟁 모델과는 거리가 멀었고, 모든 기업이 시장가격에 영향력을 행사했다. 기업과 기업간의 경쟁은 눈에 보이고 손으로 만질 수 있는 성질의 것이었다. 기업들은 빈번하게 카르텔을 형성해 독점 가격을 만들었고, 서로가 서로를 감시하면서 주도권을 다투었다. 이러한 과정을 통해 기업들은 경쟁자를 무너트리고 현지 시장을 독점할 방법을 모색했다.

이러한 상황은 마치 우리가 농산물시장에서 자주 보는 광경과 같다. 여러 곳의 수산물 판매점이 있지만 놀랍게도 가격은 정확히 일치하고 있다. 물론 품질에 따라서 다르지만 새로운 노점 주인이 시장을 잘 모르는 상태에서 혼자 싼 가격으로 물건을 팔면, 가볍게는 업계의 경쟁자로부터 경고를 받고 심할 경우 시장에서 쫓겨나게 된다. 기본 가격이 일치하는 상황에서 노점 주인은 여러 가지 방법을 동원한다. 서비스를 개선하는 사람이 있는가 하면, 포장물의 무게를 달지 않는 사람도 있다. 또 물을 먹이는 사람도 있고, 숫자를 속이는 사람도 있다.

교통과 통신이 개선되면 전국의 시장에서 완전 경쟁이 이루어질까? 그렇지 않다. 1860~1870년대 교통과 통신의 비용이 크게 인하되었지만 완전 경쟁은 이루어지지 않았고, 오히려 독과점이 나타났다. 이 시대에는 카르텔, 트러스트, 콘체른 등이 기업의 주된 형식이었다. 이후 강대국의 집중도가 해체되면서 몇 개 기업이 수많은 업종을 통제하는 대그룹이 형성되었다. 대그룹은 국내의 정치와 경제를 주물렀고, 대외적으로는 식민지와 시장을 미친 듯이 분할하는 경쟁을 벌였다. 이 경쟁이 제1차대전과 제2차대전의 뿌리라고 할 수 있다. 제2차대전 종전과 함께 서구 열강은 소련에 맞서 연합하기 시작했다. 서로 시장을 개방함으로써 독점이 한 나라에서 지역 또는 전세계로 뻗어나갔다. 이것이 바로 세계화 과정의

이면이다. 처음에는 '경쟁의 세계화'였지만, 시간이 흐름에 따라 '독점의 세계화'로 변질되었다. 더욱 정확하게 표현하자면 '블록화'인 것이다.

그렇다면 경쟁이 왜 독점으로 갈 수밖에 없을까? 파레토 균형은 왜 힘이 있는 자에게 기울어지는 것일까? 이 문제는 경쟁이 과연 경제학자들이 설정한 대로 진행되는지에 달려 있다. 이때 경쟁은 어느 한 기업이 시장 진출입을 자유롭게 할 수 있다는 것을 의미한다. 그런데 어느 기업의 생산량의 증감만으로 가격이 영향을 받아 기업의 장기 이윤이 제로가 될 수 있을까?

마이클 피터의 『경쟁의 전략』과 『경쟁의 우위』는 파레토 균형점이 강자에게 유리한 방향으로 움직이는 오묘함을 있는 그대로 보여 주고 있다. 그는 새로운 기업이 한 업종에 진입할 때 부딪치게 될 일곱 가지의 주요 장애물을 분석했다.

규모의 경제

대규모의 경제는 일정한 시기 내에 제품의 단위 비용이 총생산량의 증가에 따라 하락하는 것으로 표현된다. 규모의 경제의 존재는 해당 산업에 대한 진입을 막고 있다. 진입자가 진입 초기부터 대규모 생산을 할 경우 기존 기업의 강력한 제재를 받을 수 있다는 위험을 감수해야 하고, 소규모 생산을 할 경우 제품 비용의 열세를 받아들여야 하기 때문이다. 진입자는 이 두 가지 모두 바라지 않는다.

제품 차별

기존 기업은 과거의 광고, 고객 서비스, 제품의 특성 때문에, 혹은 해당 산업에 최초로 진입했기 때문에 브랜드 이미지를 확보하고 고객의 지지도를 얻을 수 있었다. 장벽이 존재하는 시장에 진입하게 되면 진입자는 많은 자금을 쏟아 부어 기존 기업에 보내지는 고객의 지지를 없애야 한다. 이러한 노력의 결과 초기 단계에 적자가 나타나고 장기적으로도 적자를 계속 볼 수 있다. 한 브랜드의 독특한 이미지를 세우는 과정의 리스크가 생각보다 크기 때문에 진입에 실패해 본전도 찾지 못할 수도 있다.

자본의 수요

경쟁에 필요한 거대한 자금은 일종의 진입 장벽이 되었다. 특히 높은 리스크나 회수할 수 없는 초기 광고비 또는 연구개발비 등.

업종 전환 비용

업종 전환 비용도 일종의 진입 장벽이다. 수요자가 공급자에게서 사들인 제품을 또다른 공급자로부터 얻으려고 할 때 부딪치는 비용 문제라고 할 수 있다. 여기에는 종업원 재교육 비용, 설비 투자 비용, 새로운 자원을 탐사하는 데 필요한 시간과 비용 등은 물론이고 공급자의 지원에 의지해 생기는 기술 원조에 대한 수요, 제품의 재설계, 그리고 익숙한 것과 결별하기 위해 치러야 하는 심리적인 대가도 포함된다.

판로 획득

새로운 진입자는 제품을 나누어 팔 수 있는 판로를 확보하고 있어야 한다. 이러한 요구사항 역시 진입 장벽이 된다. 어느 정도 바람직한 나누어 팔기의 방법은 이미 기존 기업이 가지고 있기 때문에 새로운 기업은 반드시 가격 인하, 광고비 공동 부담과 같은 방법으로 제품을 나누어 팔아야 한다. 그러나 이러한 방법은 기업의 이윤을 감소시킨다.

규모와 무관한 비용의 열세

기존 기업은 전문적 기술, 풍부한 원자재, 지리적 선점, 정부의 보조금,

학습 또는 경험 등에서 훨씬 유리한 조건을 갖추고 있다.

정부의 정책

마지막으로 매우 중요한 진입 장벽은 정부의 정책이다. 정부는 한 산업에 대한 신규 진입을 제한할 수도 있고 금지할 수도 있다. 예를 들어 친환경적인 기준은 해당 산업에 진입하기 위해 필요한 자금을 상승시키고, 기술의 성숙 정도와 시설의 최적 규모에 대해서도 높은 기준을 요구할 수 있다. 식품이나 보건과 관련 있는 산업의 제품 검사 기준은 생산 도입기를 상당히 길게 할 수 있다. 이러한 규제는 진입을 위한 자본 비용을 상승시키고, 이미 진입한 기업에 대해서 앞으로 일어날 신규 기업의 진입에 주의를 불러일으킬 수도 있다. 기존 기업은 새로운 경쟁자의 제품을 충분히 연구한 이후이므로 즉각적으로 대응 전략을 만들어낸다.[5]

신규 기업에 대한 진입 장벽은 기존 기업의 유리한 조건을 더욱 굳건하게 해준다. 기존 기업의 유리한 위치는 높은 이윤을 가져다주고, 이 높은 이윤은 다시 기존 기업이 충분한 자본을 확보할 수 있도록 해, 대응 전략을 짜서 신규 진입자에게 압박을 가하거나 알아서 포기하게 만든다. 이어서 마이클 피터는 어느 산업이 신규 진입자에게 강력한 보복을 할 수 있는지에 대해서도 분석했다.

진입자에게 서슴없이 보복한 역사

기존의 기업은 풍부한 자원을 가지고 있기 때문에 충분한 현금, 여유 있는 여신 능력, 미래의 모든 잠재 수요를 만족시킬 수 있는 과잉생산력 등을 동원해 반격한다. 고객 및 판로를 장악하고 있는 유리한 위치 역시 진입자에게 대응할 수 있는 수단이 된다. 기존의 기업은 해당 산업에 발을 깊숙이 내딛고 있어서 유동성이 매우 낮은 자산을 이용하고 있다. 산업의 발전은

완만하게 진행된다. 그래서 기존 기업의 매출과 재무 실적이 현상유지되는
조건을 가진 산업은 신규 기업을 받아들이는 능력이 제한되어 있다.[6]

그렇다고 해서 신규 기업은 이미 시장이 성숙해 있는 산업에 진입할 수
없다고 말하려는 것은 아니다. 단지 기존 기업의 가격 구조에 의해 결정되
는 정가가 너무 높아, 진입의 조건은 이윤이 과다하게 많을 경우에 한정될
뿐이라는 점이 중요하다. 그렇기 때문에 이른바 신규 기업의 진입이 가격
을 떨어트리게 되는 것이다. 다시 말하면 진입자가 구조적인 진입 장벽을
극복하기 위해 치르는 대가가 진입이 가져다주는 잠재적인 이익과 균형을
이루는 가격 구조가 진입자에게 유리한 것이다.

진입자도 이 점을 잘 알고 있다. 현재의 가격 수준이 진입을 통해 제약
받는 가격보다 높을 때 진입자는 진입을 통해 평균 수준 이상의 이윤을
얻을 수 있다고 예상할 것이고, 따라서 기꺼이 해당 산업에의 진입을 택할
것이다.[7] 그런데, 진입이 그리 쉽지 않은 것처럼 퇴출도 생각처럼 쉬운
것은 아니다. 이어서 마이클 피터는 기업 퇴출에 존재하는 장벽을 다섯
가지로 정리했다.

고정자산

자산은 구체적인 업무나 지리적 위치에 관련되는 점유의 성격이 강하다.
그래서 청산가치가 낮거나, 산업의 이전이 어렵거나, 이전 비용이 매우
높다.

퇴출할 때의 고정비용

여기에는 노사 협의, 비용의 재배치, 부품의 유지 및 보수 등이 포함된다.

내부 전략 관계

경영 부서와 기업의 기타 부서의 시장 이미지, 매출 능력, 금융시장 및 공공시설 이용 등과 같은 내부적인 상호 관계를 말한다. 이러한 요인 때문에 기업은 해당 산업에서 전략적인 중요성을 가져야 한다고 여겨진다.

감정적인 장벽

관리자는 순수하게 경제적인 견지에서만 퇴출을 결정하는 것을 꺼린다. 구체적인 업무와의 융합, 직원의 충실도, 자기 사업에 대한 우려, 교만 등과 같은 다른 원인들이 있기 때문이다.

정부와 사회의 구속

이것은 정부가 실업이라든가, 지역 혹은 경제적 영향에 대해 많은 관심을 기울이고 있기 때문에 퇴출을 승인하지 않거나 만류하는 것을 말한다. 미국을 제외한 다른 나라에서는 이러한 상황이 지극히 보편적이다.

퇴출 장벽이 매우 클 때에는 과잉생산력이 해당 산업의 테두리 밖으로 방출될 수 없다. 또한 경쟁에서 이미 실패한 기업도 이를 인정하려고 하지 않는다. 기업들은 완강하게 적자 상태의 기업을 계속 운영하고 있다. 이러한 적자 기업의 약점 때문에 극단적인 정책과 전략에 기대지 않을 수 없는 것이다. 그 결과 모든 산업의 이윤율이 낮은 수준에 머물게 된다.[8]

보편적으로 존재하는 진입 장벽과 퇴출 장벽은 완전 경쟁이 근본적으로 현실의 경쟁을 고려하지 않는 일방적인 것임을 보여주고 있다. 산업혁명 이후 2백여 년 동안 여러 산업에서 차례차례 도태가 일어남에 따라 산업의 진입 장벽은 점점 커졌다. 이러한 의미에서 독점 수준의 강화는 실제로 진입 장벽이 더욱 높아지고, 공고해지며, 독점의 지역적 범위가 확대되는 것으로 나타나고 있다.

실제로 기업 경쟁에서의 진입 장벽과 퇴출 장벽은 병력 배치, 무기와 장비, 건축 환경, 그리고 지리적 위치를 구성하게 되었고, 경쟁의 대체적인 방향과 경쟁에서의 승부가 '지피지기'의 정도에 관련되어 있다는 것을 알게 해주었다. 또한 융통성 있고 민첩한 전략 전술, 내부 관리 상태와 후방 지원부대(은행대출 상황 혹은 모회사의 전폭적 지원) 등의 필요성도 일깨워 주었다. 그런데 경쟁의 흐름과 전략이 단지 현대의 독점 경쟁 시대에만 적용된다고 여기는 사람들이 있다. 이들은 스미스 시대의 경쟁은 오늘날보다 훨씬 간단명료하다고 생각한다. 스미스 시대에 업계의 장벽은 오늘날처럼 높지 않았고, 그 당시 장벽을 쌓는 사람의 힘도 오늘날의 거대 기업처럼 강하지 않았다. 이보다 더욱 중요한 사실은 스미스 시대의 기업주 가운데에는 단순하고 어리석은 사람들이 많지 않았다는 점이다. 그들은 여러 분야의 경쟁에서 경쟁자의 실력과 힘을 분석하고, 다양한 수단을 동원해 자기의 이윤을 늘리며, 시장의 지위를 향상시키는 것을 공인했다. 따라서 대개 시장을 제패하는 거물이 되었고, 전국적인 경쟁에 참여했다. 그러나 벼락부자의 꿈만 꿀 뿐, 경쟁 기업에 의해 도태되리라는 사실을 모르는 이도 있었다.

역설적이게도 스미스는 경쟁 숭배의 초석을 닦아 놓았지만 어떠한 기업인도 스미스의 학설에서 합리적인 기업 경쟁의 사상을 습득하지는 않았다. 마이클 피터는 경쟁의 신화를 깨트리고 경쟁에서 독점으로 나아가는 오묘함을 밝혔지만, 그가 쓴 두 권의 책은 경제 전쟁의 성경이라고 일컬어진다. 어떤 사람은 스미스가 거시적인 관점에서 경쟁의 힘을 논술했지만, 피터는 단지 미시적인 관점에서 경쟁이 어떻게 진행되는가만을 분석했다고 말한다. 스미스와 피터의 이론은 '상극'이 아닌 '상생'의 관계에 있다는 것이다.

그러나 이것은 단지 피상적인 비교에 불과하다. 사실 피터가 제시한 미시적인 경쟁 메커니즘은 스미스의 거시적 경쟁 효과와의 근본적인 접목을 내포하고 있으며, 더 나아가 '경쟁 경제학'의 탄생을 예비하고 있다. 이른바 경쟁 경제학은 시장경제의 핵심적 경제 행위인 경쟁을 전체 경제 현상을 분석하는 단서로 삼는다. 경쟁을 통해 미시적인 가격 형성에서부터 거시적인 위기 요인 및 주기적인 변화가 일어나는 현실의 과정을 보여줌으로써, 기업과 국가는 자신의 경쟁적인 지위에 적절한 경쟁의 전략을 수립하고 경쟁과 관련된 조정 과정의 근거를 마련한다는 것이다. 경쟁 경제학의 핵심 내용은 다음과 같다.

1) 시장경제는 경쟁 경제이다. 경쟁은 본래 불공평하다. 시장에서 성사되는 모든 거래는 불평등하며, 거래 가격은 실제로 거래 당사자들간의 복잡 미묘한 힘 겨루기에서 나오는 균형점에 불과하다. 그러므로 이 균형점은 힘 있는 사람에게 유리하기 마련이다. 그러나 이러한 사실은 경쟁을 부정하는 근거가 될 수 없다. 경쟁에 참여하는 당사자 가운데 힘이 약한 쪽은 경쟁을 통해 자신의 위치를 더욱 잘 알게 되어 강자를 쓰러트릴 가능성이 생길 수 있기 때문이다.

2) 독점과 경쟁의 관계. 독점은 처음부터 존재했다. 기업주는 자본을 가지고 있지만 노동자는 그렇지 못하다. 이것 자체가 자본의 독점이다. 독점과 경쟁은 모순적 관계에 있다. 경쟁은 독점을 전제로 하고 있고, 독점은 더 넓은 범위에서 경쟁하기 위해 존재한다. 독점은 경쟁의 수단이자 경쟁의 산물이다. 독점은 부분적으로는 경쟁을 없애지만 전체적으로는 경쟁을 심화시킨다. 궁극적으로 경쟁은 정치적이고 군사적인 방향으로 발전한다.

3) 경쟁에는 여러 가지 방법이 있다. 기술 혁신, 임금 삭감, 품질 제고, 가격 인하, 경영 강화, 인수, 합병, 무력적인 위협 등의 방법이 있다. 경쟁은

실력 대결이기도 하지만 머리 싸움이기도 하다. 경쟁은 내부의 잠재력을 발굴하고 직원의 사기를 북돋는 전장이면서, 기업의 외교적 능력을 비교하는 과정이다. 경쟁에서 은행이 차지하는 역할은 매우 중요하다. 은행은 기업이 터무니없이 낮은 가격으로 덤핑하는 행위를 지원하면서 어부지리를 얻기도 하며, 일부 기업의 인수합병을 유도하는 한편 기업을 무너트리기도 한다. 은행은 단순한 회계장부가 아니다. 은행은 경쟁 기업의 정보를 모두 가지고 있으면서 가장 중요한 경쟁력인 돈줄을 쥐고 있는, 경쟁의 사령부이자 전략 상비군이면서 정보 센터라고 할 수 있다.

4) 경쟁은 단순하게 기술의 진보, 가격의 인하와 다양하고 많은 소비재의 등장을 가져오는 것만이 아니라, 임금 하락, 실업, 경제 위기, 독점과 전쟁, 심각한 양극화를 초래하기도 한다. 기업 경쟁의 가장 기본적인 전략은 총비용을 우선적으로 고려하는 것이다. 따라서 경쟁이 갈수록 치열해질 때 경쟁 당사자들은 앞다투어 가격을 내려야 한다. 이를 위해 기업이 감원과 임금 삭감, 불필요한 경상비 절감 등의 방법을 동원하는 것은 당연한 일이다. 그러나 감원과 임금 삭감은 총수요를 감소시키고 시장의 규모를 축소시킨다. 그 결과 경쟁은 더욱 치열해지고, 수많은 기업은 지속적인 저이윤 혹은 적자를 지탱하지 못해 파산하거나 기술, 자금, 판로 등에서 실력을 갖춘 기업에 합병된다. 그렇게 되면 대규모의 실업이 양산되고, 결국 경제 위기로 이어지는 것이다. 위기가 한동안 계속되면 수많은 기업이 시장에서 도태되고, 대량의 생산력도 역시 위축되고 만다.

그러나 점차 기업의 집중화에 속도가 붙고, 치열한 경쟁 속에서 기술도 점점 빠르게 진보하고 있다. 이렇게 해서 위기 속에서 새로운 산업이 잉태되는 것이다. 시장은 다시 공급이 수요를 뒤따라가지 못하는 호황 국면을 회복하게 되고, 이때 기업은 시장에 비해 상대적으로 독점적 지위를 가진다. 기업의 이윤이 다시 늘어나면서 일자리가 증가하고, 임금 수준도 높아지면서 총수요가 확장된다. 기업은 풍부한 이윤으로 설비를 늘리고 생산 규모를 확대해 총수요를 다시 증가시킨다. 경제는 이렇게 선순환하여 위기에서 호황으로 나아간다.

생산 규모가 어느 정도에 이르면 또다시 수요를 초과해 새로운 가격 전쟁이 시작되고, 경쟁은 점점 치열해져 새로운 경제 위기가 도래해 도태와 집중 현상이 나타난다. 경쟁이 자리하는 곳마다 독점도 확대되며, 독점의 정도도 따라서 심화된다. 요컨대 위기와 독점은 모두 시장의 내부적이고 본질적인 요인이지, 외부적이거나 우연한 현상은 결코 아니다.

5) 기술 진보는 독점의 그림자와 같은 존재이므로 서로 떨어질 수 없다. 독점은 기술 혁신의 동력이기도 하고 그것을 가로막기도 한다. 기술의 진보 역시 독점을 부추기기도 하며 이를 가로막기도 한다. 그러나 전체적으로 볼 때 독점과 기술의 진보는 선순환의 형태가 주도적이다. 기술의 진보는 독점의 수위를 점점 높여가며, 이를 확고하게 해준다. 현대 세계 경제에서 전세계적인 경쟁은 세계화와 지역화를 이념으로 전세계적인 독점을 향해 자신을 변화시키고 있다.

6) 이른바 케인즈주의 정책은 당장 빼앗아야 할 것을 잠시 격렬한 경쟁의 전쟁터로 밀어넣는 임시 방편에 불과하다. 적자 재정은 미래의 구매력을 희생시켜 현재의 경쟁을 완화시키므로 미래의 경제 위기를 더욱 심화시킬 뿐이다. 이른바 이윤을 인하하는 통화주의 정책의 핵심은 경쟁의 비용을 줄이고 당사자들의 지구력을 강화함으로써 문제를 해결하려는 것이다.

7) 한 국가의 독점이 세계적으로 확대될 때, 이는 전쟁의 위험을 수반한다. 그러므로 전쟁은 시장경제의 내재적인 변수인 것이다. 우리가 시장경제에서의 경쟁의 본질을 이해하고 경쟁의 무대에서 약자의 자리에 있음을 알게 된다면, 우리는 경쟁을 피할 것이 아니라 정면으로 맞이해야 한다.

그러나 우리는 이러한 경쟁이 처음부터 힘센 자와 약한 자의 불평등한 경쟁이라는 사실을 깨달아야 한다. 경쟁에서 이기기 위해서는 장기적으로 힘겨운 지구전을 치를 각오를 갖고 있어야 한다. 또한 국가 전체가 국제경쟁에 참여할 때 국내 시장은 반드시 보호받아야 한다. 그렇지 않으면, 우리는 국가의 문을 열고 외부로 나서기도 전에 경쟁에서 져 국제 시장에서 도태되고 말 것이다.

보호무역 이론

약소국이 선택한 무역 정책은 단순한 보호무역주의 정책이다. 앞에서 분석한 시장낙관주의의 유행 때문에 중국에서는 보호무역주의를 주장하면 시대의 흐름을 역행하는 바보 취급을 받는다. 비록 보호무역의 옹호자이면서도 반드시 자유무역 이론에 경의를 표해야 할 지경이다. 1998년 초에 런리에 任烈는 자신의 저서『보호무역주의의 이론과 정책』을 통해 격세지감이 드는 보호무역주의의 목소리를 높였다. 그는 서문에서 국내에 보호무역주의에 대한 인식이 부족했기 때문에 치러야 했던 커다란 대가를 비판했다.

사실 자유무역이 역사적으로 세계 경제의 발전에 많은 이득을 주고 세계적인 강대국을 만들어 냈지만, 보호무역이 중요한 무역 정책의 자리를 내어 준 적은 없다. 1970년대 이후 신보호무역주의가 고개를 들어 1980년대 이후에 힘을 얻었으며, 1990년대에도 뜨거운 관심사가 되었다. 세계사의 여러 시기에 여러 강대국의 발전 과정을 관찰해 보면 보호무역 정책에서 자유무역을 거쳐 또다시 보호무역으로 가거나 이 두 가지가 병존하는 순서를 발견할 수 있다. 그 이유는 무엇인가? 개혁개방 정책을 실시한 이후 중국은 리카도의 비교우위론을 필두로 자유무역 이론을 심층적으로 연구해 많은 도움을 받았다. 그러나 중국은 보호무역 이론을 체계적으로 연구하는 데 소홀했다. 그러므로 이론과 정책의 선택에서 모호한 인식이 적지 않았을 뿐만 아니라, 이론의 방향성도 결핍되어 정책의 실시 과정에서 편향적인 문제를 드러내고 있고, 이에 상응하는 과학적인 정책 지도와 지침이 빠져 있다. 전반적으로는 매우 엄격한 수입보호 정책을 펼치는가 하면, 필수적인 보호 정책이 빠진 상태로 수출을 강요하는 경향도 나타난다. 그 결과 대외 개방을 실시하면서 불필요한 대가를 톡톡히 치러야 했다.9)

그러나 그는 곧이어 자유주의 무역 이론에 고개를 숙이고 있다. 경제학의 전당에서 쫓겨나지 않기 위해서일까?10)

중국은 개방 정책이 큰 성과를 거두자 사회주의 시장경제를 실시해 GATT 회원국의 지위를 회복하고, 자유무역기구에 가입하기 위해 노력을 기울였다. 보호무역 정책의 긍정적인 면을 연구하는 것은 시대를 거스르는 일이 되었다. 이번 연구의 동기는 앞서 말한 역사와 현실, 이론과 실천에서 나타난 곤혹스러움이었다. 나는 보호무역을 숭배하거나 전통적인 자유무역 이론을 뒤집으려고 하지도 않는다. 아마 여러 해 동안 가지고 있던 전통 경제학의 자유무역 이론에 대한 확고한 신념에서 비롯된 태도일 것이다. 그러나 꽤 오랫동안 자유무역이 이론적인 이상이고 보호무역은 현실의 문제라고 생각해 온 모순에 대한 지적 호기심이 발동했다. 사실 현실 사회에서 존재하는 모든 것은 타당성을 가지고 있다. 나는 보호무역이 객관적인 필연성이나 합리성을 가지고 있다고 생각한다.11)

'다시 말하지만, 우리는 모두 자유무역 이론에 찬동한다. 단지 이론과 현실의 간극이 너무 크기 때문에 비판적인 입장을 가지게 되었으니 경제학의 대가들을 비난해 경제학의 전당에서 쫓아내지는 말아라.' 어쩌면 이 때문에 런리에는 자신의 저서에서 자유무역과 보호무역을 조합하는 독특한 견해를 제시하는 것 같다. 그는 "자유무역 이론은 자유무역의 합리성과 보편성을 논증함과 동시에 보호무역의 정당성과 보편성을 증명하고 있다"라고 말한다. 그러나 이러한 시도의 결과 그의 견해는 매우 모호해지고 말았다. 그렇지만 이른바 정통 경제학에 대한 타협과 굴종을 빼면 『보호무역주의의 이론과 정책』은 두 무역 이론 및 정책과 여러 시기 각 국의 대조적인 경제 현실을 보여주어 우리에게 보호무역 이론 및 정책을 이해할 수 있는 실마리를 던져 주고 있다.

1) 완전한 자유무역은 인류 사회의 복지를 극대화시키는 것이 아니라 약육강식의 논리를 철저히 관철시켜 전세계적인 양극화를 최대화할 것이다. 비교우위에서 유리한 입장에 있는 사람과 달리 약자는 국제 분업과 시장 분업에서 강자에게 잡아먹히고 있다. 이런 현실 때문에 각 계층과 영역에서 광범한 저항운동이 일어나고 있다. 조직이 없는 경우에는 관료주의, 태업, 무책임, 사보타지, 절도, 마약, 매춘, 지하세계 등 소극적인 저항을 통해 안정적인 재생산과 치안을 악화시킨다. 반면 조직적인 경우에는 노동운동, 농민운동, 민족독립운동 같은 방법으로 자유무역 체제로부터 일탈하려고 한다. 패권적인 강자와 조직적인 약자가 힘을 겨룰 때 전쟁은 피할 수 없을 것이다.

오늘날 자본주의의 세계화를 둘러싸고 이러한 양상이 전개되고 있다. 선진국의 주도권 쟁탈전은 지역 블록을 형성하는 것으로 한정되지는 않는다. 20세기에 두 차례의 세계대전이 발생한 원인이 무엇이었겠는가? 오늘날의 세계는 세계화를 통해 자본주의의 전일화를 실현함으로써, 가장 힘이 센 한 나라가 나머지를 통째로 삼키는 사회, 20대80의 불안한 사회로 변할

것이다. 독일의 유명 신문인 『슈피겔』의 두 기자가 지은 『세계화의 덫』은
이러한 세계를 생생하게 그리고 있다. 왜 자유무역이 사회 전체적인 복지
를 증가시키기는커녕 오히려 감소시키고 있는지, 비교우위의 문제가 어디
에서 나타나는지에 대해서는 이미 앞의 '경쟁 이론'에서 해부했다.

2) 세계의 발전은 자유무역이 아니라 보호무역에 의해 이루어졌다.
서구 유럽에서 시장경제는 17, 18세기가 되어서야 주류를 차지했다. 그러
나 당시에 유행한 것은 오늘날의 자유무역이 아니라 중상주의였다. 사실
중상주의는 보호무역주의의 원형이다. 중상주의의 보호 아래 가내수공업
으로 생산된 값싼 인도산 면직물의 수입을 금지함으로써 영국은 자국의
면방직공업이 비교적 높은 이윤을 얻을 수 있도록 했고, 이를 기반으로
제니방직기, 자동베틀기와 증기기관을 이용한 대량 생산이 가능했다. 그
결과 영국은 산업혁명의 선구자가 될 수 있었던 것이다. 산업혁명이 완성
된 이후 영국의 공산품이 세계적으로 가장 큰 비교우위를 갖게 되자 영국
은 자유무역을 제창하기 시작했다. 그러나 자유무역의 충격으로 미국 경제
가 위기에 빠지게 되었고, 프랑스, 독일의 상공업이 몹시 위축되어 세계
무역 총량의 증가세가 둔화되었다. 이렇게 되자 프랑스, 독일, 미국 등은
경쟁적으로 보호무역주의 노선을 걷기 시작하면서 산업을 일으켰고, 이들
국가의 산업 발전에 가속이 붙으면서 구매력이 커졌다. 세계 무역은 이상
하게도 보호무역주의가 성행하던 연대에 급속히 성장해서, 세계 자본주의
는 1870~1913년에 최고의 번영기를 구가하게 되었다.

제2차대전이 끝난 후 미국의 산업 생산력은 서구 세계의 절반 이상을
차지해 대적할 국가가 없을 정도로 막강한 경쟁력을 가지게 되었다. 그러
자 미국은 자유무역을 제창하기 시작했다. 미국 상품의 충격 속에서 전쟁
의 상처를 미처 털어 내지 못한 영국, 프랑스, 독일, 일본 등의 기업이
무수히 파산해 실업률이 대공황 수준으로 상승했고, 노동운동의 열기도

매우 뜨거워졌다. 미국은 경기 흐름의 위험을 감지했고, 자유무역의 기조를 계속 유지하면 자칫 이들 국가의 깃발이 바뀌어 자본주의 세계 시장에서 일탈할 것이라고 판단했다. 그러므로 미국은 유럽 각 국과 일본이 국내 시장에 보호 조치를 하는 것을 용인해 주었다. 이 국가들은 산업을 재건하고 달러 환율을 인하해 공산품의 경쟁력을 제고하고, 방대한 미국 시장의 빗장을 열었다. 이렇게 해서 유럽과 일본은 숨 돌릴 여유를 갖게 되었다. 유럽과 일본의 경제가 회복됨에 따라 구매력이 커졌고, 따라서 미국의 수출액도 증가했다. 만약 전후 미국이 이러한 보호 조치를 용인하지 않았다면 미국, 일본, 유럽간의 경쟁이 상대적으로 완화되지 않았을 것이고, 전후 20여 년 동안의 자본주의의 황금시대는 결코 도래하지 않았을 것이다. 점차 유럽과 일본이 경쟁력을 회복함에 따라 미국, 일본, 유럽은 경제적으로 팽팽하게 힘 겨루기를 하는 경쟁자가 되었다. 세계 경제도 저성장의 위기가 자주 출몰하는 시대로 돌아섰다. 공교롭게도 이때는 관세인하가 가장 빨랐으며, 인하폭도 가장 큰 시기였다.

3) 보호무역의 실시에는 동의하지만 현재의 보호무역 조치는 매우 잠정적이라는 관점이 있다. 이 관점에 따르면 현재 자유무역에 참여하는 것은 어린 아이가 성인의 권투 시합에 참가하는 격으로 매우 불평등하지만, 그러나 미래에 중국이 성장해 튼튼해지면 보호주의를 버리고 자유무역을 규칙으로 하는 경쟁에 참가할 것이라고 주장한다. 이러한 관점은 문제의 일부만을 보고 있다. 문제는 이러한 관점이 자유무역의 우월성을 먼저 승인함으로써, 보호무역의 도덕적 명분이 상실되어 약소국은 강국과의 경쟁에서 무력한 수동적인 처지에 놓일 수밖에 없다는 것이다. 이렇게 약소국은 보호무역을 실시하면서 자유무역에 참여할 기회를 엿보고 있는데, 이것은 대내외적인 힘의 열세 속에서 성급하게 보호무역 장벽을 철폐하고 강대국에게 잡아먹힐 준비를 하는 것과 다름없다. 한국도 바로 이러

한 상황에 직면하고 있다. 1980년대 말에 한국의 산업은 국제경쟁력을 제고해야 하는 위기에 몰리는 한편으로, 냉전이 보장하던 전략적인 지위를 잃었다. 미국은 한국의 보호무역주의 노선을 더 이상 용인하지 않으려 했고, 무역 장벽의 철폐를 대대적으로 강행했다. 한국의 경제는 심각한 타격을 입을 수밖에 없었다. 1997년의 아시아 외환 위기의 와중에 한국은 IMF에 경제 주권을 넘겨주기까지 했다. 한국은 기회를 놓치지 않고 가까스로 이룩해 놓은 경제 발전의 성과를 눈앞에서 도둑맞은 것이다. 이 방면에서 가장 기민한 나라가 미국이었다. 1890년대 말, 미국 경제가 세계 1위를 차지하던 상황에서 미국은 관세를 인상하고 보호무역주의를 실시했다. 이때 미국은 자유무역의 환경 아래서 경쟁자를 무너트리지는 못했다. 1970년대에는 미국 경제가 최대의 번영을 구가했다. 단지 상대적으로 약해진 상황에서 슈퍼 보호무역주의 정책을 실시하기 시작했을 뿐이다. 만약 실력이 비슷한 선진국들이 치열한 경쟁 속에서 보호무역을 채택하지 않을 수 없다면, 저개발국도 발전하기 위해 보호무역을 선택하지 않을 수 없다. 절대적으로 강하지 않다면 완전 자유무역을 가벼이 꺼낼 수는 없는 것이다.

　4) 보호무역은 공업 강국을 이뤄냈다고는 하지만 전쟁을 가져 왔고, GATT의 성립은 제2차대전 이전에 존재했던 각 국의 높은 보호무역 장벽의 교훈을 받아들인 결과이다. 그러므로 보호무역을 제창한다면 전쟁을 지지하는 것과 같다. 문제는 제2차대전 이전에 여러 나라가 왜 보호 장벽을 높이 쌓았는가에 있다. 전쟁 이전에 모든 서구 세계는 대공황에 빠져 있었다. 대공황은 수없이 많은 실업자를 양산하여 사회는 극도로 불안해지고, 자본주의 체제 자체에도 위기가 왔다. 이러한 상황에서 자유무역을 계속 유지한다면 각 국간의 경쟁은 한층 악화될 것이 틀림없었다. 또 파산하는 기업의 수가 더욱 늘어날 것이고 실업도 더욱 증가해, 각 국의 지배층은

더 이상 통치권을 지탱하기 어렵게 될 지경에 이르렀다. 이러한 현실에 대응해 각 국 정부는 높은 장벽을 쌓아서 국내의 모순을 무마하고, 외부에 사회적 위기를 전가하려고 했다. 보호무역이 전쟁을 일으키게 되면 경쟁의 격화가 보호무역을 촉진할 것이고, 보호무역은 또다른 전쟁을 불러올 수도 있다. 그러므로 '보이지 않는 손'은 전쟁을 일으킬 수 있는 가공할 만한 그 무엇이다. 전쟁 발생의 장본인이 누구냐고 묻는다면, 그들은 자본주의 제도의 옹호를 본업으로 여기는 애덤 스미스 이후의 경제학자들일 것이다.

오늘날 중국은 자본주의 세계체제에 편입되어 약육강식의 시장경제 논리에 직면해 있다. 이러한 상황에서 보호무역주의로 우리의 국익을 지켜내지 못한다면, 강대국의 잔칫상에 오르는 감칠맛 나는 먹거리로 추락하고 말 것이다. 만약 우리의 이익을 지키려다가 강대국의 불만을 사서 전쟁의 위험이 발생한다면, 우리는 평화를 사랑하지만 전쟁을 두려워하지는 않는다는 점을 염두에 두어야 할 것이다. 자유가 아니면 죽음을 달라.

5) 어떤 사람은 보호무역은 낙후된 것을 보호하기 때문에 받아들일 수 없다고 한다. 이 점은 앞에서 논박되었기 때문에 여기에서 더 이상 꺼낼 필요는 없을 것 같다. 하지만 런리에의 저서에 아래와 같은 논점이 있어서 그냥 지나칠 수 없다.

중국은 개발도상국으로서 산업화 초기 단계에 있다. 전체적으로 볼 때 생산기술 및 효율이 선진국 수준에 비해 많이 뒤떨어진다. 낮은 단위 노동 가격의 우위는 능력과 효율의 저하와 상쇄되어서 선진국의 최신 설비와 높은 노동생산성을 이겨낼 수 없다. 생산기술의 수준이 꽤 높은 제품도 해외 유사 제품과의 차이가 뚜렷해 종합적인 국력은 선진국에 비해 많이 뒤떨어져 있으며, 심지어 수많은 개도국보다도 낙후되어 있다. 이러한 상황에서 중국이 아무런 대책 없이 무조건 시장을 개방하면 해외의 값싼 제품이 국내 시장을 장악하게 내버려두는 꼴이 되어, 결국 외국의 우수한 생산력이 국내의 경제적 기반을 무너뜨릴 것이다. 그 결과 최후에는 국권을 잃는 상황으로 몰릴 것이다. 이러한 위험은 과거의 역사에서도 알 수 있는 것이다. 정치적으로 독립하면 이러한 상황을 피할 수 있다는 사고방식은 매우 유치한 것이다. 경제는 정치의 밑바탕이기 때문이다.[12]

그러나 아래의 글에서 런리에는 과도한 보호를 신랄하게 비판하고 있다.

장기적으로 볼 때 과도한 보호는 생명력을 잃게 만들 것이다. 보호를 받는 산업은 온실 속에서 자라는 식물과 같아 비바람과 작렬하는 태양을 견디지 못한다. 비록 보호 정책이 해외의 영향으로부터 국내 상공업이 안전하게 발전할 수 있도록 해주지만, 이러한 장벽이 너무 높으면 보조적이고 잠정적인 것이 아니라 장기적이고 과도한 보호가 된다. 그렇게 되면 국내 경제와 세계 경제간의 괴리가 더욱 심화될 것이다. 세계 경제에서 고립된 한 나라의 경제는 국제 경쟁의 정보와 자극으로부터 국내 산업을 격리시킨다. 또한 국제경쟁력을 갖추지 못해 발전의 기회마저 잃게 된다. 그 결과 진취적이지 못하고 현재에 안주하는 등 효율이 저하되는 현상이 나타난다. 경쟁 시스템이 결핍되어 국가의 보호 속에서 낙후되는 것이다. 또 이런 현실이 국가의 문을 굳게 닫게 만들어 경제적 낙후와 수동적 자세를 더욱 부추기게 된다.

원칙적으로 과도한 보호는 옳지 않다고 할 수 있다. 문제는 무엇이 얼마나 과도한가이다. 런리에는 이 문제에 대해 이렇게 설명했다.

신중국의 건국 이후 세관 업무가 관세의 힘을 강조한 것은 외국 제품의 충격으로부터 국내 산업을 보호하기 위해서였다. 당시에 보호 정책을 채택한 것은 아주 정확한 판단이었다. 그런데 1950년대에서 현재에 이르기까지 과도한 보호가 존재했던 때가 있었을까? 물론 있다. … 중국 기업의 경제 효율이 낮고, 산업 생산기술이 낙후되어 있으며, 제품의 품종이 노화되어 있고, 품질이 떨어지는 것과 같은 문제는 비록 경제발전의 단계와 경제 체제 등 여러 원인과 관계가 있지만, 주된 요인은 보호 장벽이 너무 높거나 그 기간이 너무 길다는 데 있다.[13]

나는 이 부분에서 런리에가 몇 가지 상황 관계를 혼동하고 있다고 생각한 다. 런리에는 대외적 보호와 대내적 경쟁의 관계, 산업 발전 시간과 보호무 역 시간의 관계, 보호무역과 쇄국 정책의 관계를 혼동하고 있다.

먼저, 보호무역이 과도한지를 논할 때 국내에는 경쟁 체제를 전제로 하고 있다. 따라서 비경쟁적인 국내 체제 아래에서 행해지는 보호무역의 문제를 가지고 보호무역의 과도함을 비판하는 것은, 사실상 비경쟁 체제의 문제를 비판하는 것이 된다. 이러한 태도는 문제의 화두를 몰래 바꾸는 것으로 타당하지 못하다. 중국은 대국이다. 그러므로 국내에서는 충분한 경쟁이 이루어지고 있다. 결코 보호무역 때문에 기업이 진취적이지 못하고 현재에 안주하지는 않을 것이다. 이 점에 대해서는 컬러텔레비전을 만드는 창홍이 좋은 예이다. 컬러텔레비전은 지금까지도 고관세의 보호를 누리는 품목이지만, 계속 이어지는 가격전쟁 때문에 창홍도 기술혁신을 통해 변모 한 모습을 보여 주어야 했다. 이것은 미국이 몇 백년 동안 엄격한 보호무역 정책을 실시하면서도 국내 경쟁을 통해 실력이 뛰어나고 진취적인 기업을 탄생시킨 것과 같다.

둘째, 중국 기업의 기술 낙후, 품질 저하 등 주요한 문제들은 산업 발전 기간과 관계 있다. 신중국의 건국에서부터 현재에 이르기까지 불과 50년 동안 빈손에서 시작해 독자적으로 산업 체계를 정비하고, 비행기,

유도미사일, 위성 같은 제품을 생산하는 것은 이미 충분히 빠른 것이다. 이러한 견지에서 볼 때 보호 기간은 과도하게 길다기보다는 오히려 매우 짧은 것이다.

셋째, 장기간의 엄격한 보호가 국내 경제와 세계 경제의 괴리의 원인일까? 그렇다면 국가의 문을 굳게 닫아야 할까? 이 문제에 대해 런리에는 매우 훌륭한 논리를 폈다. "보호무역은 자기 폐쇄적이지는 않다. 보호무역 이론이 어떻게 전개되었든 간에 중상주의가 확립한 보호무역 정책의 기본 특징은 수출 장려와 수입 제한으로, 때마다 강조점은 다르지만 계속 유지되어 왔다. 중국이 자유무역의 길로 향하고 있는 현재 이것은 더욱 명확히 밝혀져야 하는 개념이다."[14] 전형적인 예는 미국일 것이다. 미국은 1백여 년 동안 엄격한 보호무역 정책을 실시했는데, 신중국의 건국 이후 불과 30여 년 동안의 보호무역을 어떻게 폐쇄적인 것이라고 말할 수 있을까? 사실 문제의 진면목은 보호무역의 기간이 아니라 국내에 경쟁적인 체제가 있는가의 여부에 있다.

보호무역 정책은 얼마나 오래 갈까? 장벽은 얼마나 높을까? 이것은 상대적인 힘겨루기를 거친 국내 기업의 경쟁력에 의해 판가름날 것이다. 국내의 여러 업종에서 GM, 도요타, 다임러-크라이슬러와 같은 일류 대기업을 형성하게 되었다고 하자. 우리는 중국 기업이 이미 국제경쟁력을 구비했다고 말할 수 있을 것이다. 기업이 성장한 결과 보호무역의 강도를 적당히 내려 다른 나라의 빗장을 열기에 유리해졌지만, 이 역시 이들 기업의 필요에 따라 확정된다. 보잉사는 이미 세계적인 초일류 대기업이다. 그러나 에어버스와의 경쟁에서 이기기 위해 미국 국방부는 보잉 사와 맥도널 더글러스의 인수 합병을 전폭 지원해 주고 있다. 에어버스도 유럽 각국에서 거액의 정부 보조금을 받는다. 이 모든 것은 시장낙관주의의 신조와 어긋나는 것이다.

6) 우리는 대외 무역 정책이나 개방 정책이 국가발전 전략에서 차지하고 있는 지위를 재인식해야 한다. 대외 무역 정책은 반드시 국가발전 전략을 위한 것이어야 한다. 우리는 개방을 위한 개방, 보호를 위한 보호가 아니라 개방과 보호 모두를 정책의 수단으로 삼아 국가발전 전략에 유리한 것은 바로 채택할 수 있어야 한다. 또 국가발전 전략에 유리한 조합을 선별 이용해야 한다. 미국의 어느 경제학자는 19세기의 고관세를 '쇄국적'이라거나 빗장을 꼭 닫아 건 것이라고 비난했다. 중국의 경제학자도 "자본주의의 잡초가 될지라도 사회주의의 새싹은 되지 않을 것이다"라고 말했다. 시장경제의 성과를 부인하지 않은 채 건국 이후 30여 년 동안 획득한 과학기술과 산업의 성과물을 일괄적으로 부정하는 것은 마치 전쟁 도발과 같다.

이상의 내용은 보호무역주의를 채택한 이론적 근거와 그 목표에 관한 것이다. 어떠한 산업을 중점 보호 대상으로 삼을지, 어떤 무역 수단을 선택할지, 어떻게 하면 합리적이고 효과적인 보호무역 체계를 세울 것인지, 어떻게 전세계적인 다자간 무역기구와 의견을 조율할 수 있을지 등의 문제는 좀더 연구해야 할 것이다. 우리는 이 책의 결말에서 이러한 정책을 전망해 보기로 한다.

중심-주변 이론

앞에서 나온 이론과 대비해서 시장현실주의는 한 나라의 경제 발전에 대해 맹목적인 낙관주의를 갖지는 않는다. 또 "산업이 발전한 국가는 덜 개발된 국가를 앞지르면서 미래의 모습을 보여주고 있다."[15] 시장경제를 인정하

는 모든 국가가 '경제 이륙'을 하리라고 보지도 않는다. 시장현실주의는
일국의 경제를 세계 경제에서 고립된 실체로 보지 않고, 한 국가의 경쟁력
과 세계체제와의 관계를 가늠해 발전의 가능성과 경로를 모색한다. 자기
자신과 남을 기만하는 작용을 하는 '개발도상국,' '낙후국가' 같은 표현은
시장현실주의의 눈에 다양한 형식의 단계론이 가져온 부산물로 여겨진다.
그래서 경제적 먹이 사슬의 가장 아래에 있는 국가로 하여금 자기 위안적
인 역사의식을 찾게 하고, 강대국이 약소국을 짓밟을 수 있도록 전통문명
이라는 딱지를 붙여준다.

1950년대 이후 개발도상국에서는 자신의 역사적인 위치를 명확하게
인식하는 경제학자와 역사학자들이 조금씩 늘어나고 있다. 그들은 자세한
정보와 세심한 분석을 통해 여러 형식의 단계론을 전면적으로 부정하고,
다양한 각도에서 '중심-주변' 구조가 존재하고 있음을 증명해, 현존하는
전세계적 시장경제 체제의 상대적으로 적나라하고 잔혹한 전경을 그려내
고 있다.

'중심-주변' 이론은 라틴아메리카에서 가장 저명했던 경제학자인 라
울 프레비쉬*가 최초로 체계화했다. 프레비쉬는 세계를 두 종류의 국가로
나누었다. G7 국가 중심의 고도로 산업화된 국가군과, 산업화되지 않거나

---

* [옮긴이] 라울 프레비쉬 R. Prebisch는 아르헨티나의 경제학자이다. 그의 이론은 프레비쉬-
싱거 가설 Prebisch-Singer hypothesis로 대표된다. 즉 개발도상국의 1차 산품의 교역 조건은
장기적으로 악화되는 반면, 선진공업국 공업 제품의 교역 조건은 개선됨에 따라 양측간
교역에서 발생하는 무역 이익이 선진공업국측에 흡수되어 개발도상국의 경제적 후진성이
해소되지 않는다는 것이다. 이 가설은 개발도상국 1차 산품과 선진공업국 공업 제품간의
교역 조건이 장기적으로 어떤 추세로 변동하고 있으며, 이에 따른 무역 이익이 양측에
어떻게 배분되고, 그것이 개발도상국의 경제 개발에 어떤 영향을 미치는가를 규명하려고
시도한 이론이다. 프레비쉬-싱거 가설은 1950년대부터 프레비쉬, 싱거 H. Singer, 미르달
G. Myrdal 등의 개발론자들에 의해 이론적, 실증적으로 체계화되었다.

기형적인 산업화를 이룬 국가군이 그것이다. 그의 이론에 따르면 고도로
산업화된 국가의 경제성장은 국가의 주권을 유지하면서 전면적으로 이루
어졌다. 그 국가들은 공산품이나 고부가가치 제품을 수출하고 원자재나
1차 가공품을 수입한다. 이 국가들이 경제발전을 이루게 되었던 원천은
기술 혁신에 있다. 그들은 기술의 진보가 가지고 온 거의 모든 이익을
점유했고, 향상된 기술을 기반으로 주변국가에 제국주의 정책을 실시해
수많은 물자를 약탈해 갔다. "일단 주변국가가 중심국가에 대해 자의든
타의든 경제 및 정치적 이익에 손상을 주었을 때, 중심국가——특히 핵심적
인 중심국가——는 이에 상응하는 보복을 가한다. 극단적인 상황에 이르면
군사적 수단을 동원한다."16) 한편, 산업화를 이루지 못하거나 기형적인
산업화를 이룬 국가의 경제는 성장하기는 하지만 발전은 이루지 못하고
주기적인 경제 위기에 얽매여 있다. 이들 국가는 단순한 원자재를 수출하
고 여러 가지 공업 제품을 수입한다. G7과 같은 선진국은 세계체제의 한가
운데에 있고 후진국은 주변에 머물러 있다. 중심국가와 주변국가는 매우
불평등한 교류를 해왔다. 중심국가는 주변국가의 존재를 전제로 삼고 있
고, 중심국기의 발전은 주변국가의 희생 위에서 이루어지고 있다.

　이것은 매우 급진적인 관찰이다. 논리적으로 '중심-주변'의 구조——
국제 경제의 구질서와 낡은 국제 분업——가 바뀌지 않는 한, 주변국가가
자본주의 세계체제에서 이탈하지 않는 한, 주변국가의 발전이라는 희망은
있을 수 없다. 프레비쉬의 제안에 따라 이집트 경제학자인 사미르 아민,
브라질 경제학자인 안토니오 도스산토스 같은 3대 경제학자들이 이와 같
은 결론에 도달했다. 그러나 이렇게 급진적인 이론은 정치적으로 온건한
경제학자들이 제기한 탓에 소수의 이론으로 머물 수밖에 없었다.17)

　프레비쉬는 1901년 아르헨티나의 부유한 가정에서 태어나 1923년에
부에노스아이레스 대학 경제학과를 졸업한 다음, 아르헨티나 국민은행의

연구 프로젝트에 참여했다. 29세의 나이에 아르헨티나 정부의 재정차관보를 역임했으며, 중앙은행 건립을 책임졌고 총재까지 맡았다. 정계를 은퇴한 후에는 모교에서 경제학 교수를 지냈다. 또한 멕시코, 브라질, 베네수엘라 등 여러 국가의 중앙은행 고문으로 초빙되었다. 그 후에는 유엔에서 일했다. 먼저 유엔 라틴아메리카 경제발전위원회(그 유명한 '남미경제위원회')에서 일했고, 1964년에는 유엔 무역개발위원회(UNCTAD)의 사무총장과 유엔 사무총장 차관을 역임했다. 프레비쉬는 청년기에 자신은 '지독한 신고전주의자(시장낙관주의자)'였음을 인정했다. 개인사와 학문적인 훈련 과정에서 보면, 프레비쉬는 '중심-주변' 이론의 혜택을 많이 보았다. 그러나 그는 정직하고 진리를 추구하는 사람이었다. 그는 자신의 조국과 라틴아메리카의 입장에서 문제를 고민할 줄 아는 사람이었다. 그래서 그는 신고전주의자에서 점점 냉철하고 비판적인 태도로 변하게 되었던 것이다. 나중에 그는 아래와 같은 결론에 도달했다.

외국의 자본주의는 세계체제를 구성하는 일부분이지만 자신만의 특징을 가지고 있다. 이러한 특수성 때문에 주변국가의 관점으로 볼 때 중심국가에서 제기한 이론은 보편적인 의의를 얻고자 하는 허상을 지니고 있다. 우리는 라틴아메리카 경제발전위원회의 발족 초창기에 이러한 논점을 가지고 있었다. 나중에 현실에 대해 고찰한 후 이 논점에 확신을 갖게 되었다. 신고전주의 이론은 자기 자신에게 주변국가로서의 현실을 탐색하라는 임무를 제기했다. 신고전주의 학파를 신봉하는 일부 사람들은 이러한 이론을 전폭적으로 받아들였다. 맑스의 이론에는 주변국가에 대한 언급이 없다. 맑스는 영국 중심의 자본주의가 시간의 흐름에 따라 세계의 기타 지역에서도 재연되는 것으로 여겼다.[18]

그렇다면 프레비쉬는 '중심–주변' 이론을 어떻게 만들었을까? 그는 아르헨티나 중앙은행 총재를 역임하는 동안, 신고전주의를 이용해 아르헨티나의 거시 경제적 상황을 해석하고 대응 방안을 강구하기 위해 머리를 쥐어짰다. 그러나 그의 노력은 실패로 끝났다.

나는 경제학자의 길을 걷기 시작했을 때부터 경제의 주기적 운동에 심취되었다. 내 머리는 온통 가지각색의 이론으로 가득 찼지만, 아르헨티나 경제의 여러 가지 현상을 이해할 수 없었다. 나중에 대공황 시기가 되면서부터 나는 다양한 현실에 대응하기 위해 어떻게 해야 할지를 모르게 되었다. 옛날에 배운 것은 현실 해석에 아무런 도움이 되지 못했다. 그래서 나는 산업국가의 주기에 대한 해설이든, 주기적 운동을 완화하고 그 결과를 개선하기 위한 조치이든, 그 어느 것도 1차 상품을 수출하는 주변국가와 산업화 초기의 국가에는 적용할 수 없다는 것을 확신했다.

다양한 경험을 겪고 난 후 은퇴하여 지난 경험을 되새겨보았다. 그래서 나는 선진공업국에서 나온 이론이 보편적 지위를 얻으려고 한다는 것을 확신했다. 선진국들은 만족스럽지는 못해도 자국의 경제 현상을 설명할 수 있지만, 우리 주변국가에서 일어나는 현상을 설명하지는 못했다.

그래서 나는 중심의 개념을 만들어, 힘의 중심이 추진력을 주변으로 확산한다는 중심 이론을 창안했다. 그 내부에서는 주기성 확장의 추진력과 축소 운동의 순환이 진행되고 있다. 경기의 기복 운동에서 중심은 능동적이지만 주변은 피동적이다. 주변은 단지 주기의 하강 단계에서 반응해 중심이 활동을 회복하는 데 도움이 되는 새로운 추진력을 제공한다. 그러나 필수적인 이론을 놓치지 않고 보편적인 의의를 가질 수 있으려면 주기 이론을 전반적으로 파고 들어야 한다.[19]

'중심–주변' 이론은 프레비쉬가 개발도상국의 무역 조건이 악화되는 원인을 규명하기 위해 제기한 것으로 많은 사람들의 관심을 끌었다.

1950년, 유엔 라틴아메리카 경제발전위원회의 위원장으로 재직하던 프레비쉬는 1876~1938년 동안 영국 수출품의 평균지수를 살펴보았다. 영국은 1차 가공품을 많이 수입했지만 주요 수출품은 공산품이었다. 그 결과 각각의 수치는 세계의 평균 가격에 거의 가까웠다. 연구에 의하면 1876~1880년 동안 세계의 원자재와 공산품의 비율을 100이라고 할 경우, 이후 대부분의 시기에 이 수치는 체감하고 있다. 특히 1936~1938년 동안에는 64로 떨어졌다. 같은 수량의 공산품이 더 많은 1차 가공품과 교환되고 있어, 무역 조건은 1차 가공품 수출국에게 점점 불리해졌다.

이것은 매우 이해할 수 없는 현상이다. '보이지 않는 손'의 조절 능력에 의해 제품의 가격은 노동생산성에 따라 결정되므로 노동생산성이 높은 제품의 가격은 낮고, 그렇지 않은 제품은 비싸야 한다. 또 노동생산성의 향상이 빠르게 이루어지면 그만큼 제품의 가격도 바로 내려간다. 이 규칙에 따른다면 노동생산성 향상이 느린 1차 가공품과 공산품의 가격 비율은 올라가야 옳다. 그런데 왜 떨어지는가? 프레비쉬는 이러한 현상이 나타나는 원인을 아래 세 가지로 보고 있다.

첫째, 기업과 생산요소의 수입 증가폭이 생산성 향상과 비용 하락폭을 초과하고 있다. 둘째, 제품시장은 구조적으로 독점적인 성격이 있다. 호경기에는 공산품과 1차 가공품의 가격이 모두 올라가지만, 1차 가공품의 인상폭은 매우 적은 것이 정상이다. 그러나 경제 위기 시기에는 수요 탄력도가 큰 공산품의 가격 인하폭이 훨씬 큰 것이 정상적이다. 하지만 공산품 시장이 구조적으로 독점적이기 때문에 1차 가공품보다 가격 인하폭이 작다. 이렇게 경제 위기의 주기에 따라 1차 가공품의 상대가격 비율은 자연히 떨어지는 것이다. 셋째, 중심국가의 임금 변동은 거의 없다. 중심국가의 노동조합은 조직력이 강하기 때문에 호황기에 임금이 상승하며, 불황이라고 해도 임금이 삭감되는 일은 많지 않다. 그래서 중심국가의 자본가는 위기의 압력을 주변국가로 이전하려고 한다. 이와 반대로 1차 가공품을 생산하는 노동자는 변변한 노동조직이 없기 때문에 임금 협상력도 없다. 호황기에 임금 상승률이 높지 않을 뿐만 아니라, 경제가 어려워지면 인하 폭이 매우 크다. 그 결과 1차 가공품의 상대가격 비율이 떨어지는 것이다. 위의 세 가지의 원인을 종합하면, 중심국가는 비교우위의 위치를 이용해서 기술 진보로부터 나오는 모든 이익을 차지하지만, 주변국가는 기술 혁신의 결실을 완전히 가지지 못하고 중심국가에게 넘겨주게 된다. 바로 이러한 이유 때문에 주변국가의 무역 조건이 악화되는 것이다.

'중심-주변' 이론이 세상에 알려진 후 중심국가와 주변국가에서는 서로 상반된 반응을 보였다. 미국과 오스트리아 등 중심국가의 경제학자들은 신랄히 비판했지만, 주변국가의 경제학자들은 모두가 캄캄함 밤에 북극성을 본 것과 같은 느낌이었다고 밝혔다. 아르헨티나에서 브라질, 칠레, 멕시코와 이집트에 이르기까지 주변국가의 경제학자들은 프레비쉬와 라틴아메리카 경제발전위원회의 영향을 받아 '중심-주변'의 관점에서 각 국의 경제발전이 부딪치고 있는 문제를 고민하기 시작했다.

브라질의 경제학자인 안토니오 도스산토스 Antonio dos Santos는 '중심-주변' 구조 이론을 바탕으로 더욱 급진적인 '종속 이론'을 내놓았다. 그의 대표작은 『제국주의와 종속』(1975년)으로, '중심-주변' 구조는 외부로 확장하는 경제적 중심과, 확장의 대상이 되는 부용국이라는 상호적인 조건, 이 양자를 뜻한다. 과거의 제국주의 이론은 제국주의 중심의 확장 과정과 세계에 대한 지배를 연구하고, 피지배국의 종속 구조는 이것의 확장이라고 밝혔다. 따라서 종속 이론은 고립 또는 독립된 이론 체계가 아니라 제국주의 이론과 깊은 연관성을 가지고 있으며, 이를 강화하는 것이다.

그렇다면 주변국가는 어떻게 중심국가에 종속되는 것일까? 도스산토스는 주변국가의 종속적인 상태는 서유럽 국가의 전세계 식민 통치에서 비롯되었다고 본다. 그 가운데 첫 번째 형태가 수출 의존적인 식민지 상업이다. 상업과 금융 자본은 무역 독점을 통해 유럽과 식민지 국가의 경제 관계를 지배하고, 식민 종주국의 토지, 광산, 노동력(농노와 노예)에 대한 독점을 수반했다.

　두 번째 형태는 각 중심국가의 발전에 따라 식민지가 독점자본의 전지구적 분업 체계에 휘말려 원자재의 주요 원산지가 되는 것이다. 이러한 종속의 형식에 의해 종속국가에서 수출에만 집중하는 생산 구조, 즉 '수출경제' 혹은 '외향적 경제 발전'이라고 알려진 것이 형성되었다. 제2차대전 이후 민족해방운동의 확대와 더불어 많은 식민지 국가들이 정치적 독립을 쟁취하자, 중심국가는 적나라한 괴뢰 정권을 내세워 기술과 산업적인 우위를 이용해 제3세계 국가의 경제를 통제함으로써, 주변국가는 기술과 산업의 종속 단계에 들어가게 되었다.

　이러한 단계에서 중심국가는 다양한 방법을 통해 주변국가의 국부를 계속 착취했다. (1) 불평등 교환. 자본주의 중심국가의 독점 재벌은 소비자에게 유리한 시장을 통제하고 있다. 원자재와 1차 가공품으로 말하자면, 중심국가가 공산품에 대해 공급자에게 유리한 시장을 지배한다는 것이 중요한 의미를 가진다. (2) 서비스 비용은 운송비, 보험 비용, 기술 서비스와 로열티 같은 것을 말한다. 이러한 비용은 사실 현대적인 의미의 지대이고, 진정한 생산 참여자로부터 조세를 징수하는 순수한 법률상의 권한이다. (3) 자본 수출. 이것은 주변국가의 노동력에 대한 직접적인 착취일 뿐만 아니라 주변국가로 하여금 수입대체 전략을 포기하라고 하는 것이다. (4) 국제적인 '원조'이다. 주변국가의 국부가 앞서 말한 몇 가지 방법을 통해 중심국가로 흘러 들어가 주변국가의 무역 적자가 증가하기 때문에, 결국 중심국가에 원조 차관을 요청하지 않을 수 없게 된다. 이렇게 해서 주변국가는 채무국으로 전락해 원금과 고율의 이자를 상환해야 하는 상황에 몰린다.

기술—산업의 종속은 어떠한 경로로 완성되는 것일까? 중심국가에서 주요한 힘은 다국적기업과 정부의 정치적·군사적 지지이며, 주변 부용국에서는 본국을 통치하는 이익집단이다. "원칙적으로 말하면 '외부' 통치는 비현실적인 것이다. 외부 통치는 당사국 내부에서 외부 통치를 통해 이익을 얻는 계층의 지지가 있어야만 가능하다."[20]

이것이 도스산토스가 우리에게 보여준 '중심—주변' 구조의 기본 특징이다. 중국인으로서 우리는 이런 문제에 대해서 잘 알고 있다. 서구 선진국과 구중국의 관계가 전형적인 '중심—주변'의 관계였기 때문이다. 단지 우리가 잊고 있었을 뿐이다. 비록 구중국이 서구 열강의 숨막히는 압박에서 빠져 나오려고 했지만, 모든 국가가 자본주의 세계체제에서 빠져나오지는 못했다. 신중국처럼 서구 세계와 절연한 국가는 손에 꼽을 정도로 거의 없다. 일부 사람들은 서구 열강으로부터 해방된 시기를 '잃어버린 30년'이라고 비난한다. 브라질, 칠레 같이 주변국가를 벗어나지 못한 나라의 경제학자들은 기술—산업의 종속이 주는 질곡을 느끼고 있다. 이런 현실은 지금에도 변하지 않았을 것이다.

사실, 1950년대 이후 '중심—주변' 이론은 제3세계 국가에서 확산된 학설이다. 여기에는 프레비쉬 같은 사회개량주의자가 있었고, 도스산토스, 사미르 아민 같은 맑스주의자도 있었다. 이 두 부류의 학자들의 '중심—주변' 구조에 대한 분석과 확인 작업은 대체로 비슷했다. 단지 주변국가가 어떻게 차별적이고 종속적인 지위를 벗어날지에 대해서 입장이 달랐을 뿐이다. 사회개량주의자는 국가의 계획적 개입과 국내·외의 불합리한 분업의 개혁에 대한 민중의 참여를 주장했다. 반면 맑스주의자는 세계 자본주의와 결별하고 혁명적인 개혁을 해야 한다고 주장했다. 제3세계 학자들의 주장과 영향력 속에서 미국의 역사학자인 이매뉴얼 월러스틴 I. Wallerstein은 '세계체제론'을 발표했다. 그는 자본주의 세계체제 전체를 포괄하는 선진국과 저개발국가간의 관계를 고찰하면서 자본주의 발전의 역사를 재해석했다. 중심국가의 역사학계와 경제학계에서는 그의 영향력이 널리 확산되었다.

사실상 '중심-주변' 이론은 주변국가의 낙후와 빈곤의 원인을 밝혀냈기 때문에 이미 학술의 범주를 벗어나 일종의 사회개혁 사상이 되었고, 라틴아메리카와 아프리카 일부 국가의 민중운동이 나아가야 할 길을 일러 주기도 했다. 또한 '중심-주변' 이론은 철저한 현실 검증을 거쳐 찬란한 진리의 불을 밝혀 주었다. 그 가운데 가장 전형적인 일이 칠레에서 일어났다.

1960년대 후반, 칠레의 인민전선이 대통령 선거에서 승리하자 수도인 산티아고는 '중심-주변' 이론의 메카가 되었다. 도스산토스 등 '중심-주변' 이론을 견지하던 학자들이 칠레에 모여들어 많은 책을 출판하고 수많은 학습 모임과 연구 조직을 만들어 토론회를 열었다.

이미 칠레 사람들은 칠레가 빈곤한 것은 전근대적 세력이 현대화를 막았기 때문이 아니라 '선진'적인 다국적기업이 칠레의 현대화를 억제했기 때문임을 깨닫고 있었다. 칠레의 풍부한 구리 광산은 국민 생활의 향상에는 도움이 되지 못하고, 미국의 아나콘다 철강으로 흘러 들어갔다. 이러한 사상이 전파되자 대대로 보수적이었던 군부 역시 반미의 입장에 섰고, 사회주의자 아옌데가 대통령 선거에서 승리하게 되자 칠레 육군 최고사령관인 레네 슈네이데르 장군도 "군부는 헌법의 질서를 위배하는 어떠한 행동도 용인할 수 없다"고 밝혔다. 바로 이 때문에 그는 아옌데의 대통령 취임 이틀 전에 CIA 요원에 의해 살해되었다. 그리고 3년 후 아옌데 대통령 자신도 CIA의 지원을 받은 아우구스토 피노체트의 군부 쿠데타에 희생당

한다.

미국은 왜 아옌데를 곱게 보지 않았을까? 아옌데는 "정과 반이 분명하게 구별되는 관계가 있다. 제국주의가 존재하는 것은 저개발이 있기 때문이다. 저개발이 존재하는 것은 제국주의 때문이"라는 사실을 알고 있었다. 아옌데는 칠레 국민이 자주 독립의 길을 갈 수 있도록 이끌었다. 아옌데가 광산과 전신회사를 국유화하자, 미국의 AT&T 대표이사와 전 CIA 국장이 1970년 5월 당시의 CIA국장을 만나 백만 달러의 비밀자금을 제공하면서 아옌데 대통령의 당선을 막아 달라고 요청했다. 이미 아나콘다 철강의 대표가 국무부에 50만 달러를 아옌데의 당선을 저지하는 데 쓰라고 준 후였다.

칠레를 포함한 라틴아메리카의 사회 개혁이 중심국가의 정치와 군사적 영향력 때문에 지연되자, 비교적 온건했던 프레비쉬 역시 '중심-주변' 구조의 장애물이 있었음을 깨닫게 되었다. "중심에서, 특히 미국에서는 거대한 경제와 금융 이익의 그물이 존재한다. 이 그물은 주변국가와의 관계에서 커다란 역할을 맡고 있다. 체제의 위기로 인해 이러한 이익이나 이러한 이익을 지탱해 주는 이론은 의심받게 된다 이러한 집단이 손해를 입게 되면 주변국가의 발전을 가로막고 군사력을 동원하기도 한다."[21]

여기에서는 프레비쉬가 철저한 자유주의자로서 철학적인 사고도 깊게 했다는 사실에 주의해야 할 것이다. 그는 만년에 '경제 자유주의적 신고전파 이론'을 체계적으로 정리했다. 그는 경제 자유주의가 주변국가에서 생겨나는 문제 가운데 세 가지에서 사실을 왜곡하고 있다고 보고 있다. 권력 집중과 그 심각성, 시장의 조절 기능과 사회의 동원성이 그것이다.

경제 권력의 집중은 의도적인 안배는 아니지만, 체제의 운영 자체가 만들어내는 것도 아니다. 경제력의 집중은 중심국가의 기술이 주변부의 사회

구조에 침투한 결과이다. 이 결과 잉여와 분배에는 심각한 불평등이 생겨
난다. 이러한 불평등은 구조적 변동의 조건에서 전체 집단을 이롭게 하는
시장의 조절 기능을 빼앗아 버렸다.

　시장은 자본의 축적은 물론 소득의 분배도 조절하지 못하고 있다. 이러
한 치명적인 결함 때문에 종속자본주의는 배타적인 특징을 가지고 있다.
경제 권력의 대립 때문에 노동자는 노동조합을 조직해 정치 권력과 서로
충돌하게 된다. 또 경제 권력은 발전에서 소외되고 있는 저소득 계층을
배척하고 있다. 가난한 사람에게 경제 자유주의는 더욱 가난해질 자유인
것이다. 정치적인 자유는 단지 효율적인 판단의 수단이 없는 상황에서의
자유일 뿐이다. 일부 사회 계층이 교육을 받지 못하고 끼니를 이을 수
없는 상태로 전락하면, 사상과 언론의 자유, 그리고 다른 기본권의 효율성
은 종이 위의 글자에 불과한 것이다. 사회적 평등과 사회적 동원과 같은
중요한 개념도 환상에 불과하게 된다.[22]

자유주의를 갓 학습한 중국의 경제학자와 '자유파'의 천박함을 예견한
것처럼 프레비쉬는 이렇게 말했다.

　여러 번 밝혔던 것처럼, 나는 신념이 강한 신고전주의자이다. 과거에 나는
신고전주의를 믿었고, 지금도 합리적인 경쟁의 장점을 믿고 있으며, 시장
의 기술적 효율성과 그 정치적인 의미를 믿고 있다. 그러나 종속자본주의
의 경우에는 이와 전혀 별개이다. 현실에 대한 관찰을 통해 나는 이러한
이론이 종속자본주의 체제에서 생겨나는 중요한 문제를 설명하지도 해결
할 수도 없다고 믿게 되었다. … 중심국가의 일부 학파의 영향을 받은 라틴
아메리카의 경제학자들이 신고전주의에 빠져 이 이론으로 주변부에서 일
어나는 현실을 잘못 해석하는 것은 어쩌면 당연하다. 나도 국가의 간섭에
대한 그들의 비판을 이해한다. 그러나 이러한 간섭은 체제의 결함을 올바

르게 바꿀 수 없으며, 오히려 혼란을 더 부채질해서 관료주의의 악습을
유발한다.

신고전주의 경제학자들이 저 천상에서 그들의 성을 쌓는 데 머물러 그
성을 현실로 간주하지 않는다면, 이는 심각한 지적 낭비이다. 가끔 그들
덕분에 바다 건너편에 있는 일부 뛰어난 이론가의 우수한 학설이 호평을
받는다. 그러나 만약 일부 주변국가에서 앞에서 말한 사회 구조, 주변국가
의 역사적 문제, 잉여와 종속자본주의의 여러 가지 특징을 말하는 것으로
성장 문제에 대한 해석을 포기하려고 한다면, 이는 또다른 문제가 될 것이
다.23)

제3세계 경제학자들의 연구 성과와 그들의 시각은 깊이 생각해 볼 가치가
있다. 그들의 입장이 설사 학술적인 입장에 그치더라도 '중심-주변' 이론
은 로스토우의 단계론보다 더욱 정밀한 것이다. 로스토우의 이론이 학계에
서 높이 평가받은 것과 달리, '중심-주변' 이론을 설명한『종속자본주의』
는 불과 2천3백여 부를 인쇄했다. 같은 해에『불균등 발전』도 2천4백 부밖
에 인쇄하지 못했다. 심지어는 학계에서도 환영을 받지 못했다.

왜일까? 아마 '중심-주변' 이론이 '좌익'이라는 레테르를 갖고 있기
때문이리라. 이런 낙인은 중국에서는 사형을 받는 것과 같다. 학자들은
'중심-주변' 이론에 동의할지라도 세미나에서는 이 이론과 거리를 두려고
하고 있다. 사람들은 '중심-주변' 이론이 실은 진정한 자유주의자가 평생
의 연구를 통해 결실을 맺은 학술적 성과의 결정판이며, '좌익'과 무관한
것임을 잘 모른다. 그리고 사람들은 '중심-주변' 이론을 자본주의 체제와
의 결별을 주장하는 것마냥 여겨 문을 꼭꼭 닫고 있는 것 같다. 사실 '중심-
주변' 이론을 제기한 사람은 경제적 결별이 아니라, 단지 이데올로기적
종속성을 벗어나자고 주장하고 있을 뿐이었다.

나는 이 결별이 합당하다고 보지 않는다. 또한 결별할 수 있다고 보지도 않는다. 그러나 나는 이러한 관계를 더욱 잘 이용하여 종속적인 관계를 극복하기 위해 노력해야 한다고 생각한다.

종속적 관계 부분까지 읽었을 때 사람들은 기술적인 결별의 문제를 논하고는 했다. 만약 그것이 중심국가의 기술 향상으로 이해된다면 자신의 기술을 만들어내는 것은 일종의 환상이다. 주변국가는 유사한 특권을 가지고 있다. 중심국가가 오랜 세월이 흐른 뒤에야 얻을 수 있었던 기술을 짧은 기간에 얻을 수 있다. 문제는 이러한 기술을 주변국가의 조건에 적용하고, 그것을 자국의 혁명을 시작하는 출발점이라고 본다는 데 있다. 이 외에 기술이 필요로 하는 자본의 축적 능력을 합리적으로 이용할 수 있는 잠재력이 중요하다. 마지막으로, 결별을 이데올로기에 대한 종속성을 깨는 것으로 이해하고 믿을 만한 발전 모델을 찾는다면 나는 완전히 동의할 것이다.[24]

프레비쉬의 주장에 대해 나는 두 손 들어 찬성한다. 다만 프레비쉬는 이데올로기와의 결별에 철두철미하지 못하다. 본질적으로 말해 프레비쉬는 여전히 자유주의와 신고전주의의 교의를 믿고 있다. 단지 이것이 주변국가에 적합하지 않기 때문에 중심의 이데올로기에 종속성이 있다고 보고 있는 것이다. 실제로는 중심국가의 시장에서 작동하는 자발적인 힘도 일반적인 균형의 상태에 이르지 못해 자유 경쟁과는 거리가 먼 심각한 독점 상태가 나타났다. 중심국가의 소득 분배에서는 양극화가 심각한데, 이러한 현상이 표면화되는 고액 소비시대는 신고전주의의 교의를 위배함으로써 실현된다. 주지하다시피 1970년대의 위기 이후 신자유주의의 발흥으로 승자의 독식이 다시 유행하게 되었다. 오늘날 중산층의 절대 소득이 점점 줄어드는 추세에서 알 수 있듯이, 중심국가에서의 양극화는 돌이킬 수 없는 지경을 향해 서서히 심화되고 있다.

여기에서 중요한 점은 시장경쟁의 핵심이 경쟁에 있고, 경쟁을 통해 파레토 최적 효과의 균형점이 힘이 있는 자에게 기울고 있다는 것이다. 그 결과 빈부 격차가 날로 확대되어 회복이 어려운 상태에 이른 것처럼 보인다. 이러한 때 우리는 경쟁의 관점에서 현상을 바라볼 때만 '중심-주변'의 구도를 잘 이해할 수 있고, 약자의 입장에 서 있는 주변국가의 활로를 찾을 수 있다. 늑대와 함께 춤을 추면서, 약하지만 결국에는 이긴다는 내용의 동화처럼 말이다.

우리는 이렇게 해서 시장경제에 대해 지구전으로 맞서야 한다. 여기에는 세 가지 의미가 담겨 있다. 첫째, 자본주의 세계와 결별하지 않는다. 둘째, 블록을 만든다. 블록을 만들어서 각각의 주변국가가 적이 되어 쟁반 위의 모래처럼 협력이 이루어지지 않는 지금의 형국을 바꾸어 놓는다. 셋째, 단기 이익과 장기 이익을 조화시키되 장기 이익을 더 중요시한다. 이렇게 해서 오랜 시간이 지난 후 중국은 제3세계 국가 가운데 가장 발전한 국가가 될 것이다. 다음 장에서는 이와 관련된 발전 전략의 문제를 다루겠다.

5

21 세기 중국의 국제 경쟁 전략

21세기가 왔다. 사람들은 새로운 천 년이 가져올 희망과 꿈에 젖어 있다. 비록 세기말을 우려하는 사람이 있고, 눈앞의 현실이 그리 아름다운 것은 아니지만 그렇다고 해서 두려운 것만도 아니다. 새로운 천 년은 그 시작을 알리는 종소리와 함께 20세기의 희망, 문제 그리고 모순을 21세기에도 가지고 올 것이다. 밀레니엄 버그가 생기지 않는다면 만기 도래한 계약이 이행되어야 하고, 갚지 않은 채무도 갚아야 한다. 당연히 일어나야 하는 일이 일어나고, 죽을 사람은 염라대왕을 만나게 되지만, 지난 세기의 부자는 여전히 떵떵거리고 가난한 사람은 변함없이 가난에 쪼들려 있다. 강대국에는 개기름이 넘치지만, 약소국은 밥 끓여먹을 무엇도 없이 지낸다.

그러나 중국의 상황은 조금 다르다. 세기말의 중국은 서로 다른 두 가지의 전략을 눈앞에 두고 있다. 자본주의 세계체제의 가장 큰 '주변국'으로서 초대형 '중심국'과 전략적 제휴를 맺는 것이다. 마치 미국과 피노체트의 칠레가 관계를 맺은 것처럼 말이다. 또다른 선택은 국내의 역량을 다시 모아 중심국가와의 끊임없는 교섭을 통해 타개책을 모색하는 것이다.

첫 번째 선택이 받아들여진다면 우리는 당연히 두 번째 선택에 대해 더욱 깊이 사고하고 치열하게 논쟁을 벌여야 할 것이다. 중국 공산당의 문서와 정부의 결의가 중진국 수준의 생활에서 선진국으로 발전할 수 있다는 전망을 가져다준다고 해도, 개혁개방 정책은 '돌다리도 두드려 보고 건너야 한다'는 식의 철학을 따라야 한다. 보편성과 장기적인 안목이 전반적으로 부족하기 때문이다. 한동안 전체적이고 장기적인 각도에서 산발적인 개혁에 대해 문제를 제기한 사람은 미래를 향한 대담한 시도를 가로막고 있는 경직적이고 보수적인 사람으로 의심받기도 했다.

겉보기에는 첫 번째 선택이 심사숙고 끝에 선택된 전략 같지만, 여기에는 결국 현실의 논리가 녹아 있는 것이다. 그러므로 지금 두 번째 선택에 대해 다시 한번 논의하는 것이 결코 뒷북치는 일은 아니다. 중요한 것은 개혁개방 정책이 심화됨에 따라 초기에 피할 수도 있었던 모순들이 쌓여 이제는 어찌할 도리가 없게 되었다는 사실이다. 개혁개방 정책이 채택된 지 20년이 흐른 지금에야 문제점이 조금씩 파악되어 발전 전략에 대해 토론할 만한 여건이 갖추어지게 되었다.

여기에서는 먼저 자주 눈에 띄는 오해를 꺼낼 필요가 있을 것 같다. 우리는 기업이 '전략적 목표'를 세우는 모습을 종종 본다. 예를 들면 '연간 생산 10억 위안─소득세 1억 위안─직원 5백 명'에서, 3년 후에는 '연간 생산 1백억 위안─소득세 15억 위안─직원 1천 명'으로 성장한다. 그래서 3개 동의 아파트를 세운다 등등. 그러나 사실 이것은 장기 계획이라고 부르기에는 너무 일방적이며, 전략과도 하등 관계가 없다. 전략을 이야기하려면 먼저 적과 아의 개념이 있어야 한다. 예를 들어 기업 전략에서는 어떠한 기업이 경쟁자인지, 그 기업의 실력은 어느 정도이고 장점과 단점은 무엇인지, 자기 기업은 어떤 경쟁력이 있는지, 약점은 무엇인지, 어떻게 하면 이것을 극복할 수 있을지, 또 어떻게 하면 경쟁자를 쓰러트리고 회사를 확장할 수 있는지, 어떤 경쟁자와 제휴할 수 있는지, 가장 먼저 대응해야 하는 경쟁자는 누구인지, 어떻게 하면 전략적 의지가 마련되는지, 어떻게 하면 전략적 수단을 동원할 수 있는지, 회사 내에서는 어떤 자원이 지원 가능한지 등등을 고려해야 한다. 시장에서 경쟁자를 이기면 자연히 점유율이 높아지고, 이윤의 증가와 규모의 확대를 보장받는다. 이것은 마치 군대가 전쟁에서 승리하면 장교와 병사가 많아지고 영토도 넓어지는 것과 같은 이치이다. 그러나 전쟁에서 지면 모든 것들이 순식간에 물거품으로 되고 만다.

이러한 측면에서 볼 때 앞서 말한 기업의 '전략적 목표'는 뜬구름 잡는 것과 같아 잠시 불안심리를 안정시키는 데 불과하다. 좀더 심층적으로 말하면 이러한 '전략적 목표' 역시 우리 중국이 오랜 기간 실시해온 계획경제의 사상과 관련이 있다. 계획경제 제도에서 경쟁은 고려할 필요가 없었고, 단지 필요한 자원이 충분한가의 여부만 고려하면 되었다. 문제는 지금은 경쟁 시대가 되었다는 것이다. 국내에서의 경쟁은 물론 국제 경쟁이 벌어지고, 국내 시장이 이미 국제 경쟁의 무대가 될 뿐만 아니라, 계획경제의 핵심인 '목표 설정' 사상을 따를 수도 없게 되었다. 당연하게도 경쟁은 전략을, 국제 경쟁은 국제 전략을 필요로 한다. 바로 이러한 의미에서 우리는 21세기 중국의 발전 전략을 반추할 필요가 있다. 다시 말해 국제 경쟁 전략을 새롭게 연구해 보아야 한다는 것이다.

이론적 측면에서 국제 경쟁 전략을 고려하기 위해서는 우리 중국이 현재 놓여 있는 세계적 경쟁 국면을 직시해야 한다. 또한 중국의 장점과 약점을 파악해야 한다. 이러한 지피지기 전략만이 생존의 전략이 될 수 있을 것이다. 앞에서 우리는 우리와 상대방의 특징 및 힘의 대비에 대해 여러 번 이야기했기 때문에, 여기서는 단도직입적으로 '전략 세우기'를 논하겠다.

21세기 중국의 국제 경쟁 전략은 아래의 사항을 고려하고 있을까?

전략 I ── 일자리 우선

손자에 의하면 "전쟁 승리의 묘수는 먼저 싸움을 이기는 것이 아니라 적을 예우함으로써 이기는 것에 있다. 또한 자기 땅이 아니라 적지에서 이길 수 있느냐에 있다." 이 말의 뜻은 전쟁에서 가장 먼저 고려해야 할 점이 적에게 지지 않는 것뿐만 아니라 적을 쓰러트릴 기회를 포착하는 데 있다는 것이다. 적에게 지지 않는 것은 나 자신에게 달려 있고, 적을 이기는 것은 적의 상황에 달려 있다. 다시 말하면 국제 경쟁 전략을 고려할 때 최악의 상황을 고려해야만 어떠한 경쟁자라도 쓰러트릴 수 있다는 것이다.

실제로 오늘날 중국이 직면하고 있는 중요한 문제는 국제 경쟁에서 이기는 것이 아니라, 어떻게 하면 살아 남는가, 어떻게 하면 내란을 방지하는가이다. 이 문제는 결코 쉽게 해결할 수 없다. 또 외부 세력이 끼어 들 빌미를 주기도 쉽다. 잘못하면 중국 내부에 매판 정치 세력을 키우게 되거나, 분열주의 세력으로 인해 중국이 몇 개의 땅덩이로 나뉠 수도 있다. 내란을 방지하기 위해서는 양극화된 극단적 추세를 미연에 방지하고, 수많은 도시에서 발생하는 실업을 막아야 하며, 9억 명에 이르는 농업 인구의 기초 생활을 보장해 주어야 한다.

경제학의 관점에서 볼 때, 이것은 효율 우선의 경제발전 모델이 아니라 일자리 우선의 경제발전 모델이며, '효율 우선, 평등 고려'가 아니라 '평등 우선, 효율 고려'라는 표어를 제창해야 한다는 의미이다. 현재 중국의 상황은 '세 사람이 할 수 있는 일을 다섯 사람이 해야만 생계가 해결되는' 상태에 있기 때문이다.

현실은 이렇게 모순으로 가득 차 있다. 지난 20년간 우리는 '세 사람의 밥을 다섯 사람이 먹는다' 같은 '철 밥통'과 '평균주의'를 혹독하게 비난하지 않은 날이 없었지만, 사실 바로 이 평균주의에 기대어 사회 안정을 이루었으며, 이 안정 속에서 경제 성장을 실현해왔다. 그 가운데에서도 농촌에서 실시된 1인당 경지 분할이 대표적인 평균주의였다. 경지 분할의 기준은 효율이 아니라 인구였다. 사실 이러한 농촌의 평균주의 때문에 사회적 양극화 현상이 억제되었다. 즉 4~5억의 노동력을 농촌에 묶어 두어 도시에서는 잉여 노동자의 수를 줄이고 효율을 올릴 수 있게 되었던 것이다. 그런데 도시는 농민 노동자를 쫓아냄으로써 샤강의 압력을 완화했지만, 일자리 압박은 농촌으로 이동해 농촌과 도시의 경제적 이중 구조를 한층 더 공고하게 했다. 농촌의 봉건주의와 평균주의는 도시에서 필요한 자본주의 노동력의 대형 저장고였던 셈이다.

이러한 현실을 보지 못하고 중국이 '효율 우선'의 원칙을 철저하게 실현할 수 있다고 생각하거나, 이윤율을 최대화해 효과적인 자원 배분을 실현할 수 있다고 방임하면서 자본의 원칙이 이러한 모든 문제를 해결할 수 있다고 믿는다면, 실업률은 계속 올라가고 2~4억의 농촌 노동력이 도시로 몰려들 것이다. 이러한 사태가 현실화되는 시기는 중국의 현대화 과정이 가속화될수록 더욱 빠르게 앞당겨진다.

시장경제에는 '효율 우선'이라는 요소가 내재되어 있다. 그러므로 시장경제를 실시하면서 '효율 우선'을 또 주장한다면 자본의 힘을 막을 수 있는 어떤 것도 없게 된다. 바로 이 때문에 서구 경제학자들 중에서도 '효율 우선'을 주장하는 사람은 많지 않다. 시장경제는 '효율 우선'을 자동으로 따르고 있어서 별도로 주장할 필요가 없기 때문이다. 오히려 그들은 '평등 우선'을 주장해 정부가 시장경쟁이 가져온 부작용을 해결하는 데 이론적 근거를 제시해주고 있다.

1인당 토지 면적이 좁고 자원 점유율이 낮은 중국의 현실을 알고 있는 사람은 자본의 원칙이 피눈물도 없는 비참한 결과를 가져오리라는 것도 알고 있다. 그러나 이러한 사람들은 타조처럼 현실을 직시하지 못하고 경쟁 논리의 내재적인 문제를 인정하지 않은 채, 중국의 인구가 너무 많기 때문에 시장경제의 신화를 전파하는 데 방해가 된다고 원망하고 있다. 또한 그들은 "한 사람이 잘못 낳은 아이가 수억의 인구로 불어난다"고 하면서 인구 문제의 책임을 마오쩌둥에게 돌리고 있다.

여기에서는 이 점에 대해 한마디 해야 겠다. 신중국이 세워지고 1950년 이후 인구가 급격하게 성장하기 시작했다. 이 현상은 상식이 있는 보통 사람이 보기에는 생활수준과 보건수준이 향상된 결과이다. 구중국의 인구는 오랫동안 4억 수준에 머물러 있었다. 큰 전쟁, 질병과 기아로 출생률이 낮았기 때문이었다. 신중국이 세워진 후 국민의 영양상태가 크게 개선되고 도시와 농촌의 보건·방역 체계와 의료협조 체계가 세워지면서, 수많은 노동자가 영양실조에서 벗어나고 영아 사망률도 큰 폭으로 떨어져 평균 수명이 높아졌다. 이것이 바로 인구가 급속히 증가한 원인인 것이다. 그러므로 누군가가 인구 증가를 마오쩌둥이 저지른 잘못이라고 말하려고 한다면, 우리는 먼저 이것을 마오쩌둥이 이룬 최고의 업적이라고 말하고 싶다.

둘째, 마오쩌둥은 다산 정책을 장려했을까? 그러나 역사적 사실을 조금이라도 알고 있는 사람이라면 그렇지 않다는 것을 알 것이다. 이미 1950

년대 초기에 마오쩌둥은 비록 제대로 정리되지는 않았지만 산아제한 문제를 가장 먼저 제기했다. 그는 "세상에서 가장 소중한 것은 사람이다. 사람이 있으면 어떠한 기적도 만들어낼 수 있다"라고 말했다. 그러나 이 말은 중국을 비웃고 중국 공산당이 식량 문제를 해결하지 못할 것이라고 생각했던 애치슨에게 한 것이지, 다산 정책을 장려한 것은 결코 아니었다. 만약 그랬다면 오늘날 중국의 인구는 13억이 아니라 20억이 되어 있을 것이다.

셋째, 오늘날 중국 인구가 많은 데는 여러 가지 원인이 있다. 지난 5천 년 동안 토지의 단위 생산량이 증가하고 경지 면적이 확대되면서 인구도 계속 늘어나, 인구와 식량 생산량이 함께 증가하는 양태를 보였다. 그 결과 1949년에 중국의 인구는 4억이 되었다. 기준 수치가 방대해지자 비로소 중국의 전통 문화가 아이 많은 것을 복으로 여길 뿐만 아니라, 산아제한 기술이 낙후되어 있어 인구 증가를 억제하기가 얼마나 어려운지 깨닫게 되었다. 이 점은 오늘날 강제성이 짙은 산아제한을 인구 정책의 방패로 삼고 있는 정책 담당자들이 가장 잘 알고 있다. 엄격한 산아제한 정책을 실시한 20여 년간 인구는 5억 이상 증가했다.

넷째, 공산당의 마오쩌둥이 남긴 기본적인 사회제도 덕분에 1970년대 이후 산아제한 정책이 순조롭게 추진될 수 있었다. 1980~85년에 이르는 기간은 인구의 자연증가율이 급격하게 떨어진 시기이다. 그러나 최근 농촌의 기층 권력이 약해지면서 개인의 사유를 인정하는 청부생산책임[包産到戶] 정책이 실시되어 산아제한 정책이 빛을 잃게 되었다. 관련 담당자는 '돈이냐 생명이냐'의 기로에 서 '생명을 돈과 바꾸는' 살아 있는 '염라대왕'이 되기도 했다. 그래서 산아제한 정책의 실시 효과는 점점 떨어지고 있다.

다섯째, 자유로운 시장을 숭배하는 사람에게는 미국 대통령의 부인 힐러리가 시장의 맥락에서도 육아는 개인의 기본적인 자유와 권리라고 일깨워준 것이 대단하게 받아들여지고 있다. 시장 개념을 견지한다면 산아제한 정책이 어떻게 집행되어야 한다는 등 다른 말을 꺼내지 말아야 한다. 이러한 주장 자체가 논리적 타당성을 결여하고 있기 때문이다. 이 점에서 자유 경쟁의 이념이 지닌 문제를 알 수 있다. 원래 자유라는 것은 자유로운 팽창과 자유로운 파멸을 의미한다. 사실 맬서스야말로 진정한 자유 경쟁의 신봉자이다. 그는 전쟁, 기아, 전염병 등으로 인구가 평균 수준을 유지한다고 했다. 다시 말하면, 자유 경쟁은 본질적으로 인간의 생명과 존엄을 가장 존중하지 않는 것이다. 이 점에 대해 애덤 스미스는 맬서스의 관점을 부인하지 않았다. 그들이 생각하는 논리적인 체계는 근본적으로 '약육강식, 적자생존'이 적용되는 정글의 원칙이기 때문이다. '늑대'가 '양'을 보호하는 광경을 본 사람이 있는가?

그러나 더 우스운 것은 시장 이념의 신봉자들이 시장의 기준으로 모든 것을 취사선택하고 있다는 사실이다. 그래서 '세 사람의 밥그릇을 다섯 사람이 나누어 먹는' 현상이 보이지 않는 실업을 공고하게 하고 있다고 말한다. 사실, 우리가 경제 생활을 자본의 효율의 관점에서 보지 않고 인류가 서로 돕고 일을 나누는 생산적 체계로 본다면 '세 사람의 밥그릇을 다섯 사람이 나누어 먹는' 경우에 실업이란 있을 수 없다

1980년대 이전의 노동자들은 실업 문제를 느끼지 못했다. 실업 문제가 가시화된 것은 샤강 노동자가 생기면서부터이다. 현대 과학기술에서 자본의 논리가 아니라 사람의 필요와 가능성에 따라 분배가 이루어질 경우, 모든 사람이 일 주일에 하루만 일하면 의식주 문제가 해결되고 풍요로운 삶을 누릴 수 있을 것이다. 이러한 기준으로 본다면 세계 여러 나라, 특히 주변국의 심각한 실업은 시장경제의 산물임을 알 수 있다. 여기에서 우리는 인구의 증가가 경제발전을 막고 있다고 말하는 사람들에게 한마디 묻고 싶다. 경제가 사람을 위해 존재하는가, 사람이 경제를 위해 존재하는가?

쓸데없는 말은 그만 두자. 그렇다면, 대체 일자리 우선의 경제 발전은

어떻게 이루어지는 것일까? 이러한 발전 모델은 시장경제와 충돌을 일으
켜 결국 또다시 과거의 계획경제로 돌아가게 되는 것은 아닐까?

　　이 문제에 대해 케인즈는 자신의 입장을 분명히 밝히고 있다. 그는
극단적인 일자리 우선 모델을 견지하고 있다. 그의 모델은 구덩이를 파고
다시 채우는 일자리 창출인데, 오늘날 말하는 내수 확대가 바로 일자리
우선의 사고방식 가운데 하나이다. 우리가 강조하는 내수 확대와 설비
확충은 시장에 결함이 없다고 여기는 신고전학파가 아니라 시장에도 결함
이 있다고 여기는 케인즈주의의 관점이다. 중국 정부는 재정 적자 때문에
구덩이를 파는 것이 아니라 재정 적자를 통해 대규모 공공 사업을 벌여
수요 확대를 도모하고 있다. 특히 대황하 수로 변경 사업과 대규모 서부
개발을 통해, 동부 지역의 인구 밀집이나 발전 과정에서의 자원 부족으로
부딪치게 되는 문제들을 근본적으로 풀어보려고 하고 있다. 이러한 관점에
서 중국이 실행하는 일자리 우선의 경제 발전은 매우 커다란 잠재력을
가지고 있다.

　　온톄쥔이 지속가능한 발전을 주장하면서 제기한 해결책도 일자리 우
선의 경제발전 모델이었다.

　　현재 가능한 발전 방향에는 두 가지가 있다. 첫째, 지역 격차를 줄이고,
동부 지역과 서부 지역에서 현저하게 나타나고 있는 자원과 인구 분포의
불균형을 줄이는 것이다. 둘째, 도시와 농촌의 격차를 줄이는 것이다. 자급
자족 수준에 있는 9억 농촌 인구 가운데 절반을 시장 소비자의 생활수준으
로 발전시켜 내수를 확대하고 경제발전을 도모해야 한다….

　　지속가능한 발전 전략에도 불구하고, 1985년 이후 '계단식 발전이론'의
영향 속에서 형성된 자원-자본, 자원-인구의 구조는 불균등했다. 또 아이
휘와 텅충 지역을 포함한 서부 지역에는 자원의 70~80퍼센트가 있지만

인구는 20~30퍼센트에 불과하다. 반면 동부 지역의 경우 인구와 자본은 70~80퍼센트에 이르지만 자원은 20~30퍼센트에 불과하다.

이러한 지역 불균등이 해소되지 못한다면 동부 경제는 지속적인 발전을 위해 해외 시장과 국제 자본에 의지하게 되어, 결국 중국 경제의 미래 자체가 국제 시장에 의해 좌우되게 될 것이다. 또 서부 개발을 대규모로 진행할 수 있다면 신장과 티벳의 전략보급선을 축소해 해외 시장 의존도를 줄일 수 있다. 또 가난에서 헤어날 수 있게끔 도와주는 인도주의 정신을 발휘함으로써 인권 상황을 개선하라는 외부의 요구도 충족시킬 수 있다. 게다가 이 모두가 국내의 힘에 의해 이루어지기 때문에 국제적인 논란이 일어나지도 않을 것이다.

최근 정책 결정의 주요 요인 측면에서 보자면, 중국적인 사회주의 초급 단계론을 실행하는 지속가능한 발전 전략에서 주요한 문제는, 중앙 정부가 동부 지역의 단기 이익의 손실과 반대 의견의 압력 속에서 국가의 전체적 이익에 알맞은 경제 정책을 유지할 수 있는가이다.

실태 조사를 통해 보건대, 중앙 정부는 국내 부문의 독점과 관련해 대자본에 대해 막대한 통제권을 가지고 있는 정치적인 조건을 이용해 과잉 현상을 보이는 국가 금융자본과 민간 노동력을 중서부 지역에 투입해야 한다. 국가 주도적인 대규모 사회간접자본 시설 공사를 벌여 '공사가 빚을 갚고 공사가 토지를 환원해준다.'는 정책을 실시함으로써, 허베이, 허난, 안휘, 스촨, 귀조우 같이 인구는 많은데 자원은 적은 농촌 지역의 과잉 노동력을 서부로 이동시켜 서부의 '자원경제'를 '자본경제'로 전환시킬 수 있을 것이다.

일자리 우선의 경제발전 모델은 정부의 거시적 경제 통제력과 정책 결정력의 확대, 공공시설 투자 확대를 필요로 하기 때문에 모든 자금 운용은 효율적이어야 한다. 중국 민족의 관점에서 정부의 내부적인 장려는 늘리고 부패를 엄격하게 처벌하는 것이 계획경제로 후퇴하는 것이라면, 일자리 우선의 경제발전 모델은 계획경제 시대와 상통하는 점이 있다. 그러나 중화 민족의 생존과 발전의 유일한 조건은 부패를 엄격하게 처벌하는 것이다. 그래야만 국내의 역량을 다시 모을 수 있기 때문이다. 모든 중국인이 경제적으로 바뀌기 위해서는 짧은 시간의 고통이 오히려 나을 것이다.

전략Ⅱ── 자원의 절약

인구 문제 이외에 중국의 발전을 가로막는 것이 바로 자원이다. 자본주의는 자원을 소모하는 것이다. 산업혁명 이후 2백여 년이 흐르는 동안 주요 자원이 이미 바닥을 보이고 있다. 이러한 속도대로라면 앞으로 1백여 년 안에 기술 혁명이 일어나지 않을 경우 자원 전쟁은 더욱 치열해질 것이다. 석유, 토지, 삼림, 물, 공기도 빼앗아야 할 대상이 될 것이다. 유럽과 미국은 자원을 대량으로 소모하는 현대화를 진행하면서 자원의 유한성을 전혀 고려하지 않았다. 마치 1930년대에 발생해 미국 국토의 3분의 2를 파괴한 모래폭풍이, 삼림 자원이 대량 훼손된 현실의 부산물이었던 것처럼 말이다. 또 이 강대국들은 모든 세계를 자국의 자원 창고로 생각하고 있다. 반면 중국의 자원은 그리 풍부하지 않다. 석유와 토지, 삼림, 물이 이미 많이 고갈되었고, 세계 각지에서도 자원 획득 능력이 부족해 자원소모형 경제성장은 이미 한계를 드러내고 있다. 이렇게 되면 강대국의 꿈은 수포로 돌아갈 것이다. 이 문제에 대해 최근 온톄쥔은 『중국경제정보』에 「중국의 발전 문제에 대한 재인식」이라는 제목으로 글을 실었다.

1. 중국의 대규모 경제의 고성장

중국은 지난 47년 동안 서구 산업화의 모범으로 성장해왔다. 대다수 서구 국가들도 산업화 초기에 자본의 원시적인 축적을 통해 고성장을 이루었다. 중국은 자원을 대량으로 점유하고 소모하는 대규모형 성장을 했다. 만일 과거의 발전 모델을 유지하면서 양적인 성장을 계속 추구한다면, 국내 자원의 희소성이 주는 압력 속에서 제품, 원료, 자본 시장은 서구 국가가 주도하는 '세계화'의 대열에 편입되어, 개발도상국의 실물경제 성장에서 빨아들인 이윤으로 생존하고 있는 다국적 자본의 제약을 받게 될 것이다. 이것은 발전 전략 자체가 만들어낸 결과일 뿐 국제 자본에 투항을 원하는 지 묻는 문제가 아니며, 어떠한 이데올로기의 문제도 아니고, '국가를 내다 파는 문제'는 더더구나 아니다.

2. 대규모 성장은 자원의 수요를 확대해 해외 시장에의 의존도를 높인다.

1980년대 이후 우리는 경제적 효율의 향상을 재확인하면서 두 가지 전환을 실현했으나 실질적인 결실을 얻지는 못했다. 최근 20년간 일부 주요 경제 지표가 과거보다 낮은 기록을 보였다. 단위당 GDP 에너지 소모가 1981년 에는 일본에 비해 6배였지만 현재는 15배로 확대되었다. 선진국의 경제발 전에 기술의 진보가 기여한 공헌도는 일반적으로 50~70퍼센트 정도이다. 하지만 중국의 경우 이것이 제6차 5개년 계획 기간에는 32퍼센트, 제7차 5개년 계획에서는 24퍼센트를 차지했고, 제8차 5개년 계획과 제9차 5개년 계획 이후에는 별다른 변화를 보이지 않고 있다.

또한 자본이 집중된 도시와 노동력을 배척하는 농촌이 대립하는 이원적 체제가 도시화를 가로막고 있다. 자본 위주 서비스업의 정부 독점, 3차 산업을 움직이는 에너지의 부족은 산업구조 조정을 어렵게 했고, 자원 소모를 더욱 확대시켰다. 연간 석유 소비 증가율이 1980년대에는 2.4퍼센 트에 불과했지만, 1990년대에는 10퍼센트에 이르렀다. 이로써 대규모형 경제성장이 중국의 산업화 과정에서 장기적으로 존재했던 제도적 현상임을 알 수 있다.

1990년대 이후 중국이 가진 주요 자원의 소모 정도를 추정해보면, 2010년에는 10억 톤의 석유와 3억5천 톤의 철강이 필요할 것이다. 그렇게 되면 수입이 늘어나 국제 시장에 의존할 수밖에 없을 것이다. 2010년에 중국의 석유 생산량은 많아야 1억5천 톤 수준을 유지하고 철광석 생산량은 4억 톤 정도일 것이기 때문에, 8억 톤의 석유와 3억 톤의 철광석을 수입해야 할 것이다. 그 밖에 도시화 과정에서 산림 훼손이 악화되고 있어 남벌 금지 조치가 채택되고 있다. 이 조치가 효과를 거둔다면 목재 수입이 현재 매년 3천만 입방미터에서 두 배로 증가할 것이다. 다음 세기에 중국의 1인당 식량 소비가 4백50킬로그램으로 늘어나 전체 수요량은 6억3천만 톤이 될 것이지만, 경지 면적은 2010년에 13억 무(1무 畝=667평방미터)로 줄어들 것이다. 총생산량이 5억5천 톤을 넘어선다고 해도 매년 수천만 톤의 식량이 수입될 것이다.

3. 경제의 대규모 성장에서 나타나는 수입의 관성과 영향

중국의 1인당 자원 점유량은 매우 적다. 철, 알루미늄, 구리, 아연 같은 광물 자원의 비중은 국토 면적의 비중보다 낮고, 석유 저장량의 비중도 국토 비중의 40퍼센트에 미치지 못하고 있다. 1인당 기준으로 계산한다면 세계 40위 밖으로 밀려날 것이다.

중국은 1970년대 말에 국가 산업화에 필요한 자본을 어느 정도 축적했고, 산업간 조화가 이루어지는 사회적 대량 생산을 달성했다. 이 덕분에 사회화를 실현할 수 있었던 것이다. 그래서 중국의 시장경제화와 대외 개방은 역사 발전의 필연적인 과정이며, 대외 지향적 경제성장이 수출입 촉진에 의존하는 것이 성장의 '관성'인 것처럼 되어 버렸다. 최근 20년간의 성장이 과거와 다른 점은 세계화의 정도에 있다. 지난 20년간에 걸친 국제 금융자본의 성과와 투자 기회 모색, 일본이 추진한 산업 이전 전략이 그 원인이었다. 제8차 5개년 계획 말기에 중국 경제의 대외 지향성은 이미

45퍼센트를 넘어서고 있었다.

일단 중국의 생존과 경제발전이 세계 시장에 의존하고 있다면, 그 영향은 과거와 비교할 수 없을 것이다. 현재 일어나고 있는 도전은 이미 중국의 경제가 국제 무역을 통해 자원 수요를 보장받고 있고, 세계적인 정치경제적 변화의 영향을 크게 받을 것임을 알려주고 있다.

만약 중국의 석유 수입이 8억 톤에 다다른다면, 이는 세계 수출량의 60퍼센트를 사들이는 것이다. 중국의 식량 수입이 2004년에 미국과 협상 중인 쿼터량대로 2천2백50만 톤에 이른다면 현재 전세계 무역량 2억 톤의 8분의 1을 차지하게 된다. 2억 톤의 철광석을 점유한다면 다음 세기 초 중국의 수요량은 세계의 전체 수출량을 초과할 것이다. 실제로 이러한 수요가 생긴다면 1차 산업 제품의 수요와 공급이 긴장 상태를 보일 뿐만 아니라, 중국은 남지나 해와 말래카 해협 등 통제 받기 쉬운 황금 수로에 더욱 의존하게 될 것이다. 특히 남지나 해 같이 영토 분쟁이 뜨거운 지역에서의 충돌의 격화는 미국 중심의 서구 그룹이 이 지역에 간여할 수 있는 빌미를 제공하게 될 것이다.

1998년 초, 중국은 국제 사회를 향해 금세기 말 1조 달러의 투자를 유치하겠다고 공표했다. 2010년 8억 톤의 석유 수입 대금을 지불하려면 3천억 달러 이상의 자금이 필요할 것이고, 이 밖에 여러 가지 광산물과 농산물을 수입하려면 전체 외환 수요가 7천5백억 달러에 이르리라는 전망이 나오고 있다. 이는 우리가 최근 10년간 수출지향적인 경제발전을 계속 이루었다고 해도, 15년 안에 연평균 수출 성장률이 12퍼센트 수준을 유지해야 한다는 것을 의미한다. 이러한 목표를 달성하기는 매우 어렵다. 앞으로 국제 무역 성장률이 5퍼센트를 유지하고 중국이 성장률 12퍼센트를 달성하면, 2010년에 세계 수출에서 차지하는 비중이 18퍼센트로 높아질 것이다. 이렇게 되면 수많은 국가들에게 시장을 내줘야 할 것이고, 국제 사회에서는 새로운 국면 조정이 일어날 것이다. 중국이 다음 세기에 수출지향적 경제를 계속 발전시키기 위해서는 국제 시장에 의존해 고성장을 유지하고, 세계적인 차원의 정치경제적 국면에 지대한 영향력을 행사하게 되는 변화가 나타날 것이다. 더 나아가 수많은 국가에 발전의 모범이 될 것이다….

합리적인 정책 결정을 위해 덩샤오핑의 '중국적인 사회주의 초급단계론'과 우리 나라의 '인구와 자원 관계의 긴장'의 기본적인 현실을 결합하여 토론할 때는, 실사구시의 입장에서 우리 나라가 이미 세계에 약속한 '지속가능한 발전'으로 전환해야 한다.

비록 사람들은 고성장이 가지고 온 소비사회의 단맛을 보고 있지만, 양적인 효율에서 질적인 효율로의 전환은 아직 이루어지지 않고 있으며, '지속가능한 발전'은 더 말할 필요도 없다. 그러나 우리가 다른 사람의 명령을 받기를 원하지 않고, 다른 사람에 대항할 수 없다면, 또 두 가지의 극단적인 전략적 선택을 하지 않는다면, 우리는 또다른 길을 찾을 수 있다. 세기말에 마지막으로 선택할 수 있는 기회를 잃어버린다면 우리는 다시 일어설 수 없을 것이다.

중국은 자원절약형 경제발전 모델을 선택해야 한다. 그러나 이 명제가 성립된다면 또다른 세기말의 문제가 우리 눈앞에 마주한다. 시장의 논리에 의하면, 세계 시장에서 충분한 경쟁력이 있다면 풍부하고 값싼 자원을 갖게 된다. 하지만 이것은 자원의 대규모적인 소모를 의미할 뿐이다. 만약 중국이 자원절약형 기술 노선을 선택한다면, 생산비용은 늘어나고 국제 시장에서의 경쟁력을 잃게 될 것이다. 즉, 우리가 중화민족의 생존과 발전에 중요한 의의가 있는 자원절약형 노선을 채택한다면 국제 시장에서 어느 정도 경쟁 논리의 전개를 막을 수 있을 것이라는 말이다.

자원의 소모는 전지구적인 문제이다. 서구의 수많은 지식인들은 자원전쟁의 발발을 매우 우려하면서 자원을 최대한 소모하지 않는 방법을 모색하기 위해 노력하고 있다. 만약 중국이 자원절약형으로 가장 먼저 전환한다면 국제 사회에서 중국의 지위를 정립할 수 있을 것이고, 중국이 생산한 자원절약형 상품의 경쟁력 증대에도 크게 이바지할 것이다. 세계의 역사는 문명의 중심에 있을수록 제도상의 확고함이 더욱 커지지만, 거꾸로 이는 변화에 대한 반응이 느리다는 것을 말해준다. 그래서 역사의 새로운 발전은 항상 성숙한 문명의 외곽에서 일어나고 있는 것이다. 예를 들어 자본주의가 봉건 문명의 중심이었던 중국에서 나타난 것이 아니라, 전쟁이 끊이지 않고 매우 빈곤한 유럽에서 나타난 것과 같다. 마찬가지로 서구 문명의 중심 지역이 자원소모형 경제에서 벗어나지 못한 반면, 혁명적 혁신은 중국과 같은 국가에서 일어날 가능성이 매우 크다.

　기술적인 관점에서, 중국의 단위당 GDP의 에너지 소모량이 선진국보다 훨씬 많은데 어떻게 중국이 먼저 자원절약형 경제를 이룩할 수 있겠느냐고 묻는 사람이 있을 것이다. 그 비밀은 중국의 GDP는 주로 1차 가공품과 저부가가치 상품으로 구성되어 있다는 데 있다. 이러한 제품은 에너지를 많이 소모하지만 부가가치는 낮은 반면, 유럽과 미국의 GDP는 주로 고부가가치 제품과 금융, 정보 같이 높은 이윤을 추구하는 서비스업으로 구성되어 있다. 이들 산업은 모두 에너지를 적게 소모하면서 부가가치는 매우 높다. 피혁산업을 예로 들면, 중국이 매년 대량으로 생산하는 생가죽과 하급 가죽은 이탈리아에서 가공을 거친 후 고급 가죽으로 변신하게 된다. 이때 소모되는 에너지와 파생되는 환경오염은 모두 중국이 책임지고, 모든 이윤은 이탈리아에게 돌아갔다.

　보잉 747의 가격은 수천 억 달러에 이른다. 그 가운데 알루미늄 덩어리와 철강은 중국에서 생산되었지만, 중국은 수백만 톤의 철강이나 알루미늄괴를 수출해야만 보잉 747을 사들일 수 있다. 원형 철강이나 정제된 철강을 생산하는 노동자들은 얼마나 많은 에너지가 소모되고 환경이 얼마나 오염되었는지를 말해주고 있다. 산시 山西 성 다퉁 大同 지역의 노동자들은 한 번의 전도를 위해 얼마나 많은 석탄을 소모해야 하는지 알려 줄 수 있다. 이러한 견지에서 보면 표면적으로 미국이 소모한 에너지와 광물은 그리 많지 않다. 그러나 미국은 중국의 에너지와 광산물로 생산한 대부분의 고급 제품과 거액의 이윤을 앗아가고 있는 것이다.

세계화의 시각에서 우리는 세계의 모든 자원——여기에는 제3세계의 모든 노동력과 그들이 소모한 에너지도 포함되어 있다——이 미국과 유럽을 위해 쓰여지고 있다고 말할 수 있다. 서구 문명은 자원소모형 문명이라고 해도 과언이 아니다. 이 점을 분명히 한다면 중국의 단위당 생산가치의 에너지 소모가 높다는 사실은 세계 경제 질서에서 중국이 차지하고 있는 주변국가의 지위와 밀접한 관계가 있음이 분명해질 것이다. 중국이 이러한 지위를 버린다면 자원절약형 국가가 되기가 그리 어렵지 않을 수도 있다. 그러나 만약 중국이 이러한 지위를 탈피해 독립적인 경제 구조와 체제를 세운다면, 최소한 자원절약형 경제를 향한 새로운 길을 연 후의 일일 것이다.

둘째, 자원절약형 경제는 '무엇을 어떻게 생산하는가'라는 문제를 해결해야 한다. 이 문제에 대한 근본적인 해답이 없을 경우 생산기술 분야에서의 전면적인 조정에 한계가 있기 마련이다. 자동차산업을 예로 들어보자. 만약 소형자동차를 미래 도시 교통의 주요 수단으로 선택하면, 생산기술이 어떻게 향상되고 자원 이용 효율이 어떻게 높아지든 철강, 고무, 석유및 여러 가지 금속, 시멘트, 토지와 같은 자원이 반드시 필요하다. 또 생산과정에서 엄청난 대기오염을 피할 수 없다.

그러나 지하철, 기차, 버스와 자전거를 혼합해서 구성한 공공교통 체계를 세워 사람들의 직장과 거주지를 가능한 한 가깝게 한다면 자원의 압력은 크게 줄어들어 교통의 질(안전, 속도, 편리, 안락함)은 물론 사람들의 생활수준도 개선되어, 길에서 버리는 시간이 줄어들 것이다. 이것은 하나의 사례에 불과하다. '무엇을 어떻게 생산하는가?'의 맥락에서 절약을 고려하는 것은 중국이 자원절약형 경제 모델의 모범이 될 수 있는 근본 요인일 것이다.

셋째, 현재 중국의 생산기술이 낙후되어 있기 때문에 같은 품질의 상품을 생산한다고 해도 에너지 소모율이 비교적 높다. 그러나 역설적이게도 바로 이러한 이유 때문에 중국이 에너지 소모 비율을 줄일 수 있는 여지가 더 크다. 온톄쥔의 말처럼 "근 20년간 주요한 경제 지표가 과거보다 낮은 수준을 기록하고 있다. 단위당 GDP 에너지 소모가 1981년에는 일본의 6배였지만 지금은 15배로 확대되었다." 왜 이러한 현상이 나타나는 것일까? 사실 그 이유는 간단하다. 단위당 GDP 에너지 소모는 생산 규모의 대소 및 기술의 선진성과 관계 있다. 1980년대 초 철강, 석유화학, 기계 등 모든 분야에서 국영기업이 절대적인 지위를 차지하고 있었다.

철강산업을 예로 들면, 전국적 규모의 대형 공장을 골간으로 지방의 중소형 공장이 이를 보충하는 구조를 형성했다. 그러나 이후에 수많은 향진기업이 철강산업에 끼어 들면서 제2차 제철 열풍을 일으켰다. 톈진의 다취 大邱, 히베이의 탕산 唐山 같은 곳이 제철 열풍 속에서 많은 돈을 벌여들였다. 향진기업은 국영기업이 도태시킨 1950~60년대의 시설을 이용하고 있어서 기술이 낙후되어 있고, 생산조건이 극도로 열악했으며, 에너지 소모와 환경 오염이 심각했다. 그러나 이 공장들은 저렴한 노동비용과 융통성 있는 마케팅으로 품질이 낮은 제품을 시장에 내다 팔 수 있었다.

이러한 상황은 미래 중국의 대규모 건축산업에 붕괴의 씨앗을 뿌리는 것일 뿐만 아니라 기술 경제 지표의 후퇴를 의미했다. 비록 향진기업이 농촌 과잉 노동력을 해결하는 활로이고, 농민이 돈벌이 문제를 해결하는데 많이 기여했지만, 중국 경제는 과다한 에너지 소비, 악화된 오염 지수를 떠안게 되었다. 만약 자원절약형 경제발전 모델을 선택한다면, 향진기업을 전면적으로 구조 조정하여 농촌 과잉 노동력의 활로를 찾아주고, 불필요한 자원 낭비를 줄일 방법을 찾아낼 수 있다. 또 향진기업이 부식물 가공을 다시 시작하고, 농촌의 소도시화를 조속히 실현하며, 토지의 종합 이용률을 제고하여 생태 농업의 길로 들어서고, 서부 대개발 구상이 실현된다면, 농촌의 과잉 노동력은 큰 폭으로 흡수될 수 있을 것이다.

향진기업의 구조 조정 이외에 대형 및 중형기업의 자원이용률을 높여야 한다. 이 분야도 매우 놀라운 저력을 가지고 있다. 이 일은 이미 시야에 들어왔기 때문에 더 이상 언급할 필요는 없다. 특별히 지적해야 할 것은 대형 및 중형 기업의 자원이용률에 관한 한 제고할 수 있는 폭이 그다지 높지 않다는 것이다. 아마도 이는 자원 절약의 경제적 효율이 두드러지지 못한 것과 상관관계가 있는 것 같다. 그러므로 가장 효율적인 방법은 자원 이용세의 징수액을 늘려서 자원절약형 상품의 보급에 투입하는 것이다.

해외에서는 이미 자원절약형 경제발전에 대해 연구를 시작한 사람이 있다. 영국에서 경제 카운슬러로 활동 중인 독일 출신의 영국 학자 슈마허는 제1차 오일쇼크 이전에 쓴 『작은 것이 아름답다』에서, 자원을 고갈시키는 서구 문명에 대한 심도 있는 비판을 통해 영속적 경제학이라는 새로운 개념을 내놓았다.

경제의 각도에서 볼 때 지혜의 중심 개념은 영속성이다. 우리는 영속성의 경제학을 연구해야 한다. 무슨 일이든 장기적이며 영속적으로 계속되지 않는 한, 경제적으로 아무런 의미가 없다. 한정적인 목표를 지향하는 '성장'은 있을 수 있지만 무한하고 보편적으로 '발전'한다는 것은 있을 수가 없다. "대지는 한 사람 한 사람이 필요로 하는 것을 줄 수 있지만 모든 사람의 탐욕을 채워주지는 않는다"는 간디의 말이 옳은 것 같다. 영속성과 탐욕은 같이 있을 수 없다. 탐욕적인 사람에는 "아버지 시대의 사치품이 우리 시대에는 일용품이 되어버렸다"는 사실에 기뻐하는 이들도 포함되어 있다.

욕망을 부채질하거나 조장하는 일은 지혜와 정반대의 것이다. 또한 자유와 평화와도 대립되는 것이다. 욕망이 불어나면 생존에 대한 두려움이 더욱 커진다. 욕망을 줄여야만 다툼과 전쟁의 근원이 되는 여러 가지의 긴장을 풀 수 있다.

영속성의 경제학은 과학기술의 근본적인 재편성을 의미한다. 과학기술은 지혜로 향하는 문을 열고 이것을 스스로 받아들여야 한다. 환경을 오염시키거나 사회 구조와 인간 자체의 질을 떨어뜨리는 과학적 혹은 기술적인 '해결'은, 아무리 능란해 보이고 매력적으로 보일지라도 쓸모없는 것이다. 경제력을 더욱 집중시키거나 환경을 파괴하는 대형 기계는 진보를 가져오는 것이 아니며, 지혜를 부정하는 것이다. 지혜는 과학기술을 유기적인 것, 비폭력적인 것, 우아한 것, 아름다운 것으로 만들어가기를 요구한다. 흔히 말하는 것처럼 평화는 불가분의 것이다. 뒷감당이 결여되어 있는 과학과 폭력적인 기술을 토대로 하면 어떻게 평화를 구축할 수 있겠는가? 우리는 오늘날 사람을 위협하고 있는 파괴적인 움직임을 역전시킬 수 있는 발명이나 기계를 낳을 기술혁신을 추구해야 한다. 우리는 과학자나 엔지니어에게 무엇을 요구해야 할 것인가? 나의 대답은 다음과 같다.

- 값이 싸서 누구나 손에 넣을 수 있을 것.
- 작은 규모로 활용할 수 있을 것.
- 인간의 창조력을 발휘할 수 있도록 할 것.[1]

여기에서 더욱 중요하게 보아야 할 것은 슈마허가 제3세계의 상황을 잘 이해할 수 있는 '중간 기술'이라는 해결책을 내놓았다는 것이다. 슈마허의 논점은 오늘의 중국에 많은 참고가 될 것이다.

개발도상국이라고 불리는 국가에는 생활양식이나 노동양식이 선진국과 다름없는 근대적인 부문과 그렇지 않은 전근대적인 부문이 병존하고 있으며, 인구의 대부분은 전근대적인 부문에서 살고 있다. 후자의 생활양식과 노동의 모습은 매우 열악하며, 점차 무너져 가고 있다.

　이 장에서 내가 논하려는 것은 이 전근대적인 부문에서 일하고 있는 사람들을 어떻게 도울 것이냐 하는 문제이다. 근대적인 부문에서 이루어지고 있는 건설적인 일들을 중지하라고 말하려는 것이 아니다. 내가 무슨 말을 하든 그러한 일들은 계속 진행될 것이다. 다만 극빈과 절망의 삶을 유지하고 있는 많은 사람들에게도 진정한 발전 혹은 적어도 건전한 안정 상태가 파급되지 않는 한, 근대적인 부문에서 아무리 큰 성공을 거두어도 그 모든 성과가 환상으로 끝나버릴 것이라는 점을 말하고 싶다.

　이른바 개발도상국에서 볼 수 있는 가난한 사람들의 전형적인 상태는 어떠한 모습일까? 우선 일자리를 구할 기회를 갖지 못해 비참한 상태에서 벗어날 수 없다. 반실업 혹은 완전실업 상태에서 일자리를 구할 경우에는 생산성이 극단적으로 낮아진다. 땅을 가진 사람도 있지만 매우 좁을 경우가 많고, 대부분의 사람들은 그것조차 가지고 있지 않으며, 갖게 될 가망도 없다. 이렇게 반실업 혹은 완전실업 상태에 있는 사람들은 도시로 흘러들어간다. 그러나 대도시라고 일자리가 넉넉하지도 않고, 살아갈 집이 있는 것도 아니다. 그런데도 무리를 지어 흘러들어가는 것은 일자리를 구할 기회가 전무한 농촌보다는 그나마 도시 쪽이 나아 보이기 때문이다.

　농촌의 실업이나 잠재 실업의 유일한 원인이 인구 증가에 있다고 생각하기 쉽다. 물론 분명히 그것이 유력한 요인이긴 하지만, 그렇다면 사람이 늘어났는데 왜 일자리가 늘어나지 않는가에 대한 설명이 필요하다. 어떤 사람들은 '자본'이 부족하기 때문이라고 한다. 하지만 '자본'이란 무엇인가? 자본이란 인간 노동의 성과이다. 자본의 부족은 낮은 생산성을 설명할 수는 있어도 일자리를 구할 기회가 없는 현실을 설명할 수는 없다.

아무튼 대다수의 사람들은 일자리가 없고 또 있다고 해도 임시적일 뿐이다. 따라서 가난하기 때문에 자립할 수 없고, 절망한 나머지 대도시로 일자리를 구하러 가는 현실에는 변함이 없다. 농촌의 실업은 대량의 도시 이주를 불러일으키고, 가장 부유한 나라도 무거운 부담을 느끼게 되는 도시의 비대화를 촉진한다. 실업은 농촌에서 도시로 옮아가는 것이다.

따라서 문제를 다음과 같이 단순하게 정리할 수 있다 지금도 전체 인구의 80~90퍼센트가 살고 있는 소도시와 농촌, 즉 대도시 외에서의 경제 생활을 예전의 건전한 상태로 되돌리려면 어떻게 해야 할 것인가? 대도시에서는 새로운 공업을 일으켜 경영자와 노동자를 배치하고 금융과 판로를 해결해 안정적인 궤도에 올리기가 매우 쉽다. 그러나 대도시에서만 개발이 진행되고 있는 한, 대도시 이외 지역에서의 생산(농업은 제외)이 신흥 공업과의 경쟁에서 패배해 괴멸할 것이며, 실업이 불어나 가난한 사람들은 더욱더 그들을 받아들이지도 않는 도시로 흘러들어가게 된다. 결국 '상호 파괴 현상'을 막을 수 없게 된다.

그러므로 개발 노력의 상당 부분을 대도시가 아니라 농촌과 소도시에 직접 기울이고, 거기서 '농공업 구조'를 만들어 낼 필요가 있다. 이와 관련해 강조해야 할 것은 작업장, 그것도 수백만 개에 이르는 작업장이 가장 시급히 필요하다는 점이다. 물론 1인당 산출고가 중요하지 않다고 말할 사람은 없겠지만, 그것을 극대화하는 것이 첫째 목표가 될 수는 없다. 무엇보다도 실업자나 반실업자에게 일할 기회를 최대한 주어야 한다.

선진국에서 새로이 발전하고 있는 현대적인 공업은 새로운 일자리를 창출할 수 있다. 그러나 현대적인 공업은 자금은 풍족하지만 노동력이 부족한 사회에서 나타나는 것이기 때문에, 노동력이 풍부하지만 자본이 부족한 사회에는 적합하지 않다.

일자리 창출에는 네 가지 요구사항이 있다. 첫째, 사람들이 이주하고자 하는 대도시가 아니라 현재 거주하고 있는 지역에 작업장을 두어야 한다.

둘째, 작업장을 세우는 비용을 전반적으로 낮춰 불가능한 투자와 수입이 필요 없는 공장을 대량으로 세워야 한다. 셋째, 생산방식을 간소화해 생산 과정에서 생산 조직에 이르기까지 원료 공급, 재무, 영업과 같이 고도의 숙련이 필요한 요구사항을 최대한 줄인다. 넷째, 원료는 현지에서 쉽게 구입할 수 있는 것으로 사용한다. 이 사항들은 '지역'적 발전 방법을 채택하고, 이른바 '중간 기술'을 응용해야만 효과를 거둘 수 있다.[2]

요컨대, 자원절약형 및 일자리 우선형의 경제는 서로 상생의 관계에 있음이 분명해졌다. 온톄쥔이 이 두 가지를 함께 논한 것은 일리가 있다.

전략 Ⅲ —— 역량을 집중해 전략 산업을 육성한다

일자리 우선과 자원 절약은 21세기 중국의 기본적인 출발점이다. 이 조건이 성취되어야만 중국은 국제 경쟁에서 안정적인 지위를 확보할 수 있다. 그러나 현재의 위치를 지키는 것만으로는 아직 불충분하다. 우리가 국가의 부강, 국민 생활의 안정, 풍족한 의식주, 지속가능한 발전에 만족해 주변 강대국의 존재를 고려하지 않고 국제 경쟁에 수동적인 자세를 취한다면, 중국은 '폐쇄된 국가'로 불릴 것이다.

문제는 국제 경쟁에 어떻게 참여하는가이다. 맨손, 아니면 완전무장? 허장성세, 아니면 실력대응? 유리한 게임, 아니면 불리한 게임? 경쟁은 전쟁이다. 공격과 방어 가운데 어느 것 하나도 빠트려서는 안 된다. 그러므로 21세기 중국의 경쟁 전략에도 공격적인 면이 포함되어야 한다. 역량을 집중해 전략적 산업을 육성한다는 것은 이런 의미이다. 전략적 산업의 육성에 대해서는 이미 왕샤오창이 『산업구조 조정, 시간이 없다』에서 의견을 제시했다. 우리는 다음과 같은 점에 동의할 수 있다.

첫째, 전략적 산업에 대한 정의이다. 왕샤오창은 군수산업과 문화산업 외에 전략적 산업은 종합적인 국력의 향상에 관련된 것이어야 하고, 이후 세계적인 정치 및 경제 영역의 경쟁에서 국가 안보와 전략적 수행능력에 관계되는 산업이어야 한다고 했다. 그렇다면 전략적 산업이란 무엇인가? 군수산업, 석유화학·철강·중화학공업, 조선산업, 자동차산업 등일까? 이에 대해서는 앞으로 공개적이고 심층적이며, 구체적인 연구가 있어야 할 것이다. 최근 발표된 「항공산업은 어디로 가야 하는가」에서 그는 전략적 산업에 대해 생생하게 설명하고 있다.

상품경제의 교환 과정에서 중요하게 여겨지는 것은 경제적인 효율이다. 우리는 언론에서 '돈만 있으면 귀신도 부릴 수 있다'는 논리를 적지 않게 들을 수 있다. 돈이 있으면 미인을 살 수 있고, 관료를 부패시킬 수도 있다. 많은 돈만 있으면 비행기도 살 수 있다. 중국민항의 보잉, 에어버스도 다 돈 주고 사온 것 아닌가? 한 걸음에 현대화를 이룰 수 있다면 왜 고생해서 처음부터 시작하겠는가? 문제는 어느 국면이 되면 '돈 귀신'은 경제적 효율을 중요하게 생각하지 않게 된다는 것이다. 비행기는 보잉과 에어버스뿐만 아니라 많으면 많을수록 좋다. 하지만 많이 살수록 자국의 비행기 제조 능력은 줄어든다. 미국의 F-16, 영국의 호크, 프랑스의 미라지는 많은 돈을 들여도 살 수 없다. 그 국가들은 그 비싼 전투기를 한 대도 팔지 않고 도태시켜 버렸다. 또한 '코커스' 보고서가 일으킨 평지풍파가 있었고, 대만에게는 파는 무기를 중국 대륙에는 팔지 않기도 했다. 미국이 '국가 안보'를 도모했던 것이다. 유고를 폭격할 때처럼 무인 지역에 들어가 상대를 공격하는 것과 같다. 그렇지 않다면 돈이 있는데 팔지 않는 시장경제를 어떻게 이해할 수 있을까? 취약 국면에서 '돈만 있으면 귀신도 부릴 수 있다'는 철학은 더 이상 통하지 않는다.

전략 산업이란 무엇인가? 돈이 있어도 살 수 없고, 단순한 이윤을 추구하지 않는 것이 바로 전략 산업이다. 반면 민간기업의 철학은 돈이 있으면 할 수 있는 일이 많고, 돈이 없으면 아무런 일을 하지 않거나 다른 일을 하는 것이다. 여기에서는 경제적 효율이 중요하다. 전략 산업의 발전 원칙은 '조건이 되어도 도전해야 하고 조건이 되지 않아도 도전해야 한다'는 것이다. 영리는 진일보를 위한 수단이지 목적이 아니다. 1970년대 초에 영국, 독일, 프랑스, 스페인은 제작 능력이 되지 않았지만 미국의 독점을 깨기 위해 연합해서 여객기 제작에 도전했다. 결국 25년간의 고난에 찬 투자 끝에 에어버스는 오늘날 보잉과 실력을 겨룰 수 있게 되었다. '조건이 되어도 도전해야 하고 조건이 되지 못해도 도전해야 하는' 이유를 깨닫게 해주는 좋은 사례이다.[3]

둘째, 전략 산업을 어떻게 육성해야 하는가? 왕샤오창은 산업구조의 재정비를 주장했다. 그는 세계의 추세는 기업의 민영화, 대형화, 국제화라고 지적했다. 1980년대 후반 이후 합병은 미국 기업의 주요한 성장방식이었다. 1988년에는 합병이 2천7백52건이었고 거래액도 2천6백38억 달러에 이르렀다. 1990년대 이후 미국 기업의 인수 합병은 점점 더 확대되었고, 펜타곤은 맥도널 더글러스를 보잉사에 합병시켜 유럽의 에어버스와 경쟁하게 했다. 합병이 어렵다고 이름난 일본도 최근 국제적인 경쟁 압력과 동아시아 시장을 선점하려는 경쟁에 밀려 여러 분야에서 인수 합병을 추진하고 있다. 이러한 추세는 예상을 뛰어넘어 세계시장을 놀라게 했다.

중국 산업의 근본적인 문제는 경공업에서 중공업으로 성장하는 과정에 있다는 것만이 아니다. 전체 수량에서 보면 철강, 석탄·석유·화학공업, 건자재, 컬러텔레비전산업 등이 모두 선진국과 필적할 만하다. 하지만 어느 한 기업의 규모도 다국적기업에 대항할 만한 수준은 되지 못한다. 과거 계획경제 체제에서 산업은 정부가 주축이 된 커다란 트러스트였다. 이러한 기술적인 연관 관계를 끊고 분산시킨 부서가 독립적으로 살아남을 수 있는 기업으로 성장하도록 책임 경영을 장려했다. 경제적 측면에서 말하자면 책임 경영의 장려가 각계각층의 적극성을 끌어내는 데 도움이 되었다. 그러나 기술적 연관 관계에서 보면, 각 기업간의 분업과 협력을 강화하기 위해 높은 연구개발비를 공동으로 부담해 다국적기업에 대한 대응 태세를 조정해야 할 것이다. 이러한 일이 가능하려면 기업의 제도 개선과 산업구조의 재정비가 함께 이루어져야 한다.

문제의 심각성과 긴박성은 국내 동종 업종의 기업을 재정비하는 과정에서 부문의 이익과 지방의 이익이 충돌하는 낡은 문제에 있다. 또 다국적 기업의 간섭과 중국 기업의 재정비를 지도하면서 중국 기업이 다국적기업의 국제 분업에 참여하도록 하는 데 있다. 좀더 구체적으로 말하면 계획을 매개로 해서 유대 관계를 가지고 있는 기업 집단이, 재산권을 매개로 유대 관계를 맺는 기업 집단으로 전환하고 있다는 것이다. 이것은 마치 '부모가 독단으로 결정하는 혼사'에서 '가족제도의 근본적 변화'로 나아가는 사이에 있는 '자유연애' 단계와 같다. 만약 자유연애 단계에 돈과 권력을 가진 자가 끼여들면 '연애'의 결과는 미루어 짐작할 수 있을 것이다. 언론에서 '예쁜 처녀가 시집을 잘 간다'라는 주제를 두고 토론을 벌였고, 아마 그녀들은 외국인에게 시집을 잘 갔을 것이다. 여기에서 문제의 심각성이 잘 드러난다.[4]

셋째, 산업구조의 재정비를 어떻게 실현하는가이다. 왕샤오창은 국영 기업의 '소유권이 분명하지 않은' 점을 이용해 정부가 직접 간여함으로써 기업의 대형화를 추진해야 한다고 생각한다.

민족적 대의에서 강력한 행정 수단을 이용할 필요가 있다. 시장 위주의 개혁 과정에서 우리 앞에 놓인 현실은 세계적인 다국적기업이다. 이들 다국적기업은 교과서에서 말하는 것처럼 시장에 의지해 성장한 것이 아니라 정부의 조직적인 간섭, 지원, 보호를 받아 발전한 것이다.

예를 들면, 강대국으로 발전하기 전 미국의 보호관세는 유럽 국가보다 훨씬 높았다. 리스트의 이론을 기반으로 한 카르텔은 정부의 지원을 받는 독과점 조직으로서, 대기업의 성장과 통합의 온상이었다. 수많은 다국적기업, 즉 독일의 바이에르, 바스프, 영국의 ICI, 미국의 듀폰, 스위스의 바젤 등이 모두 이러한 카르텔의 산물이다. 일본의 그룹(짜이바츄 Zaibatsu에서 케이레츄 Keiretsu로 발전), 한국의 재벌 등도 정부의 조직적 지원과 보호를 받은 것은 잘 알려진 사실이다.

현대적인 기업의 대형화, 다국적기업화의 물결 속에서 정부의 힘은 더욱 강해지고만 있다. 각 국 정부는 중국 제품에 대해 '반덤핑' 제재를 하면서 다국적기업에는 거액의 특혜 차관을 주어 중국에 제품을 판매하고 있다. 우리는 이 모든 것을 직접 느낄 수 있다. … 1990년대까지 서유럽의 각 국 정부들이 제조업에 지원한 보조금은 평균적으로 중국 정부가 국영기업에 제공한 지원보다 훨씬 많았다. 예를 들면 1990~1994년 동안 이탈리아에서 모든 제조업 종사자들은 3천 달러의 정부 보조금을 받았다.

이를 통해 우리는 대기업의 발전이 자유방임의 시장 체제에서 자연스럽게 나타나지 않는다는 사실을 알 수 있다. 중국에서 현재 '기업'간에 일어나고 있는 산업의 재정비는 중앙 정부가 강력히 추진하고 있는 중요 사업이다.

정부가 가진 행정 수단의 힘을 강조한다고 해서 정통적인 계획 체제를 회복하자는 것은 아니다. 전통적인 계획경제 체제도 성립 초기에는 생산 단위간의 기술적인 연계가 원활하게 이루어졌다. 그러나 기술과 경제의 동태적인 발전이 이루어짐에 따라 기업이 생존하는 데 필요한 기술과 경제의 연계가 부문과 지역의 행정 수단에 의해 분할되었다. 제품간의 연결고리를 살펴보면, 듀폰은 석유, 정유에서 화학섬유, 플라스틱, 의약에 이르기까지 연결되어 있다. 그러나 중국은 석유는 석유, 정유는 중화학, 화학섬유는 방직업, 플라스틱은 화학, 의약은 경공업과 의약관리국이 담당하고 있다.··· 또 지방 행정 부문의 분할로 완비된 생산 체제가 분산되어 버렸다. GE나 지멘스는 융통성 있고 강력한 금융의 지원 덕분에 발전 설비 판매에서 성공을 거둘 수 있었다. 일본 기업이 해외 진출에 성공할 수 있었던 이유는 금융(은행), 상사(종합무역상사), 부동산과 제조업 등 '육·해·공'에 걸친 여러 분야가 협력한 입체적인 전쟁 덕분이었다. 따라서 중국의 기업을 현대화하기 위해서는 기업 경영의 제도적 전환을 고려하는 동시에, '기업' 제품, 지역, 업종을 넘나드는 산업적 통합을 중점적으로 연구해야 한다. 현재 중국의 상황에서 대형화, 다국적화된 현대적 기업 제도로의 전환은 매우 막중한 과제이다. 개방된 환경 속에서 중대한 전략적 산업을 재정비해야 하는 시간은 우리를 기다려 주지 않는다.[5]

중국은 자국만의 전략적 산업이 필요하고, 정부의 힘으로 전략적 산업을 육성해 '거대하지만 약소한' 모델에서 '크고 강력한' 모델로 구조 조정을 해야 할 것이다. 그리고 국내 시장을 발판으로 삼아 국제 경쟁에서 이겨야 할 것이다. 이 문제에 흥미가 있는 사람은 왕샤오창의 글을 읽어보기 바란다. 이 책에서 풍부한 자료와 냉철한 관점을 얻으리라고 확신한다.

　여기에서는 군수산업 문제에 대해 약간 보충하도록 하자. 어떻게 분류하든 군수산업은 전략적 산업이다. 앞으로 중국의 군수산업은 방어형 군수산업에 속할 것이지만, 그렇다고 공격성을 완전히 배제할 수는 없다. 어느 정도의 공격성을 견지함으로써 적국의 침략 의도를 최소화하고, 군수산업을 이용해 과학기술의 수준을 향상시키며, 민간 산업의 국제 경쟁력을 강화할 수 있다. 이 분야에 대해서는 미국으로부터 배워할 것이 많다.

제2차대전 이후 미국은 자동차, 반도체 등의 산업에서 조금씩 경쟁 우위를 내주고 있었다. 하지만 군수산업과 고부가가치산업에서는 여전히 절대적인 선두 자리를 지키고 있었다. 그 가운데 가장 대표적인 것이 보잉사이다. 오늘날 미국이 세계 제일의 강대국이 될 수 있었던 것은 경제가 강력했기 때문이라기 보다는 군수산업이 매우 발달했기 때문이다. 사실, 민간 항공기, 상용위성 및 위성 발사기, 원자력 발전, 조선업과 통신 및 컴퓨터산업 등 군수산업을 핵심으로 하는 고기술산업군은 이미 미국 경제에서 우위를 지키고 있었다.

이 산업들이 거둬들이는 거대한 독점 이윤은 최근에 미국이 이른바 '신경제'를 이룰 수 있었던 주요 배경이다. 1992년까지 전체 기업의 3분의 1이 군수산업과 어느 정도 연관이 있었다. 현재 전체 산업에서 군수산업이 차지하는 비중은 20퍼센트에 이르고 있다. 전체 과학자와 엔지니어 가운데 40퍼센트가 군수산업과 관련된 연구를 하고 있다. 군수산업에 고용된 노동자가 미국의 제조업 노동자의 20퍼센트를 차지하고 있다.[6] 군수산업은 이제 투자 단계에서 수익을 거두는 단계로 접어들고 있다. 국무부, 펜타곤과 군수기업의 협력 속에서 미국은 이미 세계 군수품 시장에서 독점적인 지위에 근접하고 있다. 러시아를 군수품 시장에서 밀어낸 것은 말할 필요도 없고 EU 역시 미국의 상대가 되지 못하고 있다. 나아가 미국의 군수산업체들은 방대한 설비를 그대로 두지 않고 이윤을 뽑아내기 위해 전쟁 도발의 기회를 반드시 이용한다. 전쟁이 일어나면 미국의 군수산업체는 더욱 발전해 오히려 더 많은 이윤을 추구하기 위해 다음 대상을 적극적으로 물색하기도 했다.

군수산업은 미국 패권주의의 화근이라고 말할 수 있을 것이다. 물론 우리는 미국의 패권을 배워서는 안 된다. 하지만, 현실은 우리에게 군수산업의 발전이 가져오는 파생 효과를 잘 보여주고 있다. 사실 군수산업은 첨단기술산업 발전을 지원하는 알려지지 않은 방법이자, 기업 혁신의 리스크를 줄여주는 주요한 기제이다. 군수산업의 발전을 지원하면 군사력을 강화할 수 있을 뿐만 아니라, WTO에 관련된 문제에서 비켜 갈 수 있는 여지를 남겨 놓을 수도 있다.

개혁개방 정책이 실시된 이후 중국은 큰 폭의 민영화를 실시했다. 그러나 미국의 B-2기가 유고 주재 중국대사관을 폭파한 뒤 우리 중국인은 중국 군수산업과 과학기술 분야가 크게 위축되었음을 발견하게 되었다. 연구인력도 해외로 빠져나가 있었다. 1980년대 이후 대학을 졸업한 인재들이 국영기업, 군수기업에서 빠져나간 후 새로운 고급 엔지니어들이 들어오지 않아 기술을 이어받을 사람도 없다. 수많은 군수기업의 생산라인이 장기적으로 봉쇄되어 단지 약간의 미사일과 총알을 생산하는 상징적인 수준에 불과하다. 그러던 차에 나토의 유고 공습에서 미국의 공군이 가장 큰 역할을 맡자, 아직 미개척지인 중국의 항공산업도 세계 각 국의 관심을 받게 되었다.

현재 중국의 항공산업은 매우 어려운 처지에 있다. 1979년 항공산업의 총매출에서 항공부문 이외의 제품이 차지한 비율은 7.5퍼센트에 불과했고, 1997년에 항공산업 제품의 매출액은 과거의 20퍼센트에도 못 미치는 수준으로 떨어졌다. 항공산업에 포함되는 기업들의 생산라인은 이미 오토바이, 자동차, 대형 버스에서 담배 제조 기계, 의료기계, 세탁기, 냉장고 등을 생산하는 슈퍼마켓식으로 바뀌었다. 전투기 생산량은 1980년대 초에 비해 절반 넘게 줄어들어 1970년대 중반의 약 15퍼센트 수준이었다. 군용기 생산보다 더 심각한 문제는 기술의 위축과 해외 유출이다. 항공산업 민영화의 방향이 전투기 생산에서 민간 항공기 생산으로 전환된다면, 당장 전투기의 생산량이 줄어들더라도 기술의 유출은 없을 것이다.

그런데 현재 민영화는 이루어지지 않고 있다. 개혁개방 정책이 실시된 이후 민간 항공산업이 크게 발전해 민영화가 비약적으로 진전될 수 있는 기회가 있었지만, 여러 가지 원인 때문에 이 기회를 잡지 못했다. 1985년에 중국이 자체 제작한 1백 석 규모의 로켓식 여객기 '윈스 運十'의 개발이 중도 포기되었다. 여러 번 시험 운행이 성공한 사업을 중도에 그만 두었을 뿐만 아니라, 국내에서 외제에 대한 호기심이 높아지면서 보잉이나 맥도널 더글러스 같은 기업이 대거 들어와 방대한 국내 민간 항공기 시장을 두손 놓고 그대로 내주게 되었다.

여기에서 우리는 1980년대 이후 군수산업이 안팎—안으로는 민영화, 밖으로는 국제 경쟁—의 압력 속에서 점점 위축되는 현실을 직시하지 않고 경쟁력 약화의 원인을 경쟁의 결핍에 돌렸던 것에 주의해야 한다. 최근에는 5개 군수산업 분야를 각각 둘로 나누었고, 모든 업종에 두 개의 그룹이 있어 이들간의 경쟁으로 군수산업이 발전하기를 기대하고 있다. 국제적으로 군수산업의 인수 합병이 이루어지는 상황 속에서 중국의 군수산업은 구조 조정의 길을 택하지 않아 점점 더 축소되고 있는 것이다.

유럽이 어떻게 미국에 대항했는지를 살펴보자. 1970년 이전에 유럽 각 국은 각각 대형 민간 항공기업이 있었다. 그러나 대서양 건너에 있는 보잉과의 경쟁에서 패해 하나둘씩 무너져 갔다. 이때 프랑스와 독일의 항공업계 인사들은 대형 항공기의 거대한 독점 이윤을 기술적·군사적 우위까지 가진 미국에 건네주기를 거절하고, 유럽의 기술과 자본을 모아 독자적인 대형 민간 항공기 제작을 시도했다. 1970년 프랑스와 독일의 기업들은 에어버스사를 세워 보잉에 도전하는 여정에 들어섰다. 1971년에는 스페인이 들어왔고, 1979년에는 영국도 가입했다. 장장 25년이라는 세월 동안 4개국 정부가 보조금을 제공하고 에어버스의 기술진들이 전력 질주해 신형 여객기가 하나둘씩 하늘을 날게 되었다. 초기에는 보잉의 강력한 가격 경쟁력 때문에 유럽의 에어버스는 여전히 적자 상태였다. 1천3백여 대의 비행기가 전세계의 하늘을 날게 되자 비로소 보잉사는 에어버스의 존재를 인정하게 되었고, 낮은 가격으로 압박을 가하지 않게 되었다. 그때 보잉사의 장부에 처음으로 적자가 기록되었다. 보잉은 유럽 각국의 정부가 지원하는 에어버스를 이길 수 없음을 인정할 수밖에 없었다. 두 회사는 손을 잡고 서로 화해를 청해 공동으로 가격을 결정하고 시장을 독점하게 되었다.

우리는 미국에서 보호주의를, 유럽에서는 단결을 배워야 할 것이다. 언제일지는 모르겠지만, 경쟁의 개념을 포기하지 않는 스미스의 추종자들은 이 세계의 현실에 대해 눈을 좀더 크게 떠야 할 것 같다.

전략 Ⅳ —— 과학기술과 교육사업에 새로운 영혼을 불어넣어야 한다

일자리 우선과 자원 절약이 '시도하기도 전에 포기하는' 것이고, 전략산업의 육성이 '공격적'이라고 말한다면, 교육과 과학기술은 '진격할 때 공격하고, 후퇴할 때 수비'하는 것이라고 할 수 있다. 공격이든 수비든 우수한 인력이 없다면 모두가 공허한 말에 불과하기 때문이다. 중국을 일으킬 과학 엘리트를 교육하고, 중국에서 '자원절약형 기술이나 중간 기술'을 연구하고 보급할 인재를 육성하려면 우수한 교육이 필수적이다.

중국의 과학기술을 발전시키기 위해 전략적 산업의 핵심 기술 분야에서 독자적인 지적 재산권을 가지려면, 첫째 중국의 과학기술은 발전할 수 있는가, 둘째 무엇을 발전시킬 것인가, 셋째 어떻게 발전시킬 것인가 등의 문제에 먼저 대답해야만 할 것이다.

첫 번째 문제에 대해서는 두 가지의 상반되지만 연관된 답이 있다. 하나는 낙관론이다. 중국의 과학기술은 원래 발전되어 있기 때문에 발전 여부에 대한 문제제기는 필요가 없다는 것이다. 오늘날 우리는 이동전화와 인터넷을 사용하고, 보잉, 에어버스, 고속열차 같은 발달된 교통수단을 사용한다. 또 고속도로에서 국산 자동차를 시속 1백 킬로미터로 운전하며, 프로그램 교환기를 수출한다. 리엔샹 聯想컴퓨터가 해외 브랜드의 컴퓨터를 제압한 것은 우리의 자랑이 되었다. 오늘날 우리에게는 웬스 院士, 유명 대학, 수많은 연구원, 교수, 고급 엔지니어와 각 분야의 전문가가 있으며, '하나의 로켓과 세 개의 위성 一箭三星'의 발사에 성공했고, 항공모함을 개발할 수 있는 기술을 가지고 있다. 따라서 중국 과학기술의 발전에 대해 걱정할 필요는 없다.

이러한 표현은 표면적일 수 있다. 그러나 각 부문과 지방 정부의 업무보고에 자주 나타나며, 학생들의 글에서도 눈에 띄고, 언론의 보도에서도 자주 다루어지기 때문에 그 영향을 작게 볼 수는 없다. 예를 들면, 리엔샹을 민족적 하이테크산업의 성공 사례로 들면서 중국의 과학기술이 뒤떨어진 것이 아니라는 낙관론을 갖고 있는 사람이 있다. 어디에서부터 말을 꺼내야 할지 잘 모르겠다. 사실 엄격히 말하면, 리엔샹이 팔고 있는 것은 컴퓨터가 아니다. 하이테크산업에 속하려면 핵심 기술과 독자적인 지적 재산권을 바탕으로 높은 수익을 낼 수 있어야 한다. 만약 컴퓨터 케이스나 전원장치를 생산하는 것처럼 하이테크산업에 관련 서비스를 제공한 데 불과하다면, 또는 다른 사람이 생산한 부품을 조립한 것에 불과하다면, 수익은 매우 낮을 수밖에 없고 하이테크와는 아무런 상관도 없다. 리엔샹의 대표이사인 리우촨즈 자신도 리엔샹은 인텔이나 마이크로소프트 같은 대기업의 중국 측 조립판매처일 뿐 기술 수준이 그리 높지 않다고 인정했다. 연간 매출이 1백억 위안이 넘는다고 해도 수익률은 2퍼센트에도 미치지 못하고 있다.

일반 슈퍼마켓의 매출 수익보다 낮을 수도 있는 수치이다. 그래서 빌 게이
츠가 '비너스 계획'을 들고 선전 深圳에 오자 리엔샹은 쌍수를 들고 환영했
다. 가능성이 있는 상품을 팔 수 있게 되었기 때문이다.

　과학기술의 발전에 대한 비관론에 따르면, 과학기술 분야에서 선진국
과의 편차가 너무 크기 때문에 중국은 이를 따라 잡을 수 없다. 많은 부분이
개방된 시장에서 막대한 비용을 치르고 추월하기보다는, 선진국의 기술적
인 우위를 인정하고 제품을 직접 사면 된다고 생각한다. 최근 몇 년간
우리에게 어디 하이테크 상품이 있었는가? 냉장고, 컬러텔레비전, 컴퓨터,
복사기, 팩스, 이동전화 등 어느 것 하나도 우리가 중요한 지적 재산권을
가지고 있는 게 있을까? 그래도 우리는 잘 지냈다는 말인가? 스스로 연구
개발하려면 몇 년의 세월이 걸릴지 모른다. 게다가 따라잡으려고 하면
선진국은 이미 다른 분야의 연구를 시작한 뒤일 것이다. 선진국이 기술상
의 우위를 이용해 기술시장이 발전할 수 있는 기회를 빼앗아 가게 되면,
우리는 매우 비참해진다. 많은 연구 비용과 인력을 투입했더라도, 시장에
내놓지 못하면 이윤은 고사하고 투자 회수조차 어려워지는 것은 당연하다.
그래서 악순환이 이루어지고 종국에는 실패를 인정하게 되는 것이다.

　과학기술의 활로를 고려할 때 이 두 가지 상반된 입장의 근저에는
기술의 '속성론'과 '투항론'이 깔려 있다. 기술의 속성론은 우물 안 개구리
같은 것으로 반박할 가치도 없지만, 우리의 긴장감을 잃게 할 수는 있다.
투항론은 문제의 심각성은 알고 있지만 스스로에 대한 믿음을 잃게 한다.
하지만, '속성론'을 주장하는 사람은 '투항론'을 주장하는 사람이 제기한
반박을 마주하면 당황하고, '투항론'을 지지하는 사람은 투항 정책을 순조
롭게 추진하기 위해 '속성론'으로 자신을 보호해야 한다. 이 두 가지 입장
은 중국의 과학기술력을 파괴하는 데 어느 정도 기여하고 있다.

　우리는 '지구전'을 해답으로 제시할 수 있을 것이다. 중국이 독자적인

지적 재산권을 갖는 하이테크산업을 보유할 수 있을까? 그럴 수 있다. 그러
나 과학기술 관련 인센티브제에 커다란 변화가 있어야 하고, 따라서 상당
히 긴 시간이 필요하다. 10년, 20년, 아니 이보다 더 긴 시간이 필요할
것이다. 5천 년 전 중국에 살았던 노자, 장자, 공자 같은 현인들은 소크라테
스, 플라톤보다 훨씬 이전의 철학가이자 사상가이다. 그들의 변증법은 중
화문명을 발전시켰고, 그 결과 중국인은 매우 지혜롭고 현명해졌다. 또
1백여 년간 수많은 중국인이 뉴튼, 아인슈타인의 성과를 이해하고 응용해
왔다. 최근 중국의 학생이 국제수학올림피아드 등에서 우수한 성적을 거둔
것은 중국인의 두뇌가 매우 우수하다는 반증이다. 또 우리는 신중국 건국
이후의 30여 년 동안 원자폭탄과 수소폭탄을 만들었고, 인공위성 발사에
성공했으며, 독자적인 원자력 발전소, 우주항공산업, 조선산업을 발전시
켰다. 생명공학 분야에서도 1965년에 인공적으로 인슐린을 합성했고, 1970
년대에는 벼 품종을 대규모로 개량해 단위 면적의 생산량을 늘렸다.

　이러한 성과는 선진국의 삼엄한 기술 봉쇄 속에서 이루어졌고, 그 사이
에 여러 번 정치 운동의 장애가 있기도 했다. 적절한 체제와 정책적인
지원이 있었다면 중국의 과학기술은 놀라운 혁신 능력을 보여 주었을 것이
다. 최근 성장하고 있는 쥐롱 巨龍, 다탕 大唐, 중싱 中興, 화웨 華爲 등
4대 통신기업은 중국의 자랑거리이다. 그런데 흥미롭게도 최초의 완면
萬門프로그램 교환기를 설계한 우장싱은 대학 교육을 받지 못한 해방군
장교 출신이었다. 그는 개혁개방 시대에 성장했지만, 그를 밤낮 없이 연구
에 매진하도록 자극한 것은 시장의 논리가 아니라 군대의 전통적인 애국주
의와 과학기술에 대한 깊은 관심이었다. 그의 성공은 학력 사회의 성취라
기보다는 전통적인 이론과 실천을 결합하면서 일하고 학습한 결과였으며,
전문가와 일반 대중이 함께 힘을 모아 일군 기술혁신이었다. 우장싱에게서
우리는 시장 논리로는 설명할 수 없는 신비와 독자적인 지적 재산권의

거대한 저력을 느낄 수 있다.

'발전의 가능성' 문제가 해결되었다면, 다음에 제기되는 문제는 '무엇을 발전시킬 것인가'이다. 과학기술에는 방향성이 있다. 이 점은 슈마허가 훌륭하게 논증한 것인데, 우리는 중국의 과학기술이 '진격할 때는 공격해야 하고 후퇴할 때도 수비할 수 있는' 경쟁 전략을 마련하기 위해 발전해야 한다고 생각한다. 전략 산업이 발전하기 위해서는 첨단기술 분야에서 돌파구를 마련해야 한다. 또 일자리 우선과 자원 절약을 위해서는 더 많은 '중간 기술,' '에너지 절약 기술,' '청정 기술'을 개발하고 이를 저렴한 비용으로 널리 확산할 수 있는 체제——지적재산권을 보호하는 서구의 제도를 모방하지 않은 제도7)—— 를 마련해, 수많은 사람이 편리하게 사용할 수 있도록 해야 한다.

다음으로 개발자와 집단의 권익을 고려해야 한다. 예를 들면, 중국 자동차시장에서 승용차보다 등급이 낮은 농업용 차는 '중간 기술'에 해당한다. 농업용 차는 외관상으로나 기능적으로나 기술 표준에서 승용차보다 약간 뒤떨어지지만, 가난한 농민이 살 수 있고 사용이 편리하기 때문에 환영빝는다. 우리는 농업용 치기 외관이니 기능 모두 점점 향상되면서 가격은 그대로인 경우를 환영한다. 농업용 자동차는 집중도가 높지 않아 생산에서 판매에 이르는 시간을 단축시키고, 수많은 사람의 일자리 문제를 해결해 주었다. 이것은 어느 정도 상호 협력하는 성격을 가지고 있다. 여기에서 다국적기업은 농업용 자동차 생산을 고려하지 않고 있다는 사실에 주목해야 한다. 무엇보다도 우리에게는 농업용 자동차를 생산하는 기업이 발전할 수 있는 여지가 있다는 사실 자체가 중요하다.

세 번째 문제는 '어떻게 발전할 것인가'이다. 이 문제와 관련해, 우리는 지난 10여 년간 경쟁을 장려하고, 개인 이익을 위해 새로운 것을 만드는 연구개발 체제를 핵심 동력으로 삼아 과학기술의 혁신을 이루어왔다. 그러나 이러한 방식에는 그 끝이 보인다. 근본적인 문제는 중국 정부와 기업이 모두 충분한 경제력을 갖지 못한 채 이러한 생각을 해왔다는 것이다. 미국의 대학이나 연구소에서 연구직에 종사하면 연봉 7~8만 달러 정도는 받을 수 있다. 그렇다면 중국의 연구 기관은 어느 정도의 연봉을 제공할 수 있을까? 결국 우수한 과학자와 엔지니어는 개인의 이익을 추구하기 위해 미국에 가서 일하게 되는 것이다. GM, IBM, 마이크로소프트, 듀폰 등의 기업에서도 높은 연봉으로 중국의 우수한 인재를 끌어들이고 있다. 이 기업들이 이렇게 높은 연봉을 지불할 수 있는 이유는 그들이 내놓은 하이테크 제품이 전세계 시장에서 판매되면서 막대한 이윤을 벌어들이고 있기 때문이다. 그런데 중국의 동종 기업은 국내 시장에 움츠리고 있고, 국내 시장에서도 다국적기업에 몰리고 있어 이윤이 갈수록 줄어든다. 저이윤은 높은 임금을 지불할 수 없게 만들어 종국에는 시장에서 도태되고 말 것이다. 이러한 인재 확보 능력의 차이는 경쟁하는 기업간의 약육강식을 결정짓는 중요한 고리이다.

지난 10여 년간 수많은 엘리트가 유럽과 미국으로 향하고 있는 현실은 객관적으로 다국적기업의 과학기술력의 우위를 증명하며, 중국의 혁신 능력을 허약하게 만들고 있다. 북경, 상해, 천진, 우한 등의 유명 대학과 연구소에서는 그 현실을 피부로 느낄 수 있다. 수많은 대학생들은 입학과 동시에 토플이나 GRE를 준비하며, 학부에서 좋은 성적을 거두지 못하면 졸업 이후에도 계속 준비한다. 어떤 학생은 학업과 직장을 그만두고 '토플 준비반'에 들어가 공부하기도 한다. 중국 사회과학원의 여러 연구소 역시 마찬가지이다. 지도교수는 학생들의 불만을 뒤로한 채 본연의 연구에 몰두하지 않는다. 사실, 먼저 출국해 외국 기업에 들어가는 것은 '포부 있는' 학생이라면 누구나 생각하는 방정식이다. 잡지 『대학생』이 신세대 대학생의 유학 열풍에 대해 말하면서, 1980년대 이전에는 유학의 목적이 '학업을 마치면 국가에 봉사하겠다'는 것이었지만, 지금은 학생들의 '인생 목표'가 되어버렸다고 개탄했다. 학생이 이 지경인데 교사와 연구원이라고 예외일 수는 없다. 유명 대학의 학자이고, 방문 요청이 많을수록 순풍에 돛을 단 듯이 미국으로 건너가 버린다. 이류 연구원들에게는 그렇게 좋은 기회가 많지 않지만, 다국적기업이 중국 현지에서 판매와 기술서비스직에 써먹기에는 충분하다. 사태가 이렇게 전개되자 과학기술 연구진이 노화하고 우수 기술 인력이 유출되어 중국의 국력은 쇠진되었다. 비록 표면적으로 교수나 연구원의 수가 증가하고 학술 잡지가 정기적으로 나올지라도, 대다수가 현실적이지도 않고, 혁신적인 내용 없이 짜깁기한 것이 대부분이다. 이것을 근거로 비판하는 사람들은 일이 없는 교수나 책상머리 연구원들뿐이다. 이들은 그나마 꽌시학[人脈學;인맥과 학맥을 무기로 살아가는 사람]의 대가라고 할 수 있다.

또 이러한 사고는 엘리트의 대대적인 유출을 일으켰고, 그나마 얼마 되지 않는 엘리트마저 능력을 발휘하기 어렵게 만들었다. 1백여 년 전의 에디슨이나 아인슈타인 같은 발명가와 과학자는 혼자서 연구를 해냈지만, 오늘날 이러한 고립된 연구는 낮은 수준의 내용만을 반복할 뿐이다. 과학 연구는 전략적 산업의 핵심 기술에서 이루어져야 하며, 여기에는 과학자와 엔지니어의 협력이 필수적이다. 그러나 과학원이나 대학의 이익 집단이 세분될수록 힘을 집중시키고 어려운 난관을 헤쳐 가려는 조직에 가해지는 어려움도 더욱 커진다. 그 결과 수많은 민간 과학기술 단체가 낮은 수준에서 이전의 연구나 다른 사람의 연구를 반복하는 것이다. 그 후 같은 업종의 전문가를 초빙해 이를 감상하고 화려한 파티를 열고 나면 '국제적인' 수준에 오르게 되고 '세계를 선도하는 수준'이 탄생하는 것이다. 그러나 이러한 말장난이 우리 나라의 과학기술력을 향상시키고 우리 나라의 산업 경쟁력을 강화하는 데 무슨 의의가 있을까? 여러 해 동안 우리는 '과학기술의 성과를 산업화하자'라고 주장해 왔다. 문제는 수많은 과학기술의 성과가 사실은 빛 좋은 개살구에 불과하며, 처음부터 산업화하기에는 부담이 되었다는 것이다. 시장경제를 실시하는 오늘날 시장에 든든한 배경이 있거나 생산효율을 높이는 성과가 있다면 왜 산업화하지 않았겠는가?

유감스럽지만, 이러한 사고는 현실에서는 벽에 부딪치고 있다. 그럼에도 불구하고 공연한 아집을 부리는 사람이 있기는 하지만 말이다. 이런 사람들은 인재가 새 나가거나, 연구개발의 수준이 떨어지는 것을 대우가 좋지 못한 탓으로만 돌리고 있다. 최근 학계를 시끄럽게 했던 '교수 초빙 제도'는 바로 이러한 사고의 연장선에 있다. 이른바 교수 초빙 제도는 모든 초빙 교수에게 임금 외에 매년 10만 위안의 직위 보조금을 지급하는 것으로, 대상이 되는 교수 자리는 약 3백~5백 개 정도였다. 10만 위안은 중국인이 보기에는 적지 않은 것이지만, 미국에서 같은 수준의 인력이 받는 연봉의 10분의 1에 불과하다. 겨우 10만 위안으로 우수한 인재를 잡아두려는 것은 개인의 입장을 고려하지 않는 일방적인 생각일 뿐이다. 중국에 필요한 인재들 가운데 첸쉐슨 錢學森이 연구에 혼신을 다한 것처럼 연구에 진력을 다하겠다고 나설 사람이 과연 얼마나 될까. 더욱 난감한 것은 10만 위안이 초빙 교수에게 인센티브가 된다는 보장이 없다는 점이다. 오히려 중국의 수많은 교수, 연구원, 고급 엔지니어를 포함해 지식 사회 전반의 왜소해진 국가 의식에 커다란 타격을 줄 것이다.

한 국가의 과학기술이 발전하기 위해서는 몇 안 되는 엘리트, 5년 계약의 불안한 신분, 제한된 노력만으로는 충분하지 않다. 문제가 되는 초빙 기금은 리카싱 李嘉誠이 창안했는데, 재정부의 자금을 쓰지 않고 다른 교수의 대우에도 영향을 주지 않으니 이보다 더 좋은 수가 있을까? 하지만 단지 그뿐이다. 리 선생의 좋은 뜻에는 경의를 표하지만, 부부가 경영하는 가게 주인 정도의 안목으로 국가의 과학기술 사업을 보아서는 안 될 것이다.

해답은 분명하다. 중국 과학기술 체계의 근본적인 동력은 민족의 응집력이다. 여기에 개인의 물질적인 이익은 부차적인 것이다. 이 점을 널리 주지시킬 수 있다면 중국의 독자적인 지적 재산권이 출현하는 것은 시간 문제에 불과하다. 그리 많은 시간이 걸리지도 않을 것이다.

어떻게 하면 중화민족이 민족의 응집력을 다시 회복할 수 있을까? 많은 사람의 눈에는 이미 불가능한 일로 보일 것이다. 물론 매우 어렵기는 하겠지만, 절망적이라고 생각하지도 않는다. 어느 누구도 중화민족이 러시아처럼 다시 쟁반 위의 모래로, 타인의 지배를 받는 시대로 되돌아가기를 원하지 않기 때문이다. 이러한 악몽을 피하기 위해 우리는 실낱 같은 희망이라도 붙잡아야 한다. 이 장에서는 일단 표면적인 문제부터 꺼내보자. 먼저 교육, 특히 고등교육에 대해 논의해야 한다. 고등교육과 과학의 힘은 보통 생각하는 것보다 매우 깊은 관계가 있기 때문이다.

수량적 측면에서 보면, 지난 10여 년은 중국의 고등교육 발전이 절정을 이룬 시기이다. 연평균 모집 인원이 크게 증가했고, 특히 1999년에는 61퍼센트나 증가했다. 이 결과 고등교육 과정이 이미 도시 청년의 기본 소양이 되었다. 교육 방법에서는 시청각 교육에서 멀티미디어 교육, 인터넷 교육에 이르기까지 최소한 다양성에 있어서는 선진국과 같은 수준을 유지하고 있다. 이와 동시에 교육 시설의 개선과 교사의 처우 향상이 속도는 느리지만 어느 정도 이루어지고 있다. 현재 다양한 직업을 대상으로 한 지위 조사에서도 고등교육에 종사하는 교육자가 선두를 지키고 있다. 그러나 이러한 현상적인 발전과 비교해 교육의 목표는 점점 모호해지고 있으며, 교육사상도 갈수록 경직되어 가고 있다. 그래서 교육의 효과가 만족스럽지 못하다는 불만이 터지거나, 심지어 교육의 실패라는 말이 나오기도 한다.

교육의 실패는 먼저 학생이 핵심적인 과학기술 지식에 대해 무관심을 표현하는 데에서 드러난다. 1980년대 초기에는 "수학을 배우면 어디 가더라도 두렵지 않다"라는 말이 유행했다. 그러나 1980년대 후반 이후 교육의 핵심 이슈는 경영, 재무회계, 무역, 법률 같은 전문직으로 옮겨갔고, 1990년대 이후에는 포화상태에 이르렀지만 여전히 우수한 학생을 많이 끌어들이고 있다. 또 영원히 쇠퇴하지 않을 컴퓨터, 외국어 열풍이 불고 있다. 수많은 석사나 박사 지원자들은 모든 시험에 외국어 과목이 있다는 것을 안다. 전문 지식은 잠시 학원에 다니면 해결되므로, 외국어 실력만 있으면 살아가는 데 아무런 문제가 없는 것이다.

이렇게 해서 수력, 지질, 농림, 기계, 신소재 및 물리, 수학 같이 뛰어난 지적 능력과 창조력이 요구되는 기초과학 계열의 전문직에는 중하위권 학생들이 응시한다. 컴퓨터와 외국어는 사람이 만든 기호 체계에 불과하다. 따라서 단지 과학기술을 학습하고 교류하는 데 도움이 될 뿐이지 과학기술 자체를 혁신시키지는 않는다. 보잉, 록히드, 듀폰, IBM, 벨 연구소의 핵심 전문가 집단은 논리적 추론 능력, 공간적 상상력과 창조력이 뛰어난 사람들로 구성되어 있지, 컴퓨터만 잘 하는 사람들은 아닐 것이다. 오늘날 중국의 과학기술력이 이 정도라도 발전한 것도 컴퓨터와 외국어에 능숙해서 외국인과 순조롭게 교류할 수 있었기 때문이 아니라, 전문가 집단이 독창적으로 연구해낸 핵심적인 기술 덕분에 가능했다. 과거에 일부 군수 분야의 경우 미국 전문가가 미국의 기술을 중국에 가져오면 중국 전투기의 기능을 개선할 수 있다고 환상을 품었던 때가 있었다. 그러나 어리석게도 중국이 최고의 전투기를 보내자 미국은 중국 전투기의 기종, 설계 및 제조 능력을 훤히 알게 되었고, 유고 주재 중국 대사관 오폭 사건인 이른바 '5·8 사건'을 빌미로 약속했던 기술 협력을 중단했다. 코커스 보고서가 발표된 지금, 우리는 미국의 선진적인 레이더와 디지털 설비를 중국 전투기에 장착하는 것은 중국인의 일방적인 희망사항이었음을 알게 되었다.

더욱 주목해야 할 사실은 인기 학과를 선택하지 않은 우수한 학생들, 예를 들면 베이징대나 칭화대의 수학과, 물리학과, 생물화학과 같은 학과의 학생들이 하버드대, MIT, 캘리포니아주립대 같은 유럽과 미국의 유명 대학에 유학 가서 미국의 전세계 인재 전략의 포로가 되었다는 것이다. 사실 미국 학생들은 수리에 매우 약하다. 상류층 자녀들은 기업경영, 국제 정치, 법률, 회계 등의 분야를 전공해 부모의 기업을 이어받아 세계 경영을 하려고만 한다. 미국의 초등 및 중등교육의 수준이 악화되는 것은 통치 엘리트들에게도 골칫거리이다. 그렇지만 다행히 미국은 돈이 많아서 중국, 인도, 한국, 브라질, 아르헨티나, 이집트 같은 제3세계 국가의 뛰어난 학생들을 끌어들여 기술의 우위를 굳건히 지키고 있다.

교육의 실패는 또한 '가르침'의 내용에서도 드러난다. 한유 韓愈는 "가르침이라는 것은 도 道를 전하고 업 業을 전수하며, 감화시키는 것이다"라고 했다. 그러나 오늘날 고등교육자는 한유의 경지에 도달하기는커녕 이러한 개념조차 가지고 있지 못하다. 교사의 사회적 지위가 점점 향상되고 있기는 하지만, 유학, 외국 기업 취직, 일부 권력을 쥔 부문 및 인기 직업과 비교해 보면 여전히 열악하다. 게다가 주택 부문에서 개혁이 심화됨에 따라 복지 차원에서 보장되던 낮은 주택 가격이 점점 올라가 평범한 교사가 감당하기 어렵게 되었다. 그래서 교사는 가족을 부양하기 위해 본업을 제쳐 두고 부업, 연구개발, 과외로 바빠지게 되었다. 설사 이러한 일이 국가의 과학기술력이나 국민적 소양의 향상과는 아무런 관계가 없을지라도 개인이 이익과는 대단히 밀접하다. 그 결과 수업은 돈벌이 수단이 되었고, 점점 늘어가는 교사들은 이제 빠듯한 생활 전선 위에 있는 노동자와 다를 바 없다.

더 중요한 문제가 있다. 가령 노동자의 노동 효율은 명확한 심사 기준과 검증 기준이 있어서 제품의 품질과 수량에 따라 임금과 직위가 불안하게 된다. 그러나 교사의 효율은 심사할 방법이 없다. 사실, 현재 선진국의 수많은 대학에서도 중국과 마찬가지로 수업 수준을 충분히 감독할 수 없다. 유일한 요구 사항은 강의 진도를 맞추라는 것인데, 교사가 강의실에 들어가면 모든 문제는 사라지고 만다. 개인의 이익을 추구하는 교사는 수업의 비용을 최소화하는 방향으로 강의를 진행함으로써 의욕과 책임감이 저하된다. 교사는 그저 강의하면 되고, 학생은 수업만 들으면 되는 것이다. 학생의 강의 이해 여부는 아무런 상관이 없다. 이러한 교사 때문에 제자가 잘못된 길로 들어서더라도 겉으로는 어떤 상처도 남지 않는다.

더욱 심각한 것은 교수가 최소의 비용과 최대의 효과를 중시하는 문화를 따라간다는 사실이이다. 예를 들면, 돈을 쓰면 높은 점수를 줄 수 있다는 태도를 들 수 있겠다. 합격과 불합격이 달라질 수 있는 데도 말이다.

"시험, 시험, 시험은 교사의 봉. 점수, 점수, 점수는 학생의 운명"이라는 유행어가 있다. 신성한 교실에서 교사와 학생의 관계가 쥐잡기 게임으로 변질되었을 때, 어떻게 교육의 질을 이야기할 수 있을까? 실제로 교육의 질이 악화되고 있음을 인정하지 않을 수 없다. 학업 성취도가 뛰어난 수많은 학생들은 4년간의 대학 생활이 만족과 함께 아쉬운 미련을 남겼다기보다는, 허무한 시간이었다고 말한다. 대학에 들어가서 많은 지식을 습득했지만 사상은 제대로 배우지 못하고 조금 배웠더라도 곧 잊혀져 버렸다는 것이다. 전형적인 대학생의 대학 생활은 '공책에 쓴 것을 외운 후 시험 시간에 공책을 베끼고 나면 완전히 잊어버린다'로 정리할 수 있다. 일단 교육 방법에 문제가 있겠지만 배우는 사람에게도 문제가 크다. 사회에 만연한 불건전한 문화의 영향으로 학생들의 머릿속에 '공부 무용론'이 들어가게 되었다. 기초 과목 담당 교사들은 학생들이 더 이상 지적 호기심을 갖지 않는다는 것을 몸소 느끼고 있다. 과거에는 어려운 문제가 학생들의 학구열을 자극했지만, 오늘날 이러한 성향을 보이는 학생은 점점 희귀

해지고 있다. 과거 학생의 여가 생활은 공부가 전부였지만, 요즘에는 댄스, 친구들과 어울리기, 전자오락과 포르노 비디오 시청이 주를 이룬다. 가르침과 배움 사이에 심각한 문제가 생겨 서로 극으로 달리고 있는 것이다. 학생은 학력만 쌓으면 된다고 생각하고, 교사도 밥벌이만 하면 그만이라고 여기고 있다.

지난 10여 년간 중국의 고등교육이 이미 영혼과 생명을 잃어가고 있었다고 말할 수 있다. 이러한 현실은 두 가지로 이해할 수 있다. 첫째, 현행 교육에 실망해 독자적인 과학기술력 제고의 가능성을 회의하는 것이다. 둘째, 실망 그 자체일 경우이다. 그러나 죽어가고 있는 교육 현실에 영혼을 불어넣으면 중국의 고등교육은 곧 과학기술산업의 강력한 원천으로 환생할 수 있을 것이다. '5·8 사건'이 일어났을 때, 교수와 학생들은 서로에게서 겉으로 드러나지 않았던 가능성을 발견했다.

일자리 우선, 자원 절약, 전략적 산업의 발전은 과학기술과 교육사업에 새로운 힘을 불어넣고 있다. 21세기의 경쟁 전략은 이 서로 연결되는 네 가지를 고려해야 한다. 전략적인 추세에 대해 말하자면, 중국은 아직도 수세의 입장에 있다. 수세적인 전략은 중화민족이 채택해야 할 기본적인 전략적 자세이다. 이 전략은 우리가 약세에 있기 때문에, 그리고 평화를 사랑하는 중화민족의 전통적인 철학 때문에 결정되었다. 서구 문명이 무력으로 세계를 정복한 것과 달리, 중화민족의 발전은 근본적으로 문화적인 우위에 의해 이루어졌다. 일찍이 손자는 "싸우지 않고 적을 무너트리는 것이 가장 뛰어난 전략이다"라고 말했다. 중국적 길이 서구 문명이 해결할 수 없는 문제를 해결할 수 있다면, 중화민족은 전세계, 전인류의 마음을 사로잡을 수 있을 것이다. 그렇게 되면 중국은 진정으로 부국강병을 실현하면서 민주적이고 문화적인 국가로 우뚝 서게 될 것이다.

6

보호무역 정책은 지속될까

장 기적인 국제 경쟁 전략을 실시하기 위한 기본 전제는, 경제 주권을 가지고 대내외 경제 정책을 자주적으로 조절하며, 보호 및 개방 정책을 적절하게 이용해 국익을 최대한 보호하고, 경쟁국을 무너트린다는 목표를 달성하는 것이다. 이것은 당연히 자유 무역에 위배되고 진정한 세계화에도 어긋난다. 따라서 다음으로 등장하는 문제는 '오늘날 과연 보호무역을 할 수 있는가'이다. 이 문제에 답하기 위해 우리는 먼저 눈을 크게 뜨고 세기말 세계 경제의 현실을 바라보아야 할 것이다. 오늘날 '평화와 발전'이 세계의 중심이 아닌 것처럼 '세계화'도 '거스를 수 없는' 대세는 아니다.

1970년대 초 브레튼우즈 체제가 무너지면서 자본주의의 황금시대도 끝나 옛날의 영광은 과거지사가 되어버렸고, 세계 경제의 발전 속도는 뚜렷하게 둔화되었다. 이로 인해 미국, 일본, 유럽 등 3대 경제 지역간의 경쟁이 점점 치열해지면서 혼란과 위기가 연이어 나타났다. 1970년대 이후의 상황은 20세기 초반에서 대공황이 발생한 1930년대까지의 상황과 유사하다. 경쟁이 날로 치열해지면서 각 국의 보호무역주의 세력이 점점 득세해 지역 블록화, 비관세 장벽과 환율 전쟁을 특징으로 하는 3차 보호무역주의의 파고가 거세어졌다. 이러한 현상은 관세 인하를 추구하는 GATT나 WTO와는 정반대의 양상을 보이는 것이라고 할 수 있다. 학계와 언론계에서는 GATT, WTO를 신자유주의적 시각에서 보려고 할 뿐, 일반 시민의 이익이 뿌리째 부정되는 보호무역주의의 대두에 대해서는 애써 눈감고 있다. 그리고는 '세계화'의 품으로 뛰어드는 것이다.

이 장에서는 먼저 제2차대전 이후 서구의 경제발전 과정을 살펴 본 다음, 세계의 역사가 어떻게 나아가는지 알아보겠다.

대공황 전야의 세계 경제

세기말 세계 경제의 움직임을 이해하려면 먼저 제2차대전 이후 자본주의 황금시대의 출현과 그 종말에 담긴 수수께끼를 풀어야 할 것이다.

제2차대전 이후 미국은 서구 경제의 기관차가 되었다. 자본주의 경제는 미국의 지휘 아래 20여 년간 번영을 구가했다. 그러나 1970년대 초 이후 미국의 경제가 상대적으로 쇠퇴하자 서구 세계는 20여 년간의 저성장에 빠지게 되었고, 이것은 오늘날까지 계속되고 있다.[1) 이러한 역사를 정확하게 인식하는 것이 현재 세계 경제의 혼란과 환상을 푸는 관건이다.

가장 널리 알려진 해석은 원자력, 컴퓨터로 대표되는 신기술혁명이 경제성장을 촉진했다는 것이다. 이러한 견해에 대해서는 두 가지 의문이 뒤따른다. 먼저 전쟁이 자동차, 도로, 교외 지역에의 투자 확대를 가져온 요인인가이다. 그러나 이러한 기술들은 전쟁 이후에 발전한 것이 아니다. 제1차대전 이전에도 자동차산업은 있었다. 물론 1920년대에 자동차산업이 획기적으로 발전하기는 했지만, 어째서 경제의 고성장을 촉진하지 못하고 1929~1932년 사이에 대공황이 발생했으며, 위기가 제2차대전의 발발로 이어졌을까? 둘째, 원자력 기술의 응용은 다른 산업 부문의 발전에 별다른 역할을 하지는 못했다. 또 컴퓨터가 상공업에 널리 이용되어 커다란 경제 부문을 형성하고, 사회에 폭넓고 지대한 영향을 미친 것은 1970년대 이후였다. 그런데 서구 경제는 하필 이때 저성장과 정체 상태에 진입했을까?

두 번째 해석은 기술혁신이 경제성장을 가져왔고, 자본주의 제도의 '자기 조정'도 이에 한몫 했다는 것이다. 전후 서구 국가는 자본주의 제도를 유지하기 위해 복지국가 정책을 실시했고, 이 결과 과잉생산 위기를 어느 정도 극복할 수 있게 되어 상당히 오랫동안 번영을 누렸다고 한다. 이러한 설명은 어느 정도 타당성을 가지고 있다. 그러나 심층적인 문제는 왜 제2차대전 이후에야 복지국가 정책을 실시할 수 있었는가 하는 문제이다. 어째서 그때는 20여 년간의 고성장을 이루었는데, 1930년대 루즈벨트의 '새로운 국가'는 3년밖에 호황을 누리지 못했는가? 왜 1970년대 이후 복지국가 정책에 역전 현상이 일어나고 미국의 실질임금 수준이 떨어졌는가? 왜 1980년대 레이건-대처의 정책은 오래된 빈곤 문제를 해결하지 못했고 서구 각 국의 실업률은 오랫동안 내려가지 않았을까? 요컨대, 서구 세계는 왜 한층 확대된 복지국가 정책으로 과잉생산과 정체의 위기를 해소하지 못했을까?

앞의 두 설명은 근본적인 문제를 건드리지 못하고 있다. 전후 제3세계의 민족해방운동과 산업화로 인해 양적으로 풍부하고 값싼 자원, 에너지, 농산물이 등장했다. 이것이 세계 경제가 오랫동안 고성장을 구가할 수 있었던 원인이었다. 따라서 우리는 전후 번영의 중요한 의의를 제3세계의 산업화 과정에서 찾는 입장을 무조건 부인할 수 없을 것이다. 그러나 이러한 번영이 값싼 자원만으로 가능했던 것은 아니다. 1970년대 이후, 특히 1970년대 말 이후 G7 국가와 그들이 통제하는 IMF, 세계은행이 제3세계의 채무 위기를 이용해 구조 조정을 추진한 결과, 제3세계의 경제 정책이 수출지향적으로 바뀌어 자원과 일부 1차 공산품의 공급량이 더욱 증가했다. 이로 인해 자원에 대한 공산품의 비교 가격이 역사상 가장 낮은 수준으로 떨어졌고, 서구 세계는 적은 공산품으로 더 풍부하고 값싼 자원을 얻을 수 있었다. 그러나 이것 역시 서구의 경제가 정체된 원인을 설명하기에는 충분하지 못하다.

사실 위에서 말한 세 가지 관점 모두 어느 정도 합리적이라고 생각한다. 그러나 여기에는 중요한 요인, 즉 경쟁의 우위를 점한 국가가 바뀌있다는 사실이 빠져 있었다. 제2차대전 이전에는 미국, 일본, 유럽 사이에, 그리고 유럽 내부의 영국, 프랑스, 독일 사이에 경쟁이 매우 치열했다. 자본주의 세계가 오랫동안 과잉생산의 위기에서 벗어나지 못한 상황에서 이 국가들은 고관세를 실시해 시장의 문을 꼭 닫아걸었고, 서로 화폐의 평가절하나 저임금 같은 방식으로 경쟁력을 높였다. 한 국가의 사회적 모순은 물론 각 국 사이의 모순이 날로 악화되어 종국에는 세계대전이라는 전면적인 폭발을 일으켰다.

그러나 제2차대전이 끝난 후 미국 이외의 독점자본주의 그룹들이 커다란 상처를 입었다. 미국이 유럽, 일본 등이 대적할 수 없는 경쟁 우위를 갖게 되자, 이 국가들 사이의 경쟁은 완화되었다. 그 결과 전후 20년 동안 번영의 시대가 도래했던 것이다. 그러나 이 번영의 시기에 유럽과 일본의 경제는 경쟁력을 조금씩 회복해 열세에서 우세로 바뀌었고, 반대로 미국의 경쟁력은 약해졌다. '3대 그룹' 사이의 경쟁이 다시 뜨거워지고 보호무역주의가 점점 심각하게 대두되었다. 복지 정책은 계속되기 어려웠으며 수많은 과잉자본이 활로를 찾지 못해 세계 경제의 성장 둔화와 불황을 초래했다.

제2차대전 이후 중국과 동유럽이 사회주의 진영에 들어가고, 피억압민족의 독립운동과 민족해방운동이 노도처럼 일어나 자본주의 세계에 커다란 위협이 되었다. 유럽과 일본의 경제에 불황이 닥쳤으며, 내부의 모순이 일촉즉발의 상황이어서 경제 위기가 도미노 현상처럼 번질 가능성이 커졌다. 서구의 전략가와 정치가들은 이에 대해 우려를 많이 했고, 내부적 단결의 필요성을 인식하게 되었다. '철의 장막'이라는 말에는 사회주의 진영에 대한 저주가 담겨 있었고, 서구 통치 엘리트의 본심에는 두려움과 단결에 대한 열망이 자리잡았다. 그러나 자본주의 세계는 염원으로 좌지우지할 수 있는 것이 아니었다. 단결의 필요성은 자본주의 경제의 운영 가능성과 결합해야만 진정한 열매를 맺을 수 있었다. 제2차대전 이후 서구 각 국의 역량을 비교해보면 이러한 가능성을 발견할 수 있을 것이다.

전후 미국 경제가 강력한 경쟁력을 갖게 되었다는 사실은 미국이 어느 정도 일방적으로 비용을 올릴 수 있었다는 것을 의미한다. 대규모 세수로 마셜플랜에 필요한 자금을 동원하고, 점점 증가하는 군비를 충당했으며, 임금을 올려주는 등 복지국가 정책을 실시했다. 따라서 전체적으로 생산비가 늘어났지만 미국 상품의 경쟁력에는 아무런 영향을 주지 않았다. 군비 증강과 복지 정책은 과잉생산으로 인한 경제 위기를 완화해 주었고 국내의 수요를 늘려주었다. 즉 자동차, 고속도로와 교외 거주 붐은 국내 수요의 확대에 활로를 열어주었고, 이로 인해 경제 위기가 완화되어 미국이 상당히 오랫동안 세계 경제의 지속적인 번영을 이끄는 견인차가 되었던 것이다. 여기에서 주기적인 경제 위기의 발생을 배제할 수는 없었지만 말이다.

경쟁의 완화는 유럽과 일본의 부흥에 결정적으로 중요한 요인이었다. 전쟁이 끝나자마자 미국 상인의 돈 욕심 탓에 값싼 미국 상품이 밀물처럼 유럽과 일본 시장에 흘러들어가게 되었다. 이미 파산지경에 이른 기업은 빈사 상태에 빠졌고, 실업률은 계속 상승했으며, 이에 따라 노동운동의 열기가 날로 거세어지고 있었다. 그러자 각 국 정부는 미국의 군사 행동과 행정 수단에 대해 경고를 보냈다. 파운드화와 엔화에 대한 평가절하를 독려해 유럽과 일본이 각각 자국의 시장을 보호할 수 있도록 해주었고, 일본에 대해 재벌 해체, 군수산업과 중공업 중심의 점령 정책을 철폐할 것을 요구했으며, 미국 상품이 전세계 시장을 잠식하지 못하게 할 것을 요구했다.

이렇게 해서 미국 상품의 가격이 상대적으로 높아져 유럽과 일본에 한정적이지만 숨쉴 공간이 마련되었고, 국내 수요를 늘려 주었다. 또 마셜 플랜으로 인한 원조가 있었기 때문에 진후 재건 과정을 신속하게 진행할 수 있었다. 장기적으로는 재건을 끝마치고 경제 수준이 향상되어, 미국 상품의 수출 시장이 넓어져 전후 미국 경제가 번영을 이룩할 수 있었다.

서구 3대 경제 블록 내부의 경쟁이 완화되어 과잉생산 위기가 크게 해소된 결과 경제가 다시 성장할 수 있었다. 그러나 제3세계 민족해방운동과 여기에서 비롯된 대규모 산업화 과정이 서구의 자본-자원-상품의 순환에 편입되지 않았다면, 전후 서구의 번영은 자원의 고갈, 시장 수용 능력의 포화, 투자처의 제약으로 인해 어려움을 겪었을 것이다. 다시 말하면, 제3세계 산업화 과정의 전개는 선진국의 번영에 충분한 조건을 제공했을 뿐이다. 우리는 민족해방운동이 결국 자국을 해방시키지 못하고 서구의 전후 번영에 주춧돌이 되었음을 주목해야 한다. 대다수의 제3세계 국가는 불행하게도 선진국의 자원 공급처로 전락해 서구가 걸어온 '발전 없는 성장'의 과정을 거치고 나서, 경제 불황의 억울한 희생양이 되고 말았다.

경쟁은 완화되었다가 치열해지는 과정을 반복한다. 즉, 붕괴(위기) 이후에는 경기가 또다시 살아나면서 다시 치열한 경쟁으로 나아간다. 사실 미국의 절대적 경쟁 우위는 오랫동안 사라지지 않았다. 1950년대 말 미국의 경제성장 속도는 유럽이나 일본보다 훨씬 낮았다. 방대한 군비 지출 요인이 없었던 유럽과 일본은 전쟁이 준 상처를 치유할 수 있었고, 저임금과 낮은 임금 상승에 대한 사회의 수용력이 강해졌다. 그러나 유럽과 일본의 국내 수요는 미국보다 낮게 성장해, 이로 인한 과잉생산분을 상품 및 자본 수출을 통해 해결할 수밖에 없었다. 유럽과 일본의 생산비용이 미국보다 낮아서 점점 미국의 강력한 경쟁국으로 발전했다. 이렇게 해서 미국이 유럽과 일본의 방대한 시장에서 밀려나는 한편으로, 유럽과 일본이 미국을 포함한 전세계 각지의 시장으로 진격한 것이다.

1960년대 말 미국의 경쟁력은 더 이상 절대적인 우위에 있지 못했다. 미국 경제의 방대한 기반이 흔들리고 있었던 것이다. 그러나 아직 경제 영역의 쇠퇴가 정치와 군사 영역에 반영되지는 않고 있었다. 미국 정·재계의 거물들은 패권의 절정이라는 환상에서 헤어나지 못하고 있었다. 그들은 과거처럼 세계의 경찰 노릇을 하면서 세계 도처에서 미국에 맞서려는 조그만 저항의 불씨들을 꺼버렸다. 가장 전형적인 사례가 '동남아 붕괴의 도미노 현상'을 방지하기 위해 치른 베트남전쟁이었다. 치욕적 패배로 끝난 이 전쟁은 미국에게 엄청난 충격을 준 사건이었다. 전쟁 기간에 급증한 군사비는 미국 상품의 가격을 올려 미국 경제의 경쟁력을 더욱 약화시켰다.

미국 경제의 경쟁력 약화는 미국 상품의 시장점유율이 줄어들고 세계 경제에서 차지하는 지위가 추락하고 있음을 의미하는 것이다. 전세계 GNP

에서 미국이 차지하는 비중은 1955년 36.3퍼센트, 1960년 33.7퍼센트, 1965
년 31.3퍼센트, 1970년 30.2퍼센트, 1975년 24.5퍼센트를 기록했다.[2] 그러
나 미국의 독점 기업들은 실패를 인정하려고 하지 않았고, 불리한 국면을
만회하기 위해 여러 가지 조치를 취해 경쟁력을 강화했다. 그 가운데 하나
가 달러의 평가절하였다. 1973년을 기점으로 엔화의 환율은 1달러당 3백60
엔이었지만, 지금은 1백20엔으로 떨어졌다. 이러한 추세는 지금도 계속되
고 있다. 두 번째 조치는 복지 정책의 역전이다. 1970년대 이후 지금까지
미국의 실질임금 수준은 올라가지 않은 반면 실업률은 계속 올라갔다.
반실업과 아르바이트가 많이 늘어나면서 중산층이 줄어들어 미국의 임금
수준이 전반적으로 떨어졌다.

뿐만 아니라 1960년대 말에 진행된 제3세계의 산업화 과정도 그 끝을
보이고 있었다. 제3세계의 산업화는 서구 경제 체제 안에서 진행되어 서구
상품과 자본 수출의 직접적인 제약을 받고 있었다. 그 결과 독립적인 민족
공업 체제를 발전시키기 어려웠으며, 사치품 같은 고부가가치 제품은 수입
하고 1차 가공품은 수출하는 구조가 형성되어 서구의 주변국가로 전락했
다. 산업화 과정에서 제3세계에 주어진 공간은 매우 한정된 것이었다. 수입
대체 전략을 채택하기는 했지만 사회 구조가 특권층에 장악되어 있어 빈부
격차가 심각했으며, 수입대체산업의 국내 시장이 협소하고 경쟁력이 부족
해서, 고비용-저효율 구조로 전락한 후 결국 파산하게 되었다.

국제적 독점자본이 조정하는 IMF는 다국적기업의 희망을 들어주어
제3세계로의 산업 이전을 허용하는 '수출지향적 전략'을 실시했다. 이렇게
사회적 양극화가 점점 심화되자 일반 시민의 구매력은 계속 떨어지기만
했다. 한편 특권층이 국내의 정국 혼란을 우려해 거액의 자금을 유럽과
미국 은행에 저축하는 바람에 많은 양의 자본이 해외로 유출되었다. 게다
가 선진국 상호간의 무역 성장세가 점점 둔화하자 제3세계의 수출도 제약

을 받게 되었다. 이것이 바로 자본의 논리가 세계적으로 관철되는 생생한 모습이다. 한 쪽에서는 부의 축적이, 또 다른 한 쪽에서는 빈곤의 축적이 계속된다. 결국 전후 미국을 포함한 세계 경제의 번영을 지탱해주던 주춧돌들이 하나씩 무너지면서 미국, 일본, 유럽간의 경제 전쟁이 표면화되기 시작했고, 1970년대에 시작된 경기 침체가 지금까지 계속되고 있는 것이다.

경기 침체는 경쟁의 침체가 아니다. 오히려 침체기에 경쟁은 더욱 치열해지는 법이다. 1970년대 경제학계에서는 디플레이션이 유행했다. 케인즈 이론에 따르면 거시 경제는 고실업률—저인플레이션을 보이거나, 저실업률—높은 물가지수를 보인다. 스태그플레이션은 고실업률과 인플레이션이 병존하는 것이다. 이렇게 이상한 현상은 왜 나타나는 것일까? 경제학자들은 해답을 찾기 위해 골몰했다. 경쟁의 가열이라는 견지에서 보면 이러한 현상은 쉽게 설명될 수 있다.

케인즈의 거시 경제 모델이 일국적 모델로 널리 적용된 배경에는 각 국이 고관세와 같은 여러 조치를 이용해 서로 밀접한 경제 교류를 봉쇄한 사실이 놓여 있다. 각 국의 경제가 맺고 있는 연관 관계가 약해지자 쇠퇴기에는 이윤을 낮춰 투자를 자극할 수 있었고, 경기 과열일 때는 이윤을 올려 인플레이션을 억제할 수 있었다. 그러나 각 국의 경제 관계가 밀접하고 자본이 자유롭게 이동할 수 있을 때는, 한 국가가 이윤을 내리면 투자를 자극할 수도 있지만 자금의 유출을 가져와 경제를 악화시킬 수도 있다. 또 한 국가가 이윤을 올리면 경제의 과열을 막을 수도 있지만, 해외 단기 자금을 유인해 경기 과열을 더욱 부채질할 수도 있다.

이와 똑같이 1970년대의 스태그플레이션 역시 두 가지 커다란 국제 경쟁 요인 때문에 나타난 것이다. 첫째, 선진국간의 경쟁이 격화되자 앞다투어 노동집약적 산업과 오염 산업, 에너지 소모가 많은 산업을 제3세계 국가로 이전해 생산 비용을 낮추고 경쟁력을 강화했다. 이때 선진국에서는 실업률이 상승했다. 둘째, 개발도상국이 불평등한 국제 경제 질서를 개혁하기 위한 역량을 증강하면서 선진국과 개발도상국간의 경쟁이 심화되어, 오일쇼크를 기점으로 원자재 가격이 올라가게 되었다. 선진국은 그 책임을 개발도상국에 전가하고 역량 강화를 가로막기 위해 완성품의 가격을 전면적으로 올리는 반격을 단행했다. 원자재와 공산품의 연이은 가격인상으로 임금과 물가가 차례로 올라갔고, 국제적으로는 고인플레이션이 유발되었다.

이러한 스태그플레이션을 극복하기 위해 미국과 영국은 레이건-대처주의를 내걸었다. 레이건-대처주의의 철학은 신자유주의이다. 그 주요 특징은 대규모적인 민영화의 추진과 복지국가 정책의 포기, 사회보장 지출의 대량 삭감, 감세 등으로 비용을 낮춰 기업의 경쟁력을 향상시키는 것이었다. 그러나 레이건-대처주의에는 수요 확대와, 군비 지출 확대라는 다른 측면이 있었다. 한편에서는 세수를 줄이는데 다른 한편에서는 군비 지출이 늘어난다면 도대체 돈은 어디에서 나오는 걸까? 적자 재정을 실시하고, 고이윤을 보장해 국채를 사도록 외국 자본을 끌어들인 것이다 이러한 정책은 여러 가지 결과를 가져왔고, 그 영향력 또한 심각했다. 한마디로 말하기는 어렵지만 세계 경제의 성장이 미국의 수요 확대에 의존하는 새로운 단계에 들어선 것이다. 그런데 이 수요 확대가 대규모 적자 재정을 통해 이루어진다는 것이 불행의 화근이었다.

이러한 과정은 각 국이 돈을 미국인에게 주고, 미국인이 돈을 씀으로써 미국과 각 국의 경제성장을 지탱하는 뫼비우스 띠와 같았다. 달러는 전세계로 흘러나가고, 전세계는 달러를 미국의 채권시장과 증권시장에 다시 보내고 있었다. 이러한 악순환이 지속되면 미국의 채권이 점점 많아지고 주식시장은 점점 호황을 맞겠지만, 세계 경제의 총수요는 오히려 얼어붙게 된다. 결국 달러가 큰 폭으로 평가절하되고 증권 시장이 폭락해, 전세계 경제가 공황에 봉착하게 될 것이 분명하다.

총수요의 위축은 제3세계 국가에서 가장 먼저 나타난다. 1970년대 미국의 고이윤 정책 때문에 라틴아메리카와 아프리카에 싼값으로 임대한 석유 차관이 하루아침에 고이자로 변하자, 제3세계 국가들의 원금 상환 부담은 더욱 가중되었다. 1982년에는 멕시코가 가장 먼저 모라토리엄을 선포했고, 1987년에는 제3세계의 총채무가 1조 달러로 급증, 전체 제3세계 GNP의 5퍼센트를 차지해 각 국이 채무 위기에 휘말려들었다. 그러나 이 채무는 줄어들기는커녕 1996년에 오히려 2조 달러로 늘어난다.

총수요의 위축은 일본과 유럽에서도 나타났다. 수요를 확대하는 재정 정책과 공급을 늘리는 감세 정책의 혼합적인 장려 속에서 미국 경제가 다시 호황을 맞았지만, 레이건이 생각하는 것처럼 미국 기업의 경쟁력이 강화된 것은 아니었다. 오히려 유럽과 일본 기업에게 시장을 내주고 있었다. 특히 일본 상품이 물밀듯이 미국에 몰려들어, 미국 기업의 시장 지배율을 크게 위협했다. 일본의 경쟁력을 약화시키기 위해 미국은 1985년 G7 재정장관회의를 소집해 엔화 절하를 압박하는 합의를 이끌어냈다. 일본 기업은 이러한 국면을 타개하기 위해 세 가지 조치를 취했다.

첫째, 기업을 해외로 이전해 생산비를 낮춰 경쟁력을 유지했다. 둘째, 유럽과 미국에 직접 투자해 현지 기업을 인수했다. 셋째, 일본의 주식과 부동산시장에 투자했다. 이 가운데 첫 번째 방법은 일본의 산업을 진공 상태로 만들어 실업률을 상승시켰지만, 동남아 지역이 1980년대 중반 이후 번영하게 된 계기가 되었다. 두 번째 방법은 전반적으로 실패했다. 일본의 행동이 미국 산업계와 금융계의 거물들에게 견제를 받았기 때문이다. 세 번째 방법을 쓴 결과, 일본 경제는 투기화되고 거품경제로 변질되었다. 수많은 은행과 기업, 개인의 빚이 산더미처럼 쌓이고, 한껏 커졌던 소비자의 구매력이 급전직하해 내수가 대폭 위축되어 경기 침체가 오랫동안 계속되었다. 일본의 '6대 재벌'은 여전히 경제력과 기술을 가지고 있었고, 임금이 크게 인하된 탓에 수출은 늘고 수입은 줄어 무역 흑자가 증가했다.

1995년부터 엔화가 다시 약세로 돌아서 일본의 경쟁 우위가 더욱 강해졌지만, 엔화 강세가 낳은 아시아의 '작은 용,' '작은 호랑이'들은 커다란 피해를 보게 되었다. 이 국가들의 화폐는 여러 가지 방법으로 달러와 연계되어 있어서, 달러가 약세로 돌아서면 태국의 바트, 말레이시아의 링기트, 인도네시아의 루피아, 홍콩의 달러도 평가절하되어 달러와 같은 방향으로 움직였다. 엔화 강세 이후 이러한 국가들의 대외 경쟁력이 약화돼 무역수지가 적자로 돌아서고, 거액의 적자가 쌓여 외환 위기의 뿌리가 자라게 되었다.

역설적이게도 이들 국가의 번영이 끝을 보일 때도, 동남아 국가들과 다른 서구 국가들은 사태를 낙관적으로 전망하고 있었다. 미래에 대한 낙관은 자본의 자유화를 추진하게 했고, 외자 유입의 전망을 밝게 했다. 이렇게 경쟁력과 무역수지의 악화와 함께 외자가 유입되어 부동산시장과 주식시장이 이상 활황을 보였고, 결국 전반적인 경제 위기를 낳았다. 그래서 일본의 기러기떼형 경제 모델을 따랐던 아시아 지역의 경제가 심각한 불황에 빠지게 된 것이다. 미국은 엔화 강세를 통해 세계 경제가 필요로 하는 목적을 달성하지 못했고, 두 번째로 큰 경제 단위인 일본과 동아시아의 경제가 크게 위축되어 세계 경제는 더욱더 미국의 채권시장과 증권시장에 의존하게 되었다.

일본뿐만 아니라 유럽 경제도 계속 침체현상을 보이고 있다. 1980년대 이후 유럽의 실업률은 미국의 두 배 이상을 기록하면서 떨어질 줄 모르고 있다. 거품경제가 무너지자 많은 엔화가 미국으로 몰려들어 채권을 매입하고 있다. 이러한 현상으로 인해 미국의 채권이 고평가되고 거품경제의 위험이 이전되어, 미국 경제의 경쟁력마저 위협받고 있다. 많은 해외 자본이 들어와 미국의 증시가 날마다 최고 기록을 바꾸고 있고, 미국인의 구매력도 커지고 있으며, 기업의 가동률이 상승해 실업률이 떨어졌다. 또한 일본과 유럽의 내수 경기가 위축되어 통화긴축 정책이 채택되고, 아시아와 유럽의 값싼 상품이 대량 수출되고 있는 상황에서, 미국에는 기형적인 저인플레-저실업 현상이 나타나고 있다.

1990년대 이후에는 미국의 경제만 호황을 기록했다. 미국 경제는 거의 8년 동안 고성장과 저인플레이션, 낮은 실업률을 유지했고, 경박한 학자들은 '신경제 New Economy'라는 신조어를 만들었다. 그러나 이 '신경제'는 채무 번영의 대명사일 뿐, 실제 상황은 대공황 이전의 폭풍전야와 같다고 할 수 있을 것이다.

흥미롭게도 국내 경제학계의 일부가 세계 대공황의 가능성을 배제하고 있을 때, 미국의 경제학계는 1930년대의 대공황을 다시 반추하고 있었다. 1998년 8월 30일 크루그먼은『뉴욕 타임스』에 다음과 같은 글을 발표해 공황의 가능성을 솔직하게 인정했다.

현재 세계 금융시장의 이해할 수 없는 기형적인 호황은, 전세계적인 불황으로 이어져 대공황이 다시 올 수도 있다.

앞으로 몇 주일 안에 러시아의 붕괴로 신경이 곤두선 투자자가 제3세계의 화폐를 매각할 것이다. 이들 국가의 정부는 이율을 30퍼센트, 50퍼센트, 70퍼센트 수준으로 올려 화폐를 안정시키겠지만, 기업은 파산으로 내몰려 돌이킬 수 없는 은행의 도산으로 이어질 것이다. 경제는 깊은 불황의 늪에 빠지게 된다. … 이러한 사태의 전개 과정에서 미국과 EU가 직접적으로 할 수 있는 일은 그리 많지 않다. 이렇게 암울한 소식은 주가가 이해할 수 없을 정도로 치솟을 것이라는 낙관적인 정서를 해치게 되었다. 증시의 폭락에 따라 아시아 경제 위기의 부작용으로 소비자의 지출이 줄었다. … 1, 2년 안에 사람들은 시장에 대해 너무 소심하게 대처했음을 알게 될 것이다. 수많은 국가가 모든 가능한 대책을 마련해 지출을 부추길 것이다. 그러나 때는 이미 늦었다. 자기보호 의식이 강화된 비관주의가 이미 개인 부문으로 뿌리를 뻗은 후에는 무이자와 방대한 세수 삭감도 진전하는 데는 별 도움이 되지 못한다.

이 글의 결론에서 '직업이 인격을 정직하게 한다'라고 말하는 서구 경제학계의 권위자는 여전히 세계 경제에 대한 믿음을 가지고 있다.3) 그는 "그린스펀과 그의 동료들이 적절한 경고를 해주고, 1929년의 악몽이 재연되지 않으면 모든 것은 자연히 해결될 것이다. 유일하게 두려운 것은 두려움이 없다는 것이다"라고 말했다.

최근 아시아 경제의 회복 여부에 대한 열띤 논의가 다시 시작되었을 때, 크루그먼은 또 자신의 의견을 고집했다. "만약 1998년 여름 이 지역에서 경제가 실패하리라는 느낌을 별로 받지 못했다면 그것은 그리 좋지 않은 징조이다. 이 사건을 논할 때 아시아는 위기에서 아직 벗어나지 못했다. 또 다음 위기를 어떻게 극복해야 할지도 분명하지 않다. 1997~98년에 걸친 아시아의 경제 위기에서 나타난 모든 취약점이 사라지지 않았다. 아시아가 위기 이후 1997년 이전보다 나아지리라고 전망하기는 어렵다."4)

유비무환의 마음가짐이 있어야 한다. 대공황이 그린스펀의 '면밀한 경계'에도 불구하고 피할 수 없는 것이라면 중국도 대책을 세워야 한다. 게다가 경제 대공황은 한두 사람의 판단으로 피할 수 있는 것이 아니라, 거품경제의 붕괴가 운명인 것처럼 곧 우리에게 닥칠 운명이다. 크루그먼은 "직업이 사람을 정직하게" 하고 "현실이 사람을 정직하게" 하는 분열의 지점에 직면하게 된 것이다.

거세지는 제3차 보호무역주의의 물결

2백여 년에 이르는 산업혁명의 역사를 돌이켜 볼 때 자유무역과 보호무역 간의 논쟁은 끊이지 않는 주제였다. 역사상 자유무역이 행해진 시기는 매우 짧았고, 대부분 이론적으로는 이와 상반된 보호무역주의가 중심의 자리를 차지했다. 일반적으로 약소국은 말로는 자유무역을 지지하면서도 현실에서는 보호무역 정책을 채택했다. 약소국이 강대해지면 점점 자유무역을 실시하는 것이 유리할 정도의 역량에 가까워진다. 세계 경제가 호황을 구가할 때는 자유무역이 많은 호응을 얻지만, 침체와 불황에 빠질 때는 보호무역주의가 각 국 경제 정책의 주요한 흐름이었다. 따라서 자유무역이 추진되었을 때는 매우 강력한 국가가 막강한 경제력으로 이를 강행했을 경우이다.

역사에서 부국강병의 요구에 가장 잘 들어맞는 국가는 영국과 미국이었다. 하지만 이 두 국가도 짧은 기간 동안에만 가장 강력한 경제 우위를 차지했을 뿐이다. 진정한 자유무역의 시기 혹은 무역자유화의 시기는 딱 두 번 있었다. 첫 번째는 1846년 영국이 곡물법을 폐지한 다음부터 1870년대까지였고, 두 번째 시기는 제2차대전 이후부터 1960년대 말까지였다. 두 시기 전후에는 세 번에 걸친 보호무역주의의 흐름이 있었다. 그 시기는 각각 나폴레옹전쟁이 끝난 후 1846년까지, 1870년대에서 제2차대전이 끝날 때까지, 1960년대 말부터 현재에 이르기까지이다.

자유무역 이론은 이미 나폴레옹전쟁 이전에 형성되었지만 실행되지는 못했다. 영국은 18세기와 19세기 중반에 자유무역을 선포했지만, 실제로는 엄격한 보호무역주의를 실시해 원료의 수출, 완제품의 수입, 농산물의 수입을 제한했다. 유럽 대륙과 아메리카 대륙에 값싼 상품을 대규모로 수출하고 기술 봉쇄를 단행했으며, 우수한 방직기계와 숙련된 기술자의 출국을 금지했다. 프랑스, 독일, 미국도 영국을 모방해 관세 장벽을 높이 쌓아 최초의 보호무역주의 흐름이 나타났고, 이때 미국의 재무장관 해밀턴과 독일의 경제학자 리스트의 보호무역 이론이 형성되었다. 이러한 흐름 속에서 프랑스, 독일, 미국의 산업 경쟁력이 어느 정도 강화되어 영국의 자유무역에 상응하는 이론적 기반을 마련할 수 있었다. 곡물법의 폐지와 함께 영국은 수많은 공산품의 관세를 없애고, 1849년에 항해조례도 폐지했다. 1860년대에 영국은 여러 나라와 저관세 쌍무 무역협정을 체결했다. 특히 1860년에는 프랑스와 조약을 체결했는데, 영국은 프랑스 공산품에 대한 면세 혜택과 주세 인하의 특혜를 주었고, 프랑스는 영국의 석탄을 수입하고, 철강, 기계, 면직물 및 마직물 등에 감세 특혜를 주었으며, 수입 상품에 대해서 일괄적으로 금지령이 해제되고 최혜국 대우를 받게 되었다. 이후 프랑스와 다른 국가들도 상호조약을 맺게 되었다. 이렇게 해서 당시 가장 강력한 두 국가가 자유무역의 길로 들어서, 유럽에 처음으로 철저한 자유무역의 시대가 열린 것이다.

그러나 이 시기는 그리 오래 가지 않았다. 1870년대에 트러스트, 콘체른, 카르텔 등 여러 형식의 독점체들이 만들어져, 각 국의 산업에서 주도적으로 활동하고 있었다. 특히 독일과 미국의 경제력이 튼튼해지자, 이 독점체들은 국내에서는 보호 정책을 펴고 대외적으로는 덤핑을 했다. 자유무역 정책은 점차 위축됐고, 역사는 다시 더욱 유장한 보호무역주의의 시기로 들어섰다.

20세기에 들어서자 독점이 더욱 심화되었다. 국내 시장은 협소한데 자본은 과잉 상태가 되어 보호주의가 점점 악화되었고, 결국 제1차대전이 발발했던 것이다. 그러나 전쟁은 경제력과 식민지 쟁탈전으로 인한 불균등을 완전히 해소하지 못했고, 과거처럼 절대적인 강대국이 형성되지도 못했던 탓에, 각 국의 경제 정책에서는 여전히 보호무역이 가장 중요하게 여겨졌다. 전쟁배상법안의 제재를 받았던 독일은 대규모 수출을 통해 배상금을 마련할 수 없는 상황에 처했는데, 이는 보호무역주의로 인한 전형적인 현상이었다. 독일은 미국에 많은 채무를 지게 되었고, 결국 이것은 1929년 대공황 발발의 도화선이 되었다. 대공황 발발 이후 미국은 '스무트-홀리법'을 제정해 실질 관세율을 50퍼센트 가까이 올렸고, 보복 관세를 실시하기 시작했다. 독일은 외환관리 제도를 실시해 공업 및 농업 제품의 관세를 더 이상 올릴 수 없는 수준까지 올려버렸다. 프랑스와 영국도 이에 뒤질세라 주변국에 피해를 주는 정책을 채택했다. 그 후 제2차대전이 일어나 각 국의 경제 정책은 전쟁을 수행하는 데 알맞게 입안되어야 했으므로, 자유무역은 더 이상 거론되지 못했다.

제2차대전이 끝나자 미국은 강대국의 지위를 얻었고 보호무역주의의 전통을 철폐했지만, 여전히 공격성이 매우 짙었다. 미국 상품이 값싸고 품질이 좋았기 때문에 경쟁이 될 만한 상품이 있을 리 없었다. 사회주의의 위협에 대응할 필요가 없었다면 미국은 자유무역 정책을 계속 강행했을 것이다. 그렇게 되면 진정한 자유무역주의의 시기를 열어 좀더 빨리 세계 각 국을 미국의 경제 식민지로 만들었을 것이다. 좀더 일찍 미국의 통제 아래 '세계화'가 되었을 것이다. 그러나 냉전은 미국의 손과 발을 묶어 놓았다. 미국은 동맹국을 보호하기 위해 보호무역을 실시해서 의도와는 다르게 각 국의 사회적 모순이 완화되도록 하지 않을 수 없었다. 하지만 미국은 가능하다면 무역자유화를 위한 발걸음을 늦추지 않으면서 각 국의 빗장을 열기 위해 필사적인 노력을 기울였다. 이 시기는 자유무역의 시기라고 부를 수는 없지만 무역의 자유화는 점점 강화되고 있었기 때문에, 이러한 의미에서 자유무역이 현실에 맞게 추진되던 두 번째 시기였다.

미국의 관점에서 볼 때 이 시기의 중대한 실패는 무역자유화가 동맹국으로부터 보이지 않는 견제를 받아 그 속도가 둔화되고, 이때를 틈타 일본,

독일이 경제발전을 이루었다는 것이다. 1960년대 말에 일본과 독일의 산업 역량이 강해져 많은 달러가 해외로 유출되었고, 브레튼우즈 체제가 흔들리 기 시작했다. 또한 일본과 독일의 기적과 같은 경제발전은 보호무역주의를 다시 실시하도록 미국을 옥죄었다. 1969년 닉슨 행정부는, 군비 지출을 유지하고 냉전에 맞서는 맹주 자리를 지키기 위해서는 달러를 보호해 미국 이 흑자를 유지할 필요가 있다고 주장했다. 이를 위해 보호무역주의를 실시해야 한다는 것은 더 이상 말이 필요 없는 당연한 진리였다. 미국이 첫 번째로 벌인 일은 일본에게 대미 방직물 수출을 '임의로' 제한하라고 요구하는 것이었다. 이렇게 해서 전후의 무역자유화 흐름에 중대한 전환이 일어났고, 세 번째 보호무역주의의 물결이 시작되었다.

앞에서 말한 것처럼 미국은 세 번째 보호무역주의 흐름의 발원지였다. 그런데 미국이 자유무역의 이념을 준수하는 GATT, WTO 협상에서 중요한 역할을 맡고 있는 것을 어떻게 이해해야 할까? 그렇다면 보호무역주의와 자유무역은 어떤 관계가 있는 것일까? 답은 간단하다. 미국은 GATT, WTO 협상을 이용해 다른 국가의 시장 개방을 추진하고 있으며, 비관세 장벽, 북미자유무역지대와 환율인하를 통해 자국의 시장을 보호함으로써 경쟁 력을 강화하려는 것이다.

여기에서는 먼저 비관세 장벽에 대해 언급해야겠다. 일본이 방직물 수출을 임의로 줄이자, "그 다음에는 피혁, 철강, 조선, 자동차, 가전제품 수출이 타격을 받았다. 1974년 이후에는 이러한 조치를 더 늘렸다. 그 대다 수는 방직 및 패션, 철강, 자동차, 오토바이, 신발, 컬러텔레비전과 무선 전화 등을 겨냥한 것이었다. 1984년 미국 의회는 '무역 및 관세 법안'을 통과시켰고, 1988년에 레이건 대통령의 공식 서명으로 '1988년 무역과 경 쟁력 종합 법안'이 만들어졌다. 최근에는 짙은 보호주의적 색채로 인해 관련 법안이 늘어나고 있다. 미국의 '301조'나 '슈퍼 301조' 같은 조항들이 보호무역주의를 표방하는 대표적인 법안이다."5)

그러나 자유무역을 주장하며 중국의 WTO 가입과 우루과이 라운드 협상에 여러 번 참여했던 런촨 任泉은 이러한 현실을 받아들이지 않고 있다.

제2차대전 이후부터 1960년대까지 자유무역주의 사조는 미국에서 전성기를 이루었다. 그러나 1970년대 이후 자본주의 세계에서 일어난 여러 차례의 경제 위기로 미국도 보호무역주의를 강화해갔다. 1974년 미국에서 통과된 무역법은 이러한 과정의 산물이다. 이 무역법에는 보호무역주의 조항이 있다. 예를 들면, 수입이 급증해 국내 산업에 실질적인 손해를 입힐 때 관세 또는 반덤핑세를 부과하기로 했다. 이 외에도 이 무역법은 보조금에 벌금을 부과할 수 있도록 규정했다. 무역법 301조에 근거해 대통령은 관세 인상 및 다른 조치들을 취할 권한을 가지고 있어서, 무역 상대국과의 양자 회담을 통해 이른바 불공정한 교역을 상쇄할 수 있는 길을 열었다. 미국은 1974년부터 무역 정책의 중점을, 불공정 무역의 철폐를 통해 다자간 무역으로부터 양자 무역 조치의 실현으로 나아가는 데에 두었다. 양자의 노력으로 방직, 철강, 자동차산업의 불공정 무역을 지양해 미국은 수많은 보호무역주의 조치를 채택할 수 있었다. 예를 들어, 수입 제재와 자동적 수출 제한을 명시한 협의서가 있다.

보호무역주의 조치가 이미 1974년 무역법에 반영되어 있었기 때문에 시간이 흐를수록 보호무역주의의 압력은 더욱 거세어졌다. 1988년의 '종합 무역법'은 미국의 보호무역주의 정책을 최고조로 발전시켰다. 이 기간에 EU, 일본 등 다른 선진국의 보호무역주의 물결도 점차 거세어지고 있었다. … 1930년대의 보호무역주의는 주로 고관세 장벽을 구축해 수입을 제한함으로써 국내 산업을 보호했다. 과거의 보호무역주의와 비교해 보면 1970~80년대의 신보호무역주의에는 새로운 특징이 많다. 이에 대한 구체적인 이해를 돕기 위해 미국의 현실을 섞어 설명해 보겠다.

오랫동안 심각한 불균형을 보인 무역 적자와 경상수지 적자를 개선하고 세계 시장에서 미국 제품의 경쟁력을 강화하기 위해 1980년대 미국의 대외 무역 정책은 전방위적이고 다각적인 전환을 감행했다. 그 특징은 다음과 같다.

1) 무역 정책의 원칙과 구체적인 행동에 모순이 있다. 레이건 정부와 부시 정부는 표면적으로는 자유무역의 대원칙을 따르고 있지만, 의회의 압력으로 구체적인 행동에서는 보호무역주의 정책을 채택했다. 다자간 무역 체제를 제창함과 동시에 지역적이고 쌍무적인 안배를 시도했고, '지렛대'로 다른 국가의 시장 개방을 추진해, 미국 시장에 들어오는 외국 상품에 대해 유무형의 장벽을 설치했다. EU와 일본의 상황 역시 마찬가지이다. 물론 다른 주요 선진국의 상황도 예외가 아니다.

2) 무역 정책의 수단에서 다자간 무역 협상, 지역 또는 양자 자유무역 협정, 그리고 일방적인 보복 제재를 알리는 조치를 종합적으로 운용해 많은 효과를 보고 있다. 다자간 무역 체제의 확립이 예상과 달리 지체되자 미국은 정책의 중점을 세계적 다자주의에서 쌍무 호혜적 또는 지역 블록 위주로 전환했다. 이러한 추세는 최근 계속 두드러지고 있다. 무역 마찰을 해결하기 위해 미국은 목적이 분명한 쌍무 무역협상을 강화했다. 미국은 더욱 많은 경제 및 무역 이익을 얻고, 지역적인 무역 블록을 세우기 위한 노력을 계속 강화하고 있다.

지역적 경제 블록과 무역 블록은 제2차대전 이후에 나타났다. 1980년대 이후 발걸음이 더욱 빨라져 세계적인 추세가 되고 있다. 이러한 블록은 무역뿐만 아니라 금융, 기술, 서비스업, 사람의 이동과 재정, 신용, 화폐 정책의 공조와 같은 여러 가지 중요한 문제와도 관계가 있다. 그 가운데 가장 눈길을 끄는 대목은 유럽의 단일 시장, 북미자유무역지대와 아시아-태평양 지역에서 관찰되는 블록화 추세의 진전이다.

3) 무역 원칙의 퇴보. 과거 미국은 자유무역을 일관되게 주장해 GATT의 무차별 원칙을 견지했다. 그러나 상대적으로 국력이 점점 쇠약해지자 미국은 무역 원칙을 후퇴시켰고, 공정 무역, 쌍무 또는 역내 상호 호혜적인 관계가 향후 무역 정책의 골간이 되었다. 이와 동시에 EU 등 선진국과 일부 개발도상국 역시 지역 블록 또는 준지역 블록 등 다양한 안배를 통해 쌍무 또는 역내의 호혜 평등을 유지하려고 하고 있다.

4) 일방적인 행동이 갈수록 심해져 소극적이고 수동적이던 보호 정책이 이제는 능동적이고 강제적으로 바뀌었다. 미국은 무역 법안에 의거해 여기에 어긋나는 국가와 지역에 대해서 일방적인 무역 제재를 할 수 있다.

미국과 다른 선진국이 시행하고 있는 신보호무역주의는 이전에 비해 커다란 발전이 보인다.

첫째, 신무역보호주의는 관세에 국한되어 있지 않고 여러 가지 비관세 장벽을 무기로 사용하고 있다. 비관세 장벽은 관세 장벽보다 훨씬 복잡하고 종류도 다양하지만, 대체로 두 부류로 나눌 수 있다. (1) 직접적으로 무역량을 왜곡하는 조치가 있다. 예를 들면 수입 제한, 반덤핑, 보조금 금지 조치, 자동적인 수출 제한 등이 있다. (2) 무역량에 간접적인 영향을 주는 조치. 여기에는 광고 제한, 통관수속 간섭, 기술 등급, 위생 기준 등이 있다.

둘째, 신무역보호주의가 채택하는 조치는 관세와 달리 명확하지 않고 국가마다 다르게 적용한다. 그래서 비교적 은밀하게 진행되어 GATT의 규정을 피해간다.

셋째, 신무역보호주의는 무역 차별이 두드러진다. 이러한 비관세 조치는 특정 국가를 겨냥하고 있다. 신무역보호주의는 여러 가지 차별적인 비관세 조치를 통해 국내 산업이 국제 경쟁을 피할 수 있도록 해준다. 한편 보조금을 통해 본국의 제품이 다른 국가의 시장을 점령하도록 촉진한다. 그래서 이를 두고 '슈퍼 보호주의'라고 부른다.

보호무역주의의 남용은 국제 경제와 무역 환경을 크게 악화시키고 GATT의 원칙과 규정을 크게 손상시켰다. 많은 국가들은 이러한 상황을 방임하면 GATT의 다자간 무역 체제가 와해되고, 결국 국제 무역이 크게 위축될 것이라고 우려하고 있다.[6]

보호무역주의가 남용된다면, 세계 경제에서 별다른 힘을 발휘하지 못하고 발언권도 그리 크지 않은 중국은 어떠한 대책을 세워야 하는가? 전쟁에는 전쟁으로 응하는 것과 똑같이 보호무역에는 보호무역으로 대응해야 한다.

유감스럽게도 런촨은 이러한 현실적인 입장에 서지 않고 자유무역만을 주장한다. 그는 보호무역을 강력히 질타하면서 "모든 국가는 반드시 올바른 선택을 해야 한다. 개방 정책을 장려해 구조 조정을 서둘러야만 때를 놓치지 않고, 세계 경제가 급변하는 기회를 잡아야만 중국의 경제와 무역이 급성장할 수 있다"라고 역설했다.[7] 문제는 모든 국가가 보호무역을 강화할 것인가의 여부이다. 런촨은 각 국의 의회에 가서 물어보았는지, 그들이 자국의 이익을 고려하지 않고 자유무역의 원칙을 그대로 실행할 것이라고 믿는지 묻고 싶다. 아마 그는 그렇게 하지 않았을 것이고 중국 정부도 그럴 만한 힘이 없다. 이러한 상황에서는 '세계 개조'나 '관념의 전환'을 희망하지 않고 보호무역주의 정책의 채택을 고려하는 것이 가장 바람직할 것이다. 그렇지 않으면 사막의 타조라고 비웃음 당할 것이다.

비관세 장벽은 전통적인 보호무역의 도구이다. 이것을 이용하는 국가는 정밀하게 제조된 폭탄처럼 원하는 것은 무엇이든 보호할 수 있다. 목표 설정이 분명해 목적한 국가에 대한 외교 정책 등 유기적인 부분에서도 힘을 발휘할 수 있다. 이에 비해 관세 장벽은 일반적인 폭탄이라 할 수 있다. 정밀도가 떨어지고 잘못될 가능성도 크다. 미사일이 궤도를 잘못 잡아 자기 자신에게 날아올 수도 있으며, 특정 국가에 대한 외교적인 영향력을 행사할 수도 없다. 또한 국제관계에서의 분산, 합종연횡에도 불리하다. 그러나 비관세 장벽의 비용이 높기 때문에 각 국의 특정 분야의 무역과 경쟁력의 상황을 잘 파악한 후, 적절하고 합리적인 이유가 제시되어야 한다. 무기로서의 관세가 이미 무의미해졌고 비관세 장벽의 기능이 매우 뛰어나기 때문에, 각 국은 후자를 점점 많이 채택하고 있다.

여기에서 이해할 수 없는 현상이 나타나고 있다. 여러 차례의 GATT, WTO 협상에서 관세를 계속 인하하고 있는 것이다. "도쿄 라운드 이후 평균관세는 EU 6.0퍼센트, 일본은 5.4퍼센트, 미국 4.9퍼센트를 기록하고 있다."8) 한편 비관세 장벽이 점점 강화되어 "우루과이 라운드 이후 비관세 장벽은 2천7백여 가지에 달한다. 또 GATT의 면세 조항, 불공정 무역을 빌미로 양자협상 및 차별적인 무역으로 나아가면서 체계적인 보호 제도와 체제가 마련되고 있다. 그 제한 범위도 노동, 첨단기술의 영역으로 확대되었고, 수많은 경제블록이 보호무역 정책을 마련하고 있는 상황이다. 1980년대 이후 국제 무역 질서에 심각한 위기가 나타난 것은 주요 산업국가가 비관세 장벽을 이용하는 추세가 강화되었기 때문이다. 농업, 방직, 패션, 철강 등 이미 성숙단계에 들어선 산업에서 비관세 장벽 보호에 기반한 정책을 실시하고 있으며, 전자, 자동차 등 국내 산업의 주요 성장 부문에 대해 세밀한 보호를 하고 있다. 세계은행의 통계에 따르면, OECD에 속한 선진국의 경우 수입이 비관세 장벽의 영향을 받는 비중이 1966년에 25퍼센트였지만, 1988년에는 48퍼센트로 상승했다. '우루과이 라운드' 이후 산업국가들의 비관세 장벽 채택이 새로운 추세가 되었다. 무역 문제에 관한 한 비관세 장벽으로 표현되는 보호무역주의가 급증했다."(클라크 보고서, 1992)9)

보호무역주의의 물결이 용솟음치면서 GATT, WTO 협상의 진전이 강경한 반대에 부딪칠 때 농업, 방직물은 문제가 가장 두드러진 분야였다.

"선진 산업국의 농민 육성 정책에는 삼엄한 수입 장벽, 원료 생산과 수출시의 보조금 지급 등이 있다. 그래서 농업 무역은 자유화되지 않고 오히려 정부의 보호가 갈수록 강해지고 있다." 방직물 무역 역시 점점 자유롭지 못하게 변하고 있다. "최초의 국제 면직물 협정은 1961년에 만들어졌다. 1962년 10월에는 면직물에 관한 장기 협정이 맺어졌다. 이것의 명확한 목표는 선진국 시장을 저임금 개발도상국의 수입 상품으로부터 보호해 피해를 받지 않겠다는 것이다. 이와 동시에 이 협정은 개발도상국이 점점 늘어나는 교역국가들에 시장을 개방해야 한다고 발표했다. 1974년에는 다자간 섬유 협정(MFA)이 맺어졌다. 이후 새롭게 강화된 협정이 연이어 나타났다."[10]

제3차 보호무역주의의 등장은 유럽과 미국의 바나나 무역전쟁과 소고기 무역전쟁으로 상징된다. 이 두 품목의 무역액은 얼마 되지 않았고 전략적인 물자도 아니었다. 오히려 이러한 점 때문에 이 무역전쟁이 더욱 중요한 의의를 지닌다고 할 수 있다.

바나나를 둘러싼 무역전쟁은 1993년 EU의 바나나 수입관리법에서 시자되었다. 이 법의 핵심은 가 국의 바나나 수입 관세를 통일해 EU 내부의 바나나에 대해서는 보조금을 지원하고, 세계 5대 주요 바나나 생산국에 대해서는 상대적인 수입 쿼터를 부과하는 것이었다(쿼터량은 매년 2백20만 톤이고 쿼터량 이내의 관세는 25퍼센트, 쿼터량을 초과할 때의 관세는 2백25퍼센트이다). 또한 본래 유럽의 식민지였던 아프리카, 카리브해와 태평양 연안 국가에서 생산되는 바나나에 대해서는 충분한 쿼터량을 허용했다. 이러한 방안은 보호무역주의의 일환이어서 미국에게는 매우 불리하게 작용했다. 본래 미국의 치퀴타, 돌, 델몬트 등 3대 다국적기업이 중남미 지역 5대 바나나 생산국의 생산을 통제하고 있었다. 이들 기업의 바나나 생산량은 전세계의 75퍼센트를 차지하고 있었다. 치퀴타와 돌만 해도 EU

시장의 75퍼센트를 차지했고, 유럽과 아프리카, 카브리해, 태평양 연안 국가의 생산비는 미국보다 높았다. 그러므로 유럽의 바나나 수입관리법은 분명히 미국의 바나나를 겨냥한 것이었고, 미국의 강력한 불만을 살 수밖에 없었다.

미국은 새로 발족한 WTO에 EU를 제소하고 제재 리스트를 공개해서 1백 퍼센트의 벌칙성 관세를 부과하겠다고 공언했다. EU는 이에 뒤질세라 미국의 조처는 무책임한 일방적인 행동이고, 악명 높은 '301조'를 적용하려고 한다면서 WTO에 미국을 고발했다. 난처한 입장에 빠진 WTO는 EU에게는 규정 위반을, 미국에게는 벌칙성 관세를 크게 인하하는 결정을 내렸다.[11] 그러나 이 사건이 종결되었다고 안심할 즈음, EU는 원래 방안을 그대로 유지하겠다고 발표했다. 또한 WTO에게 호르몬 주입 소고기 수입 금지령을 철회하라는 결정을 거절하겠다고 밝혀 WTO의 결정 제도는 다시 한번 벼랑에 몰리게 되었다.[12] 어쨌든 무역량이 가장 많은 EU와 미국의 무역전쟁에 WTO가 어떻게 대응할지, 그 결과가 무엇일지는 별로 중요하지 않다.

중요한 것은 EU와 미국이 WTO를 볼모로 삼아 소고기나 바나나 같이 사소한 문제에서 서로 양보하지 않는 상황에서 보듯이 보호무역주의의 역량이 이미 WTO를 마비시킬 정도로 강대해졌다는 사실이 확인되었다는 것이다. 미국과 EU가 사사건건 대립하는 것을 보면 우리는 중국이 내놓은 양보안이 미국과 서구 세계를 얼마나 기쁘게 했을까를 쉽게 알 수 있다.

이상의 분석 내용은 보호무역을 하기 위해 펼쳐지는 정규전의 모습을 보여주기에 충분하다. 사실 경쟁을 준비하는 각 국의 무기고에는 경제 지역화(블록화)와 외환 전쟁이라는 핵무기가 있다.

지역화는 세계화의 동력이다

이 문제를 논할 때는 세계화의 개념을 먼저 따져 보아야 한다. '세계화'는 1990년대에 언론에 가장 자주 나타난 유행어였다. 사람들은 'Intel inside'라는 문구가 내장된 컴퓨터를 사용하고, '윈도우' 화면을 바라보며, 이동전화, 코카콜라, 슈왈츠제네거의 근육질과 냉면 같은 해외 브랜드를 일상생활에서 접하면서 무의식적으로 '세계화'를 내세우게 되었다. 자세히 생각해 보면 세계 각 국의 사람들이 몇몇 회사의 제품을 사용하고 있고, 이러한 제품을 사용함으로써 공통의 언어와 정서가 생기게 되었을지도 모른다. 언뜻 보면 이러한 현상이 세계화로 받아들여질 수 있다. 그러나 좀더 솔직하게 말해 세계화는 곧 다국적기업화가 아닌가? 세계화는 언론의 성공적인 홍보의 효과이자, 인텔, 마이크로소프트, 모토롤라, 코카콜라의 성공이다.

이러한 관점에서 세계화가 거스를 수 없는 추세라고 한다면, 우리는 동의할 수밖에 없을 것 같다. 인류가 동아프리카의 올두바이 협곡에서 시작되어 세계 각지로 확산된 것을 최초의 세계화 물결이라고 말할 수도 있을 것이다. 각지에 흩어져 있던 원시부락의 교류와 갈등에서 부락간의 동맹이 생긴 것이 두 번째의 세계화 물결이고, 세 번째의 세계화 물결은 이러한 동맹으로부터 크고 작은 국가가 형성된 것이다. 수많은 작은 국가들 가운데에서 로마제국이나 중화제국 같은 거대한 영토를 지배하는 국가가 나타나게 된 것이 네 번째의 세계화 물결이다. 콜럼버스가 신대륙을 밟게 되면서 20세기 문명을 앞당긴 것은 다섯 번째의 세계화 물결이다. 광활한 역사를 살펴보면 이러한 물결들의 사이사이에는 수많은 단계와 다양한 특성들, 우여곡절이 담긴 감동적인 이야기가 있다. 전체적으로 교류가 많아지면서 관계도 밀접해져 세계적인 역량을 움직이게 되었다는 점은 긍정적이라고 할 수 있을 것이다.

그러나 중요한 것은 주도적인 역량이 국지적인 공간에서 전체적으로 확산되었다는 점이 아니라, 누가 그 움직임을 이끌었고 어떤 힘으로 그렇게 할 수 있었는가이다. 세계화의 진전 과정은 피와 폭력으로 얼룩진 과정이었으며, 빠르게 진전될수록 지역간의 충돌과 갈등은 더욱 커져 평범한 시민의 생명이 위험에 빠지게 되었다.

춘추전국시대는 고대 중국에서 세계화가 급속하게 진행되었던 시기라고 할 수 있다. 2백~3백 년이라는 짧은 기간이 지나고 전국을 통일한 진나라가 세워졌다. 당시의 지리적인 개념에 따르면 진나라는 세계화를 완성했고, 도량형과 문자를 통일했으며, 단일한 우편 체계와 도로를 세웠다. 그러나 그 이후 당시 중국의 여러 나라들은 세계화를 달성하느냐의 여부를 둘러싸고 몹시 잔인한 전쟁을 벌였고, 각 국가의 수많은 백성들은 전쟁터에서 목숨을 잃어 세계화의 희생물이 되어야 했다. 오랜 세월 동안의 전쟁을 거치면서 노자 老子는 사람을 근본으로 여겨, "절대적인 지혜는 '성 聖'을 버리고, 절대적인 우수함은 '이 利'를 버려, 작은 국가와 적은 백성"의 상태로 돌아가, 세계화의 걸음을 멈출 것을 호소했다. 수천 년간 노자의 주장은 메아리가 되어 여러 사람들의 조롱을 샀다. 누가 그의 인본주의와 생명사상에 관심을 기울일 수 있었겠는가.

노자 이후의 세계에서 2천여 년 동안 인류의 지혜가 많이 발전했지만, 인간의 내심은 만족, 행복, 안녕, 진실을 열망하는 데 그치지 않고 강한 불만족, 물욕, 허세, 혼돈, 허위로 가득 차게 되었다. 비록 부의 축적이 끊임없이 이루어져 소수의 '끝없는 욕심'을 만족시켰을지라도 수많은 사람의 기본적인 생활은 몹시 어려웠다. 또한 이들은 역사의 매순간마다 전쟁의 희생물이 되어야 했다. 현대 자본주의는 '자연에 대한 정복'을 향해 나아가는 환상적인 물질문명을 창조했지만, 다른 한편으로는 전인류를 자원 고갈과 폭력이 가득한 전쟁 직전의 상태로 내몰았다. 사태가 이렇게 진전된다면 진리를 추구하는 학자들은 미래 사회에 대해 섣불리 낙관하지 못할 것이다. 이기심을 극복하려는 노력을 하지 않는다면 인류는 앞으로 멸망의 길에 들어서게 될 것이다. 이것 역시 세계화의 방식이지만, 철저하게 진행된다면 이 지구는 결국 타버리고 말 것이다. 이러한 관점에서 보면 어느 누가 노자의 '소농 의식'을 비웃을 수 있을까? 누가 감히 노자의 '반동'을 비판할 수 있을까? 노자의 목소리가 좁다란 사상의 계곡에서 메아리치는 상황을 벗어나 전인류에 울려 퍼질 수 있을까?

노자의 주장이 세계화의 발걸음을 늦출 수는 없을 것이다. 하지만 우리는 세계화의 주도적인 힘과 방향에 대해 한 번 곰곰이 생각해 보아야 한다. 여기에는 두 가지 의문이 있을 수 있다. 첫째, 수많은 사람이 함께 추진하는 세계화인가 아니면 몇몇 사람이 주도하는 세계화인가? 둘째, 만일 소수가 주도하는 세계화라면 그들은 누구인가?

자신의 시대에 '다수의 세계화'에 대한 이론과 인식이 나타나지 않고 소수 사람의 세계화가 진행되자 노자는 '속박을 벗은 통치'를 제기했다. 20세기 이전까지 일부 지식인이 소수가 주도하는 세계화 과정에 이의를 제기하기는 했지만, 수많은 지식인들은 각 국의 주도권을 확보하는 데 자신이 가진 많은 지혜를 제공했다는 것을 부인할 수 없다. 역사는 기본적으로 '소수의 세계화'를 향해 발전해 왔던 것이다.

그러나 맑스주의가 나타난 이후 상황은 바뀌었다. 맑스는 매력적이며 역사의식이 담긴 '다수의 세계화' 이론을 제시했다. 이 이론의 작용 속에서 20세기는 '다수의 세계화' 운동의 실험장이 되었다. 두 가지 세계화, 서로 다른 방향과 모델, 이익집단이 경쟁한 20세기는 매우 풍부한 모습을 띠었다. 하지만 20세기를 관통한 경쟁에서 많은 사람들이 자유와 연대로 나아갈 적절한 방법을 찾지 못해 '다수의 세계화'는 실패하게 되었다. 프랜시스

후쿠야마가 보기에 세계화는 오직 한 가지 방향, 다시 말하면 '소수의 세계화'만이 가능했다. 그래서 소수의 세계화는 세계화의 이중적인 가능성을 빼앗았고, 세계화의 필연성을 소수의 세계화의 필연성으로 간주했으며, 이 필연성의 이름을 다수에게 강제적으로 주입했다.

그러나 '다수의 세계화'의 실패는 새로운 세계화 방향이 부딪친 잠정적인 좌절일 뿐이다. '다수의 세계화'는 궁극적으로 주도적인 자리를 차지할 두 가지 요인을 가지고 있기 때문이다. 첫째, '다수의 세계화' 운동 진영이 자기 반성을 하고 있다. 둘째, '소수의 세계화' 과정은 다수의 제약과 견제를 상실했기 때문에 결국 후퇴할 것이다. 최근 나토가 세계화의 이름으로 전개한 유고 공습 사건──비록 인권이 주권의 상위 개념이라고는 하지만 '소수의 세계화' 세력은 이 말을 국제 정치에서 교묘히 이용한다 ── 은 '소수의 세계화'에 내재한 비인간적 면모, 제약받지 않은 패권의 모습을 보여주었다.

이것이 우리가 분명히 밝혀야 할 첫 번째 문제이다. 현재 진행되고 있는 세계화는 소수의 세계화이기 때문에 인류에게 행복을 가져다줄지의 여부도 확실하지 않으며, 또 필연적으로 진행되어야 하는 것도 아니다. 세계화가 거스를 수 없는 어떤 것이라고 여겨지고 전인류의 환영을 받는 것은 소수가 다수를 억지로 강제한 결과에 불과하다. 세계화가 진행됨에 따라 점점 많은 사람이 실업과 빈곤의 함정에 빠지게 되었고, 궁극적으로 세계화의 흐름을 반전시켜 문제를 해결하기 어렵게 되었다. 게다가 이미 과거의 세계화 경험이 있기 때문에 새롭게 형성된 다수의 자유연합은 더욱 정태적으로 되고 영구성을 띨 것이다.

두 번째 문제는 현재 이른바 세계화가 소수의 세계화, 즉, 자본주의의 세계화라는 점이다. 철학적으로는 세계화가 역사 과정을 지배할 수 있는 개념이었지만 세계화는 최근에 들어서야 일상적으로 사용하게 되었다.

현재 중국의 학계에서는 세계화가 1492년 콜럼버스가 아메리카 대륙을 발견하면서 시작되었다고 보고 있다. 다시 말하면 통상적으로 말해지는 세계화는 소수인의 세계화일뿐 아니라 자본주의 제도와 논리의 세계화인 것이다. 최근 출판된『세계화 총집』이 이러한 시각을 지니고 있다. 그 가운데 양쉐동 揚雪冬의 논의가 가장 두드러진다.

지금까지 세계화는 대체로 세 단계를 거쳐왔다. 첫째, 다중심에 대한 단일중심의 침식과 단일중심의 확립. 둘째, 단일중심의 유지와 변경. 마지막으로 다중심의 부흥과 단일중심의 쇠락이다. 첫 단계는 15세기의 세계화의 기원에서 1870년대 대영제국의 패권 확립기까지라고 할 수 있다. 이 단계에서 가장 두드러지는 것은 영국을 대표로 하는 유럽 국가에 의해 세계 각지에서 대규모 개간이 이루어지고, 무력으로 아시아, 아프리카, 아메리카의 고대 문명지가 파괴됐으며, 한때 번영했던 문명지를 서구 세력의 통제 범위로 편입시켜 서구의 제도와 문화가 그 지역에 옮겨졌다는 점이다. 서구의 중심적인 지위는 이렇게 확립되어 왔다. 서구 세계의 중심인 대영제국은 세계 각지에 광활한 식민지를 두어 '해가 지지 않는 제국'이라는 이름을 얻었다. 두 번째 단계는 1880년대에서 달러 본위의 시대가 마감된 1972년까지이다. 이 시기는 문명의 중심이 유럽에서 미국으로 옮겨갔다. 1880년에 이미 미국의 경제력이 선진 산업국 가운데 선두 지위를 차지하고 있었지만, 미국의 중심적인 지위는 제2차대전 이후에 확립된 것이다. 미국의 패권에 의해 평화 체제가 유지되면서 세계화는 커다란 진전을 보게되었다. 다국적기업으로 상징되는 막강한 경제력은 세계 시장을 통합하는 힘이 되었으며, 운송 및 통신 수단의 혁신으로 물질과 정보의 흐름이 공간의 제약을 뛰어넘게 되었다. 미국의 헤게모니가 주도하는 세계화로 인해 미국적인 제도, 미국적인 문화적 가치 등이 여러 국가가 배워야 할 대상이 되어버렸다. 여기에서는 미국의 중심적인 지위가 제2차대전 이후에 두 세력의 도전을 받았다는 사실에 주목해야 한다. 첫째, 소련 중심의 동유럽 세력이다. 이 세력은 미국의 확장을 저지했지만 자신의 힘을 세계적으로 확대하지는 못했다. 둘째는 새롭게 독립한 제3세계 국가들이다. 제3세계는 국제 사회로부터 정치적인 독립을 인정받았지만, 미국의 정치, 경제, 문화의 영향력을 배제할 수 없었다. 세계화의 세 번째 단계는 1970년대에서 현재까지, 그리고 앞으로도 계속될 것이다. 이 시기에 가장 두드러지는 특징은 두 가지이다. 첫째, 미국 헤게모니의 쇠락이다. 미국의 정치적, 문화적 영향력은 전세계적으로 비판과 견제를 받고 있다. 둘째, 세계화 과정에 다원화 국면이 나타나고 있다. 그 동안 억눌렸던 수많은 신흥 세력이 나타나고 있으며, 세계화 과정에서 자신의 자격과 참여의 권리를 의식적으로 강화하고 있다. 이러한 다원적인 세계에서 세계의식, 세계적인 공감대, 세계적인 행동도 조금씩 그 싹이 보이고 있다. 세계화는 단일한 중심의 주도를 벗어나, 다원화된 중심이 움직이고 병존하는 강대한 세력을 만들어가고 있다.[13]

우리는 기본적으로 양쉐동의 3단계 구분에 동의할 수 있다. 그런데 그의 글에서 논의된 세계화는 사실 자본주의의 세계화이다. 유감스럽게도 양쉐동은 이 점을 분명히 지적하지 않았고, 용어와 사례 선택도 모호했다. 어쨌든 우리는 그의 세계화 논의에서 유혈의 고통을 읽을 수 있다. 아메리카 대륙에서는 외부의 무력이 찬란한 고대 문명을 파괴하고, 약 2억 명의 원주민 가운데 90퍼센트를 총과 전염병 등으로 사망케 했다. 아프리카에서는 4천8백만 명의 흑인이 포로로 잡혀 이 가운데 3천6백만 명은 대서양 한가운데에서 죽고 1천2백만 명은 아메리카 대륙의 광산과 플랜테이션의 노예가 되었다. 아시아에서는 인도 근해의 대학살, 중국과의 아편전쟁이 있었다.

이것은 단일중심의 세계가 다중심의 세계를 침식한 것이자, 다중심의 단일중심에 대한 반항의 몸부림이었다. 1단계의 한 단층을 보면 다원이 움직이고 공존하는 것이라고 말할 수 있다. 그러나 단지 잠정적인 공존의 상태에서 단일중심의 헤게모니를 공고하게 했을 뿐이다. 2단계에 대한 분석에서 양쉐동은 비참했던 제1차대전과 제2차대전이 세계화의 주도권을 쟁탈하기 위한 전쟁이었음을 간과했다. 1880년에서 제2차대전 이후의 시기로 단숨에 뛰어 넘어버린 것이다. 마지막으로 양쉐동은 미국 헤게모니의 약화를 정확하게 지적했지만 다중심의 부흥을 다원적 세계화와 혼동했고, 다원적 세계화가 현실화된다고 보는 엄청난 오류를 범했다.

셋째, '세계화,' '소수가 주도하는 세계화,' '자본주의의 세계화'와 같은 말은 외연이 축소되고 내포는 풍부해지는 점진적인 개념이다. 아무런 제한이 없는 '세계화'를 광의의 세계화라고 하고, '소수가 주도하는 세계화'는 넓은 의미의 세계화, '자본주의의 세계화'는 중간적 의미의 세계화라고 부른다면, 또다른 협의의 세계화가 있을 것이다. 양쉐동이 말하는 세계화의 3단계는 1970년대 이후에 해당한다.

사실 '세계화'라는 말은 1980년대 초기에 생겨났다. 1980년대의 세계화는 1970년대 이후의 세계 경제를 특징짓는 새로운 개념이다. 이것이 사람들이 보통 말하는 세계화이며, '지역화는 세계화의 동력이자 본질이다'라는 말에서의 세계화이다. 이 단계의 세계화에 따로 이름을 붙여준다면 '자본이 자유롭게 이동할 수 있는 자본주의의 세계화' 또는 '자본 이동의 세계화'라고 하는 편이 정확할 것이다. 우리는 이미 제한적인 세계화는 필연적이지 못하며, 제한을 두지 않는 '세계화'가 필연성을 가질 수 있다고 지적했다. 또 제한이 많을수록 필연성은 약해지는 법이다. '자본 이동의 세계화'는 더욱 제한적인 자본주의 세계화로 필연성이 적다. 자본 이동의 세계화는 역전될 가능성이 매우 크기 때문이다.

앞에서 이미 1970년대 이후 세계 경제가 미국, 일본, 유럽의 3대 경제지역간의 치열한 경쟁의 시기로 들어섰다고 지적했다. 1970년대 초, 일본과 유럽의 경쟁력이 강해 많은 달러가 유럽의 달러시장으로 몰려들어, 달러와 금의 연계가 풀어져 브레튼우즈 체제가 붕괴되었고 시장에 의한 환율 조절이 시작되었다. 자본의 자유로운 이동을 위한 토양이 마련된 것이다. 이후 달러는 엔화나 유럽 국가들의 화폐에 대해 약세를 보여서, 일본과 유럽의 다국적기업은 생산 기지를 노동 가격이 낮은 국가로 옮겨 비용을 절감했다. 따라서 미국도 미개발 지역으로 산업을 옮기고 민영화 바람을 일으켜 대규모 해고와 생산 효율을 상승시켰으며, 사회보장비를 절감해 예산 지출을 줄이는 등 미국 기업이 해외 시장에서 경쟁력을 얻을 수 있도록 다양한 조치를 취했다. 이러한 조치를 경제학에서는 '신자유주의'라고 부른다. 모든 문제를 시장이 해결하고 정부는 경제 부문에 대한 간섭을 줄여 무역 자유화와 자본 이동의 자유화를 실현하는 것이다. 이러한 조치의 가장 큰 수혜자는 다국적기업이었다. 다국적기업은 자유로운 자본 이동의 권리 덕분에 세계 시장에서 일정한 몫의 자원을 얻을 수 있게 되었고, 최저 생산비와 가장 낮은 세금을 찾아다니며 이윤의 극대화를 추구한다.

더욱 중요한 것은, 다국적기업이 각 국의 법률의 틀 안에서 수동적으로 움직이는 것이 아니라, 법망을 적극적으로 피하면서 투자 철회를 무기로 자신에게 불리한 법률을 개정하고, 세금 인하를 강력하게 요구해 이윤을 해외의 피난처로 집중시킨다는 것이다. 다국적기업이 막대한 이윤을 추구하면서 주변국가의 저임금과 높은 실업률이 중심국가로 번져 가게 된다. 하지만 주변국가의 실업률은 전혀 떨어질 기미를 보이지 않았다. 그 이유는 다국적기업이 주변국가에서 일자리 하나를 만들 때마다 세 개 내지 다섯 개의 일자리를 빼앗아가기 때문이다. 따라서 전세계의 수요는 한층 위축되고 각 국 정부의 경제 조절 기능은 약화되어 세수는 감소하는 반면, 국채가 늘어나고 개인의 여신 소비액도 급증해, 경제와 금융의 위기가 동시적이고 연쇄적으로 얽히게 된다. 생산 기지 및 상품의 세계화와 동시에 환경오염, 범죄, 마약, 포르노 사업도 전세계적으로 퍼지고 있다. 이 모든 것이 '자본 이동의 세계화'가 가져온 직접적인 악영향이며, 사람들이 피부로 느끼는 '세계화'이다.

이상의 분석에서 내릴 수 있는 첫 번째 결론은 '세계화'를 추진하는 동력이 다국적기업이라는 것이다. 『세계화의 덫』의 지은이들이 말하는 것처럼, "생산과 자본이 무제한적이고 자유롭게 지배할수록 거인이라고 부를 수 있는 조직이 강대해지고 아무도 이에 대항할 수 없다. 이러한 다국적기업은 각 국의 정부와 시민에게 위기감과 함께 권리를 박탈당했다는 느낌을 준다. 유엔 무역개발위원회의 통계에 의하면, 4만여 개의 기업이 3개 이상의 국가에 지사를 두고 있다. 1백대 기업이 1조4천억 달러의 연간 매출액을 집중적으로 통제하고 있다. 다국적기업이 전세계 무역의 3분의 2를 차지하고 있다. 이 무역량의 절반 이상이 다국적기업의 네트워크 내부에서 이루어진다. 다국적기업이야말로 세계화의 핵심이며, 바로 그들이 세계화를 유례 없이 강력하게 추진하고 있는 것이다."[14]

최근의 한 사례는 다국적 기업이 어떻게 세계화를 추진하는지를 잘 보여주고 있다. 1999년 3월 중순, 독일의 재무장관 오스카 라퐁텐이 자신의 직위를 버렸다. 라퐁텐은 1995년부터 당수직을 맡아온 독일 사회민주당의 핵심인물이었다. 그는 1998년 사민당이 대선에서 승리해 녹색당과 연정을 세우면서 재무장관을 맡았지만, 사실상 독일 정부에서 실권이 가장 큰 인물이었다. 라퐁텐의 경제사상은 케인즈주의에 기울어 있었다. 그는 독일 경제가 불황에 빠지자 내수 확대, 사회보장기준 강화, 실업률 인하, 저소득자의 과세부담 감소 및 실질 소득 인상 등의 조치를 통해 소비를 자극하는 것을 정책 기조로 삼았다. 이와 동시에 세수 감소로 인한 부족분을 보충하기 위해 고소득자와 대기업의 세수 부담을 늘렸다. 그러나 이러한 정책은 독일 재계의 강경한 반대에 부딪칠 수밖에 없었다. 20여 개 다국적기업의 사장들은 공동으로 게르하르트 슈뢰더 정부에게, 유럽의 경제 단일화 과정에서 라퐁텐의 경제 정책은 노동비용 상승, 이윤의 감소로 경쟁력 약화를 가져올 것이라고 주장했다. 만약 이러한 정책을 실시한다면 독일에서 본사와 공장을 철수하겠다고 으름장을 놓았다. 실업률을 떨어뜨리겠다는 목표가 달성되기는커녕 오히려 상승했다. 이 20여 개 기업 중에는 지멘스, 루프트한자 항공 같은 세계적인 다국적기업이 있었으며, 그들의 대변인을 맡았던 기업은 알리앙츠 보험이었다. 이렇게 라퐁텐은 세계화를 추진하려던 다국적기업의 희생양이 된 것이다.[15]

다국적기업은 왜 자본 이동의 세계화를 추진하려는 걸까? 다국적기업은 실업률 상승, 사회 모순의 악화가 다국적기업의 본사가 있는 나라의 상류 사회의 안전을 해친다는 것을 모르는 걸까? 아니다. 그들은 이 점을 분명히 잘 알고 있다. 예를 들면, 전략 및 국제문제 연구소의 경제학자인 에드워드 러트윅은 워싱턴의 저명한 보수적 사상가이다. 그는 이전에는 냉전을 고취했지만, 지금은 신자유주의 경제 정책을 가장 앞서서 비판하고 있다. 그는 신자유주의 경제 노선이 만들어낸 '날개를 단 자본주의'를 불쾌한 연극이라고 생각한다. 그는 "맑스주의자가 1백 년 전에 단언했지만 그때 절대적으로 잘못되었던 것이, 오늘날에는 현실이 되었다. 자본가가 부유할수록 프롤레타리아트는 점점 가난해진다"라고 말한다. 세계화의 경쟁은 "사람들을 착취하고 사회적 응집력을 파괴하고 있다."[16]

또다른 예를 들어, 모건 스탠리 사와 재계 순위 4위의 뉴욕투자은행의 수석 경제학자 스티븐 로치는 예전에 생산 기지를 해외로 이주하고 기업 규모를 줄여야 한다고 강력하게 주장했었다. 1996년 5월 16일, 로치는 이 은행의 모든 고객에게 서한을 보냈다. "최근 나는 생산율 상승의 이점을 높이 평가해 왔습니다. … 그러나 저는 현재 생각이 바뀌었음을 인정해야

겠습니다. 저는 제가 높이 평가했던 것이 정말로 우리를 하느님이 허락한 행복의 땅으로 데려다 줄 수 있을지 모르겠습니다. … 맹목적으로 노동력을 착취할 수는 없습니다. 끊임없는 노동자 감원과 임금 삭감은 우리 나라의 산업을 파괴하는 잔꾀였던 것입니다."[17] 그러나 다국적기업간의 경쟁은 끊임이 없다. 다국적기업이 연합해 독점 가격을 형성하고 경쟁의 열기를 식히지 못한다는 것이 아니라, '자본 이동의 세계화'가 1970년대의 3대 경제 지역간의 경쟁이 격화된 데서 시작되었음을 말하려는 것이다. 사실 3대 경제 지역의 다국적기업 사이에 경쟁이 격화되는 것이 이른바 세계화이다. 이러한 의미에서 우리는 지역화가 세계화의 원동력이라고 말할 수 있다.

미국에게 있어 '자본 이동의 세계화'에는 세 가지 의미가 있다. 첫째는 달러의 독특한 지위를 충분하게 이용하는 것이고, 다음으로 세계은행, IMF, WTO와 같은 세계적인 경제 조직에서의 주도적인 역할을 이용하는 것이며, 마지막으로 미국의 무디스 사의 경우처럼, 여신평가 등급이 지닌 커다란 영향력을 이용해 세계 각국의 부를 빨아들여 경제권을 포기하게 하고, 각 국의 경제적 해체를 가져오며, 일본과 유럽의 다국적기업과 본국 및 지역의 이익간의 상관성을 약화시켜서 미국의 이익을 강화하는 것이다. 이를 통해 미국 주도의 세계화를 실현한다. 이러한 이유 때문에 미국은 세계 각 국에 '신자유주의'와 '세계화'를 전파하는 데 여념이 없는 것이다.

우리는 미국이 일방적으로 '신자유주의' 정책을 추진하고 있으며, 다른 한편으로는 케인즈의 이론을 적용, 적자 재정을 통해 내수 확대, 군비 확장을 시도하고 있음을 알고 있다. 다른 나라일 경우 이러한 거액의 재정 적자는 화폐 신용의 하락, 평가절하와 인플레이션의 위험을 의미할 것이다. 정책적 지지를 얻지 못해 정치적 부담이 클 수밖에 없다. 예컨대, 독일의 라퐁텐은 감히 미국의 정책을 쓰지 못한다. 그는 대기업과 고소득자의 세수를 늘려 저소득층의 세금 부담을 줄일 필요가 있었고, EU 단일 통화의 요구사항인 균형 재정을 유지해야 했다. 미국은 세계 기축화폐로서의 달러의 지위를 이용해서 거액의 재정 적자로 기업의 경쟁력을 지탱해 주고 있으며, 이러한 거액의 적자는 달러의 평가절하를 통해 메우고 있다. 예컨대, 1994년 미 연방정부의 채무 4조6천1백35만 달러는 미국이 세계 경제를 통제하고 착취하는 과정에서 발생한 가장 커다랗고 은폐된 손실이었다. 이 대신에 세계 여러 나라가 자신의 경제 주권을 포기하거나 힘이 약화된 상황에서 미국의 경제 주권이 무한적으로 팽창할 수 있었던 것이다.

이러한 의미에서 '세계화'는 경쟁의 격화를 필연성으로 가진, 미국 정치 및 금융 엘리트의 중요한 음모였다고 말할 수 있다. 미국의 정책 결정의 틀거리는 공개된 비밀이었다. 1979년 봄, 폴 푸커는 만약 자신이 연방준비제도이사회 위원장이 되면 "세계 경제의 해체를 통제하"는 정책을 채택하겠다고 발표했다. 그 해 10월, 결국 그는 위원장직을 사임하고 말았다. 그 후 레이건과 대처의 공조 속에서 보수주의 혁명이 일어났다. 그들은 국내에서는 민영화를 추진하고 사회복지를 감축해 노동조합에 타격을 주었다. 반면 개발도상국에 대해서는 의존적, 수출지향적 전략을 철회해 유럽과 미국 등 선진국의 다국적기업이 공장을 개발도상국으로 순조롭게 이전할 수 있도록 길을 닦아 놓았다. 국제 관계에서는 정부나 의회에게 연이은 협정을 체결하도록 촉구해 여러 법률을 선포했다. 이로써 자본과 상품이 국경을 넘어 자유롭게 이동할 수 있게 되었다. GATT에서 WTO 출범에 이르는 동안, 고정환율 제도를 없애고 파생금융상품을 폭발적 기세로 만들어 내면서 제3세계의 민족공업이 와해되어 심각한 경제위기가 초래되었다. 심지어는 사회보장제도도 세수 감소로 붕괴 직전으로 내몰리게 되었다.

그러나 이러한 '인류를 위한' 세계화도 그 끝을 보이고 있다. 사실 1990

년대의 자본 이동의 세계화가 지닌 파괴적인 힘은 이미 많은 사람들에게 알려져 있다. 러시아 ,아시아, 아프리카, 라틴아메리카의 수많은 국가들은 깊은 경제 위기에 빠져 서구의 복잡하고 교묘한 수단에 의해 착취받았으며, '통제 받는 해체' 과정의 희생양으로 전락했다. 일본도 예외 없이 세계화의 상처를 입었다. 1980년대 미국은 엔화 강세를 압박해 일본 경제의 거품을 만들었고, 결국 거품 경제가 붕괴한 1990년대에는 일본 경제가 심각한 불황에 빠지게 되었다. 어둠의 터널은 끝이 보이지 않고 있는 것 같다.

그러나 호랑이를 풀어 사람에게 상처를 주는 자는 스스로 호랑이에게 물리는 법이다. 1998년 8월, 미국의 롱텀캐피탈이 파산해 1조2천5백억 달러나 되는 파생금융상품의 거래에 영향을 미쳤다. 만약 롱텀캐피탈이 파산 신청을 한다면 전세계의 금융 체계가 완전히 붕괴될 것이며, 따라서 8년간의 '신경제'도 종말을 고하게 될 상황이었다. 연방준비제도이사회는 이례적으로 신자유주의의 신념을 버리고 공적 자금을 투입할 수밖에 없었고, '미국식 정실 자본주의'라는 비판을 감수해야 했다.

이 사건은 신자유주의의 파산과 세계화의 좌질이 임박했음을 알려준다. 이 사건을 전후로 해서 이미 국제적으로 비슷한 기미가 보이고 있었다. 1997년 동남아시아에 외환 위기가 닥치기 직전에 폴 크루그먼은, 신자유주의의 주창자인 프리드먼을 비판하면서 자본에 대한 통제를 주장했다. 또한 유럽과 일본에서도 IMF를 비판하는 목소리가 터져나오고 있다. 1997년 아시아판 IMF(AMF) 창설 제안이 미국의 반대로 좌절되자, 일본의 대장성은 1998년에 IMF를 제쳐 두고 위기에 빠진 아시아 국가에 3백억 달러를 지원하겠다고 발표했다. 1998년 8월, 홍콩의 자금관리국이 증시에 간섭하면서 국제 금융투기꾼과 한판을 벌여 그들을 물리쳤다. 1998년 9월 1일에는 말레이시아가 엄격한 통화관리 정책을 실시한다고 발표해서 일본의 적극적인 지지를 받았다. 1999년 1월에는 EU 단일 통화가 출범해, 세계화를 대신할 것은 지역화임을 보여주었다.

보호무역은 반드시 필요하다

위에서 살펴보았듯이 세계 경제는 유례 없는 뜨거운 경쟁과 장기간의 불황으로 대공황의 위협에 직면하고 있다. 보호무역주의도 이에 대한 반응으로 GATT, WTO 협상의 우산 속에서 점점 강화되면서 새로운 단계에 접어들고 있다. 한편 지역화를 동력으로 한 자본 이동의 세계화가 미국에 의해 추진되고 있지만, 세계화는 경제와 금융시스템에 점점 심각한 혼란을 야기하면서 그 종말을 알리고 있다. 21세기 초의 세계 경제의 주요 특징은 심각한 불황, 경제의 지역화, 보호무역주의의 강화가 될 것이다. 이러한 배경 속에서 WTO는 더 어려운 시험에 직면해서 이러지도 저러지도 못하는 진퇴양난에 빠질 수도 있다.

따라서 단순히 국제 경제적인 환경만을 보면 중국은 보호무역주의를 할 수 있을 뿐만 아니라, 그렇게 해야 한다. 또 WTO에 가입하려고 할수록 미국처럼 보호무역주의에 적합한 방식을 찾아야 한다. 미국, 일본, 유럽과 달리 우리 중국은 지역화와 환율을 국제 경쟁에서 주요 무기로 삼을 수도 없고, 단지 전통적인 관세 및 비관세 장벽을 보호무역의 주요한 수단으로 이용할 수 있을 뿐이다. 또 중화민족의 생존과 발전의 견지에서 보면, 우리는 국제 무대에서 활로를 찾기 위해서라도 반드시 체계적인 보호무역 정책을 채택해야 한다.

개혁개방 정책의 실시 이래 우리는 대외 무역에 관한 정리된 이론을 세우지 못했다. 또 대외 무역과 관련해 국내 산업 발전의 궁극적인 목표를 마련하지도 못했음을 인정해야 한다. 그래서 지난 개혁개방 시기에는 많은 정파, 간부간의 갈등과 경쟁이 존재했다. 이러한 상황에 대해 린리예는 귀를 기울일 만한 분석을 내놓았다.

명확한 거시 정책이 부재하기 때문에 과학적이고 합리적이며 국제적 규범에 맞는 거시적 조치가 부족할 수밖에 없었다. 또한 규제 정책도 본래의 목적대로 실시되지 못했다. 인센티브 정책도 별다른 실효를 거두지 못했다. '권한의 이양'과 '정책의 편중'은 개혁의 진행 과정에서 수출의 적극성을 끌어내고 불공정 경쟁을 조장해 경쟁 질서의 혼란을 가져왔다. 대내적으로는 물가가 오르고 대외적으로는 출혈적인 가격 경쟁을 벌여서 달러와 국부의 유실이 나타났다. 대외 무역이 가치 증식을 가져온다는 사실만 알았지, 이익 분배의 전제 조건과 이로 인한 손실에 대해 의식하지는 못했다. 명확한 정책이 없었기 때문에 구체적이고 직접적인 방향과 규제를 확립하지 못했으며, 이러한 허술한 무역 정책은 개혁의 심화에 따라 변화하면서 대외 무역 체제로 잘못 인식되어 왔다. 그 결과 정책이 줏대 없이 상황에 따라 변한다는 인상만을 주게 되었다. 이것은 기업의 단기적 행동에 매우 중요한 요인으로 작용할 뿐만 아니라, 무역 정책의 청사진이 설정되지 않아서 수출입 체계의 개혁이 바람직하지 못하다는 것을 보여주고 있다. … 전체적으로 보면 개혁개방 정책 실시 이후 중국의 대외 무역은 수출에서는 '자유'로워졌지만 '보호'는 충분하지 못했다. 반면 수입에서는 '보호'가 과도기와 같은 말로 받아들여졌다. 세금 감면 같은 수많은 특혜 때문에 '자유'도 과도기적인 것이 되었다. 수출의 과도기적인 '자유'는 자유무역이 아니라, 과도기적인 장려 정책에 의해 형성된 강제적인 수출 '인센티브'에 근거한 보호의 결과인 것이다.

어떻게 하면 체계적인 보호무역 정책을 마련할 수 있을까? 대외무역 정책은 중국의 국제 경쟁 전략을 세우기 위해 반드시 필요하다. 보호해야 할 것을 단호하게 보호하고, 보호의 수준도 분명해질 것이기 때문이다. 다른 한편 개방해야 할 것은 확실히 개방하고, 개방의 수준도 투명하게 제시될 수 있을 것이다. 전체적인 경쟁 전략이 필요할 때, 일부 업종의 개방을 더욱 확대할 수도 있다. 화장품, 문구 같은 업종은 과감하게 개방하고 핵심 부문에서는 엄격한 보호를 할 수 있도록 해 전체적으로 세계 경제와 거리를 두고 있다는 인상을 주지 않아야 한다. 핵심 산업의 경우 일정한 경쟁력을 얻을 때에 한해 선택적으로 개방의 수준을 확대하지만, 국민 정서에 조급하다는 느낌을 주어서는 안 될 것이다. 이 부분에서는 런리에의 논의가 좋은 출발점이 된다. 보호무역 정책의 청사진에 대해 더 많은 사실을 알고 싶다면, 런리에의 『보호무역주의의 이론과 정책』을 참고하기 바란다.

[부록]

중국의 당면 과제는 WTO 가입이 아니다

취즈웬 崔之元

중국의 WTO 가입과 관련해 두 가지 문제에 대한 답이 있어야 한다. 첫째, 원칙적으로 중국이 WTO에 가입할 것인가? 둘째, 중국의 WTO 가입은 서둘러야 할 문제인가? 이 글은 첫 번째 문제에 대해서는 긍정적이지만, 두 번째 문제에 대해서는 부정적인 입장을 가지고 있다. 중국이 현재 WTO에 가입함으로써 얻을 수 있는 혜택은 불확실하지만 치러야 할 대가는 분명하다는 것이 이 글의 기본적 논점이다.

원칙적으로 WTO 가입이 중국에게 어떠한 혜택을 줄 수 있는가? 1997년 4월 WTO 사무총장(이탈리아의 전 무역장관) 레나토 루지에로는 중국을 방문할 당시 세 가지 문제를 제기했다.[1]

첫째, 중국은 WTO의 1백30개 회원국이 체결한 관세 인하 협정으로 혜택을 볼 것이다. 회원국간에는 차별 없는 최혜국 대우가 적용되기 때문이다. 둘째, 중국은 WTO의 다변적인 분쟁 해결 제도를 이용할 수 있을 것이다. 셋째, 중국은 WTO의 회원이 되어야만 21세기 국제 경제의 규칙을 제정하는 과정에 참여할 수 있다.

이 세 가지 혜택은 추상적으로는 모두 옳다. 그러나 현재 국내·외 상황을 구체적으로 보면, 그 실현 가능성은 불확실하다.

먼저 미국의 법률 체계가 지니는 독특함 때문에, 중국은 WTO에 가입한다고 해도 오랫동안 소망해온 영구적인 최혜국 대우를 얻기는 어려울 것이다. 그 이유는 무엇일까?

미국은 자국의 주권을 매우 중시하는 국가이다. 미국의 국제 조약은 자동적으로 국내법적인 효과를 갖지는 않는다.[2] 1994년 6월 14일 미국 상원 외교위원회는 'WTO와 미국의 주권'에 대한 청문회를 열어, 1990년에 있었던 최초의 WTO 설립 구상에 대해 미시건 대학의 로스쿨 교수인 존 잭슨의 증언을 들었다. 같은 해 미국 의회는 '우루과이 라운드 협정' 법안을 통과시켰다.[3] 이 법안의 102조는 WTO 협상과 미국 국내법간에 충돌이 생길 경우에는 '국내법에 준한다'라고 규정하고 있다.[4]

WTO의 규정에 의하면 중국이 가입한 이후 미국은 중국에 영구적인 최혜국 대우를 주어야 하지만, 이는 미국의 국내법과 충돌을 일으킨다. 이 법은 오늘날까지 연용되고 있는 1974년 무역법의 '잭슨-배닉 수정안' 이 그것이다. 이 수정안에 근거해 미국 대통령은 적성국—시장경제가 아닌 국가—에 최혜국 대우를 줄 수가 없다. 하지만 이 국가에 자유이민을 허용하거나, 대통령이 최혜국 대우를 줄 필요성이 있다고 판단한다면 매년 의회의 특별 비준을 신청할 수는 있다. 이것은 당시 소련이 유태인의 이민을 제한하는 것을 겨냥해 제정한 것이지만, 상황이 많이 달라진 지금도 적용돼 매년 한 번씩 미국 의회가 중국의 최혜국 대우를 심사하는 법률적 근거가 되고 있다. 중국은 WTO에 가입한 후에도 '국내법에 준하는' 미국으로부터 영구적인 최혜국 대우를 얻을 수는 없다. 그렇게 되기 위해서는 미국 의회가 '잭슨-배닉' 수정안을 개정해야만 한다. 그러나 코커스 보고서가 공개된 현재의 분위기에서는 개정이 매우 어렵게 되었다. 사실 중국이 WTO에 가입하면, 미국은 '우루과이 라운드 협상법안'과 '잭슨-배닉 수정안' 사이의 일치성을 유지하기 위해 WTO에 '서로 적용하지 않는다'는 조항5)을 인용해 중국에게 영구적인 최혜국 대우를 주지 않을 것이다. 주룽지 총리의 미국 방문 때인 1999년 4월 8일, 미 무역대표부는 방문의 '대가'로 「시장개방과 규제 약속」을 일방적으로 발표한다. 여기에 서는 중국이 WTO에 가입한 후에도 미국은 중국을 '시장경제가 아닌 국가' 로 대우할 것이며, 중국에게 영구적인 최혜국 대우를 주지 않겠다는 복선 을 깔았다. 이렇게 해서 WTO 사무총장이 말한 혜택은 확실하지 않다는 것을 알 수 있다. 최소한 미국으로부터 영구적인 최혜국 대우를 얻는 문제 에 있어서는 그렇다는 말이다.*

그러면 WTO 사무총장이 말한 두 번째 혜택은 어떨까? WTO의 다자간 분쟁해결 제도는 이전의 GATT보다는 많이 개선되었다. 특히 전문위원회 보고에서의 만장일치 원칙을 취소한 것이 그것이다.6) 1994년 8월 1일 『뉴 욕타임스』는 미국이 WTO에 반대한다는 글을 보도했다(Anti-WTO coalitions). WTO는 '미국이 부결권과 투표권을 갖지 않는 유일한 국제 조직' 이라는 것이다. 1995년 WTO가 창립된 이후 개발도상국들이 선진국과의 무역분쟁을 제소하는 회수가 GATT 때보다 많아졌다. 예를 들면, 베네수엘 라는 석유 수입을 차별한다며 미국을 WTO에 제소해 승리를 거뒀다. 이런 이유로 1996년 클린턴과 경쟁한 로버트 돌 Robert Dole은 WTO의 결정이 연속해서 세 차례 미국에게 불리하게 나오면 미국은 집행을 거절하고 경제 적 보복을 단행하자는 결의안을 냈다. 따라서 우리는 WTO의 다자간 무역

---

* [옮긴이] 2000년 5월 24일 미국 하원은 중국에 항구적 정상무역 관계(PNTR)을 부여하는 법안을 통과시켰다. 중국은 해마다 의회 심사를 거쳐 최혜국 대우를 부여받던 수모에서 벗어나게 되었다. 이어 9월에 의회를 최종 통과했고, 10월 10일 빌 클린턴 미국 대통령이 대중국 무역 법안에 서명했다. 이 법안은 WTO 가입 협상에서 중국에 항구적 정상무역 관계를 허용하는 한편, 중국이 대미 시장개방을 약속하는 대가로 다른 미국의 무역 상대국 들과 똑같은 저관세로 미국 시장에 접근할 수 있도록 보장하고 있다.

분쟁 해결 제도에 그다지 큰 희망을 두지 말아야 할 것이다.

부트로스 부트로스 갈리 전 유엔 사무총장은 최근에 출판한 회고록에서 "미국은 외교의 필요성을 보지 못하고 힘만 있으면 된다고 보는 것 같다. 약소국만이 외교를 필요로 한다"라고 말했다.[7] 이 말은 미국의 대외 경제 관계에도 똑같이 적용된다. GATT의 정책 고문을 맡았던 유명한 경제학자인 바그와티 Jagdish Bhagwati는 미국의 최근 행보는 WTO의 다자주의가 아니라 침략적인 일방주의라고 말했다. 이러한 비난의 대상은 1988년에 수정한 1974년 무역법 301조와 '슈퍼 301조'이다. "이 조항에 의하면 미국은 '우선'적인 방법을 받아들이지 않는 특정 국가에 협상을 요구하고, 이 협상이 GATT와 다른 조약이 금지한 것일지라도 미국이 지정한 시간 내에 이러한 방법을 취소할 것을 요구하고 있다. 또한 필요하다면 관세보복을 할 수 있다."[8] 우루과이 라운드 협상 법안이 WTO 협상과 미국의 국내법이 충돌할 경우 '국내법에 준한다'라고 규정하고 있다는 점을 감안할 때, WTO의 다자간 협상 표결과 임의성이 강한 슈퍼 301조가 충돌하면 미국은 후자를 택할 것이다. WTO 사무총장이 말한 두 번째 혜택 역시 그리 확실하지 않은 셈이다.

우리는 마지막으로 WTO 사무총장이 말한 세 번째 혜택, 21세기 국제 경제의 규칙을 제정하는 데 참여한다는 혜택에 대해 살펴보아야 한다. 이것은 상당히 매력적인 혜택이다. 중국의 현실은 국제 경제, 정치, 법률과 문화를 이해하는 인재의 배양을 요구한다. 현재 우리의 수준이 이것과는 상당한 차이가 있음을 솔직히 인정해야 한다. 중국의 언론은 "국제 관례에 일치한다"는 말로 가득 차 있지만, 이것과 '궤'를 같이하는 사실과 내재적인 모순에 대한 토론은 거의 이루어지지 않고 있다. 현재 WTO를 둘러싼 국제적 연구의 쟁점은 WTO 회원국의 국내 체제와 정책 사이의 조화를 어떻게 달성하는가이다. 미국은 코닥이 일본 시장에서 팔리지 않자, 이를

WTO에 제소해 일본의 국내 판매 체계를 미국과 일치하게끔 바꿀 것을 요구했다.

WTO 창립 구상을 제안한 잭슨 교수가 미국에 요구한 것은 이와는 달랐다. WTO의 창립 취지는 각 회원국의 내부 체제와 정책을 완전히 동일하게 만드는 것도, 각 회원국이 한 회원의 체제로 수렴하라고 요구하는 것도 아니었다. WTO의 규정은 서로 다른 컴퓨터를 연결한 인터페이스를 만들어 서로 다른 환경의 컴퓨터를 조화롭게 작동시키는 데에 있다고 할 수 있다. 이는 마치 모든 컴퓨터의 소프트웨어가 전부 같을 필요는 없는 것과 같다.9) 하지만 상황은 전혀 다르게 전개되었다. 서로 다른 소프트웨어를 가진 컴퓨터들은 뛰어난 인터페이스를 가질수록 더욱 조화롭게 일하는 것이다.

이러한 측면에서 잭슨 교수는 1997년 장쩌민 주석이 미국을 방문했을 때 "중국이 시장경제인가?"라는 물음에 답변한 내용을 중시했다. 장 주석은 시장경제에도 여러 가지가 있으며, 예를 들면 독일의 '사회적 시장경제'도 그 가운데 하나라고 대답했다. 잭슨 교수가 보기에 장 주석의 답변은 WTO가 규정한 인터페이스의 철학과 일치한다.10) 중국의 학자들은 WTO 회원국간의 국내 체제 및 정책의 '조화'를 주제로 한 국제적인 토론에 적극적으로 참여해, 한 회원국의 체제와 정책을 타국에 일방적으로 강요하는 경향을 반대하고 있다. 이렇게 해야만 중국은 21세기 국제 경제의 규칙을 제정하는데 진정으로 참여한다고 할 수 있을 것이다. 중국의 입장에서 새로운 국제 경제의 규칙을 제정하는 데 참여하는 것은 실력과 지혜가 필요한 거대한 과정이지, WTO 가입만으로 실현될 수는 없는 것이다. 그러므로 WTO 사무총장이 말한 세 번째의 혜택은 단숨에 얻을 수 있는 것이 아니다. 우리가 '국제 관례와 궤를 같이하는 것'밖에 모른다면, 새로운 국제 경제의 규칙을 제정하는 과정에의 참여는 언급할 필요도 없게 된다.

현재 상황에서 중국이 WTO에 가입함으로써 얻게 되는 혜택은 있기는 하겠지만 확실하지는 않다. 그러나 이 글은 중국의 WTO 가입이 치러야 할 대가는 분명하다는 점을 지적할 것이다. WTO의 현행 규정 가운데 '무역 관련 지적 재산권'과 '무역 관련 투자 준칙'은 개발도상국에 불리할 뿐만 아니라, 미국의 특별한 요구도 설상가상으로 더욱 부담이 될 뿐이다. 지적 재산권과 투자 문제는 본래 GATT의 의제에 있지 않았지만, 이러한 문제가 무역에서 자주 발생하기 때문에 피할 수 없는 것이다. WTO의 창립을 논의하면서 미국은 '무역 관련'을 이유로 지적 재산권과 투자 항목을 우루과이 라운드의 범주에 넣을 것을 주장해 OECD에 가입한 선진국들의 지지를 얻었다. 그러나 GATT의 정책 고문인 바그와티는 '무역 관련 trade related'의 약자인 'TR'을 '무역 무관성 tangentially related'으로 바꿔야 한다고 말했다.[11] 지난 6월 18일 미 무역대표부가 일방적으로 발표한 「시장개방과 규제 약속」의 요구는 과거보다 후퇴한 것이 아닌가?[12] 미국의 공적인 문서가 중국에게 약속한 WTO 가입 조건을 인정하게 되면, 이는 "현재 선진국과 개발도상국 등 수많은 WTO 회원국이 한 약속을 넘어선다."[13] 이제 좀더 구체적으로 이야기해 보자.

'무역 관련 투자 준칙'

미국의 문서에 근거하면, 중국은 "WTO에 가입하면 무역 관련 투자 준칙을 준수해야 한다. 이 점에 대해서는 어떠한 개발도상국도 과도기를 두지 않고 있다." 이것은 중국이 다국적기업의 수출 비율과 외환 균형을 정하는 규칙의 적용을 중지하거나 철폐해야 한다는 것을 의미한다. 또한 국산화와 기술이전에 관련된 요구를 철회해야 한다는 의미이기도 하다.

'완전 경쟁'의 이상적인 세계에서라면 다국적기업에 일정한 수출 비율을 지키라고 요구하는 행위는 자원 배분의 효율을 떨어트리게 된다. 그러나 시장 왜곡이 심각한 현실에서 이러한 요구는 효율을 향상시킬 수 있는 차선책이다. 예를 들면, 중국에 진출한 다국적기업이 한 업종을 독점할 때 수출 비율을 정하게 되면 독점 이윤을 낮추고 국내 시장의 과잉생산을 줄일 수 있다. 하버드대학의 경제학 교수인 대니 로드릭은 '차선의 일반 균형 모델'에서 다국적기업의 수출 비율과 국산화에 대한 요구가 외국의 직접 투자를 끌어들여 국가의 부를 늘릴 수 있음을 증명하고 있다.[14] 그러나 WTO의 '무역 관련 투자 준칙'은 외국인 직접 투자를 유치해 국가의 부를 증진시키지는 못하고 있다. 이것이 중국이 WTO에 가입하는 대가이다.

'무역 관련 지적 재산권'

로드닉은 WTO의 지적 재산권 협정이 매우 명확한 부의 재분배——빈국에서 부국으로의 부의 이전——라고 말하고 있다.[15] 예를 들면, 미국의 특허법은 특허 기한을 17년으로 규징하고 있지만, WTO 협정은 2년으로 규정하고 있다는 것이다. 또한 미국은 1989년 3월 1일에 베른 조약*에 가입했지만, '슈퍼 301조'는 다른 국가에 대해 지적 재산권 관련 입법에서 양보하라고 압박하고 있다.[16] MIT의 경제학 교수인 레스터 써로우는 지적 재산권이 미국의 수중에 있는 마지막 킹 카드라고 꼬집고 있다. 유럽, 일본과 아시아의 신흥공업국이 일반 산업기술에서 미국을 따라오고 있거나 이미 추월했기 때문이다.[17] 1991년, 바그와티는 개발도상국에게는 WTO 지적

---

* [옮긴이] 1886년 스위스 베른에서 체결된 문학적 및 미술적 저작물 보호 만국 동맹 창설에 관한 조약.

재산권 협정에 가입 여부를 선택할 권리를 주자고 제의했다.[18] 그러나 냉전이 끝난 이후 개발도상국의 협상력이 크게 떨어지면서, WTO의 최종 규정에는 회원국이 '포괄적으로 single package' WTO의 모든 협정을 받아들여야만 한다고 명시되었다. 분명히 지금 WTO에 가입하게 되면 우리나라의 하이테크산업을 다른 나라에 내주는 꼴이 될 것이다. 최근 마이크로소프트가 중국의 야두 亞都를 제소한 것이 한 예이다. WTO 가입을 늦추면 중국의 하이테크산업은 더 많은 생존 공간을 얻을 수 있을 것이다.

지적 재산권과 투자 문제 외에도 중국이 지금 WTO에 가입하기 위해 치러야 하는 대가는 또 있다.

통화긴축과 실업 문제를 해결하는 임시적인 관세 수단을 포기해야 한다

미국의 무역대표부는 4월 8일 일방적으로 발표한 「시장개방과 규제 약속」에 "중국이 WTO에 가입할 경우 고관세를 제고하는 것을 허용하지 않는다"라는 문구를 넣었다. 이것은 1993년 12월 15일에 있었던 우루과이 라운드협상의 '세이프가드 safeguard 협의'를 위반하는 것이다. 이 협의는 WTO 회원국이 수입을 통해 '심각한 손실'을 입었을 때 관세와 쿼터량을 늘릴 수 있도록 한 조치이다.[19]

중국에서는 1997년 10월부터 소비자 물가지수가 19개월간 지속적으로 떨어지고 실업 문제가 점점 두드러졌다. 1930년의 영국과 흡사한 상황이었다. 그때 영국은 공황과 실업 문제에 발목이 잡혀 있었다. 케인즈는 이론적으로 화폐 평가절하, 명목임금 인하, 관세 인상 등의 해결책이 있다고 했다. 그러나 윈스턴 처칠의 입장에서는 불과 5년 전인 1925년에 금본위제를 회복했기 때문에 파운드를 평가절하할 수 없었다. 이는 위안화를 평가절하하지 않겠다는 중국 정부의 약속과 매우 유사하다. 명목임금의 인하는 당시의 영국과 현재의 중국이 실시하기 어려운 정책이다. 그래서 케인즈는 관세를 올리는 것이 통화 긴축과 실업 문제를 해결할 수 있는, 임시적이지만 효과적인 대책이라고 지적했다.[20] 중국이 WTO 가입을 서둘러서 미국의 요구를 받아들인다면, 이는 통화 긴축과 실업 문제를 해결할 수 있는 관세 정책을 포기하는 것과 같다.

금융서비스의 대폭적인 개방은 우리의 자본계정 관리를 바꾸는 것과 같다

폴 크루그먼은 국제 경제에는 '삼원 충돌 이론'이 내재되어 있다고 본다. 이 이론은 국제경제학의 대가인 플레밍(Mundell-Fleming model)으로 거슬러 올라갈 수 있다. 이른바 '삼원 충돌 이론'은 아래 세 가지 목표에서 두 가지밖에 달성할 수 없음을 말한다. 첫째 각 국의 화폐 정책의 독립성, 둘째 환율의 안정성, 셋째 자본의 완전 유통성이 그것이다. 중국은 '환율 안정'과 '화폐 정책의 독립성'을 선택했기 때문에 '자본의 자유로운 유통'은 포기해야 한다. 다시 말하면 '경상계정'을 개방할 수 있지만 '자본계정'을 개방할 수 없다는 것이다. 크루그먼은 중국 중앙은행이 최근에 이율을 인하한 정책을 높이 평가하고 있다. 그 이유는 중국이 '자본계정'을 개방하지 않고, 위안화의 완전한 자유태환을 실시하지 않았기 때문이다. 만약 중국이 WTO 가입을 서둘러서 금융서비스를 대폭적으로 개방하라는 미국의 요구를 받아들였다면, 아시아 경제 위기의 재발을 막을 수 있는 자본계정에 대한 관리 정책을 포기하는 것이나 다름없게 될 것이다.

요컨대, 중국이 현재 WTO에 가입해 얻게 되는 혜택은 매우 불확실하다. 하지만 치러야 하는 대가는 분명하다. 그러므로 중국은 WTO 가입을 서둘러서는 안 된다. 우리는 내수와 국내 투자의 확대를 기초로 '과학 입국' 전략을 철저하게 실현해야 한다. 그리고 양자 협상으로 우리 나라의 무역 조건을 개선해 '아시아 통화기금' 같이 아시아—태평양 지역을 아우르는 경제 협력체에 적극적으로 참여해야 할 것이다. 이렇게 한다면 중국은 머지 않은 장래에 유리한 조건으로 WTO에 가입해 21세기 세계 경제의 규칙을 제정하는 데 한 주체로 참여하게 될 것이다. 또한 중화민족이 세계 여러 민족의 숲 가운데 우뚝 서서 인류의 복리 증진에 많은 이바지를 한다는 청사진을 실현할 수 있게 될 것이다.

7

미국의 패권 전략과 중국의 외교 공간

한 국가의 장기 전략을 설계할 때는 국제 경제 환경은 물론 국제 정치 및 군사 환경까지도 고려해야 한다. 정치적·군사적 환경이 허락하지 않는다면, 장기 전략이 아무리 완벽하고 실현 가능성이 커도 위기에 처한 국제 정치 및 군사적인 압력 속에서 좌절과 실패를 맛보게 될 것이기 때문이다. 우리는 오늘날 미국이라는 한 국가가 세계의 헤게모니를 장악하고 있다는 것을 잘 알고 있다. 미국은 세계 각 국의 문제에 관여하고 있다. 자신의 패권에 복종하지 않으면 적성국으로 간주해 '조정'을 하려 들거나 경제 제재를 가할 수도 있고, 국내의 반정부 세력을 부추겨 정권을 전복하는 책동을 할 수도 있으며, 민족적·종교적 사건을 빌미로 침략전을 벌일 수도 있다. 물론 이러한 조치에 병행해 유연책을 쓰기도 한다. 적성국이 미국에게 복종의 기미를 보이면 미국은 곧바로 언론을 통해 이를 호의적으로 보도하거나 성대한 잔치를 열어준다. 또는 새로운 책을 출판해 이데올로기의 전파에 힘쓰거나 기금을 주는 등의 당근을 제시한다. 이런 일들을 통해 적성국의 국내 정치력을 분산시켜 친미 세력을 끌어들이는 것이다.

이러한 상황에서 자주적으로 국제 경쟁 전략을 펼치려고 하면 종종 어려움에 빠지게 된다. 자주적인 전략의 전개는 과연 불가능한 것일까? 꼭 그렇지만은 않다. 풍부하며 전략적인 장기적 안목과 의지가 있으면 된다. 이를 위해 우리는 먼저 21세기의 국제 정치와 군사 지형도를 살펴보아야 할 것이다.

21세기 미국의 패권 전략

1999년 3월 하순 이후 미국이 주축이 된 나토가 유엔의 반대를 무릅쓰고 세르비아인들이 코소보에서 인종 청소를 자행한다는 것을 빌미로 유고에 대규모 공습 작전을 펼쳤다. 78일간의 맹공이 이어졌고, 미국의 강경한 자세에다가 러시아의 친미 인사인 체르노미르딘이 소극적이지만 공습에 참가하자 유고는 결국 백기를 들게 되었다. 전쟁은 일단락 되었지만, 이를 지켜본 사람들의 뇌리에는 유고 공습이 주는 교훈이 맴돌고 있다. 미국이 왜 유고 같이 경제력이 약하고 자원이 풍부하지도 않으며, 국지전이 끊이지 않고 일어나는 약소국에게 그런 강펀치를 날렸을까? 정말 인권을 수호하고 인종 청소를 저지하기 위해서였을까?

사실 미국은 약소국의 국익과 인권을 안중에도 두지 않는 국가이다. 이스라엘이 팔레스타인 영토를 침공해 팔레스타인인들을 학살했을 때, 그들은 국제법에 위배되는 범죄를 저질렀다. 그러나 미국은 이스라엘을 응징하기는커녕 오히려 거액의 경제 및 군사 원조를 제공했다. 또 이스라엘에 최신 무기를 수출해서, 이스라엘이 중동을 들쑤셔 놓고 중동 국가들의 이스라엘에 대한 저항 통일선선을 와해시킬 수 있게 도와주었다. 왜일까? 이스라엘은 중동 지역의 교두보라고 할 수 있으며, 이스라엘 입장에서는 미국이 석유가 풍부한 이 지역에서 전략적인 무기가 될 수 있기 때문이다. 미국은 이 지역의 어떤 국가에게도 직접적인 군사적 위협을 가할 수 있게 되어 중동의 석유 자원에 대한 통제라는 전략적 목적을 달성할 수 있게 되었다.

미국은 한편으로는 코소보의 알바니아계 분리주의 세력을 지지하면서, 또 한편으로는 쿠르드당 당수인 오잘란을 체포하는 터키를 돕는 등 쿠르드 민족주의 세력에 대한 탄압을 지지했다. 미국의 입장에서 터키는 중동 지역의 중요한 동맹국이자 나토의 회원국이기 때문이기도 하며, 유고를 공습하기 위해 터키의 군사 기지와 영공이 필요했던 것이다.

미국의 역사는 인권 존중과는 거리가 멀다. 미국의 광활한 영토는 아메리카 대륙의 원주민인 인디언을 몰아내거나 학살한 총칼 위에 세워졌다. 미국은 원주민의 저항을 짓밟고 쿠바, 필리핀 같은 해외 식민지를 획득했다. 라틴아메리카가 미국의 뒷마당이었던 지난 시절, 그 나라들은 미국의 잔혹한 탄압과 파시스트 대리 통치자 아래에서 신음했다. 미국은 아시아에서도 셀 수 없이 많은 악행을 저질렀다. 우리는 미국이 장제스, 남한의 이승만, 베트남의 우팅엔 등 파시스트 정권을 지지했던 것을 잊을 수 없다. 또한 우리는 미국이 무차별 폭격과 화학무기로 셀 수 없이 많은 베트남 양민의 목숨을 앗아간 사실을 잊을 수 없다.

실제로는 미국 시민들도 충분한 인권을 보장받지 못하고 있다. 1992년 4월 29일에 전세계를 놀라게 했던 'LA폭동'은 이러한 현실을 잘 말해주고 있다. 1991년 3월, 일자리가 없던 흑인 건설 일용 노동자 로드니 킹은, 속도위반을 했다는 이유로 네 명의 백인 경찰에게 81분 동안 잔인하게 매질을 당해서 머리 부분에 심각한 상처를 입고 가슴, 등, 다리의 뼈가 부서졌다. 그러나 1년 후 배심원들은 폭행 경찰에 무죄를 판결했다. 이

소식이 알려지자 전체 미국인들은 경악했고, 오랫동안 차별, 모욕, 박해를
받은 흑인들이 울분을 참지 못해 대규모 거리시위를 벌였다. 그러나 미국
정부는 군경을 출동시켰고, 진압 과정에서 29명이 경찰의 총에 죽고 4백50
명이 중상을 입었으며 4백 명이 체포되었다. 5월 2일, LA 지역의 무장병력
이 2만3천4백90명으로 증가되었고, 민간인의 피해가 사망 40명, 중상 2천
명, 체포 6천 명에 이르렀지만, 군경은 단 한 명만 상처를 입었다.1)

　미국은 왜 그렇게 유고연방과 밀로셰비치 대통령을 증오했을까? 미국
의 세계 전략과 이 전략에서 차지하는 유고 연방의 전략적인 위치 때문이
다. 냉전이 종식되자 미국은 자신에게 대항할 적이 없음을 알게 되었다.
그런데 문제는 미국이 자신의 헤게모니적 지위가 앞으로도 안정적이지는
않다는 것도 알게 되었다는 데 있다. 또한 유엔이 미국의 발목을 붙잡고
있어서 전세계를 마음대로 경영하지 못하게 되었다. '미국에서 가장 뛰어
난 전략가'인 즈비그뉴 브레진스키는 이 점을 간파했고, 자신의 저서 『거
대한 체스판』*에서 미국의 통치 엘리트에게 장기적으로 전세계를 제패할
수 있는 전체적인 전략을 보여 주었다.

　그는 현재 미국의 헤게모니는 의심할 여지가 없지만 앞으로도 확고부
동할지에 대해서는 보장할 수 없다고 보았다. 또 유일하게 미국의 헤게모
니에 도전장을 내놓고 있는 것은 유라시아 대륙의 공조 체제임을 지적하고
있다. "유라시아 국가의 역량을 한데 모으면 미국을 초월할 수 있다. 그나
마 다행스러운 것은 유라시아 대륙이 너무 광활해서 정치적으로 하나가
되기 어렵다는 것이다."2) 그러나 이러한 행운만으로는 불충분하다. 문제
는 유라시아 대륙이 정치적으로 하나가 되는 사태를 어떻게 막느냐에 있
다. 이러한 명제는 미국의 싱크탱크들에게 '지연 전략 3대 임무'를 결정해

---

* [옮긴이] 우리말로는 김명섭 옮김, 『서대한 체스판』(삼인 2000).

주었다. 즉, "첫째, 부용국의 상호적인 결탁을 방지해 안보 분야에서 대미 의존성을 유지할 것. 둘째, 하인 국가의 복종을 유지시키고 그들에 대한 보호를 유지할 것. 셋째, 야만 민족의 단결을 미연에 방지할 것".3)

논점은 분명해졌다. 덧붙이자면, 부용국은 캐나다, 영국, 일본, 프랑스, 독일 같은 서구 선진국을 가리킨다. 또한 부용국의 상호 결탁이 의미하는 바는 프랑스와 독일의 연합이고, 브레진스키가 은근히 우려하는 것은 일본과 중국의 연합, 그리고 프랑스, 독일과 러시아의 연합이다. 하인 국가에는 쿠바, 라틴아메리카 여러 국가들, 동남아 지역의 국가들, 아프리카와 중동의 대부분의 국가들이 속한다. 이 국가들은 미국에 대항할 힘이 없기 때문에 매우 순종적이다. 그리고 야만 민족은 미국에 순종할 뜻이 없는 국가를 가리킨다. 다시 말하면, 미국의 통치 엘리트가 '깡패 국가'라고 말하는 이라크, 유고슬라비아, 이란, 북한 등이다. 중국과 러시아는 부용국도 하인 국가도 아니다. 엘리트 미국인이 보기에는 오히려 야만 국가 또는 예측할 수 없는 민족에 가깝다. 미국과 중국, 러시아가 각각 전략적 제휴 관계를 체결하는 이유는 한시적으로 중국과 러시아를 제어할 수 없을 때 중국, 러시아와의 관계를 파괴하려는 연막 작전을 시도하기 위해서이다.

하지만 머리가 있다면 이 전략이 실제로는 낡은 분리 통치에 불과하다는 것을 쉽게 알 수 있다. 이것은 표면적으로는 살기등등하지만, 현실에서는 공격성이 강한 먼 나라와는 국교를 맺어 안심시키고 가까운 나라를 먼저 공략한 다음 먼 나라마저 파괴하는 전략으로 나타난다. 적의 동맹을 막는 길이 유일한 방어 수단이기 때문에 먼 나라와는 국교를 맺고 가까운 나라는 공격하는 분리 통치 전략만이 미국의 패권을 실현해 줄 수 있다. 여기에서 '멀고 가까움'의 개념은 과거의 지리적 개념이 아니라 이익의 경쟁 및 충돌과 관련된 개념이다. 장기적으로 볼 때 서유럽과 일본은 미국의 전략적인 적이지만 이런 관점에서는 멀리 떨어져 있다. 그러므로, 현재 미국에 크게 위협이 되는 존재는 러시아와 중국이다. 또 중국보다는 러시아가 좀더 가까운 적이다.

'원교근공 遠交近攻' 전략은 서유럽과 일본을 끌어들여서 러시아와 중국을 억누르기 위한 것이다. 러시아가 없다면 유럽, 일본, 중국이 연합한다고 해도 미국의 헤게모니에 도전장을 내놓지 못했을 것이다. 이 연합 세력에는 강력한 중심이 없기 때문이다. 러시아의 정국이 매우 불확실한 현 상태에서 내부의 정치적 역관계로 미루어 보면 옐친 이후 등장할 세력은 민족주의 색깔이 강할 가능성이 짙다. 그렇게 되면 러시아는 미국이 짜놓은 궤도에서 벗어나 국제 무대에서 미국에 대항할 힘의 중심 혹은 무력의 후원자가 될 것이다. 러시아는 강대해지면 어떠한 세력도 이용할 필요가 없게 되고, 핵무기만이 러시아의 신정권에게 국제 사회의 시민권을 얻을 수 있는 발판을 마련해 줄 것이다. 미국의 정치인들은 이 점을 잘 알고 있다. 러시아에 대한 미국의 전략은 이미 대폭 수정되어, 옐친을 신뢰하고 의존하면서 이용했던 것에서 러시아를 철저하게 무너트리는 방향으로 바뀌었다. 경계·예방·결합 등의 정책을 채택한 바탕 위에서, 전략적으로는 러시아에 대한 억제·포위·분해 정책을 강화하고 있다

유화 정책과 강경 정책을 병행하면서 러시아의 핵무기 역량을 점진적으로 소멸시키는 것이 최근 미국의 전략에서 주축을 이룬다. 상당히 위협적인 적을 파괴하기 위해 미국은 동유럽으로 확장하려는 나토의 움직임에 속도를 붙이고, 우크라이나나 중앙 아시아 국가와 러시아 사이를 이간질하며, 일본과 러시아의 우호 관계를 가로막고, 중국과 러시아의 전략적인 제휴 관계도 곱게 보지 않고 있다. 또한 러시아의 경제 위기를 이용해 IMF와 세계은행 같은 국제기구를 통해 러시아 경제에 대한 통제를 강화함으로써 군사 분야 과학자들을 끌어내 러시아 군대와 핵무기의 위력을 내부에서부터 와해시키고 있다.

러시아에 핵무기가 상존하는 현재에는 영국, 프랑스, 독일, 일본과 중국이 미국의 전략적 파트너가 될 수 있을 것이다. 러시아의 핵무기가 사라지고 러시아가 더 잘게 쪼개진다면, 중국이 미국의 다음 전략 목표가 될 것이다. 만약 중국이 미국에게 무릎을 꿇는다면 서유럽과 일본도 미국의 새로운 전략 목표가 될 것이다. 그때에는 서유럽과 일본의 저항도 크게 줄어들게 될 것이다. 이렇게 해서 미국은 유라시아 대륙에 대한 분리통치 목표를 달성하고, 미국의 헤게모니도 한동안 안정적으로 유지될 것이다.

그러나 미국은 소련의 해체, 나토의 동유럽 확장에서 이득을 본 쪽이 유럽이라는 사실을 안타깝게 여기고 있다. 특히 미국이 암암리에 견제하고 있는 프랑스와 독일이 가장 많은 이득을 보았다. 프랑스와 독일 중심의 유럽 국가들과 소련 및 동유럽이 이웃하게 되어 나토의 동유럽 확장의 혜택을 이 나라들이 마음껏 누릴 수 있게 되었다. 독일의 경우 비록 과거 동독 지역이 한때 위기에 빠지기도 했지만 그 영향력과 힘은 분명 크게 강해졌다.

이러한 배경 속에서 유럽의 단일화가 급진전을 보였다. 1999년 초에 EU 단일 화폐가 탄생해서 미국에 대항할 수 있는 경제력을 갖게 된 것이다. 이보다 더욱 중요한 것은 유럽이 군사적으로는 미국의 상대가 될 수 없으므로 유럽 방위의 독립성을 향상시켜 방위 수준을 제고하려고 한다는 점이다. 가장 빠른 지름길은 러시아와 관계를 개선해 러시아의 핵무기로 미국을 견제하는 것이다. 경제 위기에 직면한 러시아도 유럽의 원조가 필요하므로, 이것은 서로에게 이득이 되는 윈-윈 게임인 셈이다. 독일은 러시아에 대한 경제 원조를 가장 적극적으로 제공하고 있다. 미국과 달리 외채 부담이 적고 무역 적자도 그리 많지 않기 때문에 도움의 손을 뻗을 수 있는 것이다.

프랑스와 독일이 주도하고 있는 에어버스도 러시아에 진출하려고 하고 있다. 에어버스는 러시아의 항공기술을 이용하여 미래의 시장을 개척하고, 러시아는 경제 위기를 벗어난다는 서로간의 이해가 맞아 떨어졌기 때문이다. 미국도 이러한 상황을 모르는 바가 아니어서 이를 가로막으려고 하지만, 프랑스와 독일이 서구 세계의 이익을 대변하고 있고, 나토의 동유럽 확장이라는 거대한 명분의 보호를 받고 있어 간단하지가 않다. 게다가 풍부한 자본까지 있기 때문에 미국은 이러한 현실에 두 눈을 부릅뜰 수밖에 없다.

미국의 정치인들도 자국의 이익이 침해되는 상황을 그리 달갑게 보지 않고 있다. 그래서 EU와 러시아 사이에 쐐기를 박아 러시아의 세력 확장에 공식적인 경고를 보내고 있으며, 프랑스와 독일의 세력 강화를 암암리에 억누르고 있는 것이다. 이것이 미국의 중대한 전략적 안배이다. 이에 따라 냉전 이후 분쟁이 끊이지 않던 유럽의 화약고 발칸에서 화약 연기가 다시 피어오르게 된 것이다. 유럽을 자기 편으로 끌어들이고 의심을 사지 않기 위해 나토의 동유럽 확장이 가져올 이익과 러시아에 대한 억제의 중요성을 부각시키려는 포석이다. 그래서 발칸 지역의 공습 대상 선정 과정에서도 미국의 총구는 여전히 니토의 확장에 수긍하지 않고 있으며 러시아에 우호적인 유고를 겨냥했던 것이다.

이 외에도 미국의 전략적인 핵심은 아시아, 다시 말하면 중국에 있다. 미국은 최근 20여 년간 중국과 우호적인 외교 정책을 실시해 왔지만, 사실 그리 장기적이지는 못했다. 중국의 입장에서도 유구한 역사와 거대 인구를 가진 중국의 국내 정책과 외교 정책이 미국의 이익에 따라 시행되었기 때문에 어려움이 무척 컸다. 결국 중국이 양보할 수 없는 수준에 이르렀다. 이제는 중국의 양보가 많아질수록 국내의 불만이 거세어졌다. 20세기의 중국과 미국의 외교사는 대강 이렇다. 게다가 중국이 국제 사회에 편입하려고 해도 이데올로기적 사고에서 벗어나지 못한 미국의 내중은 집권당이 공산당이라는 이유로 중국에 대해 적대감을 드러낸다.

이것이 미국이 중국을 적으로 보는 필연성이다. 가능성으로만 보면 다음과 같은 추측이 가능하다. 미국은 남북 전쟁에서 스페인 전쟁까지, 제1차대전과 제2차대전, 냉전과 냉전 이후의 걸프전, 유고 공습에 이르기까지 거의 모든 전쟁에서 승리를 거두었다. 단지 중국과 맞붙은 세 차례의 전쟁에서만 패배했을 뿐이다. 1949년 해방 전에는 중국 공산당과 교전한 장제스를 지원했고, 한국전쟁에서는 정면 교전을 벌였으며, 베트남에서는 중국의 지원을 받은 북베트남에 패배했다. 그리고 중국해방전쟁보다는 한국전쟁, 한국전쟁보다는 베트남에서 더 참혹한 패배를 했다. 대나무가 통나무를 무너트리는 것과 같은 근성, 거대한 인구, 풍부한 전쟁 경험을 가진 민족에 미국은 감히 손도 대지 못한 채 전전긍긍하고 있었다. 그래서 미국은 당근과 채찍을 병용해서 오랜 머리싸움을 벌인 결과, 서구화와 분할 전략을 통해 싸우지 않고도 굴복시킨다는 목적을 달성했다.

미국은 강경책으로 중국 주변 지역에 세심한 포위 전략을 채택했다. 중국의 동북쪽에는 일본과 한국을 공격기지로 삼고 있으며, 신미·일안보 협력 가이드에서도 분명하게 그 목적이 드러난다.

그리고 동남쪽에는 대만이 있다. 대만은 태평양에 떠 있는 미국의 가라앉지 않는 항공모함이다. 비록 1970년대에 미국이 중·소냉전 때문에 대만과 정부 차원의 외교 관계를 끊고 점진적으로 무기 수출을 줄였지만, 실질적인 경제, 정치, 군사, 외교 관계가 끊어지지 않았다는 사실은 잘 알려져 있다. 대만의 중요한 대내외 정책은 모두 미국의 의견에 따라 조정되며, 일부는 미국의 직접적인 안배에 따라 진행되기도 한다. 소련이 해체되자 미국은 균형을 맞춰줄 제3자인 중국이 필요하지 않게 되었고, 급기야 중국이 미국의 새로운 전략적 목표가 되었다. 그래서 대만이 자연스럽게 중국을 위협하는 새로운 교두보가 된 것이다. 1990년대 이후 미국의 대만 무기 수출량이 급증했는데, 게다가 거의 모두가 최신무기였다. 그리고 미국과 대만의 고위급 관료들의 상호 교류가 점점 늘어나면서 그 성격도 공개적으로 변해갔다. 1998년 미국의 에너지 장관이 대만을 방문해 국가미사일방어망(NMD) 편입, 탑재 수단 개선, 핵무기 개발 원조 등 새로운 비공개 약속을 했다. 대만의 실제 문제는 이름뿐인 '독립'보다 더욱 심각하다. 이미 미국이 마련한 세계 전략의 체스판에서 자유자재로 조정가능한 말이 되어 버렸기 때문이다.

중국의 남쪽에는 아세안이 있다. 특히 중국으로부터 남지나해의 암초를 빼앗은 필리핀이 있다. 동남아시아 외환 위기가 일어난 이후 필리핀 국내의 사회 혼란이 더욱 두드러지자 당국은 폭동이 일어나 정권이 붕괴될까 우려하는 지경에 이르렀고, 스스로 미군의 필리핀 주둔을 원상 회복시켜 주었다. 그 결과 수빅 만의 클라크 기지보다 두 배나 넓은 기지가 세워졌다. 필리핀의 이러한 조치는 국민의 불만을 강하게 샀으며, 궁극적으로는 미국의 세계 전략에 순응한 것이었다. 또한 이러한 과정은 중국을 자극한 도발이라고 할 수 있다. 1999년 5월 27일 필리핀 상원은 18대5로 논란 중이던 필리핀과 미국간의 '방문부대 협정'을 통과시켰다. 이 협정은 양국이 대규모 합동군사훈련을 재개할 수 있고, 미국의 군함이 필리핀 해안에 정박할 수 있으며, 미군의 상륙을 허용한다고 규정하고 있다. 이 협정을 체결해준 보답으로 필리핀 해군은 며칠 전 남지나해 군도의 북쪽 해상에서 중국 어선을 침몰시켰고, 11명의 어민 가운데 3명만이 살아올 수 있었다.

남서쪽에서는 인도를 끌어들여 티벳 문제를 일으키고 있다. 인도는 1962년 중국과 국경 분쟁을 벌인 적이 있다. 이 역시 미국의 교사로 발생한 것이지만, 중국에 패한 후 한동안 조용했다. 그러나 소련을 견제하기 위한 냉전 동맹이 필요하지 않게 되자 총구는 다시 중국에게 돌려졌다. 개혁개방의 진행과 함께 중국의 응집력이 떨어지자 달라이 라마의 티벳 독립운동이 중국을 분해하려는 미국에게 중요한 동력이 되었다. 인도도 여기에 끼어들려고 했다. 인도의 계산은 티벳 독립운동을 지지함으로써 중국을 분열시키려는 미국의 전략을 지원해 중국을 분열시킨 후, 티벳 지역을 장악하려는 것이었다. 사실 1998년은 인도와 파키스탄이 핵 실험을 하기 직전이었고, 미국의 에너지 장관이 비밀리에 인도를 방문한 해이다. 우리가 남아시아 지역의 핵폭발에 의혹을 품은 것은 미국의 숨겨진 의도를 감지했기 때문이다. 인도의 핵 실험 이후 반년도 못 되어 미국은 인도에 대한 제재를 해제하겠다고 발표했다.

북서쪽에서는 핵무기를 가진 카자흐스탄이 나토와 합동군사훈련을 실시하며 나토 가입 초읽기에 들어갔다. 카자흐스탄과 신쟝은 국경을 마주하고 있다. 1960년대에 소련은 신쟝인 5~6만 명에게 카자흐스탄으로 망명할 것을 부추기기도 했다. 최근 신쟝의 소수 민족 분리주의자들이 서구의 지원을 받아 '동투르크스탄'을 세우려고 하는데, 그 방법이 코소보해방군의 수법과 매우 흡사하다. 특별한 일이 없다면 카자흐스탄은 신쟝 분리주의자들의 훈련 기지가 될 공산이 크다.

북쪽에서 미국과 영국의 정보 부처가 몽고의 독립을 책동하고 있다. 그 과정과 결과는 아직 분명하지는 않지만, 외몽고를 기지로 삼아 몽고가 중국에서 분열되는 사태를 배제할 수는 없다. 특히 외몽고의 경제 위기와 사회 혼란을 고려할 때 미국의 대규모 지원을 받는다면 대몽고국의 유혹에 빠질 수도 있는데, 지금으로서는 외몽고가 미국의 의도에 넘어갈 것 같지는 않다.

유화책으로는 중국의 현대화에 속도를 붙이고 친미 세력을 키워서 중국을 세계 경제의 주류로 조속히 편입시키는 것이 있다. 그러나, 이는 중국을 비교적 노동력의 우위가 비교적 높은 주변국가로 만들어 독립적이고 강대한 산업체계를 발전시키지 못하게 할 것이다. 이 문제는 이미 많이 거론되었으므로 더 이상 꺼내지 않겠다.

미국의 속셈은 러시아의 핵무기를 해체하고 중국을 와해시킨 후 21세기 전반기에 미국의 헤게모니를 유지하는 것이다. 또한 일본과 EU를 잘 관리해 장기적인 패권을 유지하는 것이다.

일반 시민들은 헤게모니를 가지면 무슨 이점이 있는지 잘 모를 것이다. 세계의 질서를 유지하는 것 자체가 커다란 부담이고, 궁극적으로는 자국의 경제에 해를 끼칠 수도 있는데, 왜 이러한 위험을 감수할까 생각할 수도 있다. 베트남 전쟁에서 미국은 서구 세계의 우두머리로 나서 전쟁에 패하고 경제적인 부담마저 지지 않았는가? 또 일본과 유럽이 경제적으로 발전할 수 있는 기회를 주어 미국 상품의 경쟁력이 상실되지 않았는가? 미국이 거대해진 군수산업을 유지하지 않고 해외에 방대한 군사 기지를 두지 않았다면, 미국의 세수가 그렇게 큰 폭으로 줄어들지 않았을 테고 기업의 경쟁력도 크게 제고되었을 텐데…. 미국은 바보처럼 세계 각지에서 고생만 하고 득은 하나도 얻지 못하는 것 같다고 생각할 수도 있다.

사실 미국은 바보가 아니다. 정작 바보는 '평화로운 경제 경쟁'의 환상에 사로잡힌 사람들이다. 미국은 한 번도 바보 같은 일은 한 적이 없다. 1968년 달러 위기를 전후해 닉슨 행정부는 달러 강세와 국제수지 흑자를 유지하려면 미국의 선도적 지위를 확보해야 하며, 이를 위해 보호무역을 실시하던 동맹국들은 시장을 개방해야 한다고 말했다. 브레튼우즈 체제가 붕괴하자 미국은 동맹국에 달러 환율의 대폭적인 상승을 요구해 미국 경제의 경쟁력을 강화했다. 그러나 이러한 수법도 여러 번 써먹자 쓸모가 없어졌다. 1970년대에는 미국 경제가 '침체' 상태에 빠져 있어서 실업률이 좀처럼 떨어질 줄 몰랐고, 인플레이션도 상승 가도를 달려 적자만 늘어 갔다. 그래서 레이건은 묘안을 생각해냈다. 세계 화폐의 발행국인 미국의 화폐 발행권은 정부에 있고, 그 힘의 핵심은 군사력이다. 미국의 군사력이 소련을 제외하면 세계 최고인데 왜 미국이 나서서 국제수지 균형을 위해 노심 초사해야 하는가? 달러 발행국은 외환이 필요 없는데. 그때부터 미국 정부 는 대규모 적자와 외채의 길로 들어섰고, 빌린 돈을 군비 증강에 쏟아 붙기 시작했다.

1990년대 들어서는 높은 이자로 외채를 끌어들이는 것 외에 주식시장 을 통해 다량의 해외 자본을 유입했다. 이를 통해 미국의 경제는 고성장- 저인플레이션-저실업의 '신경제'를 달성했고, 불황 및 저성장의 늪에 빠져 있는 세계 경제는 미국의 채무로 지탱하고 있었다. 미국의 통치 엘리트들 도 넘치는 외채와 증시의 활황은 계속 유지할 수 없으며, 언젠가는 거품이 빠져 달러가 조만간 약세로 돌아설 것임을 잘 알고 있다. 그러나 이것은 단지 그들이 예측할 수 있는 최대한의 불행한 결과일 뿐이다. 세계 경제의 대공황이 도래하거나, 자칫하면 세계대전이 일어날지도 모른다. 하지만 미국의 강력한 군사력 때문에 어느 누구도 감히 어쩔 도리가 없을 것이다. 미국은 또다시 호락호락하지 않은 국가를 요리할 기회를 만들 수도 있다!

미국은 레이건 때부터 군사 대국의 길에 들어서서 적나라한 '도둑질 노선'을 채택해 왔다. 미국의 군산복합체는 점점 미국의 내정과 외교를 주도해 왔으며, 강경파인 레이건과 부시는 군산복합체들에 의해 뛰어난 지도자로 불려졌다. 하지만 부시에게는 행운이 따르지 않아 1990년대 초기 심각한 경제위기를 맞았고, 결국 대통령 연임을 하지 못한다.

뒤를 이은 민주당의 클린턴 대통령의 임기도 순탄하지 못했다. 폴라 존스, 모니카 르윈스키 등 성추문이 끊이지 않았는데도 불구하고, 개인적 인 매력으로 재선되었지만, 실질적인 조각권을 잃어 매들린 올브라이트 국무장관이나 윌리엄 코언 국방장관 같은 군산복합체의 대변인이 이를 장악하고 있었다. 1998년 말 르윈스키 사건이 양쪽의 타협으로 일단락 되어 클린턴은 자리를 지킬 수 있었고, 군산복합체도 실질적인 대가를 받았다. 1999년 초 클린턴은 국방 지출을 크게 늘리겠다는 10개년 계획을 발표했다. 이 계획에 따르면 60년간 1천억 달러를 지출하게 되는데, 첫 해에 1백20억 달러를 지출해 "충분한 준비를 갖춰 세계 최강의 군사력을 바탕으로 미국의 국익을 유지"할 것을 약속했다.

이러한 방향 아래 미국은 세계 각지에서 전쟁의 씨앗을 뿌리고 긴장 국면을 조성해 무기를 팔았다. 더욱 위험한 것은 각 국의 무기 구매가 마약과 같은 효과를 낸다는 점이다. 미국의 무기가 비교우위를 많이 가지고 있고 무기를 사용하기 위해서는 특별한 훈련이 필요하기 때문에, 훈련된 장교는 순조롭게 진급해 미국 무기상의 로비스트가 되기 쉽다. 또 무기 수출을 중지한다고 위협해 상대국을 미국의 국제 전략에 포함시켜 '일석삼조'의 효과를 볼 수도 있다. 1980년대 이후 세계 각지에서 분쟁이 끊이지 않은 데는 서로 갈등하는 당사자들에게도 원인이 있겠지만, 미국 무기상의 의도가 주요한 변수로 작용했다. 1980~88년에 발생한 이란—이라크 전쟁에서 미국은 양쪽에 대량의 무기를 수출해 전쟁의 화염을 계속 타오르게 했다.

1990년의 걸프전은 미국이 일으킨 전쟁이었다. 미국은 이라크의 군사력 강화를 지원했다. 이라크는 쿠웨이트를 습격하기 전에 미국에게 의견을 물었고, 부시는 사담 후세인에게 "이라크와 좋은 관계를 유지하고 싶다"라는 답변을 전했다. 이라크의 쿠웨이트 습격을 '허락한' 셈이다. 그런데 전쟁이 일어나자 미국은 대규모 병력을 동원해 이라크를 공격하고, 중동의 석유 자원을 지킨다는 명목으로 동맹국에 자금을 내놓으라고 요구했다. 미국은 걸프전으로 전쟁 무기를 수출해 수백억 달러를 벌어들였는데, 이는 이전에 이라크의 미국 무기 구매량은 물론 중동 국가 전체의 무기 구매 자금량과는 비교할 수 없는 액수였다. 이렇게 단 맛을 본 이후 미국의 정치는 본격적으로 군산복합체에 의해 조정되는 국면으로 바뀌었으며,

점점 무력으로 모든 문제를 해결하는 방향으로 나아가고 있다. 우리는 미국이 공습을 여러 차례 거듭하고, 수단과 아프가니스탄에 미사일을 퍼부으며, 유고를 융단 폭격하는 것을 보았다. 미국이 왜 유고 주재 중국 대사관 '오폭'을 일으켜 중국의 허실을 탐색하려고 했는지를 알 수 있을 것이다.

세계화 시대 중국의 외교 공간

지금까지 논의를 통해 미국은 세계에서 가장 위험한 전쟁의 발원지임을 알았다. 미국의 전쟁 책동은 세계 각지에서 전쟁을 일으켜 미국의 세계 제패라는 목표를 달성하는 데 도움을 주고 있다. 세계적인 공황이 다가옴에 따라 러시아와 중국이라는 비서방 국가가 경직된 자세를 풀고 포위를 거둬들이고 있어 전운이 감돌고 있다. 중국과 러시아의 주변은 앞으로 국지적인 분쟁이 집중적으로 일어나는 지역이 될 것이다.

그렇다면 미국의 전략이 의도대로 실현된 것이 아닌가? 중국에게 주어진 외교 공간은 거의 없다고 할 정도로 좁아졌을까? 그렇지만은 않은 것 같다. 헤게모니를 가진 자가 있으면 이에 대항하는 존재가 있듯이, 장기간의 패권자가 있다면 장기적으로 이에 대항하는 존재가 있기 마련이다. 21세기는 아마 미국의 패권에 각 국이 맞서는 '대항의 세기'가 될 것이다. 이러한 의미에서 만약 헤게모니에 대항하는 외교 정책을 국가적 정책으로 삼는다면, 중국은 최대한의 외교 공간을 확보할 수 있을 것이다.

미국 패권의 진면목은 미국이 전세계를 적으로 삼고 세계 각 지역의 부를 빨아들이는 데 있을 것이다. 그러나, 네 가지의 원인이 미국의 헤게모니 지위에 크게 도전할 것이다. 첫째, 제3세계의 하인 국가라고 불리는 국가들의 대항이다. 위기와 압박이 심화되자 일부 하인 국가가 미국의 눈에 '깡패 국가'로 비치기 시작했다. 예를 들면, 이란의 종교혁명 같은 쿠데타가 계속 발생해 미국의 경제적 기반을 약화시켰다. 둘째, 부용국들이 암암리에 벌이는 저항이다. 유럽 단일화의 가속과 유로화의 탄생은 미국 헤게모니에 대한 가장 심각한 도전 가운데 하나이다. 일본 또한 미국의 속박에서 벗어나려고 하고 있다. 이들간에 안팎의 투쟁이 끊이지 않아서 패자로서의 미국의 역량은 일정한 견제를 받아 약화되었다. 셋째, 러시아의 직접적인 대항이다. 러시아는 한동안 미국의 품에서 벗어나지 못했지만 반항의 전통이 있는 강대국이어서, 미국의 얄팍한 속임수에 넘어가지 않고 광활한 영토 위에 살고 있는 국민의 현실적 이익을 지켜내고 있다. 마지막으로, 미국 내의 반패권적 세력도 날로 늘어나고 있다. 미국이 무력으로 세계의 패자를 자임하고 있을 때, 미국 안에서도 양극화가 점점 심화돼 당연하게도 전쟁의 부담은 일반 시민에게 전가되었다.

미국이 나토의 이름으로 유고 공습을 단행하자 여러 측면에서 이에 대한 저항이 일어났다. 하인 국가의 지도자는 미국이 무엇을 하든 서슴없이 나섰지만, 프랑스는 처음부터 미국이 유엔의 결정을 주도적으로 이끄는 것을 달갑게 보지 않았다. 프랑스의 언론은 미국의 여론이 '밀로셰비치의 인종청소'를 왈가왈부하는 데 동조하지 않고, 오히려 미국인들이 불편해하는 의견을 내놓았다. 이탈리아의 반미 정서도 고조되었다. 이탈리아에서 미국의 전투기 조종사가 케이블카에 부딪쳤지만 미국 법정은 그를 무죄로 석방했다. 이 사건으로 비로소 이탈리아 사람들은 미국의 패권이 무엇을 의미하는지 깨닫게 되었다. 이탈리아 정부는 미국에 고분고분할 수밖에 없어서 미군의 공군 기지 사용을 허락했지만, 이탈리아의 수많은 대중은 공항에 나와 시위를 벌였다.

프랑스와 비교하면 독일은 친미적인 경향을 보이고 있다. 독일이 오랫동안 미군의 실질적인 점령 아래 있었던 데다, 슈뢰더 정권이 미국과의 관계를 장악하지 못하고 있기 때문이다. 최근 슈뢰더 정권의 비밀 특사이자 노련한 정치인인 전 총리 슈미트도 슈뢰더 정권이 미국과 너무 친밀하다고 비판했다. "독일은 미국이 짜놓은 그림 위에서 국제법과 유엔 헌장을 위배했다. 이제 독일은 발칸반도의 혼란 국면에 대해 책임 있는 행동을 해야 한다." 러시아와 중국의 여론은 유고의 입장을 지지하고 있었다. 미국 내에서도 미국은 국제적으로 약소 민족을 보호해야 한다는 목소리가 높아지고, 유색인종들이 뉴욕 시 경찰서 앞에서 시위를 벌이기도 했다.

더욱 주목해야 할 것은 미국의 패권 전략이 신뢰할 수 없는 가설 위에 세워졌다는 점이다. 세계 여러 국가의 시민들은 목숨을 아깝게 여기기 때문에 얼마든지 우롱하더라도 결국에는 자기 목숨을 위해서 순종적으로 될 것이라고 착각해, 최신 무기로 세계를 위협할 수 있다고 여긴 나머지 전횡을 일삼았던 것이다. 미국은 분명히 베트남 전쟁의 교훈을 망각하고 있다. 그러나 유고 국민은 불굴의 투지를 발휘해, 죽음을 두려워하고 자기 착각이 심하며 자신은 물론 남을 속이는 쪽이 바로 미국의 통치 엘리트임을 다시 한번 알려주고 있다.

프랑스, 독일, 이탈리아 등 유럽 국가들과 일본은 미국이 '깡패 국가'와 벌이는 이 성전에 따르고는 있지만, 그 결과가 어떨지 잘 알고 있다. 러시아와 중국의 소멸은 이 국가들의 국익에 배치되는 것이다. 이 국가들은 러시아의 힘을 빌어 미국을 견제해야 하고, 러시아의 자원을 이용해 중동 지역의 석유에 대한 미국의 장악력과 균형을 이루어야 했다. 그러므로 객관적으로 이들과 러시아는 서로에게 필요한 존재이다. 미국의 패권이 세계의 주요한 위협이라면, 러시아는 유럽과 일본에게는 위협적 존재라기보다는 오히려 우방국이다. 유럽과 일본은 러시아와 중국을 위협하는 미국에 동조하면서도, 한편으로는 군비 경쟁을 벌이면서 발언권을 강화하고 있는 것이다. 특히 EU가 프랑스와 독일이 주축을 이루는 유럽군으로 독자적인 방어력을 갖추고 있음을 여러 번 밝히고 있다는 것은 잘 알려진 사실이다. 겉으로는 유럽의 내부 문제는 유럽이 알아서 처리하고 러시아의 위협에 대한 방어능력을 갖춰 미국의 부담을 줄이려 한다고 밝히고 있지만, 실제로 이는 미국으로부터 군사적으로 독립하려는 움직임이라고 할 수 있다.

1998년, 유럽 군수산업의 인수 합병은 유럽이 군사적 자립을 향한 중대한 일보를 내딛기 시작했음을 보여 주는 것이었다. 실제로 프랑스와 독일, 러시아 세 나라 사이에서 중요한 국제 문제에 대한 협조가 점점 강화되고 있다. 일본은 이러한 흐름과 일정하게 거리를 두는데, 이는 단지 좀더 조심하려는 것에 불과하다. 한편 1997년 11월 러시아의 옐친 대통령과 하시모토 류타로 총리가 정상회담을 가진 후 일본과 러시아의 관계가 급속히 진전되었다. 일본의 외교계가 러·일관계의 진전을 가장 중요한 성과로 평가하고 있으며, 이에 화답해 일본 국내에서는 미·일 방위협정 가이드를 반대하는 목소리가 점점 높아지고 있다.

1998년에는 러시아의 총리 푸틴이 인도를 방문해 러시아—중국—인도의 삼가동맹을 제안했다. 중국이 전통적으로 중·러 관계를 중·미 관계보다 우위에 놓긴 했지만, 사실 이 관계가 가장 효과적이기도 했다. 또 러시아와 인도가 우호적 관계를 맺고 있기 때문에 러시아와 중국의 관계가 가까워지면 중국과 인도의 관계 개선을 도모할 수도 있다. 러시아—중국—인도의 삼가동맹이 중국 주변의 안보 환경을 크게 개선함으로써 티벳 문제를 이용해 중국을 분열시키려는 미국의 음모를 막을 수 있다. 이렇게 해서 중국은 미국과의 협상 능력을 크게 키울 수 있었고, 국제적인 지위도 뚜렷하게 상승했다.

브레진스키는 유라시아 국가의 다양한 입장들을 『거대한 체스판』에서 예견한 적이 있다. "프랑스, 독일, 러시아, 중국과 인도는 지정학적 위치가

매우 중요한 국가이다. 영국, 일본과 인도네시아도 중요하지만 위의 5개국
보다는 못하다." "영국은 현재에 안주하는 대국도 아니고 야심만만한 구상
도 가지고 있지 않다. 영국은 미국과 매우 긴밀한 관계를 가진 우호적인
동맹국으로서 군사 기지에서 빠질 수 없으며, 뿐만 아니라 정보활동이
매우 활발한 친밀한 동반자이다." "미·일 동맹은 통상적이고 의무적인 것
으로 미국이 가장 중요하게 여기고 있는 양자 관계이다. … 일본은 지정학
적으로 중요한 국가에 속하지 않는다. 중국이나 미국이 현행 정책을 바꾼
다면 단기적으로 지정학적인 가치를 가질 수도 있다. … 일본의 저력은
미국이 미·일 관계를 세심하게 신경쓸 것을 요구하고 있다." 다시 말하면
영국은 미국의 충실한 개이며, 이 점은 일본도 마찬가지이지만 영국만큼은
아니라는 것이다.

브레진스키와 미국의 독점자본은 프랑스, 독일, 러시아, 중국, 인도
등 지정학의 중요한 행위자들 사이가 긴밀해지고 있는 것을 안타깝게 여기
고 있다. 브레진스키의 말처럼 유라시아 대륙은 정치적으로 통합되지 못했
기 때문에 한 목소리를 내기 어렵다. 그러나 미국 헤게모니의 압박을 받고
있는 영국을 제외한 유라시아 대륙의 주요 국가들은 중요한 국제 문제에
관해 서로 접근하는 현상이 나타난다. 각 국의 국익이라는 객관적인 요건
을 고려했기 때문이다. 그러나 나토의 이름으로 미국이 두 번이나 이라크
와 유고를 공습하는 과정에서 영국만이 미국 편에 섰지만, 대륙의 다른
유럽 국가들도 그다지 적극적으로 반대하지는 못했다. 일본이 보낸 지지는
상당했지만 결국 다소 유보적인 자세를 취했다. 여기에서는 영국에서 무조
건 미국과 한데 묶이는 것에 대해 미묘하지만 서로 다른 목소리가 나타나
고 있다는 점에 주목해야 한다. 예를 들어, 상대적으로 공정한 보도를 하는
BBC는 양국 정부에 대해 매우 비판적이다.

유라시아 대륙의 주요 국가가 긴밀해지는 경향은 일반적인 현상은

아니다. 따라서 우리는 미국의 분리통치 전략이 어느 정도 성공하고 있다고 인정하지 않을 수 없다. 세계 여론을 주도하고 있는 미국은 스스로를 인권과 자유주의의 가치관을 지키는 수호자로 자처하고 있다. 각 국의 정부도 미국에 대해 유약한 모습을 보이면서 강자에 순응해야 한다는 논리를 받아들이는 경향이 있다. 한편으로는 오랫동안 기승을 부린 러시아 위협론도 여전히 강력하다.

요컨대 미국은 프랑스, 독일, 일본과 러시아, 중국 사이의 관계에서 어느 정도 성과를 거두었다고 할 수 있다. 중국과 일본의 관계가 미국이 주도하는 국제 여론의 도전을 받고 있는 것은 분명하다. 게다가 양국의 일부 세력도 미국이 주도하는 국제 여론에 휘둘리고 있다. 하지만 현재 중국은 일본 경제권의 주요 구성원이 되어 있다. 일본은 중국 투자를 통해 상당한 정도로 일본의 대미 무역 흑자를 중국의 대미 무역 흑자로 돌리고 있다. 양국 경제의 상호 보완성이 두드러지고 있으며, 장기적으로 볼 때도 이런 기조를 유지한다면 중국의 풍부한 자원과 값싼 노동력은 일본 경제의 경쟁력을 유지하는 데 강력한 뒷받침이 될 것이다.

일본도 중국(러시아)의 힘 덕분에 전세계에서 무역 전쟁을 벌인다는 야심을 실현할 수 있게 되었다. 현실적으로 보면 일본은 중국을 군사적으로 침략해 자국의 힘을 과시할 필요는 없었다. 역사는 이미 군사적인 침략이 자신의 역량을 과시하는 좋은 수단이 못 될 뿐만 아니라, 스스로를 망치는 지름길임을 보여주었기 때문이다. 그러므로 중국과 일본 양국간에 진정한 전략적 제휴 관계가 필요했다.

그러나 이것은 미국의 전략적 이익에 위배되는 것이다. 일본의 중요 외교 정책의 향배는 워싱턴의 손에 달려 있었다. 한 일본 학자는 "일본이 중국과의 관계를 발전시키려면 겉으로는 중국을 적으로 삼으면서 이를 진전시켜야 한다"라고 말했다. 그는 일본이 군사력을 증강하기 위해서는 중국 위협론을 근거로 삼아야 한다고 보았다. 그래야만 미국의 의혹을 피할 수 있다는 것이다. 일본 군국주의의 부활이 중국을 겨냥한 것이라면 미국은 이를 방임할 것이다. 그러나 군사적으로 일본 군국주의 부활의 공격 대상이 바뀔 가능성이 많다. 일본의 우익 작가인 이시하라 신타로와 보리타가 함께 쓴 『'노'라고 말할 수 있는 일본』이 국제적인 인기를 끈 것은, 처음으로 일본이 미국에게 드러내놓고 '노'라고 말했기 때문이다. 일본은 미국의 관리 아래 숨죽이며 전후 반세기를 보냈지만, 양국의 경제 마찰은 점점 심해지고 있다. 마침내 일본은 진정한 적이 누구인지 알게 된 것이다.

최근 이시하라 신타로의 도쿄 도지사 당선은 일본 속에서 독자적인 경향이 새롭게 등장했음을 의미한다. 이러한 견해는 어느 정도 진실성이 있다. 미국과 일본 사이의 미묘한 관계를 이해한다면, 우리는 일본의 군국 주의를 계속 비판하면서도 다른 한편으로 전략적인 공조를 해나갈 것이다. 중국이 이러한 태도를 취한 것은 실질적으로 일본의 근본적인 국익이 충족 되었고, 일본 우익의 반중국 감정과 군국주의 경향이 어느 정도 약해졌기 때문이다. 일본 집권층의 입장에서 보면, 일본은 미국이라는 장기적인 이 익이 걸려 있는 맞수를 대면하고 있는데, 중국에게마저 배척된다면 고립감 을 느낄 것이기 때문에 극단적인 정서가 나타나는 것이다. 오늘날 많은 사람들은 독일인이 상당히 교양 있다고 생각하지만, 문제는 더 깊은 곳에 있다. 프랑스가 독일을 받아들였기 때문에 프랑스와 독일이 유럽에서 함께 중요한 역할을 맡고 있다는 것이다. 독일은 점차 유럽에서 주도적 영향력 을 행사함에 따라 고립감을 느끼지 않고 있을 뿐만 아니라, 제2차대전의 죄과에 대해서도 사과의 뜻을 전하면서 잘못을 인정한다고 밝혀 우수한 국민성을 보여 주었다. 이것은 중국과 일본 사이에 남아 있는 문제의 처리 에 있어 매우 뜻깊은 교훈을 준다.

만약 중국이 문제를 이렇게 처리하면 미국은 무척 기분 나빠할 것이다. 그러나 국제 문제는 감정에 따라 처리될 성질의 것이 아니다. 중국과 일본이 협조한다면 미국은 세계를 지배하는 존재에서 중국을 위협하는 존재로 약화되어, 중국과 미국의 관계도 건강하게 발전할 수 있을 것이다. 미국인은 경쟁자를 존중하지만 벗에게는 무례하게 대한다. 미국의 2백 년 외교사를 연구해보면 이러한 결론을 어렵지 않게 얻을 수 있을 것이다.

누가 우리 적이고 벗인지를 명확하게 인식한다면, 중국은 합종연횡의 지혜로 독자적인 국제 경쟁 전략을 펼칠 수 있는 외교 공간을 마련할 수 있을 것이다. 예를 들어, 우리는 유럽이나 일본과 경제적 및 기술적 협력을 증진해 보잉이 아닌 에어버스를 구매할 수 있고, GM이 아닌 도요타와 협력할 수 있다. 또한 러시아와 군사기술 교류 및 경제 교역을 강화해 미국의 군항을 방문하지 않는 등 여러 가지 방법이 있다. 이렇게 중국의 민간 기술과 제품은 러시아를 비롯한 남쪽의 다른 후진국에서 시장을 개척할 수 있다. 물론 중국 제품도 EU의 반덤핑 조사를 받을 가능성이 있다. 그렇지만 일단 중국이 유라시아 대륙에 가까이 다가가면서 미국을 멀리하는 외교 노선을 택하고, 특히 러시아와의 관계를 강화한다면, 중국은 어느 정도 관계의 주도권을 찾아올 수 있을 것이고, 미국도 중국과 러시아 및 그 주변과의 관계에 대해 신중하게 임하게 될 것이다. 결국 미국의 힘에는 한계가 있을 수밖에 없다. 만약 동맹국의 지지가 없다면 미국의 전쟁비용이 급상승하고 전쟁의 이익은 급전직하할 것이다. 이윤을 추구하는 미국이 전쟁의 마수를 거두어 들여 세계 평화를 실현할 수 있는 가능성은 몇 배로 커질 것이다.

현재 중국의 외교 역량이 가장 집중된 곳은 '중국과 미국의 전략적 제휴 관계'이다. 전략적 제휴 관계란 무엇인가? 중국 한자사전에 의하면, 전략은 "전생 국면에 대한 계획과 작전이다. 국제적이고 국내적인 정국과

정국간의 쌍방향 정치, 경제, 군사, 과학기술, 지리 등의 요인들이 결정한다. 전략이 해결하는 주요문제는 전쟁의 발생, 경과와 특성, 규칙의 분석과 판단, 전략의 방침, 임무, 방향과 작전의 결정, 무장 역량의 건설과 사용, 무기를 비롯한 장비와 군수물자의 생산, 전략 자원의 개발, 준비, 이용, 국방시설 공사, 전략적인 후방건설, 전쟁 동원과 전쟁의 각 분야와 각 계층의 관계에 대한 고려 등의 문제이다. 또한 중대하고 전반적이며 전체를 결정하는 계획"이다.

앞서 말한 정의에서 전략 운영의 전제는 적과 나의 존재, 달리 말해 적, 나, 동맹의 존재이다. 전략적 제휴 관계란 나와 동맹자가 공동의 적에 대응하기 위해 만드는 관계를 말한다. 1972년 닉슨 대통령의 중국 방문에서 1990년 소련 해체에 이르기까지 중국과 미국간에 전략적 제휴 관계가 있었다면, 이러한 관계는 소련의 해체 이후 끝났다고 보아야 한다.

이를 중국과 미국의 전략적 적대 관계가 대신하게 될 것이다. 최소한 미국은 중국을 자신의 패권을 방해하는 장애물로 보고 있다. 냉전적인 사고로 중국의 국익을 논하게 되면 어려움에 봉착하게 된다. 냉전적 사고는 그 발원지인 미국의 전략 구도를 지탱해 주며, 미국의 국익을 더해주며 더욱더 음지로 파고든다. 결국 그들의 국익을 증진시킬 뿐이다. 미국은 중국에 대한 전략적인 포위망을 강화하고 분열주의 세력과 친미 세력에 대한 지원을 늘리면서, 다른 한편으로는 중국과의 전략적인 제휴 관계를 논하고 있다. 중국인의 주의력을 해이하게 만들려는 것일까? 클린턴 대통령이 양국의 전략적 제휴 관계를 논할 때 워싱턴의 반중국 물결은 최고조에 달하고 있었다. 이와는 달리 중국 시민들의 여론은 하나로 모여 세계 최대의 선진국과 세계 최대의 개발도상국이 진정한 협력을 통해 평화와 발전을 열어갈 신세기의 지평을 열어놓은 것 같았다.

그러나 중국이 전략적 제휴 관계를 유지하기 위해 의무를 성실히 이행하고 있을 때, 미국은 미사일 발사로 '전략적 제휴 관계'의 진정한 의미를 깨버렸다.

'낙후되면 당한다'는 논리의 분석

여러 해 동안 중국인은 '평화와 발전'을 세계의 주요한 추세로 여겨왔다. 그러므로 '투쟁으로 단결하자'라고 하면 사람들은 선뜻 나서지 못했던 것이 사실이다. '낙후되면 당한다'는 말은 중국인에게 매우 익숙한 것으로, 중화민족이 분발해서 서구 열강을 따라잡자는 말이었다. 하지만 놀랍게도 새로운 뜻이 포함되어, 이러한 분발이 중국인의 내재된 불만으로부터 폭발해 국익을 유지하려는 것으로 와전되면서 중국의 세계화를 방해하고 있는 것이다. 경제적으로 강해지면 발언권을 갖게 되기 때문에, 오늘날 중국은 세계를 웃는 얼굴로 맞아야지 엄숙한 얼굴로 항의할 수 없다는 말을 자주 듣는다. 디아오타이 釣魚台, TMD, NMD, 5·8 사건의 진위 여부, 필리핀의 도발 등등의 문제에 대해 중국은 찍소리도 내지 못했다. 만약 항의하거나 불만을 드러낸다면 '평화와 발전'을 해친다고 비판받았다. 웃는 것도 좋지만, 맞는 당사자가 없다면 때리는 사람도 비교할 대상이 없어 재미도 없을 것이다. 아프다고 말할 수도 없다. 그렇게 할 수 있다고 해도 "맞는 것은 좋지만 우리가 잘못했다. 우리는 너보다 못났다"라고 말해야 한다. 이러한 견해가 우리 주위에 너무나 많다.

또다른 견해로는, 중국이 경제적으로나 군사적으로 미국을 따라 잡으려면 구소련과 같이 미국이 감히 건드리지 못하는 수준이 되어야 한다. 그렇게 되기 위해서는 30~50년의 시간이 필요하며, 그때까지는 계속 낙후되어 있어야 한다. 그 동안 우리는 어떻게 계속 맞고만 살 수 있을까? 또 여전히 야심을 가지고 있는 미국이 우리가 강대해지는 것을 여러 가지 방법으로 가로막거나 꼬투리를 잡아 미리 공격을 가하면 어떻게 될까?

이 두 의견을 합쳐 보면 기묘한 결론이 나타난다. '맞지 않으면 강대해 진다. 그러나 강대해지려면 맞아야 한다.' 이러한 결론은 약육강식의 논리 를 그대로 보여주고 있다. 강자는 더욱 강해지는데 약자는 더욱 약해져서 햇빛을 보는 날이 없을지도 모르겠다. 정말 우리의 현실은 이런 것일까? 현실에서는 약육강식의 정글법칙이 일반적일지라도 약자가 강자를 이기 는 예도 엄연히 있다. 약자인 중국은 낙후된 국가에 안주하지 않고 강해짐 으로써 약자가 강자를 이기는 오묘함을 실현하기 위해 애쓰고 있다.

그러나 '낙후되면 당한다'와 같은 생각은 한 가지의 가능성을 빼놓았 다. 그 가능성이란 마오쩌둥이 정했던 모든 것을 중국의 일반 시민이 자주 듣게 되면 자연스럽게 익숙해질 수 있는 것과 마찬가지이다. '낙후되면 당한다'는 판단이 약자가 강자를 이기는 가능성을 배제할 수 있을까?

여기에서는 이 점을 좀더 생각해보자.

'낙후'는 당하기 위한 충분조건인가?

어법상으로 보면 '낙후되면 당한다'는 매우 편향적이다. 이 말을 풀어보면 '낙후되면 당한다(맞는다)'나 '낙후된다면 매맞는다'로 될 수 있다. 논리적 으로는 이 둘 모두 '낙후'는 '매'의 충분조건이다. 이것이 핵심이다.

사실 '낙후'는 '매'의 필요조건에 불과하다. '때리는 자'의 각도에서 보면 이는 매우 분명하다. 『손자병법』은 어떻게 '때리는'가에 대해 논하고 있다. 그는 "병사 兵事는 국가의 대사이기 때문에 고찰하지 않을 수 없다" 라고 말했다. 그런데 이 병사의 가장 큰 내용이 바로 상대방을 때리는 것이다. 이기기 위해서는 반드시 5대 요건, 즉 도, 하늘, 땅, 장수, 법을 생각해야 한다. 이 중에서 도가 가장 먼저 오는데, 이는 양쪽 병사의 '사기'를 뜻한다. 중국 고대의 작전가는 유명한 장수를 중요하게 여겼다. 여기에서 '유명'하다는 것은 '도'가 있다는 것을 의미하기 때문이다.

삼국시대에 조조가 천자를 끼고 제후를 거느린 것이 전형적인 고사이다. 조조는 왜 하늘을 끼었을까? 하늘이 뭇 제후들에게 큰 영향을 미치고 있으며, 정통을 상징하기 때문이다. 그 당시에는 천자를 끼고 있다는 것은 도를 갖고 있는 것이었다. 당시의 제후가 보기에 조조는 하늘을 버리지 않았다. 조조는 황제의 첩을 이용해 자신의 권력을 키웠지만, 거꾸로 이것은 그가 최소한의 규칙을 지키고 있다는 것을 말한다. 사람들은 비록 조조는 실패해도 죽지 않을 것이고, 스스로를 키워 주위 사람에게 작은 관직이라도 줄 것이라고 생각한다. 이런 이유로 많은 제후의 반대를 물리쳤을 뿐만 아니라, 그들의 중립과 지지를 얻어낸 것이다.

오늘날의 미국도 이처럼 군사력이 강하지만 이른바 '도'를 중요하게 여기고 있다. '인권이 주권을 앞선다'고 말하는 것에서 같은 논리가 드러난다. 미국은 밀로셰비치를 괴물로 만들었고 '학살'과 '인종청소'라는 죄명을 뒤집어 씌워 스스로를 인도주의의 수호자로 만들었다. 미국은 또한 미국의 대중과 유럽 국가의 지지를 동원했다. 동시에 이러한 도의의 형상을 유지하기 위해 미국을 포함한 서구의 언론이 '전쟁 문선대'로 이용되었다. 미국의 통치자에게는 '도'가 부족하다는 것을 알기 때문이다. 미국의 무기가 아무리 막강하다고 하더라도 그 무기를 쓸 사람이 필요했던 것이다. 전쟁무기가 있어야 전쟁을 수행할 수 있으며, 작전 기지도 필요했던 것이다. 그런데 전쟁을 고집하는 미국인 가운데 전쟁을 수행할 사람은 많지 않았던 것이다. 과거 미국이 베트남 전쟁에서 막대한 손실을 입은 후 미국의 대중과 대학생들 사이에 중국의 영향력이 매우 커졌던 데다가, 미국이 베트남에서 저지른 만행이 국내에 전해지자 반전 물결이 점점 고조되었다. 이른바 '공산주의 위협론'이라는 '도'의 명분이 없어지자 결국 미국은 패배를 인정해야 했다.

그러나 이보다 중요한 것이 있다. 손자가 말한 전쟁의 5대 요건에는 군인과 무기의 열세가 고려되지 않았다. 이것을 소홀히 생각해서였을까? 아니다. 군인과 무기는 전쟁 당사자가 단기간 동안 유형의 힘을 대비한 것[形]을 의미할 뿐이고, 전쟁의 승패를 가르는 것은 장기간에 걸쳐 축적된 무형의 힘[勢]이다.

20세기 전반기 국민당과 공산당의 경쟁은 전쟁의 규칙에 대한 손자의 인식을 잘 보여주고 있다. 징강산 井岡山 시기에 공산당은 도, 하늘, 땅, 장교, 법의 5대 요건을 다 갖추고 있었다. 국민당은 방대한 군대와 상대적으로 성능이 뛰어난 무기(전투기, 탱크, 대포, 중형기관총)를 가지고 있었지만, 그들의 도는 올바르지 못했으며 하늘도 적절하지 못했다. 그 당시는 세계 대공황이 일어나 국내 경제의 침체를 더욱 악화시켜 국민의 불만이 하늘을 찔렀다. 땅의 위치는 불리하고 장교는 부패했으며, 법은 공정하지 못했다. 그러므로 전투마다 모두 패배할 수밖에 없었던 것이다. 국민당의 5차 포위 작전이 예외적으로 성공을 거둔 것은 공산당 내부에서 군사 노선을 착각한 때문이었지 군대가 강성했기 때문이 아니다. 항일전쟁 시기에 마오쩌둥의 '지구전'은 적과 나의 대비와 전쟁의 다양한 단계를 심층적으로 분석한 결과였다. '지구전'의 기본적인 논리는 『손자병법』이며, 마오쩌둥이 도의 힘을 최대화한 데 불과하다. 그 결과 전쟁은 인민전으로 전환되었다. 마오쩌둥은 도를 최대한 이용해 전사와 인민의 적극성을 끌어냈던 것이다.

『손자병법』은 고대나 근대의 전쟁에만 적용되는 것으로 현대전에는 적합하지 않다고 말하는 사람이 있을 것이다. 현대전은 단기간에 파괴적인 힘을 사용하기 때문에 힘의 대비의 장기화에 대해서는 말할 필요가 없다고 할 것이다. 핵폭탄 앞에서는 항복과 죽음 사이의 선택밖에 없으며, 도, 하늘, 장교, 법과 인민이 아니라 무기 체계의 선진성이 전쟁의 승패를 좌우하는 중요 요인이자 유일한 결정 요소라는 것이다.

이러한 견해는 현대전, 그 가운데에서도 핵전쟁의 특징을 어느 정도 잘 보여 주고는 있다. 그러나 우리는 지금까지 핵전쟁이 일어난 적이 없다는 사실에 주의해야 한다. 히로시마와 나가사키에 떨어진 원자폭탄은 실험에 불과했다. 러시아의 핵무기가 미국을 겨누고 있는 상황에서 미국은 핵무기를 함부로 동원할 수 없다. 우리는 구소련이 남겨 놓은 핵무기 덕분에 미국의 패권에 반대하는 세계 각 국에게 일정하게 열려진 공간이 주어졌다는 점에 감사해야 한다. 이러한 전제 조건이 있기 때문에 이른바 현대전의 단기적 파괴성이 크게 반감되고, 전쟁의 규칙도 『손자병법』의 궤도를 벗어나지 않을 것이다. 재래식 무기를 사용한 미국은 베트남에 약 4년 동안 파괴적인 대규모 미사일 투하를 단행했다. 하지만 전쟁은 미국의 패전으로 끝났다. 최근에도 미국은 작은 국가인 유고에 파괴적인 공습을 단행했지만, 유고 동맹군은 그 후에도 여전히 80%의 영공 방어력이 남아 있다고 주장했다. 이렇게 성능이 좋은 무기로 공격했어도 단기간에 베트남과 유고를 파괴하지 못한 미국이 중국에 대해서는 어떻게 대응할까? 만약 중국이 도, 하늘, 땅, 장, 법의 요건을 다 갖춘다면 어떻게 될까?

가장 위험한 사태는 러시아의 핵무기 저장소가 해체된 이후에 발생할수 있다. 그때가 되면 미국은 핵무기를 이용한 전쟁을 일으킬 수도 있다. 우리는 지금까지 전쟁에 핵무기를 사용한 국가는 미국밖에 없다는 것을 잊어서는 안 된다. 핵무기 기술이 발전하면서 미국은 오늘날 천만 톤의 전략 핵무기를 보유해 핵무기 사용을 조절 및 제어할 수 있게 되었다. 그러나 이런 상황에서 항복하느냐 아니면 파괴적인 핵무기 투하로 가느냐라는 논의는 더 이상 실득력이 없다. 중국이나 다른 국가가 핵무기 위협에 끄덕도 하지 않는다면 미국이 어떤 반응을 보일지 생각해 보라. 과연 미국이 전쟁을 일으킬 수 있을까? 과연 전략 핵무기를 사용할 수 있을까? 사실 오랫동안 네이팜탄 공습이 핵전쟁에 준하는 것으로 간주되어 왔다. 하지만 상대방의 영토를 초토화시키는 이 무기도 상대방을 설득하기는커녕 굴복시키지도 못했다. 만약 상대를 설득하지 못한다면 전략 핵무기는 효과를 보지 못할 것이다. 군사적 측면에서 볼 때 정제된 미사일은 군사적인 목표를 파괴하는 데 큰 효과가 있으며 투하한 쪽에는 부작용이 거의 없는 반면, 전략 핵무기는 외과 수술처럼 작전 효과가 뛰어나지 않다. 핵무기는 목표물을 맞출 때 반경 수십 리 이내의 모든 시설을 파괴하고 사람들의 생명을 앗아가기 때문에 강렬한 원한을 사 상대방의 군대를 더욱 강하게 만들게 된다. 또한 자국에서도 전쟁을 반대하는 목소리가 높아져 반전의 물결이 고조된다. 그러므로 미국은 핵무기를 경솔하게 동원할 수 없는 것이다. 이러한 의미에서 전술 핵무기도 사실상 위력이 커진 재래무기에 불과하다고 볼 수 있다. 그러므로 전쟁의 규칙은 아직 변하지 않은 것이다. 만약 미국이 많은 전략 핵무기를 전세계 각지에 뿌려 놓는다면 전쟁은 머지않아 일어날 수도 있다. 그러나 미국의 통치집단이 집단적으로 미치지 않는 이상 이러한 전쟁은 상상할 수도 없다.

어떤 전쟁에 목적이 있고 또 나름의 의의가 있다고 할 때, 전쟁의 규칙은『손자병법』에서 밝힌 5대 요건의 원칙을 따르고 있다. '파멸이 아니면 항복을' 같은 새로운 전쟁 이론은 미국이 부풀린 핵위협 이론이다. 미국은 이러한 위협을 통해 싸우지 않고도 상대를 항복시키는 목적을 달성하려고 한다. 수많은 원자폭탄이 사람들의 마음을 완전히 잡지 못한다면 아무리 미국이더라도 감히 핵전쟁을 경솔하게 일으킬 수 없다. 전략 핵무기의 무분별한 사용은 더욱 말도 안 된다.

요컨대, '낙후된다'는 것은 '당한다'의 충분조건이 아니다. 현대전의 환경에서 '낙후'는 단지 맞는 것의 필요조건일 뿐이다.

'낙후'의 중요성을 강조하기 위해 이 필요조건을 충분조건으로 확대하려는 것을 이해할 수는 있다. 단지 우리가 정신을 똑바로 차린다면, 뒤떨어졌다고 해서 순순히 백기를 들고 빌붙는 일은 생기지 않을 것이다. 무기의 힘보다는 사람이 힘이 더 소중하다는 사실을 잊어서는 안 된다.

'낙후되면 당한다'의 주어는 무엇인가

함축적인 글의 특징은 주어가 생략되어 있다는 것이다. 이 구절에 주어를 붙인다면 '만일 우리가 낙후된다면, 맞을 것이다'가 될 것이다. 다시 말하면 사람들은 '뒤떨어지면 맞는다'라고 말하면서 일관되게 '우리'를 잠재적인 주어로 설정해 놓고 있다. 그러나 여기에는 언어학적 오류가 있다. 만약 낙후된 국가의 국민이 이 구절의 '우리'가 된다면 '선진' 국가는 감히 손을 댈 수 없기 때문이다.

아편전쟁은 중국의 입장에서는 치욕적인 역사의 시작이다. 사람들은 '뒤떨어지면 맞는다'라고 말할 때 아편전쟁을 예로 들었다. 그러나 역사의 교훈을 보면, 영국군은 함포로 상업적인 이익을 획득했지만 무기에서의 우위는 그리 크지 않았다. 청나라 군대는 수적인 면에서 절대적인 우위를 차지했고 실력도 영국군보다 강했다. 그러나 당시의 중국은 응집력이 있는 국가라고 할 수 없었다. 한마음으로 단결해 적과 싸우기 위해 필요한 '우리'가 없었기 때문이다. 청나라 정부는 무능하고 고위 관료와 하급 관리가 모두 부패했으며, 문무백관이 사리사욕 때문에 다투느라 사병의 훈련 상태는 형편없었다. 도의적인 우위를 사병의 사기라고 한다면, 지피지기, 전략적 결정이 없었으며, 실제 전술에 있어서도 서로 견제하느라 전쟁에서 패한 것이다. 영국군은 대양을 마다하지 않고 달려와 가는 곳곳마다 만 명도 안 되는 병력과 그리 뛰어나지 않은 무기로 백만 이상의 군대를 가진

청나라에 승리했다. 이는 청나라의 부패와 무능을 그대로 드러냈고, 중국 국민이 쟁반 위의 모래와 같다는 것을 보여주었다. 아편전쟁의 교훈을 정리한다면, 현실적으로 '흩어지면 맞고, 부패하면 당한다.'가 될 것이다.

역사를 통틀어 볼 때 발전했지만 부패한 제국이, 낙후되었지만 단결된 작은 나라에 패배한 예들은 매우 많다. 주나라가 본래 기산 岐山의 밖에 있었던 작은 부족이었던 데 반해, 은나라는 중원을 차지하고 있던 제국이 었다. 경제력과 청동병기의 제작 수준으로 보면 주나라는 은나라에 비해 훨씬 뒤떨어져 있었다. 그러나 은나라 주왕이 잔혹하고 부패에 찌들어 있어 반란이 끊이지 않았다. 결국, 들판에서 벌인 단 한판으로 주나라에 참담하게 패하고 만다. 또 진시황은 6국을 통일한 이후 천하를 통치했다. 민간의 무기를 수거하고 만리장성을 쌓아 국력이 하늘을 찌르고 있었다. 그러나 그 후 폭정이 이어지며 백성의 목숨을 쉽게 보았고, 탐관오리는 뒷주머니만 챙기고, 교언영색에 뛰어난 사람들만 조정에 나갔다. 그 결과 천성 陳勝과 우광 吳廣이 궐기했던 것이다. 중국 역사에서 볼 수 있듯이 진나라처럼 권력이 아무리 강력하더라도 부패가 만연하면 멸망의 길로 들어서게 됐다.

외국도 마찬가지이다. 로마는 본래 이탈리아 서부에 살던 강력한 부족 으로, 단결을 잘하고 정복전쟁에 능했지만, 생산과 무역, 무기의 수준이 아드리아해 건너편에 있는 그리스보다 뒤떨어졌다. 그러나 그리스는 사분 오열되어 각 도시국가 내부의 빈부 격차가 심각했다. 전략적인 전망이 부족했던 노예주들은 반란을 두려워해 로마의 원교근공 정책에 넘어가 하나하나 로마의 성으로 편입되었다. 그러나 로마의 통치가 4백여 년 간 지속되자 사치와 향락이 넘쳐났고, 시민들은 생산적인 일을 하지 않은 채 사냥, 오락, 정복 전쟁만을 일삼았다. 제국은 붕괴 직전에 몰렸다. 이런 때 유목민족인 게르만이 침범하자 로마제국은 결국 멸망하고 말았다.

13세기 징기스칸의 흥성도 마찬가지이다. 겉으로 보기에는 방대하지만 내부는 부패로 가득 찬 제국은 일격에 무너지기 마련이다. 사회 계층적인 측면에서 보더라도 유목민족인 몽고인은 원시사회의 해체과정의 상태에 있어서, '선진적인' 봉건제국에 비한 낙후성은 말하지 않아도 알 수 있을 정도였다. 그러나 징기스칸의 말은 북방의 금을 평정하고 남송을 항복시켜 중원을 차지했다. 하지만 그렇게 할 수 있었던 원인은 징기스칸보다는 안녕을 희구하는 백성과 부패를 일삼는 탐관오리에게 있었다.

부패는 왜 전쟁 패배의 주요한 원인인가? 부패는 민족의식을 분산시켜 국가가 더 이상 존재할 수 없게 만들기 때문이다. 여기에서 주어를 빼버리면 낙후는 단지 주어의 성격을 가진 서술어에 불과하다. 그러면 왜 주어 없이 서술어만으로 이야기할까?

우리는 스탈린이 왜 '낙후되면 진다'라는 말을 했는지 알 수 있을 것 같다. 1930년대의 소련은 계급투쟁이 확대되기 시작했다. 그러나 국민 경제가 고속으로 성장하고 생활수준이 꾸준히 향상되어, 소련의 노동자들은 사회주의 소련, 즉 소비에트연방공화국과 스탈린의 통치를 받아들이고 있었다. 소련 사회 내부의 모순과 차별은 부차적이었으며, 적과의 투쟁과 국가 건설에 대한 일치된 의지가 중요했다. 소련은 하나의 강력한 '우리'를 만들어냈던 것이다. 주어가 확실하고 전제가 단단할 때 남은 문제는 서술어의 상황을 개선하는 것으로서, 붉은 군대의 무기나 시설을 개량하고, 국민 경제의 기초를 다져 '선진'을 향해 가는 것이었다. 이렇게 해서 전쟁이 임박할 때 희생을 줄여 최대한 빠르게 적을 이길 수 있게 되었다.

요컨대, 스탈린의 '낙후되면 진다'라는 말은 사회주의 소련이라는 단단한 전제가 있었던 것으로, 이 전제를 떠나서는 본래의 의미를 잃게 되는 것이었다. 마오쩌둥도 같은 전제를 깔고 있었기 때문에 이 말에 동의했다. 그는 중국 공산당의 단결을 중요하게 여겼던 것이다. 마오쩌둥은 당과

인민을 단결의 최고 자리에 두었다. "군과 민이 하나로 단결하면 천하의
누구라도 대적할 수 있다." 따라서 내부에서 생기는 분열을 치유하는 것이
그의 고민이었다. 사실 전략적인 안목이 있는 통치자는 모두 이렇게 처신
했다. 즉 주체를 수단보다 중요하게 여겼던 것이다.

진다는 것, 맞는다는 것은 무엇을 의미하는 것일까

'낙후되면 진다'의 또다른 핵심어는 '진다'이다. 국가간의 전쟁과 일상 생
활에서의 싸움은 연관성과 차이를 동시에 가지고 있다. 일상 생활에서는
싸운 뒤에도 쉽게 본래 관계를 회복할 수 있다. 그러나 국가간의 전쟁은
경제적인 이유, 즉 상대의 영토와 노동자에 대한 통제권, 노역권을 빼앗기
위해 일어난다. 이렇듯 뒤돌아보지 않는 싸움은 비용을 계산하지 않으므로
자살과 다름없는 공격도 가능하다. 그러나 통제권과 노역권을 획득하기
위한 싸움은 경제 원칙에 따라 최소 비용으로 최대 효과를 보아야 한다.

　손자는 싸우지 않고 이기는 전쟁이 잘하는 전쟁이라고 말했다. 사람들
이 비용은 높은데 효과는 크지 않다는 사실을 알게 되면 싸움은 일어나지
않을 것이다. 그러므로 이성적인 전쟁은 지혜, 용기와 힘의 경쟁이다. 국가
간의 전쟁은 점진적인 것으로 먼저 강대국이 싸울 태세를 보이고 제한적인
조건을 내세우며, 이어 항구 조차, 철도의 독점 같은 문호 개방과 관세인하
등을 요구하면서 약한 쪽에게 이를 받아들이도록 압력을 가한다. 만약
약소국이 자국의 힘으로 도전할 수 없다면 이러한 조건을 받아들이게 됨으
로써, 강자가 보기에는 싸우지 않고도 이기는 목적이 달성된다. 이렇게
해서 강자는 더욱 강해지고 약자는 갈수록 약해진다. 일정한 시기가 지나
면 강자는 더욱 가혹한 조건을 내밀게 된다. 이렇게 압력을 계속 가하면
점진적이면서도 더욱 빠르게 약자를 흡수할 수 있는 것이다.

　그러나 만약 약자가 처음부터 강자의 조건을 받아들이지 않으면 어떻

게 될까? 강자의 입장에서 득실이 없는 전쟁은 일어나지 않을 것이다. 약자도 싸우지 않고 국익을 잘 지켜낸 셈이다. 가장 위험한 결과는 강자의 위협이 더욱 강화되면서 공격하면 할수록 약소국은 더욱더 당하기만 하는 것이다. 굴복하지 않으려는 약자는 전쟁 준비를 해야만 한다. 만약 싸울 의사가 없다면 최대한 빨리 항복해 피해를 줄이는 것이 좋다. 국가가 전쟁에서 지게 되면 불가피하게 일부의 희생이 따르는 법이다. 그래서 약소국의 정책 결정에는 전체 국민들에 대한 윤리적인 문제가 제기된다. 중국이 지금은 일부의 희생으로 전체의 장기적 이득을 지켜냈다고는 하지만, 평화와 명예 때문에 항복해야 하는 걸까? 식견이 있는 통치자와 시민이라면 전자를 선택해 전쟁을 준비해야 하는 것이다.

사실 싸움에서 지는 것과 전쟁에서 지는 것은 그 상처의 깊이가 다르다. 1894년 청일전쟁에서는 일본의 역량이 절대적 우위를 점하지는 못했다. 북양군벌의 해군은 일본 해군에 못지 않은 시설을 갖추었지만 청나라 정부가 무기를 맹신하는 바람에 일본의 침략 의도를 제대로 파악하지 못하고 방어 준비에 태만했다. 장군의 대다수가 무능한 데다 부패에 빠져 있었고, 일반 병사는 훈련이 되어 있지 않았다. 일부 정부군 병사들이 용감하게 고군분투했지만, 전체적인 추세는 다름 아닌 일촉즉발의 위기였다. 그러한 상황에서 북양군벌의 패배는 엄청난 충격이었다. 청 정부는 청일전쟁에 패배했다는 사실에 놀라 힘을 모아 개혁을 단행했다. 그 결과 일본을 랴오닝과 산둥에서 쫓아냈지만, 전쟁 배상금을 물어 주어서 오히려 일본의 경제력과 군사력을 강화시켜 주고 말았다. 중국의 힘은 더욱 약해지고, 일본은 중국을 대동아 공영권에 편입시키기 위한 전쟁을 벌일 만반의 태세를 갖출 수 있었던 것이다.

살을 에는 고통이 싫다고 가만히 있으면 나중에 뼈를 쑤시는 고통을 당하게 된다. 용기 있는 사람이라면 살이 터지도록 맞는 일이 그다지 두렵지 않을 것이다. 좀더 기민하게 움직이고 용기를 내 자신만의 요령을 터득하면 된다. 국가의 경우는 어떨까. 군사 기지, 철로, 공항, 항구 등의 시설을 뼈에 비유하고, 정유 공장, 석유 탱크, 제철소, 화학 공장, 식량 저장소 등을 장기에 비유한다면, 근육과 뼈를 움직일 수 있는 한에서 장기가 터지도록 얻어맞는 것은 문제가 되지 않는다. 베트남과 이전의 유고가 이 정도의 상처를 입었던 때가 있다. 이 국가들의 경우에서 알 수 있듯이 사람의 노동이 창출한 유형의 부는 회복하는 데 그다지 오래 걸리지 않는다. 가장 두려운 것은 신경의 마비이다. 모든 유기체가 조화로운 지휘를 잃어버리거나 놀라 정신적 안정을 해친다면, 얻어맞을지도 모른다는 말만 들어도 타국이나 타인의 요구를 들어주기 마련이다.

사실 일상 생활에서 인간 관계의 원칙도 이와 비슷하다. 다른 사람에게 맞는 것이 두려워 결국 소심하게 모든 말을 들어준다. 두려움이 없는 사람은 다른 사람의 존중을 받아 인간 관계의 폭이 넓어져서 일종의 카리스마를 지니게 된다. 미국은 약한 국가에게는 약하지만, 강하게 저항하는 국가에게는 신중하게 대하는 전형적인 국가이다. 우리는 닉슨이 미국 대통령으로서는 최초로 중국을 방문했을 때 했던 말을 기억하고 있다. "우리는 미국의 이익을 중국에 주러 왔다." 그러나 반공주의자 닉슨은 중국 방문 길을 원활하게 마치기 위해 이런 말을 했을 뿐이었다. 베트남에서 중국과 베트남 국민에게 치욕의 패배를 당하자 두려운 나머지 평화의 몸짓을 보내기 시작했던 것이다. 마오쩌둥의 서거에서 정상회담을 할 때, 역사의 인물을 알현하는 닉슨은 매우 긴장했을 것이다.

'낙후되면 맞는다'에서 '약자도 강자를 이길 수 있다'로의 전환

'낙후되면 맞는다.' 이 말이 내심 얼마나 좋은 뜻을 담고 있으며 단결을 촉구하는 말이든, 수동적이고 방어적임을 인정하지 않을 수 없다. 적과의 장기적 경쟁에서는 더욱 적극적이고 공격적이어야만 한다. 흔한 말이지만 우리는 공격이 최선의 방어라는 것을 알고 있다. 사람들은 무의식적으로 '낙후되면 맞는다'라는 사고 방식을 '낙후되면 수동적이게 된다'로 받아들이고 있다. 그러므로 '낙후된' 사람이 적극적이라고 말하면 마치 현실성이 없는 것처럼 들리는 것이다.

그러나 이 역시 무력을 과신하는 사고방식의 결과이다. 『손자병법』에 의거해 전쟁의 승패를 결정하는 5대 요건을 기준으로 판단한다면, '낙후'된 자는 '도'의 우위를 이용해 전략적인 우위를 차지할 수가 있다. 극단적인 예로 천성 陳勝, 우광 吳廣의 '도'가 있다. 권력을 쥔 강자의 도의가 사라지면 하룻밤에 강자와 약자의 자리가 바뀌게 되는 것이다. 이보다 현실적인 예로는 항일전쟁 시기의 중국 공산당을 들 수 있다. 공산당이 전면적인 항일전쟁을 주장하면서 국민당의 부분적 항일 노선의 위험을 알려 항일전쟁의 '도'를 차지했다. 그 결과 옌안 延安은 중국 시민이 꿈꾸던 유토피아가 되었고 공산당은 국공합작에서 유리한 자리를 차지할 수 있었다.

이 밖에 다른 예도 있다. 1950~60년대에는 동방의 경제 및 군사 분야의 실력이 서양보다 뒤떨어졌지만, 서구 세계가 자본주의의 참화를 겪으면서 사회주의는 민족독립과 해방의 상징이 되었다. 가장 역설적인 사건은 중국의 문화대혁명이 미국의 흑인 민권운동과 반전운동의 모태가 되었고, 프랑스의 5월혁명의 기폭제가 되었다는 것이다. 이렇게 해서 서구의 통치자들은 노동운동과 학생운동의 거센 물결에 대응하느라 대외적인 침략에 신경 쓸 틈이 없었다.

오늘날 미국이 세계 최고의 자리를 차지하게 된 데는, 냉전이 종식되면서 미국의 군사력이 최강을 자랑하게 되었고, 미국이 주장하는 신자유주의가 널리 알려졌으며, 동구가 무너져 사회주의의 도의를 입증할 역량이 사라진 것 등 여러 사정이 작용했다. 서구적 도덕의 옹호자들은 기름진 배를 두드리며 역사의 종말을 주장하게 되었고, 사회주의 국가의 지도자는 사회주의의 우월성을 입 밖으로 꺼내지도 못하게 되었다. 심지어 개중에는 사회주의가 머지않아 무너질 것이라고 믿는 사람도 있었다. 기왕에 조만간 서구의 길을 갈 것이라면, 미국의 전략에 따라 미국의 목소리에 순종하면서 어떠한 모욕도 이겨내야 할 것이다. 하지만 이러한 수동적인 자세는 중국의 전략적인 선택의 여지를 좁힐 뿐이다.

　이집트의 경제학자인 사미르 아민은 "주변국가가 중심국가의 통치를 벗어나려고 하는 주요한 행동은 여러 가지 충돌을 빚을 것이다. 사회주의의 필요성을 고려해야 한다. 이것은 결코 우연한 것이 아니다"라고 말한 적이 있다.[4] 우리도 낙후된 국가가 강대국이 되기 위해서는 사회주의로 향해 나아가야 한다는 것을 인정해야 한다. 흔들리는 마음을 가다듬고 수동성을 적극적인 출발점으로 바꾸어야 할 것이다.

맺음말: 민주주의의 성장과 민족적 역량의 강화를 위해

창밖으로 환호성이 끊이지 않고 들려왔다. 1999년 7월 11일 아침, 중국 여자축구 선수들이 녹색 잔디 위에서 미국과 벌이는 경기를 응원하는 소리였다. 며칠간 여자축구 선수들은 갈수록 뛰어난 기량을 발휘했고, 결국 우승컵을 차지해 전국의 눈길을 끌었다. 수많은 할아버지, 할머니도 마지막 결승전을 숨죽이고 관전했다. 우리는 이 결승전을 계기로 여러 가지를 생각하게 되었다. 프로로 바뀐 이후 축구는 애국심을 보여주는 수단이 아니라, 우수한 기술을 발휘해 축구팬에게 일체감을 주는 역할을 했다. 하지만 현실의 수많은 축구팬들은 중국이 참가한 경기를 보지 않고 영국이나 이탈리아의 프로축구 A리그를 봤다. 유럽 축구팀의 경기가 한 수 위였기 때문이다.

원자적 개인주의와 경쟁을 좋아하는 사람들은 중국 축구가 발전한 증거라며 이 승리를 크게 기뻐할 것이다. 그러나 이번 경기가 인기를 크게 얻은 것은 여자축구가 뛰어난 기술을 보여 주었기 때문이라기보다는 단지 우승을 했기 때문일 것이다. 경기 수준으로 볼 때 여자축구가 우승을 했다고 해도 중국 남자축구 대표팀의 2군 수준보다 나은 것은 없었다. 그러고 보면 애국심은 사람들이 생각하는 것처럼 완전히 죽지도 않은 것 같다. 중국인의 가슴 깊이 숨겨져 있다가 적당한 대상과 표현 방식이 나타나면 화산처럼 폭발하는 것이다.

이 점을 인식하는 것이 매우 중요하다. 현상적으로 보면, 부패는 현재 중국 전역에서 나타나고 있는 고질병이다. 어떤 지역과 분야는 이미 부패가 만연해 일상의 정상적인 사고방식으로 굳어져 버려, 사용하지 않는 권력은 병이 되었고, 도모하지 않는 이익은 수구적인 것으로 취급당한다. 바로 이런 판단 때문에 중국이 안고 있는 문제를 해결하려는 수많은 사람들은 한결같이 공권력을 없애 버리려 하고 있다. 모든 사람이 이렇게 이기적이기 때문에 공권력이 필요하다면, 반대로 부패가 성행하고 청탁이 있기 마련이다. 국영기업은 완전 민영화되어야 하고, 많은 정부 부문이 철폐되어야 한다. 심지어 세관이나 세무기관도 없어지고 관세와 국내 세금도 크게 삭감되어야 할 것이다. 또는 외국 전문가가 세관이나 세무기관을 대행할지도 모른다. 대규모 공공건설 사업으로 내수를 확대할 길이 없다면 이윤을 내릴 수밖에 없다. 또한 이러한 생각에 따라 열렬한 지지를 받고 있는 자유방임의 시장경제론은 어떠한 민족국가의 장기적인 국익의 관점에서 보더라도 고려의 대상은 물론 문제 해결의 방안이 될 수 없다. 이 책이 이들의 공격을 받는 것은 당연할 수도 있다.

우리는 부패의 중요성을 잘 알고 있다. 누군가가 부패의 심각성을 '사람은 이기적이다'라는 보편적인 명제로 설명한다면, 일단은 이에 동의할 것이다. 그러나 사실 한 사회의 부패는 개인의 좋고 나쁨의 문제가 아니라, 사회 전체적인 환경에 의해 결정된다. 사회의 전반적인 분위기가 좋다면 도둑질은 오래할 게 못된다는 점을 금세 깨달을 것이다. 하지만 사회 분위기가 건강하지 못하면 착한 사람도 나쁜 길로 쉽게 빠진된다. 1950년대 사람은 거짓 군자이고, 1990년대 사람은 진정한 소인이라고 말한 사람이 있다. 겉으로는 일리가 있어 보이지만, 이 말은 거짓 소인과 진정한 군자라는 두 부류의 인간을 빼놓았다. 1990년대에는 정직한 사람이라도 남의 비위를 잘 맞출 줄 알아야 한다. 그렇지 못하면 집, 임금, 직업을 보장받을 수 없고, 샤강이나 임금 삭감을 당할 것이다. 심지어 골목길의 아이들도 그를 무시할 것이다. 이러한 사람을 거짓 소인이라고 한다.

1950년대에 정직한 사람은 성공했고, 무슨 일이든 자신감에 차 있었다. 우리는 이들을 진정한 군자라고 부른다. 이 두 부류의 사람에게 1990년대가 1950년대보다 좋다고 하는 생각은 황당한 논리이다. 왜냐하면, 1950년대는 나쁜 사람을 교화시킬 수 있었지만 1990년대 사회는 착한 사람을 나쁘게 물들이고 있기 때문이다. 어떤 사회가 더 건강하다고 할 수 있을까? 철학적으로 '인간의 본질'은 인간이 지녀야 할 공통적인 성질이다. '성선설'이 옳은 건 아니지만, 나쁜 사람도 사람이기 때문에 그들 역시 공통적인 성질을 가지고 있다.

그러나 '인간의 본질은 이기적이다'라는 말 역시 옳지 않다. 레이펑雷鋒 같이 사심 없는 사람도 역시 사람이기 때문이다. 모든 사람은 악한 면과 선량한 면을 가지고 있다. 사회가 건강할 때는 선량한 측면이 충분히 발현되지만, 그렇지 못할 때에는 악한 면이 대두된다. 만약 '사람의 본질'을 무엇이라고 딱히 말해야 한다면, 그것은 사람이 동물과 달리 지니고 있는 특성일 것이다. 사람에게는 '이성'이라는 공통된 성질이 있다. 이성은 원자화된 이기심이 아니라, 사람이 사람과 사회의 복잡한 관계를 인식할 수 있다는 것을 의미한다. 또 개인의 이익과 집단의 이익의 상호 관계를 인식할 수 있는 것, 눈앞의 이익과 먼 훗날의 이익간의 상호관계를 인식할 수 있는 것을 말한다. 이성이 없는 동물은 일차적인 본능과 눈앞의 이익에 따라 행동할 수밖에 없다.

이러한 의미에서 현재 개인의 영달과 눈앞의 이익만을 좇는 부패의 범람은 비이성적인 현상이다. 자신과 사회 사이의 복잡한 이해 관계에 대한 인식 능력을 잃었고, 공공의 이해관계를 해결하는 적절한 방식을 찾지 못했다고 말할 수밖에 없다. 그러므로 먼 훗날을 위해 무엇이 이로운 가를 알고 개인의 행동이 공공의 이익과 관련되어 있음을 인식한다면, 부패는 근본적으로 억제될 것이다.

현재 유행하는 말 가운데 '이익 공동체'라는 말이 있다. 만약 미국에서 이익 공동체가 대기업과 정부의 이익 시스템을 연구한 후에 잘못을 발견한 다면 그 사회는 활력이 넘친다고 볼 수 있다. 그 이유는 조직의 내부에 장기적인 이익 공동체가 형성되어 구성원간의 상호 제약과 자극이 공동체 의 장기적인 이익의 실현을 보장하기 때문이다. 마찬가지로 중국의 국영기 업도 기업의 정책결정 과정에 이익 공동체를 둘 수 있다.

이러한 생각에는 일리가 있지만, 문제는 기업 차원의 이익 공동체뿐만 아니라 중국 기업이 국내 시장을 둘러싼 경쟁을 이겨낼 수 없다는 데 있다. 중국의 나약한 경제력으로는 국가와 기업 모두 이익 공동체를 세워야만 눈에 보이는 성과를 얻을 수 있다. 근본적으로 13억 중국인이 최대의 이익 공동체이다. '5·8 사건' 이후 한 어린 대학생은 분노에 치를 떨었다. 그는 미국을 중국의 적으로 여기고 중국의 발전을 마음으로부터 염원했다. 그러 나 경제적인 두뇌가 발달한 신세대의 '깨달음'은 비상했다. 그들은 미국이 언제든지 중국을 위협할 수 있기 때문에 중국의 안보가 불안하며, 미국의 미사일이 우리 머리 위에서 터질 수도 있다고 말했다. 또 조만간 미국의 미사일방어망에 참가해서 그 나라의 납세자가 제공하는 안보 서비스에 무임승차 하는 것 아니냐는 질문도 던진다.

흥미롭게도 이러한 관점은 인터넷에서 조용하게 나타나고 있다. 그들은 오늘날 미국에 유학 간 중국 유학생이 미래 중국의 친미적인 정치 및 사회 인력으로 배양될 것이기 때문에, 일단 중국이 미국의 영향력 아래 들어간다면 국력이 쇠약해짐은 물론 국가적인 위기가 끊이지 않을 것이며, 중국 유학생의 지위도 급전직하할 것이라고 반박한다. 미국은 앵글로 색슨족의 국가이다. 중국인은 미국 이민 역사에 '황인종의 위험'으로 기록되었고, 중국 배제 법안에 의해 사회의 최하층민으로 규정되었다. 이러한 상황은 신중국이 성립될 때까지 계속되었으며, 중국이 원자탄 실험에 성공을 거두자 비로소 미국의 시각이 바뀌었다. 황색 피부의 중국인은 근본적으로 이익 공동체를 만들 수 있으며, 전체 이익에 손해를 끼치지 않고도 개인의 이익을 도모할 수 있다. 미국인의 님비 전략에 편승하는 것으로 재미 중국인이 겪고 있는 백인 인종주의자의 제도적·물리적 폭력을 해결할 수는 없다. 중국인의 이익은 중국인 스스로 쟁취해야 하는 것이다.

그러므로 진정한 문제는 '민족의 이익 공동체'라는 개념을 인식하지 못하는 것이다. 덩샤오핑은 1990년대에 이런 말을 했다. "지난 10년 동안의 커다란 잘못은 교육을 소홀히 한 것이다. 나는 사상·정치 교육을 단순히 학교와 청년들에게서 그친 채 국민 교육을 소홀히 한 것을 후회한다. 고군분투한 [신중국] 창건이나, 중국이 어떤 국가이고 또 어떠한 국가로 변모할지에 대한 교육이 매우 적었다. 이것은 우리의 커다란 잘못이다."[1] 이 점은 매우 안타까운 사실이다. 그러나 덩샤오핑의 말이 떨어지자마자 신문, 잡지, 라디오와 텔레비전의 오락, 선정성, 폭력성이 확산되어 홍콩과 마카오에 버금가는 수준에 이르렀다. 그래서 거의 모든 사람이 눈앞의 이익, 개인주의적이고 감각적인 울타리 안에서 맴도는 경제적 동물이 되어 버렸다.

어떻게 하면 민족이 이익 공동체라는 인식을 심어 줄 수 있을까? 사상·정치 교육을 하면 가능할까? 이것만으로는 충분하지 않다. 또 사상·정치 교육을 강화하려면 '교육자'에 대해 높은 자격이 요구되는데, 이들의 이론적인 수준이 높지 않다면 잘못에 대해 누가 책임을 지겠는가? 책임질 사람이 없다면 '교육자'가 교육의 권리를 오용해 대중의 이기심을 만족시키는 데 골몰하도록 오도하지 않는다고 어떻게 보장할 것인가? 그래서 모든 사회가 '비판과 자아비판'의 중요성을 다시금 각인하고 상식에 따라 여론에 대한 감독을 강화해야 할 필요가 있다. 다시 말하면, 최근 학계에서 논의되는 '대중적인 의견 수렴'을 거쳐야 한다는 것이다. 중국은 사회 구조적으로 볼 때 정당, 사회 단체, 국가 모두가 인격적으로 평등한 주체이다. 장기적인 국익에서 출발해 공공의 이익과 관련된 정책에 대해 서로 비판해 전체의 장기적 이익을 책임지는 공감대가 형성되는 것은 매우 유익한 일이다. 이 과정은 서로 교육하고 학습함으로써 수준을 향상시키는 과정으로, 자신이 모르는 잘못을 타인이 발견해 공적인 것에 대한 관심을 불러일으키는 데 목적이 있다. 이를 통해 사람들은 자신의 이익과 공공의 이익간에 복잡한 관계가 있음을 알게 될 것이다.

또한 공공 정책을 집행하는 공무원도 정책의 복잡성과 중요성을 깨달아 권력을 남용해 개인의 이익을 도모하거나 한 번 정해진 정책을 원칙 없이 자주 바꾸지는 않을 것이다. 공공 정책을 안건으로 삼는 비판 과정을 통해 정책 집행에 대한 공공의 감독 수준이 향상되어 중국의 민족적 엘리트는 다수 공중을 이해하게 되고, 공중은 우수한 엘리트를 선별함으로써 민주적인 주권을 행사할 수 있을 것이다. 이를 통해 모든 민족의 사상과 이론을 익히고 문제를 처리하는 훈련을 받아 극단으로 가지 않게 될 것이다.

이러한 점에서는 미국으로부터 배울 것이 많다. 일반적으로 사람들은 미국의 민주주의 제도라고 하면 삼권 분립, 대통령 직선제, 언론의 자유를 말한다. 과거에는 민주주의 제도를 사유제와 혼동한 나머지, 이것이 프롤레타리아 독재를 약화시키고 민주집중제를 파괴하는 화근이라고 여겨, 그것이 가진 긍정적인 면은 소홀히 했다. 이와는 달리 '자유주의자'들은 위 세 가지만 갖춰지면 중국이 미국처럼 부강해질 것이라고 착각해 '미국식 민주주의'라는 심각한 바이러스에 감염됐다. 하지만 미국의 민주주의 제도는 부르주아 계급을 위한 것일 뿐, 근본적으로 보면 독재의 형식이자 전체적으로는 우리의 비판 대상이다.

그러나 미국은 국가 이익을 유지하고 공공 정책을 비판하는 것에 관한 한 배울 점이 많은 국가이다. 『뉴욕 타임스』, 『워싱턴 포스트』, 『LA 타임스』, 『US 투데이』 같은 신문에서는 공공 정책에 대한 비판이 일상적으로 이루어진다. 일부 신문은 사설을 싣지 않고 여러 비판의 목소리를 한자리에 모아 발행 부수를 늘리고 사회적인 영향력을 극대화한다. 각계각층의 이기적인 미국 사람들이 비판의 목소리를 높여서 궁극적으로는 미국의 장기 국익을 최대화하고 있는 것이다. 미국 연방 정부와 주 정부의 연간 지출은 GDP의 37퍼센트 정도를 차지하고 있다. 이러한 방대한 공적 자원은 커다란 공공 권력을 의미한다. 그러나 지출은 매번 심의를 통해 어느 정도 공적인 비판 과정을 거치기 때문에 각급 집행에 대한 공무원의 책임감이 매우 강하다. 딴주머니를 챙기려는 사람을 특별히 조심하지 않아도 전체적으로는 공적 권력이 남용되거나 개인적으로 이용되지 않게끔 예방되는 것이다.

하지만 국방 지출은 예외이다. 이 부분에 관한 한 미국의 언론도 독재적인 측면이 있다. 특히 사회주의 국가에 대해서는 미국 사회의 레드 콤플렉스 정서를 충분히 고려해서 보도하므로 공정함을 기대하기는 무척 어렵다. 냉전이 끝난 이후 가장 많은 피해를 보는 국가가 바로 중국이다. 『타임』

과 CNN의 최근 여론조사에 의하면 46퍼센트의 미국인이 미국의 최대 위협은 중국이라고 응답했다. 이 비율은 이라크 34퍼센트, 러시아 24퍼센트보다 훨씬 높은 수치이다. 미국 언론의 편견이 얼마나 뿌리 깊은지 알 수 있는 대목이다.

이와 반대에 있는 국가는 소련이다. 다른 문제는 논외로 하고 정책 결정의 과정에 대해 말하자면, 소련의 정치 제도가 독재적임은 주지의 사실이다. 이러한 제도 속에서 올바른 사상을 지닌 사람은 소련 정치의 사다리를 타고 올라 승승장구할 리 없으며, 상부의 의도를 잘 파악하는 사람만이 중용된다. 그러므로 소련의 최고위 공무원은 국내·외의 복잡한 현상을 판단하거나 파악할 능력이 심각하게 뒤떨어지게 되는 것이다. 그들은 하위직에 있을 때는 이렇게 복잡한 문제를 생각할 필요가 없었고, 고위직에 올라선 다음에는 쓸모없는 생각을 실행하는 무한한 권력만을 가지고 있는 것이다. 따라서 소련의 국익은 완전히 상실되었다.

소련이 해체되자 고르바초프는 일생에 큰일을 완성했으니 편안하다고 말한 적이 있다. 서구 세계에 소련 해체의 공로를 과시하면서 자신의 심오한 의도와 사려 깊은 우려를 밝히고자 한 것이다. 많은 중국 사람들도 아무 생각 없이 그대로 그의 말을 인용했다. 소련이 매국노에 의해 팔린 것이라고 말할 수도 있지만, 사실 그들은 소련 체제와 아무런 상관이 없다. 그러나 고르바초프의 생애와 사상적 궤적을 잘 아는 사람은, 그가 그러한 지혜와 대담함을 가지고 있지 않다는 것도 잘 알고 있다. 그러한 고르바초프가 소련 해체 비밀 계획을 만들어 실시한 것은, 대책 없이 무지한 고집쟁이가 소련의 최고 통제실에 들어가 우연히 소련 사회의 폭력성이라는 핵 단추를 만진 것과 같다고 할 수 있다.

공공 정책에 대한 비판이 부재한 정치 제도의 가장 심각한 문제점은 모든 간부가 다수 공중이 아니라 자신의 상부에 대해서만 책임을 진다는 것이다. 기업 경영자이든 지방 공무원이든, 고급 간부든 하급 공무원이든 예외가 있을 수 없다. 이러한 현실은 '모든 사람이 모두 소유하지만, 아무도 소유하지 않는,' 사람은 있는데 자리는 비어있는 국영기업에서 나타난다. 어느 정도 재산을 가진 사람들은 이러한 현실을 해결하려면 전면적인 사유화를 실시해야 한다고 말한다. 이것 역시 하나의 방법이기는 하다. 그러나 매우 치열한 국제 경쟁의 상황에서 이러한 방법은 일반 시민에게 매우 불리한 것이다. 러시아가 좋은 예라고 할 수 있다. 그러므로 전체 시민의 장기적인 이익의 견지에서 가능한 또다른 방법은 공공 정책에 대한 비판을 이용해 소유자의 권리를 공동으로 행사함으로써 기업 책임자를 민주적으로 감독하는 것이다.

현재 중국의 각 지방에서는 민주적인 감시·감독이 없는 상황에서 일부 기업의 경영자가 오랫동안 공금을 횡령해 기업이 파산지경에 이르는 경우가 많이 발생한다. 하지만 노동자들이 민주적인 공장장 선거를 실시하고 공장의 직무를 공개적으로 비판하는 등, 일치 단결하면서 공동으로 대책을 마련해 기업이 다시 회생하게 되었다. 이것은 과거에는 전혀 상상할 수 없는 상황이었다. 만약 모든 기업, 모든 지방 정부, 모든 정부 부문의 중요한 정책이 이해 관계자의 정책 비판 과정을 통해 결정되었다면, 부패 현상은 크게 제한되었을 것이다. 다행히 이해 관계자들이 적극적으로 노력한 결과 큰 효과를 거두어 덕, 능력, 근면, 우수한 실적 등을 고루 갖춘 인재가 많아졌다. 요컨대 공공 정책에 대한 비판과 인민을 위하는 공산당의 정신은 상당히 일치하는 점이 많다.

여기에서 우리는 사회주의가 민주주의 제도와 불가분의 관계에 있음을 알게 되었다. 민주주의가 없다면 전 국민의 소유는 부문의 소유, 지방의 소유, 기업의 소유, 생산라인의 소유, 심지어는 국장, 처장, 일부 공무원의 소유로 변질되어, 효율은 떨어지고 사회는 활력이 없게 될 것이다. 그러나 민주주의가 있다면 공유 제도는 대규모 생산에 기반한 협력 및 개인의 적극성과 효율적으로 결합되어 우수한 성과를 얻게 될 것이다.

이러한 의미에서 사회주의에는 철저한 개혁이 필요하다. 지도자는 '맡은 직책에서 책임 있는 행정을 다하지 못하게 하는' 권위의식을 버려야 한다. 이를 위해서는 시민의 주인의식뿐만 아니라 의정 참여 수준도 향상되어야 하며, 이에 상응하는 사회주의 법 제도를 마련해 시민이 민주주의적 권리를 합법적으로 행사할 수 있도록 보장해 주어야 한다. 민주주의는 선거에서뿐만 아니라 자신의 이익과 관련된 분야에 대한 비판에 적극적으로 참여하는 것에서도 나타나야 한다. 그럼으로써 실제적인 주인의식을 가질 수 있고 민주주의의 열매를 누릴 수 있으며, 민주주의적 의식이 한층 강화될 수 있다.

중국인의 민주주의 의식이 해마다 성장하고 있는 것은 반가운 일이다. 1998년 이후 여러 가지 알 권리에 대한 보도가 많아지면서 환자들은 자신의 병과 치료 과정에 대해 알 권리가 있음을 알게 되었고, 시민은 수돗물, 도시가스, 난방비용에 대한 알 권리를, 승객은 택시 가격에 대한 알 권리를 지각했다. 기업은 공장의 업무를 공개했고, 농촌의 사정이 알려지면서 온 중국이 민주화를 향한 발걸음을 시작했다. 비록 이러한 움직임이 다소 문제에 부딪치더라도 민주화를 향한 행진은 그 시작을 멈출 수 없다.

문제는 민주화란 격렬한 이익 집단간의 투쟁을 의미하기도 한다는 것이다. 만일 이러한 충돌을 막기 위한 법적·제도적 장치가 없다면, 이익집단간의 경쟁에서 약자가 강자를 이기기 어려울 것이다. 첸탕 錢塘강 대공사를 신고한 사람은 책임감과 용기를 가지고 자신의 생명을 담보로 민주주의적 권리를 이행해 강변에 거주하는 시민의 생명과 안전을 지켜냈지만, 이 대가로 수많은 위협과 괴롭힘에 시달려야만 했다.

우리는 여러 언론에 대해 적당한 언로를 열어 놓아 다양한 의견이

적절하게 교류될 수 있도록 해야 한다. 이런 과정을 거쳐 상대적인 만장일
치에 다다르게 되면, 의식적인 일치든 민주적 표결에 의한 일치든 모든
사람이 혜택을 보게 된다. 또 복잡한 문제를 해결할 수 있는 능력을 키워
우리가 직면한 국제적 환경과 국내적 지형을 알게 되면 정책을 어떻게
집행해야 하는지도 알게 된다. 또한 지방, 업종, 기업에 관련된 공공 정책에
대해 비판할 때도 신문이나 잡지에 적당한 공간을 열어두어야 한다. 중국
인의 자랑거리는 지혜이다. 지혜만이 중국 공산당을 믿을 수 있게 하며,
당은 국민을 믿을 수 있게 된다. 객관적으로 민주주의에 대해 가지고 있는
열망이 매우 높은 수준이기 때문에 어느 정도의 혼란은 있을 수 있다.
그러므로 법률 및 규제에 관련된 개혁을 실시해 민주주의적 권리가 정상적
으로 집행되도록 보장해 주어야 한다. 이 외에도 비교적 낮은 수준의 공공
정책에 대한 비판을 통해 정책에의 참여를 유도할 수도 있다.

　지금 공공 정책에 대한 비판이 이루어지고 있는 것은 다행스런 일이다.
1998년 초 이후 차이나텔레콤이 독점을 타파하고 합리적인 통신료를 책정
하기 위해 의견 수렴을 한 경우가 좋은 사례일 것이다. 이런 과정은 처음에
는 비공개로 진행되었지만 제한적으로 일반 언론이 보도하기 시작해 조금
씩 사람들의 관심을 끌면서 차이나텔레콤의 체계와 일부 기본적인 관념에
대한 토론이 진행되었다. 이 토론에 참여한 사람들은 이미 혜택을 입었다.
의견 수렴과 비판의 과정이 진행됨에 따라 차이나텔레콤은 개혁의 발걸음
을 재촉해 자본과 비용 구조를 개혁했다. 이제 이러한 과정은 더욱더 활발
히 진행되어야 한다. 앞으로 전신 부문이 여러 분야의 의견을 어떻게 받아
들이고 이러한 과정을 어떻게 투명하게 하는지 두고 볼 일이다. 아무튼
이번 공청회는 공공 정책에 대한 비판이라는 선례를 남겼다는 점에 의의가
있다.

　'5·8 사건' 이후 중국의 외교 정책에 대한 토론이 열띠게 펼쳐지는

것도 매우 바람직한 현상이다. 이러한 토론을 통해 우리는 중국인의 단결력이 분산되지 않았음을 알 수 있으며, 그들이 이론적으로나 문화적으로 아직도 미래의 전망과 자신들의 운명에 관심을 두고 있다고 말할 수 있다. 민간에서의 토론에 화답해 1999년 5월 13일 장쩌민 동지는 유고에서 귀국하는 중국인을 환영하면서 "우리 나라의 경제력, 국방력, 민족의 응집력을 키워 나가야 합니다.… 이것이야말로 사회주의 중국이 무너지지 않는 근본적인 근거입니다"라고 밝혔다. 경제력, 국방력과 민족적 응집력——21세기 중국의 희망은 여기에 있다.

주

1장

1. 왕샤오창,『산업 구조조정, 시간은 기다려주지 않는다』(중국인민대학출판사 1998), 19쪽.
2. 리차드 T. 버나트 외,『다국적기업과 세계 신질서』(하이난출판사 1999), 3쪽.
3. 한스 피터 마르틴, 하랄드 슈만,『세계화의 덫』(중앙편역출판사 1998), 5쪽.

2장

1. 리이닝 厲以寧[현재 중국 증권 제도의 기반을 마련한 인물]이 잘 쓰는 비유이다: 산소 공급 설비가 낡아 오랜 운반 과정에서 대량의 치어가 죽어 커다란 손실을 보았다. 그후 누군가가 어항에 메기를 넣자 치어들은 살아남기 위해 헤엄을 빨리 치게 되었다. 이렇게 해서 산소를 최대한 흡입하자 치어의 사망률이 크게 떨어졌다. '메기 효과'는 강력한 경쟁자가 약자의 저력을 분출시킬 수 있다는 것을 보여준다.
2. 리챠오닝,『중국 맥주산업 보고서』(중국 증권시장 연구개발센터 연구개발부 1998).
3. 왕샤오창,『산업구조 조정, 시간이 없다』(중국인민대학출판사 1998), 12쪽.
4. 가오량,「중국과 영국 대기업의 구조 조정과 발전 전략 세미나 기록」,『산업논단』(제19호), 1998, 2쪽.
5. 리챠오닝 李巧寧,『중국 맥주산업 보고서』(중국 증권시장 연구센터 공동연구개발부 1998).
6. 중국 제지산업 발전 전략 위원회,「제지업에 대한 국가적인 긴급 구조조정」,『산업논총』(1998년 21호).
7. 천후이 陳輝,『의약산업 보고』(중국 증권시장 연구개발센터 공동연구개발부, 1998년 10월).
8. 마훙, 왕밍쿠이 편역,『중국개발 연구』(중국발전출판사 1999), 44쪽.
9. 위의 책, 42~43쪽.
10. 위의 책, 41쪽.
11. 왕샤오창, 위의 글, 124쪽.
12.『뉴욕타임스』(1999. 4. 10).
13. 천시온 교수와 온테쿼 주임의 관점은 Zhong Jing Wang(www.cei.cn)에 자세히 소개되고 있다.
14.「비교우위 산업이 어떻게 부담이 되었을까」,『중국경제시보』(1999. 3. 23).
15. 리우궈광 등 편저,『중국 경제 전망에 대한 분석──1999년 춘계 보고서』(사회과학문헌출판사 1999), 66쪽.
16. 추비아오밍 외, 여기의 자료는 모두 증화구어, 순이취의 글에서 발췌한 것이다:『국가위

기』(장수인민출판사 1998), 328~333쪽.

17. 정잉타오, 양즈젠, 「최근에 중국 통신산업은 어느 분야에서 중점적으로 발전했는가」, 『산업논단』(제2호 1998).

3장

1. 애덤 스미스, 『국부의 성질과 원인에 대한 연구』, 《부르주아 고전정치경제학 선집》, 상무인쇄관, 1979, 290~291쪽[김수행 옮김, 『국부론』(동아출판사 1992)].
2. 팡닝, 『현대자본주의 발전 소론』(수도사범대학출판사 1995), 213~214쪽.
3. 스미스, 앞의 책, 296~297쪽.
4. 위의 책, 297~298쪽.
5. 이와 유사한 책으로는 찰스 K. 윌리엄과 케네스 P. 제임스가 함께 쓴 『경제학의 빈곤』(북경경제대학원 출판사 1993)이 있다. 또한 군다르 미르달의 『반조류: 경제학 비판논집』(상무인쇄관 1992)이 있다.
6. 알프레드 S. 애크너, 『경제학은 왜 학문이 아닌가』(북경대학출판사 1990), 7쪽.
7. 위의 책, 15쪽.
8. 위의 책, 85~86쪽.
9. 위의 책, 14쪽.
10. 위의 책, 5쪽.
11. 천다이순, 「오늘날 서구 경제학 연구에 대한 몇 가지 의견」, 『고등교육 이론의 전선』, 1995, 13~14쪽.
12. 가오홍예, 「역자 서문」, 『경제학』(중국발전출판사 1992).
13. 데이비드 리카도, 『정치경제학 및 세제의 원리』, 《부르주아 계급 고전 정치경제학 선집》(상무인쇄관 1979), 531~532쪽.
14. 위의 책, 533쪽.
15. 프리드리히 리스트, 천완쉰 옮김, 『정치경제학의 국민적 체계』(상무인쇄관 1961), 6쪽.
16. 위의 책, 109쪽.
17. 위의 책, 158쪽.
18. 위의 책, 118쪽.
19. 위의 책, 124~125쪽.
20. 폴 크루그먼 외, 『국제경제학』(중국인민대학출판사 1998), 23쪽.
21. 리스트, 앞의 책, 129~130쪽.
22. 장샤오화, 『미국 초기 근대화의 두 가지 길에 대한 논쟁』(북경대학출판사 1995), 34쪽. 존 페스크, 『위기의 시대』, 1988, 189쪽, 제럴드 나스 편저, 『미국 경제사의 문제』, 109쪽에서 재인용.
23. 앞의 책, 36쪽. 커디스 나토스, 『1775년~1812년 동안의 국민경제 형성』, 뉴욕, 1962,

53쪽에서 재인용.

24. 리스트, 앞의 책, 118~119쪽.

25. 로스토우, 앞의 책, 179쪽.

26. 헨리 로스프스키, 「이륙과 지속적인 발전에 관한 논쟁」, 『경제사 잡지』(1965년 6월호), 271쪽.

27. 다이웬천은 『경제연구자료』(1997년 제6집)에서 이렇게 말했다. "나는 중국의 경제 개혁의 목표가 차지하는 위상은 독특하다고 생각한다. 우리는 처음부터 개혁의 목표를 정하는 문제를 해결하지 않고 시장지향적인 방향만 설정했을 뿐이며, 시장화의 정도에 관련된 문제는 해결하지 못했다. 우리는 시장자본주의화를 조금씩 실천해 갔고, 새로운 목표를 계속해서 제기했다. 예를 들면 우리는 북경에서 동쪽으로 가라고 하면 그대로 따랐지만, 어느 정도 가야할지를 몰랐다. 동쪽으로 갔을 때 통시엔通縣에 갈 수 있고 더 나아가 랑팡 廊坊으로 갈 수 있으며, 더 나아가서는 텐진까지도 갈 수 있다. 중국 개혁의 목표나 목적지는 한 걸음 한 걸음씩 제시돼 왔고, 최고 지도층의 머리 속에서는 어디로 가야할지 이미 정해져 있었다. 예를 들어 동쪽으로 간다면 텐진이 목적지일 것이다. 하지만 첫 걸음에서는 텐진을 말하지 않고 통시엔을 말했다. 통시엔에 도착했을 때는 다시 랑팡으로 갈 것을 제시했으며, 최종적으로 텐진으로 갈 것을 내놓았다. 하지만 사람들은 이것을 받아들이지 못했다. 통시엔과 랑팡을 제시했을 때 적지 않은 논쟁이 일어났다. 예를 들면 개혁 초기에는 민간의 개인 경영이나 고용 문제 등에 관한 논쟁으로 시끄러웠다. 중앙 정부는 이에 대해 확고한 입장을 밝혔다. 또한 시장에서의 경쟁 문제에 대한 논쟁도 끓어 올랐다. 사회주의와 자본주의에 관한 문제에 대해 수많은 비판이 나타났다. 이후 덩샤오핑의 남순강화가 발표되자 이러한 논쟁은 잦아들었다. 현재 제기된 개혁의 목표는 사회주의 시장경제를 세우는 것이다. 나는 이것은 방향성의 문제일 뿐, 개혁 목표의 위상에 대해 심층적으로 연구해 어떠한 시장경제 또는 어느 정도의 시장경제화를 이룩할 것인가 등의 문제를 해결해야 한다고 생각한다."

28. 캉샤오광, 『지구촌 시대의 식량공급 전략』(텐진인민출판사 1998), 4~5쪽.

29. 증화구어·손이춰 편저, 『국가위기』(강서인민출판사 1998), 331쪽.

30. 캉샤오광, 위의 글, 49쪽.

31. 위의 글, 82~83쪽.

32. 위의 글, 208~209쪽.

33. 위의 글, 46쪽.

34. 신화사, 「참고자료」, 1999년 4월 12일.

4장

1. 장 자크 루소, 리창유 옮김, 『불평등 기원론』(상무인쇄관 1984), 149쪽.

2. 새뮤얼슨, 가오훙예 옮김, 『경제학』(중국발전출판사 1992), 830쪽.

3. 위의 책, 829쪽.

4. 위의 책, 786쪽.

5. 마이클 피터, 천샤오웨 옮김, 『경쟁의 전략』(화샤출판사 1997), 6~12쪽.

6. 위의 책, 13쪽.

7. 위의 책, 13쪽.

8. 위의 책, 19~20쪽.

9. 런리에, 『보호무역주의의 이론과 정책』(리신회계출판사 1997), 1~2쪽.

10. 크루그먼은 "비교우위론의 원칙을 이해하고 자유무역의 과실을 맛보는 것은 노련한 경제학자와 사이비 학자를 구분하는 관건이다. 젊고 도전의식이 강한 경제학자라면 이 러한 기본 신조에 도전하여 경제학의 전당에서 축출되는 모험을 감수하겠지만, 그 다음 에는 꺼려할 것이다"라고 말했다. 위의 글, 8쪽.

11. 위의 글, 2쪽.

12. 위의 글, 191~192쪽.

13. 위의 책, 193쪽.

14. 앞의 책, 190쪽.

15. 칼 맑스, 귀다리 옮김, 『자본론』(인민출판사 1953), 3쪽.

16. 프레비쉬, 「내가 생각하는 5단계의 발전」, 『세계경제총서』(1983년 11월호).

17. 프레비쉬는 『주변부 자본주의——위기와 개혁』에 자신의 목소리를 담았다. "내가 매우 우려하고 있는 것은 체제가 중대한 결함을 가지고 있기 때문에 정치적으로 주기적인 순환이 발생한다는 점이다. 민주화 단계와 정치적인 폭압 및 사회적인 불평등이 심화되 는 단계가 서로 교대로 나타나고 있다. 이렇게 매우 불안한 현실 앞에서 우리는 주변국가 의 발전 현상에 관심을 가지고 있는 사람들에 대해 막중한 책임감을 가지고 있어야 한다."(29~30쪽) 다시 말하면 프레비쉬는 관조적인 입장에 있다.

18. 프레비쉬, 수전싱 옮김, 『주변부 자본주의——위기와 개혁』(상무인쇄관 1990).

19. 위의 책, 26~27쪽.

20. 도스산토스, 양옌용 옮김, 『제국주의와 종속』(사회과학문헌출판사 1999), 307쪽.

21. 프레비쉬, 앞의 책, 320~321쪽.

22. 위의 책, 265쪽.

23. 위의 책, 237~238쪽.

24. 위의 책, 236쪽.

5장

1. E. F. 슈마허, 『작은 것이 아름답다』(상무인쇄관 1984), 16~17쪽.

2. 위의 책, 115~118쪽.

3. 에어버스는 1970년에 만들어졌다. 처음에는 독일과 프랑스가 컨소시엄을 구성했고, 1971

년에 스페인, 1979년에 영국이 가입했다. 당시 4개국의 항공산업은 국영기업이었다. 프랑스는 아직도 국영기업이지만, 영국의 우주 항공산업은 민영화되었다. 그러나 아직도 75퍼센트는 군수품을 생산하며, 정부는 소유 지분으로 경영을 통제하고 있다.

4. 왕샤오챵, 앞의 글, 15쪽.

5. 위의 글, 35~38쪽.

6. 롼종저, 「미국 군사전략 조정의 새로운 동향」, 『국제문제연구』(1992년 3월)

7. 서구 사회에서도 지적 재산권 보호 제도의 합리성에 대해 비판하는 목소리가 높다. 최근 콜롬비아대 교수인 모글렌 Eben Moglen은 「자유 소프트웨어와 지적 소유권의 죽음」을 발표해 지적 재산권의 내재적인 모순에 대해 비판했다. http://old.law.columbia.edu/my-pubs/anarchism.html을 참조.

6장

1. "전체 산업국가의 1950~1973년 연간 평균 총생산 성장률이 4.4퍼센트를 기록했지만, 1973년 이후에는 2.4퍼센트에 불과했다." 마이클 탠저, 「경제 세계화」, 『월간 평론』(1995년 8월), 4쪽.

2. 두호우원, 주리난 편저, 『국제경제학』(중국인민대학출판사 1994), 423쪽.

3. 폴 크루그먼, '자유무역을 지지하는 것은 직업이 인격의 정직도를 나타내는 표지이다,' 「신무역이론은 새로운 정책을 요구하고 있는가」, 『현대 외국 철학·사회과학다이제스트』(1993. 12.~1994. 1.), 런리에의 『보호무역주의의 이론과 정책』에서 재인용.

4. 폴 크루그먼, 「회복? 이 문제에 도박하지 말라」, 『타임』, 6월 21일자.

5. 런리에, 앞의 책, 35~36쪽.

6. 런촨, 『GATT 우루과이 라운드의 속사정』(세계지식출판사 1996), 3~6쪽.

7. 위의 책, 9쪽.

8. 런리에, 앞의 책, 36쪽.

9. 위의 책, 37쪽.

10. 위의 책, 37~38쪽.

11. 팡이타오, 「유럽과 미국의 바나나 전쟁」, 『홍콩 팩스』(1999. 4. 16).

12. 앤드류 해리거, 피터 모리스, 「바나나와 소고기만 위험한 것이 아니다」, 『비즈니스 위크』(1999. 6. 16).

13. 양쉐둥, 왕리에, 「세계화와 중국 연구에 관한 대화」, 후웬즈 편역, 『세계화와 중국』(중앙번역출판사 1998).

14. 한스 피터 마틴, 하랄드 슈만, 앞의 책, 153쪽.

15. 윌리엄 드로지악, 「독일 경제는 중요한 시기에 있다: 재계 인사가 슈뢰더 정부를 바꾸어 놓았다」, 『워싱턴 포스트』 해외 정보서비스(1999. 3. 23).

16. 마틴과 슈만, 앞의 책, 169쪽.

17. 위의 책, 170~171쪽.

6장 부록

1. Renato Ruggiero, "Chaina and world Trading System," *WTO Focus News letter*, No.19, May 1997, p.5~6.

2. 미국 국제경제법 분야의 권위있는 교과서인 John Jackson (et al.), *Legal Problems if the International Economic Relations*, Third edition, West Publishing Co., 1995, p.117.

3. 우루과이 라운드는 '관세 및 무역에 관한 일반협정 GATT'에 속한다. GATT의 마지막 협상의 성과로 1995년 1월 1일 WTO가 공식으로 창립되었다.

4. 앞의 책, 326쪽.

5. WTO 규정에는 신규 회원국이 가입할 때 회원국간에 WTO의 무역협정을 서로 적용하지 않을 수 있도록 허용하는 조항이 있다(opt-out). 그러나 이러한 권한은 한 번에 제한한다. John Jackson, "The Institutional Ramification of China's Accession to the WTO," in F. M. Abbott, *China in the World Trading System*, Klumer Law International, 1998, p. 79.

6. 무역 충돌이 일어난 제소국은 전문가 위원회의 소집을 요구하여 이사회에 충돌안건 해결을 요구한다. 만장일치는 모든 국가가 자국에 불리한 해결방안을 거부할 수 있음을 의미한다.

7. Boutros Boutros-ghali, *Unvanquished: AU.S-U.N Saga*, Random House, New York, 1999, p. 198.

8. 바그와티, 『위험한 세계 무역 체제』(상무인쇄관 1996년), 37쪽.

9. John H. Jackson, *The World Trading System*, MIT Press, 1997.

10. John Jackson, "The Institutional Ramification of China's Accession to the WTO," in F. M. Abbott, *China in the World Trading System*, Klumer Law International, 1998, p.80.

11. 바그와티, 앞의 책, 71쪽.

12. 중국 정부의 주룽지 총리는 1999년 4월 9일 워싱턴에서 중요한 발표를 했다. 그는 4월 8일 미국의 일부언론이 중국이 미국이 제기한 중국의 WTO가입의 조건에 동의했다고 보도한 것을 반박했다. 주룽지 총리는 "나는 본래 일방적으로 여기에서 이 문제를 꺼내려고 하지 않았다. 그러나 어제 미국이 일방적으로 모든 문제, 다시 말하면 그들의 의견과 요구 사항을 모두 발표해 버렸다. 또한 우리 중국이 동의했다고 했다. 그러나 우리는 그런 사실이 없다"라고 말했다.

13. http://www.chinabulletin.com/lintan/who/ustr-pre.gb.

14. Dani Rodrik, "The Economics of Export-Performance Requirements," 633~650쪽, *Quarterly Journal of Economics*, Vol.102, no.3, 1987.

15. Dani Rodrik, "Comments on Trade-Related Intellectual Property rights," in A. Deardorff and R. Sterned., *Analytical and Negotiating Issues in the Global Trading System*, The University of Michigan Press, 1991, p. 448.

16. Lester Thurow, *Needed: A new System of Intellectual property rights*, Harvard Business Review, September/October 1997.
17. Nicholas Imparato (ed.), *Capital for Our Times: The economic, legal, and management challenges for intellectual capital*, Hoover Institution Press, 1998, pp. 326~327.
18. 바그와티, 앞의 책, 74쪽.
19. 미국의 국제 경제법의 권위적인 교과서를 자세히 참조할 것, John Jackson, 13장.
20. *The Collected Writings of John Maynard Keynes*, Vol. XX, 231쪽

7장
1. 장하이타오, 『미국의 세 가지 가면——국가독점자본주의의 위기』(당대중국출판사 1998), 466~477쪽.
2. 즈비그뉴 브레진스키, 『거대한 체스판』(상해인민출판사 1998), 43쪽.
3. 위의 책, 54쪽.
4. 사미르 아민, 가오녜 高涅 번역, 『불균등의 발전』(상무인쇄관 1990), 239쪽.

맺음말
1. 덩샤오핑, 『덩샤오핑선집 3권』(인민출판사 1993), 306쪽.

참고문헌

理查德·T·巴納特等, 『跨國企業與世界秩序』, 海南出版社, 1999年.

漢斯·彼得·馬丁, 哈拉爾特·舒曼合 著, 張世鵬等 譯, 『全球化陷阱──對民主和福利德進攻』, 中央編譯出版社, 1998年.

吳越濤, 張海濤 編著, 『外資能否呑并呑中國』, 企業管理出版社, 1997年.

王志樂, 『美國企業在中國德投資』, 中國經濟出版社, 1999年.

王小强, 『産業重組 時不待我』, 中國人民大學出版社, 1998年.

高梁, 「中英大企業重組與發展戰略研討會紀要」, 『産業論壇』, 1998年.

李巧寧, 『中國啤酒行業報告』, 中國政權志長研究設計中心(聯辦)研究開發部, 1998年

李揚, 『中國報紙行業』, 中國政權志長研究設計中心(聯辦)研究開發部, 1998年

馬洪, 王夢奎主 編, 『中國發展研究』, 中國發展出版社, 1999年.

陳錫文及溫鐵軍的觀点均見中經網(www.cei.gov.cn), 『專家縱論<中美農業合作協議>』『中國經濟時報』, 3月23日文, 「優勢産業何以成包袱?」

劉國光 等主編, 『中國經濟前景分析──1999年春季報告』, 社會科學文獻出版社, 1999年.

曾華國, 孫一曲, 『國家危機』, 江蘇人民出版社, 1998年.

方奕濤, 戴錦輝, 『中美農業合作協議對中國農産品貿易的影響』, 香港傳眞

鄧英淘, 樣志堅, 『中國点心産業近期發展德重点應在哪里』, 『産業論壇』, 1998年.

『資産階級古典政治經濟學選輯』, 商務印書館, 1979年.

方寧, 『現代資本主義發展引論』, 首都師範大學出版社, 1995年.

啊爾弗雷德·S·艾克納, 『經濟學爲什么不是一門科學』, 北京大學出版社, 1990年.

陳岱孫, 『對當前西方經濟學研究工作的几点意見』, 『高校理論戰線』, 1995年12月號

高鴻業, 『經濟學』, 中國發展出版社, 1992年.

弗里德里希·李斯特 著, 陳萬煦 譯, 『政治經濟學的國民體系』, 商務印書館, 1961年.

羅斯拖, 『經濟成長德階段』, 1971年.

康曉光, 『地球村時代的糧食供給策略』, 天津人民出版社, 1998年.

盧梭 著,『論人類不平等德起源和基礎』, 商務印書館, 1984年.

薩謬爾森 著, 高鴻業 譯,『經濟學』, 中國發展出版社, 1992年.

邁克爾·波特 著, 陳小悅 譯,『競爭戰略』, 華夏出版社, 1997年.

任烈,『貿易保護理論與政策』, 立信會計出版社, 1997年.

馬克思著, 郭大力 譯,『資本論』, 人民出版社, 1953年.

勞爾·普雷維什,『我的發展思想的五个階段』, 1983年.

勞爾·普雷維什 著, 蘇振興 譯,『外圍資本主義─危機與改造』, 商務印書館, 1990年.

多斯桑拖斯 著, 楊衍水 譯,『帝國主義與依附』, 社會科學文獻出版社, 1999年.

杜厚文, 朱立南 主編,『世界經濟學』, 中國人民大學出版社, 1994年.

胡元梓 等主編,『全球化與中國』, 中央編譯出版社, 1998年.

張海濤,『三說美國─國家壟斷資本主義危機』, 當代中國出版社, 1998年.

布熱津斯基,『大棋局』, 上海人民出版社, 1998年.

『美國政治經濟情報述評』, 1995年.

保爾·克魯格曼,「復蘇? 不要在這个問題上打睹」,『時代』6月21日

E·F·舒馬赫『小的是美好的』, 商務印書館, 1984年.

옮긴이 후기

2001년 3월 5일 중국 북경에서는 '전인대'가 개최되었다. 주룽지 총리의 경제 개혁과 경제 발전 정책은 다음 후발주자에게 이어질 것이고 21세기 중국적 시장경제제도 완성의 한 획이 될 것이다. 뿐만 아니라 2001년 2월 20세기위원회의 중국방문은 중국의 2008년 올림픽 유치를 위한 노력의 한 단면으로 보인다. 한마디로 중국의 개혁개방과 경제 발전이 일관되게 추진되어 오고 있다고 말할 수 있다. 이러한 때에 『13억의 충돌—시장의 신화와 중국의 선택』이라는 다소 엉뚱한 제목의 책을 세상에 내놓는 것은 어떤 의미가 있을까.

알다시피 '13억'은 과거의 중공, 즉 오늘날의 중화인민공화국을 가리킨다. 중국의 변화를 바라보는 우리의 시각은 무순에 가득 차 있다. 사회주의 중국은 구소련 붕괴 이후 여러 번 체제 내적 위기를 맞았지만, 특유의 응집력을 발휘해 용케 고비를 잘 넘겨 왔다. 그런데, 이제 세계화의 거센 물결에 그만 사회주의의 깃발을 내리려고 한다. 13억의 중국은 시장의 신화에 굴복해 실패가 보증된 자본주의화의 함정에 빠지는 걸까.

비단 '한류 韓流'가 아니더라도 한국과 중국의 교류는 이데올로기를 초월하여 오랜 전통을 가지고 있다. 그렇지만 서로에 대한 이해가 생각만큼 충분하지는 않다. 사실 우리는 사회주의 중국과, 동서를 연결한 대역사인 실크로드를 개척한 중국이 하나라는 사실을 잊고 있다. 또 양적인 중국에 압도된 나머지 질적인 중국을 간과한 탓으로, 한·중 수교 이후 경제 분야에서 다양한 접근에도 불구하고 크게 성공을 거두지는 못하고 있다. 사람들은 중국인들의 약속을 곧이곧대로 믿었다가는 '눈감으면 코 베어가기' 십상이라고 말한다. 실제로, 중국과의 거래에서 사기를 당한 사람이 허다하게 많다. 한국이 중국에 대해 가지고 있는 일반적인 편견은 그만큼 서로에 대한 이해가 피상적이라는 것을 반증해준다.

어쨌든, 일단 경제 문제가 한국과 중국의 관계를 지배하고 있기 때문에 여기에서부터 시작해서 이런 의도적인 오해 내지는 강요된 무지를 깨트려야 한다는 데 생각이 닿았다. 한국과 중국은 거의 동일한 경제 환경에 처해 있다. 풍부한 인적 자원, 부족한 사회간접자본, 선진국의 견제 등 어려운 조건 속에서 세계화의 충격에 가장 민감하게 반응할 수밖에 없는 경제 구조인 것이다. '민영화,' '구조 조정,' '실업,' '퇴출' 등 언론을 장식하는 이 모든 시장지상주의적 언설들은 그러한 경제 구조의 필연적 산물이다.

지금도 중국과 한국의 언론과 관료, 기업인들은 시장 개방과 WTO 가입의 장점을 일관되게 설교하고 있다. 그리고 그 잔칫상을 차리기 위해 2000년 가을 서울에서는 아셈회의가 열렸다. 그러나 우리는 다시 한번 생각해 보아야 한다. 과연 그런 장미빛 기대들이 현실에서도 그대로 실현되고 있을까? 모든 한국인들과 중국인들이 WTO 가입을 지지하고 있을까? 전부는 아니지만 한국의 지식인들은 WTO 가입과 세계화에 대해 비판적이다. 그나마 그들의 '행동' 덕분에 세계화 드라이브에 조금은 브레이크가 걸리고 있다. 그렇다면, 지금 중국의 지식인들은 무엇을 생각하고 있을까?

이러한 의문이 끊임없이 떠오를 즈음 이 책을 처음 접했다. 『중국과 세계』(http://www.chinabulletin.com)라는 웹진에서 이 책을 소개하는 글을 읽었을 때, 한국은 외환 위기를 어느 정도 벗어나기는 했지만 사회적 불평등의 심화 여부를 둘러싸고 '20대80' 논쟁이 한창이었다. 그러면서도 세계화와 민영화의 필연성에 대해서는 '우려'의 수준을 넘어서지 못하고 있었다. 그렇다면 중국은 어떨까? 그들은 여전히 중화주의적이고 민족주의적일까? 혹시 그들은 세계화와 민영화를 용감하게 '부정'하지는 않을까? 이런 기대를 가지고 이 책을 차근차근 읽고 번역까지 하게 되었다.

　이 책을 통해 우리는 중국의 비판적 지식인들──이들은 중국 사회에서 '신좌파'로 불리고 있다──이 WTO 가입에 대해 어떠한 생각을 가지고 있는지를 알 수 있다. 중국의 대표적 소장 학자로 분류되는 저자가 던진 화두는 시장의 신화에 대한 근본적인 문제제기이다. 애덤 스미스에서 폴 크루그먼에 이르기까지 여러 문헌을 인용하면서 시장에 대한 낙관적 입장과 현실적 입장을 분석하는 동시에, 최근 중국과 한국에서 신자유주의 비판서로 널리 읽힌 『세계화의 덫』, 대표적인 참여 지식인 피에르 부르디외의 글, 그리고 미국의 패권 전략을 담은 『거대한 체스판』 등의 책을 비판적으로 검토하고 있다. 이런 책과 글들이 한국보다 중국에서 먼저 번역되고, 또 널리 읽혔다는 사실은 신선한 충격이었다. 거세지고 있는 반세계화 대열에 중국이 가장 강력한 원군이 되지 않을까 하는 기대를 갖게 만드는 대목이다.

　그러나 이 책은 중국의 이론적 수준이 '일천'하다거나 논점이 명확하지 않은 한낱 '이야기'에 불과하다는 일부 한국 지식인들의 우려처럼 설익은 선언이나 좌익적 공론에만 그치지는 않는다. 이 책의 특징은 무엇보다도 '실사구시'에 있다. 중국의 산업이 WTO 가입과 시장개방 이후 살아남을 수 있는지를 중국의 대표적인 산업 분야를 사례로 살펴보고 있으며, 특히 중국의 음료, 맥주, 농업 등 요즘은 가볍게 여기는 분야와, 금융, IT 등 앞으로 성장 가능성이 높은 분야의 현황을 소개하는 부분은 매우 인상적이었다. 중국의 현실을 이해하는 데 도움이 될 뿐만 아니라, 한국의 지식인들도 참고할 만하다고 생각한다. 마지막으로 이 책이 나올 수 있도록 아낌없이 지원을 해준 도서출판 <이후>에게 진심 어린 감사의 마음을 전한다.

옮긴이 이재훈

고려대학교 동양사학과와 한국외국어대학교 통역번역대학원 한중과를 마쳤다. 대학 시절 중국에 1년간 체류하며 다양한 중국 문화를 체험한 것이 계기가 되어, 귀국 후 본격적으로 중국 알기 작업에 들어갔다. 현재 한국과학기술정보연구원(구 산업기술 정보원)에서 한·중 양국의 산업기술 협력을 위한 프로젝트의 일환인 기술이전 프로그램에 참가하고 있다.